Elke Holzer, Martin Reich, Eugen Hauke (Hg.)
Controlling
Ein Managementinstrument für die erfolgreiche Steuerung
von Gesundheitsbetrieben

Elke Holzer, Martin Reich, Eugen Hauke (Hg.)

Controlling
Ein Managementinstrument für die erfolgreiche Steuerung von Gesundheitsbetrieben

facultas.wuv

Bibliografische Information Der Deutschen Bibliothek

Die Deutsche Nationalbibliothek verzeichnet diese Publikation in der
Deutschen Nationalbibliografie; detaillierte bibliografische Daten sind im Internet über
http://dnb.d-nb.de abrufbar.

1. Auflage 2010
Copyright © 2010 Facultas Verlags- und Buchhandels AG

facultas.wuv Universitätsverlag, Berggasse 5, 1090 Wien, Österreich
Alle Rechte, insbesondere das Recht der Vervielfältigung und der Verbreitung
sowie der Übersetzung, sind vorbehalten.
Umschlagbild: Nicole Wahring, istockphoto.com
Lektorat: Susanne Müller, Wien
Satz und Druck: Facultas Verlags- und Buchhandels AG
Printed in Austria
ISBN 978-3-7089-0415-3

Gedruckt mit Unterstützung des Bundesministeriums für Wissenschaft
und Forschung in Wien.

Inhaltsverzeichnis

Abkürzungsverzeichnis

ABC-Analyse	Analyse der Verbrauchshäufigkeit
ABO	Apothekenbetriebsordnung
AEG	Apothekeneinkaufsgremium
AFA	Abschreibung für Abnutzung
AKH	Allgemeines Krankenhaus der Stadt Wien – Universitätskliniken
AMD	altersabhängige Macula-Degeneration
AMK	Arzneimittelkommission
AML	Arzneimittelliste
AMT	Abteilung Medizinische, therapeutische und diagnostische Gesundheitsberufe
ASK	Ambulanzselbstzahlerkatalog – Leistungskatalog für die Spitäler der Stadt Wien im nicht-bettenführenden Bereich
ATC	Anatomisch-therapeutisch-chemisches Klassifikationssystem
BE	Betriebsergebnis
BGBl.	Bundesgesetzblatt
BMFG	Bundesministerium für Frauen und Gesundheit
BMGFJ	Bundesministerium für Gesundheit, Familie und Jugend
BSC	Balanced Scorecard
BT	Belagstage
BURGEF	Burgenländischer Gesundheitsfonds
BWS	Brustwirbelsäule
C2E	Committed to Excellence
CE	franz. Communauté Européenne; Kennzeichnung nach EU-Recht für bestimmte Produkte im Zusammenhang mit der Produktsicherheit
CEO	Chief Executive Officer, alleiniger Geschäftsführer oder Vorstand eines Unternehmens
CIRS	Critical Incident Reporting System
COSO	Committee of Sponsoring Organizations of the Treadway Commission
CT	Computertomografie
DAP	Direktion der Teilunternehmung AKH Abteilung Personal
DAX	Deutscher Aktien Index, Auswahlindex
DB	Deckungsbeitrag
DBE	Direktion der Teilunternehmung AKH Stabsstelle Betriebsentwicklung
DCO	Direktion der Teilunternehmung AKH Abteilung Controlling
DDD	engl. Defined daily dose, definierte Tagesdosis
DGKS/P	Diplomierte Gesundheits- und Krankenschwester/-pfleger
DIAG	Dokumentations- und Informationssystem für Analysen im Gesundheitswesen
DIZ	Direktion der Teilunternehmung AKH Abteilung Informationszentrum und PR
DPQ	Direktion der Teilunternehmung AKH Abteilung Strategische Planung und QM
DRG	Diagnosis Related Groups; Diagnosebezogene Fallgruppen
DTU	Direktion Teilunternehmen

EBIT	Earnings before Interest and Tax
EBITDAR	Earnings before Interest, Tax, Depreciation, Amortization and Rent
EBM	Evidence-based Medicine; evidenzbasierte Medizin
EBN	Evidence-based Nursing
EBT	Earnings before Tax
EDV	Elektronische Datenverarbeitung
EFQM	Modell der European Foundation for Quality Management
EGT	Ergebnis der gewöhnlichen Geschäftstätigkeit
ELGA	Elektronische Gesundheitsakte
ERP	Enterprise Ressource Planning
FBC	Fox Broadcasting Company, ein US-amerikanisches Fernsehnetzwerk
FRW	Forderungsreichweite
GÖG	Gesundheit Österreich GmbH
GQG	Gesundheitsqualitätsgesetz
HDG	Hauptdiagnosegruppe
HK	HELIOS Kliniken
HNO	Hals-Nasen-Ohrenheilkunde
HP	Hauptprozess
HR	Hochrechnung
HWS	Halswirbelsäule
IAS	International Accounting Standards
IBLV	Innerbetriebliche Leistungsverrechnung
ICD	Internationale Statistische Klassifikation der Krankheiten und verwandter Gesundheitsprobleme der WHO
ICV	Internationaler Controller Verein
IGC	International Group of Controlling
IKRM	Integriertes Klinisches Risk-Management
ILV	interne Leistungsverrechnung
IMK	Implantatekommission
InEK	Institut für das Entgeltsystem im Krankenhaus
IQM	Initiative Qualitätsmedizin
ISO	International Organization for Standardization, Internationale Organisation für Normung
IT	Informationstechnologie
KAGes	Steiermärkische Krankenanstaltenfinanzierungsgesellschaft
KAV	(Wiener) Krankenanstaltenverbund
KH	Krankenhaus
KIS	Krankenhausinformationssystem
KORE	Kostenrechner, Kostenrechnung
KPI	Key Performance Indicator
KTQ®	Kooperation für Transparenz und Qualität im Gesundheitswesen
KVF	Kostenrechnungsverordnung für landesfondsfinanzierte Krankenanstalten
KVP	Kontinuierlicher Verbesserungsprozess
LB	Leistungsbereich
LDF	Leistungsorientierte/leistungsbezogene Diagnosefallgruppe

LEP	Leistungserfassung Pflege
LKF	Leistungsorientierte Krankenanstaltenfinanzierung
LWS	Lendenwirbelsäule
MA	Mitarbeiter
MBA	Master of Business Administration
MBDS	Minimum Basic Data Set
MBGF	Monatsbericht der Geschäftsführung
MDB	Mehrdimensionale/-stufige Deckungsbeitragsrechnung
MEL	Medizinische Einzelleistung
MHG	Medizinische Einzelleistungs-Hauptdiagnosegruppe
MOG	Mitarbeiterorientierungsgespräch
MR	Magnetresonanz
MSAP	Medizinischer Struktur- und Angebotsplan
MTD	Medizinische, therapeutische und diagnostische Gesundheitsberufe, Medizinisch technischer Dienst
MUW	Medizinische Universität Wien
MVZ	Medizinisches Versorgungszentrum
NPO	Non Profit Organisation
OAss	Oberassistent/in
ÖBIG	Österreichisches Bundesinstitut für Gesundheitswesen
ÖCI	Österreichisches Controller Institut
OI	Operating Income
ÖKAP/GGP	Österreichischer Krankenanstalten- und Großgeräteplan
OP	Operation
ÖSG	Österreichischer Strukturplan Gesundheit
PBs	Prozessbeschreibungen
PBWR HR	Pflegebewertungsrelationen Hochrechnung (linear auf das ganze Jahr)
PD VK	Pflegedienst Voll(zeit)kräfte
PDCA	Plan-Do-Check-Act
PFT	Pflegetage
PPR	Pflege-Personal-Regelung
PRIKRAF	Privatkrankenanstalten Finanzierungsfonds
QM	Qualitätsmanagement
RADAR	Results, Approach, Deployment, Assessment and Review
RFA	Radiofrequenzablation
RM	Risk Management
ROI	Return on Investment
RSG	Regionale Strukturpläne; regionaler Strukturplan Gesundheit
RT	Radiologietechnologe
SAP ERP	Softwarelösung, Systemanalyse und Programmentwicklung; Systeme Anwendungen und Produkte, Enterprise Resource Planning
SFS	Strategic Factor Scoring
SPC	Statistical process control
SVR	Sachverständigenrat
SWOT	Strength Weakness Opportunities Threats
TDR	Technische Direktion

TEUR	Tausend Euro
TILAK	Tiroler Landeskrankenanstalten GmbH
TPBWR	Tausend Pflegebewertungsrelationen
TQM	Total Quality Management
UMIT	Private Universität für Medizinische Informatik und Technik Tirol
USP	Alleinstellungsmerkmal, veritabler Kundenvorteil, engl. unique selling proposition
VAMED MT	VAMED Medizintechnik; Krankenhausmanagement und BetriebsführungsGesmbH, Wien
VIPER	Personalkostenrechnungssystem Stadt Wien
VKMB	VAMED-KMB; Krankenhausmanagement und Betriebsführungs-GesmbH, Wien
VPS	Verwaltungsdirektion Patientenservice
VZÄ	Vollzeitäquivalent
WHO	Weltgesundheitsorganisation
WIFI	Wirtschaftsförderungsinstitut
WU	Wirtschaftsuniversität Wien
ZfCM	Zeitschrift für Controlling & Management

Abbildungsverzeichnis

Tabellenverzeichnis

Vorwort der Herausgeber

Ausgangsbasis für dieses Buch ist die Studie zum Stand des Controllings in den Krankenanstalten in Österreich, die im Rahmen eines Diplomarbeitsprojektes an der Wirtschaftsuniversität Wien von Herrn Mag. Raoul Lavaulx-Vrecourt durchgeführt und im Jahr 2008 abgeschlossen wurde. Sie zeigt eine rasante Entwicklung des Controllings, aber ebenso Handlungsbedarf für die nächsten Jahre auf. Dieses Controlling-Projekt ist Inhalt des Buches, es erfolgte in Zusammenarbeit des Karl Landsteiner Instituts für Krankenhausorganisation, der Wirtschaftsuniversität Wien und dem Arbeitskreis Gesundheitswesen Österreich des Internationalen Controllervereins. Die Ausrichtung des Titels auf Gesundheitsbetriebe ist bewusst breiter gewählt, weil die Einschränkung alleine auf die Krankenanstalten dem Controlling-Gedanken, der Prozessorientierung, der Interdisziplinarität und nicht zuletzt der Notwendigkeit der Einbeziehung mehrerer Einrichtungen in den Behandlungsprozess der Patienten[1] nicht gerecht wird.

Das Buch richtet sich an Praktiker im Gesundheitswesen und hier an Personen, die mit der Führung von Betrieben, Teilbetrieben und Organisationseinheiten betraut sind, an leitende Personen, aber auch an Mitarbeiter, die in den wirtschaftlichen Bereichen (z. B. Rechnungswesen, Einkauf, Apotheke) tätig sind. Auch für die Ausbildung und Weiterbildung kann dieses Buch herangezogen werden, da großer Wert auf Umsetzbarkeit in der Praxis gelegt wird. Ein weiterer Schwerpunkt berücksichtigt die Interdisziplinarität und das Zusammenwirken der Berufsgruppen. Dies soll eine bewusste Abkehr vom Säulenmodell, das berufsgruppenspezifische parallele Organisationen herausbildet, bedeuten. Der Netzwerkgedanke sowie die Definition des Controlling-Begriffs sollen dies nochmals zum Ausdruck bringen.

Die finanzielle Unterstützung des ICV und die Bereitschaft aller Autoren und Projektpartner unentgeltlich tätig zu werden haben die Durchführung dieses Projekts ermöglicht. An dieser Stelle großen Dank an alle an diesem Projekt Beteiligten, besonders an die Autoren, dem Vorstand des ICV, sowie Frau Ute Gabler und Frau Mag. Claudia Lethmayer für die tatkräftige Unterstützung.

Die Herausgeber:
des.Hon.-Prof.(FH), Ass.-Prof. MMag. Dr. Elke Holzer
Mag. Dr. Martin Reich
Univ.-Prof. Dkfm. Dr. Eugen Hauke

---

[1] Die verwendeten Formulierungen schließen sowohl die weibliche als auch die männliche Form ein; sie werden zur leichteren Lesbarkeit nicht beide explizit angeführt.

Vorwort der Förderer

Im Jahr 2001 wurde der Arbeitskreis Gesundheitswesen Österreich des Internationalen Controllervereins (ICV; www.forumgesundheitswesen.at; www.controllerverein.com) in München ins Leben gerufen. Dieser Verein wurde bereits 1975 gegründet und zählt mittlerweile über 6.000 Mitglieder in Deutschland, Österreich, der Schweiz, Polen sowie acht weiteren Ländern. Herzstück der Vereinstätigkeit sind die über 60 regionalen oder branchenbezogenen Arbeitskreise und Projektgruppen, die regelmäßig mehrmals jährlich tagen und als Forum zum Erfahrungsaustausch dienen. Das Gesundheitswesen ist als Branchenthema in den Arbeitskreisen Gesundheitswesen Österreich, Deutschland und Schweiz organisiert. Diese treffen einmal im Jahr zur internationalen Controller Gesundheitstagung, einer Regionalveranstaltung, die abwechselnd in einem der Länder stattfindet, zusammen. Aus der internationalen Controller Gesundheitstagung, die 2003 in Wien stattgefunden hat, wurde nach abgestimmter Strategie mit dem Vorstand des ICV die Kooperation mit dem Österreichischen Controller Institut (ÖCI) gesucht und vereinbart. Das Resultat ist das ICV-Forum Gesundheitswesen Österreich, das sich seither als jährlich stattfindende Regionaltagung etabliert hat. Hinter dieser Veranstaltung steht ein Netzwerk an Praktikern im Gesundheitswesen, von denen einige den Kontakt zu Hochschulen pflegen oder dort auch lehrend tätig sind. Dieses umfassende Wissen über aktuelle Fragestellungen sollte in das vorliegende Buch einfließen.

Prof. Dr. Heimo Losbichler
Stv. Vorstandsvorsitzender ICV

1 Einführende Bemerkungen

Eugen Hauke, Elke Holzer, Martin Reich

1.1 Controlling – Versuch einer begrifflichen Annäherung

In der Literatur werden zwei Sachverhalte für das Aufkommen und den Ausbau der Controllingfunktion verantwortlich gemacht:
- die Komplexität und Dynamik des Umfeldes der Gesundheitsbetriebe und
- deren steigende Differenziertheit und Größe.

Aufgabe des Managements ist es, den steigenden Veränderungsbedarf und die erforderlichen Anpassungen rechtzeitig zu erkennen und zukunftsorientierte Handlungen zu setzen. Das Management benötigt das Controlling, um die ausreichende Beobachtung interner und externer Entwicklungen vor Augen geführt und Anregungen zu Handlungsalternativen aufbereitet zu bekommen. Diese in der Literatur als Reflexionsaufgabe bezeichnete Managementfunktion wird immer mehr ausgelagert und dem Controlling als Aufgabe zugeteilt. Nur diese Reflexion (= Beobachtung interner und externer Entwicklungen) ermöglicht es der Führungsebene, rechtzeitig erforderliche Anpassungen vorzunehmen. Das Controlling hat also das Management umfassend bei den zu treffenden Entscheidungen zu unterstützen, indem es geeignete Informationen zur Verfügung stellt (= Führungsunterstützungsfunktion).

In Gesundheitseinrichtungen herrscht weitgehend noch ein bürokratisches Führungsverständnis und bei den Beteiligten ein geringes Maß an Flexibilitätsbereitschaft und -fähigkeit. Die zukünftigen Herausforderungen, nämlich Anpassungen vorzunehmen, sind mit den alten Strukturen nicht zu bewältigen. Insbesondere ist die Steuerung der Gesundheitsbetriebe mit herkömmlichen Instrumenten nur erschwert möglich. Dafür ist es erforderlich, dass Controlling zu einem integrierten Bestandteil des Managements wird, das die koordinierende und zielorientierte Aufgabe der Führungskräfte unterstützt.

Es hat sich gezeigt, dass rein quantitativ orientierte Konzepte, die auf retrospektiven Informationen aufbauen, nicht ausreichen werden, um die zukünftigen Herausforderungen bewältigen zu können. So kommt dem Controller auch die Aufgabe eines Innovators zu.

Für den Erfolg eines Controllers wird es allerdings wesentlich sein, auch Akzeptanz für seine Ergebnisse bei den Beteiligten zu finden. Problemsicht und Problemlösungen müssen praxisorientiert, transparent, verständlich und, wenn auch mit Anstrengungen, machbar sein. Entscheidend ist, dass die Sachkompetenz des Controllers in allen Bereichen hoch und er in den Managementkreislauf integriert ist.

Zwar gibt es keinen einheitlichen Definitionsansatz für das Controlling, aber alle Autoren beziehen sich auf die Informationsfunktion, die Führungsphilosophie und auf die Koordinationsfunktion. Gerade letztere erscheint besonders geeignet, den Erfordernissen und Erwartungen gerecht zu werden:

- Controlling als Führungsinstrument, das planungs- und beobachtungsorientiert ist;
- Controlling als Unterstützung des Managements bei dessen Lenkungsaufgabe;
- Controlling als systembildende und -beschreibende Führungsfunktion in Bezug auf das Planungs-, Informations- und Beobachtungssystem. Es geht dabei vordringlich um die koordinationsgerechte Gestaltung von Strukturen und Abläufen.

Funktional setzt sich das Controlling mit allen Aktivitäten zur Realisierung der ihm gestellten Ziele auseinander. Institutionell umfasst Controlling alle Struktur- und Prozessaspekte. Instrumentell bedient es sich aller Hilfsmittel zur Erfassung, Strukturierung und Analyse von Informationen, die zur organisatorischen Gestaltung benötigt werden.

Der Controller hat die Aufgabe die Führungskräfte zu unterstützen, auch um deren mangelndes Wollen bzw. mangelndes Können zu begrenzen. Die Reflexion des Controllers soll der Institution des Managements gegenübergestellt werden. Der Controller soll also helfen die Qualität der Entscheidungen des Managements zu verbessern, um bessere betriebliche Ergebnisse zu erzielen.

Das Controlling hat mit den „alten" Menschenbildern der tradierten betriebswirtschaftlichen Konzeption in Bezug auf Kontrolle, Überwachung und Aufsicht nichts mehr zu tun. Controlling bedeutet steuern, regeln, lenken, regulieren, Richtung geben. Systemsteuerung mit Hilfe des Controllers hat mit Früherkennung, Strategie, vernetztem Denken und komplexer Systemsteuerung zu tun. Der Controller unterstützt die Organisation an sich und versucht nicht die Mitarbeiter unter Kontrolle zu halten. Die Gesundheitseinrichtung soll zielorientiert steuerbar sein bzw. werden. Dabei muss auf die unterschiedlichen Betrachtungsweisen der verschiedenen Berufsgruppen in einer Gesundheitseinrichtung und auf die Patienteninteressen Bedacht genommen werden.

Das Management muss also den medizinisch-pflegerischen Anforderungen Rechnung tragen, patientenorientiert und auch noch betriebswirtschaftlich ausgerichtet sein. Schließlich sind das die Schlüsselfunktionen für den dauerhaften Erfolg von Gesundheitseinrichtungen.

Daher ist es evident, dass sich weder Ärzte noch Pflegepersonal oder Therapeuten, die die unmittelbaren Kernleistungen in den Gesundheitseinrichtungen erbringen, dem Controlling auf Dauer entziehen können. Dies gilt insbesondere auch für die betriebswirtschaftliche Komponente der Kernleistungen. Wollen aber diese Berufsgruppen den Anspruch auf Mitgestaltung dem Controller überlassen oder doch sich voll einbringen, gegebenenfalls sogar selbst als Controller? Es wäre vorteilhaft, die Controllingphilosophie in alle Berufsgruppen und in deren Betrachtungsstandpunkte des Leistungsgeschehens voll zu integrieren.

Das würde bedeuten, dass das Controllingsystem umfassend ausgebaut wird, sich mit Prozessorientierung auseinandersetzt und betriebswirtschaftliches Know-how einsetzt. Das Controlling wäre dann zukunfts- und umfeldorientiert auszurichten und muss sich auch auf die berechtigten Erwartungen der Bevölkerung – der potenziellen Patienten – einstellen.

Die Rolle des Controllers wird damit erforderlicherweise innovationsorientiert und auf ein zu etablierendes Frühwarnsystem angewiesen sein. Er soll mit seinem Instrumentarium rechtzeitig das Management zum Agieren bewegen. Dadurch wird Controlling zu einem systemimmanenten, integralen Bestandteil des Managements.

Im operativen Controlling wird die erfolgszielbezogene, kurzfristige Planung, ihre Umsetzung und zeitnahe Beobachtung des Verlaufs, die Budgetierung und die betriebswirtschaftliche Managementunterstützung im Mittelpunkt stehen. Es werden Sollwerte mit Istwerten verglichen und es wird intendiert, das betriebliche Geschehen den Planungen anzunähern. Das strategische Controlling hat in den Gesundheitsbetrieben einen unterschiedlichen Entwicklungsstand, ist jedoch zumeist noch unterentwickelt; es befasst sich im Unterschied zum operativen Controlling mit Strategieentwicklungen und erforderlichen Korrekturen von längerfristigen Planungen. Dabei spielt die Umfeldentwicklung eine entscheidende Rolle. Ohne ein strategisches Controlling wird man die Erfolge der Gesundheitsbetriebe auf Dauer nicht sicherstellen können.

Eine noch bedeutendere Rolle als bisher wird das Qualitätscontrolling einnehmen müssen. Erhöhte Transparenz, Wahlmöglichkeiten der Patienten, ein Angebotsmarkt, knappere Ressourcen und gestiegene Anforderungen werden die Erwartungen, nicht ausschließlich dem quantitativen Aspekt den Vorrang einzuräumen, sondern die Qualität in den Vordergrund zu stellen, unterstützen.

1.2   Anmerkungen zu den Intentionen des vorliegenden Buches

Das vorliegende Buch nahm die Ergebnisse der empirischen Studie über den Stand des Controllings in den österreichischen Krankenhäusern zum Anlass, Autoren aus Theorie und Praxis einzuladen, einen Beitrag zur erforderlichen Weiterentwicklung des Controllings zu verfassen.

Wie bereits aus der Literatur zu erkennen ist, liegt auch diesen Beiträgen keine einheitliche Definition von Controlling zugrunde, doch unterscheiden sie sich voneinander nur in geringen Akzenten. Sie alle können sich in der vorher beschriebenen Bandbreite des gängigen Controllingverständnisses wiederfinden.

Die Ausprägungen des Controllings haben auch mit der jeweiligen Unternehmenskultur zu tun, die sich aus vielen Mosaiksteinen zusammensetzt. Die Hierarchien, das Zusammenwirken der Berufsgruppen, der Formalisierungsgrad, die Zielorientierung, der Umgang mit den Patienten, der Stand der Entwicklung von Organisations- und Personalentwicklung, der Stellenwert des Qualitätsmanagements sind nur stellvertretend für viele weitere Mosaiksteine, die eine Unternehmenskultur prägen und sich von Einrichtung zu Einrichtung unterscheiden.

Verständlicherweise prägt auch das jeweilige Management das Profil des Controllings. Die Stärken und Schwächen des Managements, dessen Partizipationsbereitschaft, Wissen und Erfahrung sowie Art und Umfang der Delegation von Kompetenzen determinieren, was es vom Controlling erwartet. Insbesondere daraus resultieren die Unterschiede des so unterschiedlich ausgeprägten Controllings. Dies zeigen auch die verschiedenen Beiträge dieses Buches.

Die Leser sollen Anregungen bekommen, was für sie die nächste Stufe der Weiterentwicklung des Controllings beinhalten könnte. Es können nur Akzente und keine Rezepte in Kochbuch-Manier angeboten werden. Aber schließlich ist es ja auch nicht die beste Küche, in der der Koch noch am Kochbuch klebt; er soll sich vielmehr kreativ um Anregungen bemühen, sein Können, seine Erfahrung in seine Rahmenbedingungen einfließen lassen, damit seine Produkte hohe Akzeptanz finden, also Erfolg haben. Und beim Controlling ist es nicht anders.

1.3 Anmerkungen zu den Beiträgen des vorliegenden Buches

Ausgangspunkt für dieses Buch waren zweifellos die Ergebnisse der empirischen Studie über die derzeitige Situation des Controllings in den österreichischen Krankenanstalten. Diese Ergebnisse werden in der Folge auch kritisch analysiert und auf Basis der erlebten Erfahrung allgemein auf die Stärken, Schwächen und Grenzen des gegenwärtigen Controllings ausgedehnt (Kap. 2).

Welche Bedeutung Controlling für das Management hat, wird aus der Literatur abgeleitet und durch praktische Erfahrung ergänzt (Kap. 3.1, 3.2). Einen fortgeschrittenen Controllingansatz, der zukunftsweisend erscheint, stellt das integrierte Steuerungsmodell dar (Kap. 3.3). Eine besondere Rolle nehmen Holdings bzw. Dachgesellschaften von mehreren Gesundheitsbetrieben ein. Sie haben mannigfaltige Möglichkeiten der Konzernoptimierung. Insbesondere werden zwischenbetriebliche Vergleiche bis hin zu einem Benchmarking leichter entwickelt werden können, die auch dem Controlling ein reiches Betätigungsfeld einräumen (Kap. 3.4).

Um das Controlling auch erfolgreich leben zu können, ist es wichtig, das Controlling selbst als Prozess zu verstehen (Kap. 3.5). Basis für das derzeitige, aber auch das zukünftige Controlling stellt das Rechnungswesen mit seinen Ausprägungsformen Finanzbuchhaltung und Kostenrechnung dar. Ohne sie würde die betriebswirtschaftliche Komponente nicht zum Tragen kommen können (Kap. 4.1). Die Ergebnisse des Controllings sind in ein zu definierendes, entscheidungsorientiertes Berichtswesen einfließen zu lassen, das sich vorteilhafterweise auf Kennzahlen stützen wird (Kap. 4.2).

Die verstärkte Kooperation der Berufsgruppen stellt einen wichtigen Erfolgsfaktor für die Qualität der Leistungen, aber auch für deren Wirtschaftlichkeit dar. Arzt, Pflege sowie die Angehörigen der medizintechnischen Dienste erbringen die Kernleistungen der Gesundheitseinrichtungen. Die Steuerung eines Gesundheitsbetriebes kann ohne sie nicht stattfinden. Daher ist ihre möglichst intensive Involvierung in das Controlling essenziell wichtig (Kap. 5).

Die systematische Beobachtung der Qualität und der Patientensicherheit sowie die erforderlichen Reaktionen auf Fehlentwicklungen können zweckmäßigerweise dem Controlling zugeordnet werden (Kap. 6.1, 6.3). Dass dabei dem Personal eine essenzielle Rolle zukommt, ergibt sich aus vielen verhaltensorientierten Problemen im betrieblichen Geschehen (Kap. 6.2). Vom Management wird eine zukunftsorientierte Leistungsplanung erwartet, die sich innerhalb vorgegebener Rahmenbedingungen bewegt. Im Beispielfall sind es die der ÖSG. Welche Rolle dabei das Controlling spielen kann, zeigt ein weiterer Beitrag auf (Kap. 7.1).

Die letzten Jahre haben gezeigt, dass die prozessuale Betrachtungsweise von Gesundheitsdienstleistungen an berechtigter Bedeutung gewonnen hat und operative, aber auch strategische Ausprägungsformen mit Unterstützung des Controllings aufweist (Kap. 7.2, 7.3).

Ein spezielles Instrument der Betriebsführung hat vielfach bereits Eingang in die strategische Arbeit von Gesundheitsbetrieben gefunden. Die BSC hilft die Komplexität von Entscheidungen und deren Wechselwirkungen transparenter und für die Beteiligten verständlicher zu machen. Dabei kommt dem Controlling eine wichtige Rolle zu (Kap. 7.4).

Lange Zeit beschäftigte sich die einschlägige betriebswirtschaftliche Literatur mit dem innerbetrieblichen Geschehen und den Möglichkeiten der Optimierung. Was im Umfeld der Gesundheitseinrichtungen geschah, stand nicht im Blickfeld. Es gehört zu den „lessons learned", dass das Umfeld einen gewaltigen Einfluss auf das innerbetriebliche Geschehen nimmt. Welche Rolle das Controlling dabei einnehmen kann, ist in einem eigenen Beitrag dargestellt (Kap. 7.5).

Die Abhängigkeit eines guten Controllings von der IT ist wohl evident. Vor allem wird die nutzerorientierte Ausrichtung maßgeblich für die Ausgestaltung der Datensammlung und -analyse sein. Welche Kriterien für die Weiterentwicklung der IT-Ausstattung maßgeblich sind, wird in einem eigenen Beitrag dargestellt (Kap. 7.6).

Das Profil des Controllers selbst, seine Persönlichkeit, sein Wissen, seine Erfahrung und natürlich seine Ausbildung sind Voraussetzung für seinen Erfolg. Eine eigene empirische Erhebung zeigt den Wandel in den Erwartungen an einen Controller. Zudem werden exemplarisch Ausbildungsmöglichkeiten für Controller aufgezeigt, die derzeit auf dem Markt angeboten werden (Kap. 8.1).

Einige Gedanken, was morgen und übermorgen für das Controlling wichtig sein dürfte, sollen schließlich den Beteiligten Anlass zum Nachdenken geben, was für die nächsten Schritte in der eigenen Gesundheitseinrichtung zur Weiterentwicklung des Controllings an Alternativen zur Verfügung steht (Kap. 8.2).

2 Bestandsaufnahme, Analyse

2.1 Ausgangssituation: Controlling in österreichischen Krankenanstalten – eine empirische Studie

Elke Holzer, Martin Reich, Eugen Hauke

Ausgangspunkt der Überlegungen stellt die empirische Studie zum Stand des Controllings in den österreichischen Krankenanstalten dar. Diese wurde in Zusammenarbeit mit dem Arbeitskreis Gesundheitswesen Österreich des Internationalen Controllervereins e.V., dem Karl Landsteiner Institut für Krankenhausorganisation und der Wirtschaftsuniversität Wien erstellt und im Rahmen eines Diplomarbeitsprojektes von Herrn Mag. Raoul Lavaulx-Vrecourt verarbeitet.[2]

Controlling hat in Österreichs Krankenanstalten in den letzten Jahren stark an Bedeutung gewonnen. Die Zahl der Vorschläge durch den Controller-Bereich für Maßnahmen, die dann auch umgesetzt werden, könnte jedoch größer sein. Die Nutzung der konsistenten Datenbasis, die der Controller-Bereich zur Verfügung und sicherzustellen hat, ist zu intensivieren. Weiteres Potenzial besteht in der stärkeren Einbeziehung des Controller-Bereiches in die Kernprozesse und in die strategische Unternehmensplanung, wobei neue Herausforderungen (Interdisziplinarität, Schnittstellen- und Prozessmanagement, Organisations- und Ablaufgestaltung, etc.) hinzukommen.[3]

2.1.1 Der Controlling-Begriff

Der Studie wurde jener Controlling-Begriff zugrunde gelegt, der Controlling als gemeinsame Tätigkeit zwischen Management und Controller-Bereich definiert, wie folgende Grafik verdeutlicht[4]:

2 Vgl. Lavaulx-Vrecourt, Raoul: Stand des Einsatzes von Controlling in österreichischen Krankenhäusern – Vergleich der theoretischen Grundlagen mit den Ergebnissen einer empirischen Befragung landesgesundheitsfondsfinanzierter Krankenanstalten, Diplomarbeit an der Wirtschaftsuniversität Wien 2009.
3 Vgl. Furtmüller 2009, S. 12ff.
4 Vgl. Eschenbach 1994, S. 90; vgl. Deyhle 1996, S. 177; vgl. Eisl/Hangl/Losbichler/Mayr 2008, S. 37.

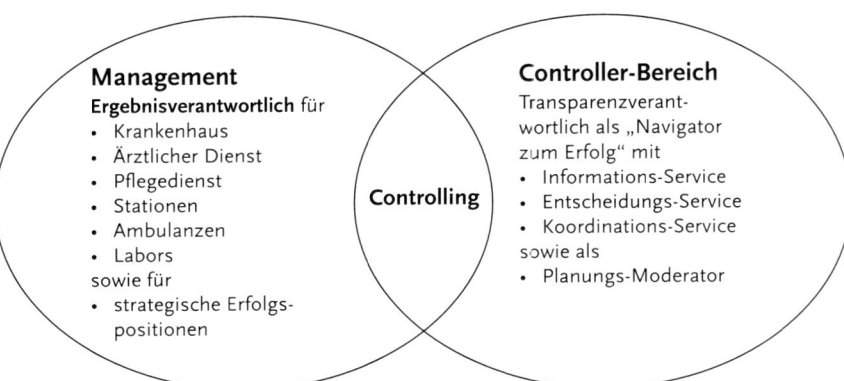

Management
Ergebnisverantwortlich für
- Krankenhaus
- Ärztlicher Dienst
- Pflegedienst
- Stationen
- Ambulanzen
- Labors
sowie für
- strategische Erfolgs-
  positionen

Controlling

Controller-Bereich
Transparenzverant-
wortlich als „Navigator
zum Erfolg" mit
- Informations-Service
- Entscheidungs-Service
- Koordinations-Service
sowie als
- Planungs-Moderator

Abb. 1:   Management und Controller-Bereich im Team[5]

Bedeutend für dieses Controlling-Verständnis ist die Kenntnis der Rollen und Aufgaben, die vom Management bzw. vom Controller-Bereich wahrgenommen werden sollen. Erst durch die Interaktion beider ergibt sich die Tätigkeit Controlling, die als Steuern oder Regeln, d. h. Führen zum praktischen Erreichen der vereinbarten Ziele definiert ist.[6]

Das Management im Krankenhaus ist entsprechend seinen jeweiligen Kompetenzbereichen verantwortlich für die Erreichung der meist kurzfristigen Leistungs- und Budgetziele, die Mitarbeiterführung (z. B. ärztlicher Dienst, Pflegedienst, medizinisch-technischer Dienst) sowie für strategische Erfolgspositionen (medizinische Schwerpunkte oder Fallzahlen in bestimmten Fallpauschalen – LDFs).

Im Zuge der gemeinsam mit dem Management durchgeführten Controlling-Tätigkeit, die als oberstes Ziel die Unterstützung des Managements hat, darf sich der Controller-Bereich nicht als Eigentümer der Daten sehen. Es geht um die Daten des jeweiligen Unternehmens oder des Bereiches, die durch den Controller-Bereich für die Controlling-Tätigkeiten aufbereitet werden. Die Funktionen, die beim Controller-Bereich – je nach Ausgestaltung – hinzukommen, reichen vom reinen Berichtswesen bis zur Verantwortung für das komplette Rechnungswesen und Einbeziehung in die oberste Management-Ebene. Auf sämtlichen Unternehmensebenen sind die Service-Funktionen des Controller-Bereiches konsistent zu erfüllen, damit von der kleinsten Einheit auf die größte Einheit geschlossen werden kann.

---

5   Hauke/Holzer/Lavaulx-Vrecourt/Reich 2009, S. 42
6   Vgl. ICV 2006, S. 3

Die besondere Vertrauensstellung, welche die im Controller-Bereich tätigen Personen in Erfüllung der Service-Funktionen innehaben, muss erwähnt werden. In den Gesprächen etwa mit den klinischen Bereichen werden immer die Unternehmensziele zu vertreten sein, da der Controller-Bereich als verlängerter Arm der Unternehmensleitung bzw. als Teil dieser tätig ist. Diese Aufgabe muss kompetent, glaubhaft, ehrlich und mit Handschlagqualität ausgeführt werden. Die Transparenzverantwortung ist wörtlich zu nehmen. Auf den Prozesscharakter der Controlling-Tätigkeit wird weiter unten noch eingegangen.

2.1.2 Anlass für die Studie zum Stand des Controllings in den österreichischen Krankenanstalten

Controlling ist ein relativ junges Führungsinstrument, das unterschiedlich genutzt und ausgestaltet bzw. organisiert wurde[7]. Bereits vor 20 Jahren propagierte das Institut für Krankenhausorganisation die unterschiedlichen und umfassenden Einsatzmöglichkeiten[8]. Dabei wurde großer Wert darauf gelegt darzustellen, dass das Tätigkeitsfeld weit über den reinen Finanzbereich hinausgeht. Es lag daher nahe, nach diesem Zeitraum die Ausprägungen und den aktuellen Stand der Nutzung zu ermitteln. Im Vorfeld der Analyse sind die Veränderungen im Gesundheitswesen in Österreich, die in der Zwischenzeit stattgefunden haben und noch immer im Gange sind, in Betracht zu ziehen:

- **Vergesellschaftung:** Die Bundesländer und z. B. auch konfessionelle Träger in Österreich haben mit dem Ziel, durch erhöhte Gestaltungsmöglichkeiten die Leistungen noch wirtschaftlicher erbringen zu können, die öffentlichen Krankenanstalten zu Trägergesellschaften zusammengefasst.
- **Dezentralisierung:** Mit der Bildung von Trägergesellschaften werden Kompetenzen und Verantwortung übertragen. Dezentralisierung bedeutet auch vermehrt eigenverantwortlichen Umgang mit den zur Verfügung gestellten knappen Mitteln, aber mit einem größeren Gestaltungsspielraum. Kreativität (z. B. im Erschließen neuer Einnahmequellen) und erhöhte Flexibilität (z. B. neue organisatorische Lösungen) sind gefragt.
- **Auswirkungen auf die Controller-Bereiche:** Für die Controller-Bereiche bedeuten diese Entwicklungen, dass frühere Tabus gefallen sind und diskutiert werden können bzw. hinterfragt werden müssen. Transparenz ist notwendig und gewünscht. Dies muss erreicht werden durch konsistentes Messen, durch Führung mit und auf Basis von Zahlen und Daten, die durch zeitnahe Beobachtung gewonnen werden. Nachvollziehbarkeit von

---

7 Vgl. Hauke/Holzer/Lavaulx-Vrecourt/Reich 2009, S. 45f
8 Hauke 1992ff, S. 1ff

der kleinsten bis zur größten Einheit und umgekehrt ist dabei von entscheidender Bedeutung. Der Controller-Bereich ist mit ausgebildeten Führungskräften im Linienmanagement konfrontiert und muss sich selbst laufend weiterbilden, um die gestiegenen und sich ändernden Anforderungen der fachkompetenten Beratung des Managements erfüllen zu können.

2.1.3 Studiendesign Controlling in den österreichischen Krankenanstalten

2.1.3.1 Methodik und Fragebogen

Die Befragung wurde im Zeitraum von Oktober 2007 bis Februar 2008 durchgeführt und richtete sich an alle durch die Gesundheitsfonds (eingerichtet in den jeweiligen Bundesländern) finanzierten Krankenanstalten Österreichs. Diese Einschränkung der Grundgesamtheit aller Krankenanstalten Österreichs wurde aufgrund der in der Studie behandelten Themen und vor allem aufgrund der besseren Vergleichbarkeit der Ergebnisse vorgenommen. Als Instrument der Befragung wurde ein umfassender Fragebogen auf Basis von konzeptionellen Arbeiten erstellt und in Einzelgesprächen sowie in Arbeitssitzungen mit Vertretern von Lehre und Praxis weiterentwickelt.

Nach der Abfrage der Charakteristika der teilnehmenden Krankenanstalten wurde die Organisation des Controller-Bereichs in den Krankenhäusern abgefragt. Die Implementierung der Controlling-Abteilung in die Struktur des Krankenhauses war ebenso Gegenstand der Fragen wie die Adressaten von regelmäßigen Controlling-Informationen.

Aufbauend auf der Zielsetzung der Studie wurde die Befragung sehr stark an der Praxis im Spitalsbetrieb ausgerichtet. Dementsprechend umfassen die Fragen den gesamten Controlling-Prozess. Einerseits wurden von den Teilnehmern die Aufgaben in den Bereichen Planung, Soll-Ist-Vergleiche und Abweichungsanalyse sowie der Informationsversorgungs- und Beratungsfunktion des Controllings bewertet. Andererseits geht der Fragebogen auf die hierbei zum Einsatz gebrachten Instrumente detailliert ein.

Neben diesen grundlegenden Controlling-Aufgaben und ihren Instrumenten wurde auf einzelne Felder des Controllings besonderes Augenmerk gelegt und eigene Fragen zu den Anstrengungen des Controllings im Personal- und Materialbereich sowie im LKF-Controlling und Controlling im unmittelbaren Patientenbereich aufgenommen.

Durch diese Art der Befragung konnte die generelle Bewertung der Aufgaben mit den tatsächlich durchgeführten Controlling-Arbeiten in Bezug gesetzt und dadurch ein sehr praxisnahes Bild des Controllings in österreichischen Krankenhäusern gezeichnet werden.

2.1.3.2   Teilnehmer

Von den 132 angeschriebenen Krankenanstalten sandten insgesamt 47 einen ausgefüllten Fragebogen zurück, was einer – für derartige Befragungen relativ hohen – Rücklaufquote von 35,6% entspricht. Tatsächlich ausgefüllt wurde ein Drittel der Fragebögen von den Verwaltungsdirektoren, ein Drittel von den für das Rechnungswesen beziehungsweise die Finanzen Verantwortlichen und ein Drittel von Controllern der jeweiligen Krankenanstalten.

Größe der Krankenanstalten

Die in die Studie eingebundenen Krankenanstalten weisen eine Größe von knapp über 50 bis hin zu über 1.900 tatsächlich aufgestellte Betten[9] auf. Für weitere Auswertungen wurde eine Kategorisierung in kleine Krankenhäuser mit unter 250 Betten, in mittelgroße Krankenanstalten (deren Bettenanzahl von 250 bis 500 reicht) und in große Krankenhäuser mit über 500 Betten vorgenommen. Der Rücklauf teilt sich in kleine mit einem Anteil von 42,5%, in mittelgroße mit 36,1% und große Krankenanstalten mit 21,3%. Die Gegenüberstellung mit den jeweiligen Anteilen dieser Gruppen an der Grundgesamtheit[10] zeigt die Kongruenz der Zahlen, wonach die Verteilung der Stichprobe der Verteilung der Grundgesamtheit sehr gut entspricht (statistischer Nachweis durch einen Chi-Quadrat-Test).

Trägerstruktur

Da lediglich gesundheitsfondsfinanzierte Krankenhäuser angeschrieben wurden, stellte sich die Frage nach der Gemeinnützigkeit selbst nicht, doch wurde erhoben, ob es sich um ein privates oder öffentliches gemeinnütziges Krankenhaus handelt. Die überwiegende Zahl der Antworten (78,7%) zeigt letztere Art. Privat gemeinnützige Spitäler sind mit 21,3% vertreten und betreffen ausschließlich kleine und in geringerem Ausmaß mittelgroße Anstalten. Die Trägerstruktur der in der Studie vertretenen Krankenanstalten zeigt ein klares Übergewicht der öffentlichen Träger, das sind Landeskrankenanstaltengesellschaften (Holding oder Ähnliches) mit ca. 42,6% und Gebietskörperschaften selbst mit einem Anteil von in etwa 25,5%. Ordensspitäler sind mit 23,4% vertreten und der Rest lässt sich auf Krankenanstalten privater Träger mit ca. 6,4% und sonstiger Träger mit 2,1% aufteilen.

---

9   Begriff aus der KVF: Errechnung durch Formel: Systemisierte – gesperrte Betten + Überbeläge

10 Zu den Daten zur Grundgesamtheit: vgl. BMGF 2006, S. 7ff

2.1.4   Ergebnisse der Studie zum Stand des Controllings in Österreichs Krankenanstalten

Die Controlling-Abteilung

Controlling ist in einer überwiegenden Anzahl der Fälle als eigene Abteilung (63%) organisiert, welche 41,3% der Krankenanstalten als Stabsstelle und 21,7% als eigene Linienabteilung führen. In 37% der teilnehmenden Krankenhäuser ist Controlling einer Verwaltungsabteilung – in beinahe allen Fällen dem Finanz- und Rechnungswesen – zugeordnet. Es zeigt sich ein direkter Zusammenhang zwischen der Einordnung von Controlling in der Organisation und der Größe des Krankenhauses, wonach der Anteil eigener Controlling-Abteilungen bei mittelgroßen (76,5%) und großen Anstalten (80%) eindeutig zunimmt.

Zentrales vs. Dezentrales Controlling

Bei den befragten Krankenhäusern hängt die Antwort sehr stark von der Größe der Krankenanstalt ab. Während bei kleinen und mittelgroßen noch eine klare Tendenz zu einer zentralistischen Organisation des Controllings zu beobachten ist, zeigt sich bei großen Spitälern ein vollkommen umgekehrtes Bild – bei 70% der großen Krankenhäuser wird Controlling an mehreren Stellen durchgeführt. Aus der gesamten Stichprobe lässt sich ein sehr starker Trend zu einem lediglich an einer Stelle im Krankenhaus installierten Controlling mit einem Anteil von 68,9% erkennen, wohingegen ein dezentral organisiertes Controlling in 31,1% der Krankenanstalten etabliert ist.[11]

Wer empfängt Leistungen des Controllings?

Während die Verwaltungsdirektion in allen befragten Krankenhäusern regelmäßig Empfänger der Leistungen von Controlling ist, trifft dies auf die Ärztliche Direktion (87,2%) und die Pflegedirektion (78,7%) nicht in diesem Ausmaß zu. Der technische Direktor oder technischer Leiter ist nur relativ selten, nämlich in 27,7% der Fälle, Abnehmer von Controlling-Leistungen. Von den üblicherweise im Krankenhaus vorhandenen Verwaltungseinrichtungen ist die Finanzabteilung mit 61,7% noch der am stärksten vertretene Empfänger regelmäßiger Controlling-Leistungen, während die Wirtschaftabteilung mit einem Anteil von immerhin noch 55,3% und die Personalabteilung mit 44,7% folgen. Lediglich in 19,1% der Fälle bezieht die Patientenadministration laufend Leistungen beziehungsweise Informationen vom Controlling. In 76,6% der Krankenanstalten erhalten die medizinisch-pflegerischen Fachbereiche beziehungsweise deren Leiter regelmäßig Leistungen des Controllings, wohingegen bei den Stationsleitungen ein Rückgang dieser Zahl auf 53,2% zu

---

11   Selbst erstellt aus Studiendaten Lavaulx-Vrecourt 2009, S. 147ff

beobachten ist. Die Leiter der Anstaltsapotheken der teilnehmenden Krankenhäuser sind in 42,6% in den Controlling-Prozess eingebunden.

Welche Bedeutung wird Controlling beigemessen?

Die Unterstützung und Überwachung der Planung sowie die Koordination der Teilpläne werden in der weit überwiegenden Anzahl (93,7% bzw. 83%) als zumindest wichtige Aufgaben betrachtet. Bei den Aufgaben der betrieblichen Überwachung, nämlich der Durchführung von Soll-Ist-Vergleichen und Abweichungsanalysen, fallen die entsprechenden Werte noch höher aus und belaufen sich auf 97,9% beziehungsweise auf 100%. Hinsichtlich der der Informationsfunktion zuzurechnenden Aufgaben des Aufbaus eines Berichtswesen und der Informationsversorgung selbst zeigt sich ein ähnliches Bild. Ein leichter Rückgang der beigemessenen Bedeutung ist bezüglich der Beratungsfunktion, die von 87,2% als zentral oder wichtig erachtet wird, zu verzeichnen. Die Antworten zu den Aufgaben des strategischen Controllings stellen sich, im Gegensatz zu jenen des operativen, gänzlich anders dar. Die Teilnehmer bewerten abgefragte Kernaufgaben der strategischen Planung in nur mehr 50 bis 60% als zentrale oder wichtige Aufgabe. Die mittel- und langfristige Planung wird dabei in der Hälfte der Fälle als unwichtig erachtet

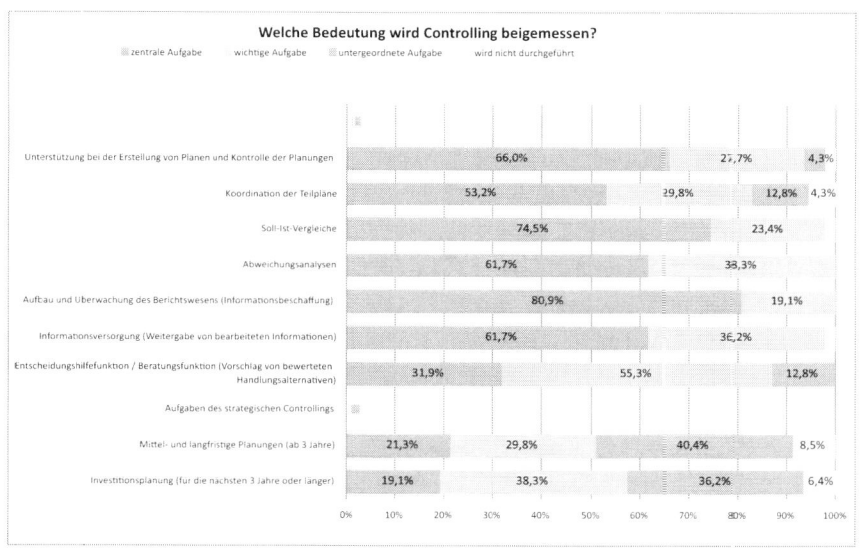

ABB. 2:   Bedeutung des Controllings im Krankenhaus (Studie)[12]

---

12   Selbst erstellt aus Studiendaten Lavaulx-Vrecourt 2009, S. 142ff

(40,4%) oder überhaupt nicht durchgeführt (8,5%), bei der Investitionsplanung belaufen sich die entsprechenden Werte auf 36,2% und 6,4%.

Was ist Gegenstand der operativen Planung?

Ein sehr hoher Anteil von durchwegs über 91,5% der teilnehmenden Krankenanstalten plant regelmäßig in den Bereichen der Erlöse (Einnahmen, LDF-Punkte), des Personals (Personalstellen, Personalkosten) und der Beschaffung (Materialkosten, Arzneimittelkosten). Eine leichte Verringerung dieser Ziffern ist im Kapazitäts- und Leistungsbereich auszumachen. Hier liegen die positiven Ergebnisse generell zwischen ca. 75% und 87% (für belegbare Betten, Pflege- und Belagstage, Auslastung, durchschnittliche Verweildauer), wohingegen die Ambulanzfrequenzen mit 57,4% eine Ausnahme darstellen. Die Antworten hinsichtlich der Ergebnis- und Finanzplanung stellen sich uneinheitlich dar – zwar führt die überwiegende Anzahl der Krankenanstalten Ergebnisplanungen durch (95,7%), doch nur 44,7% verfügen über betriebliche Planungen des Cashflows oder Liquiditätsbedarfs.

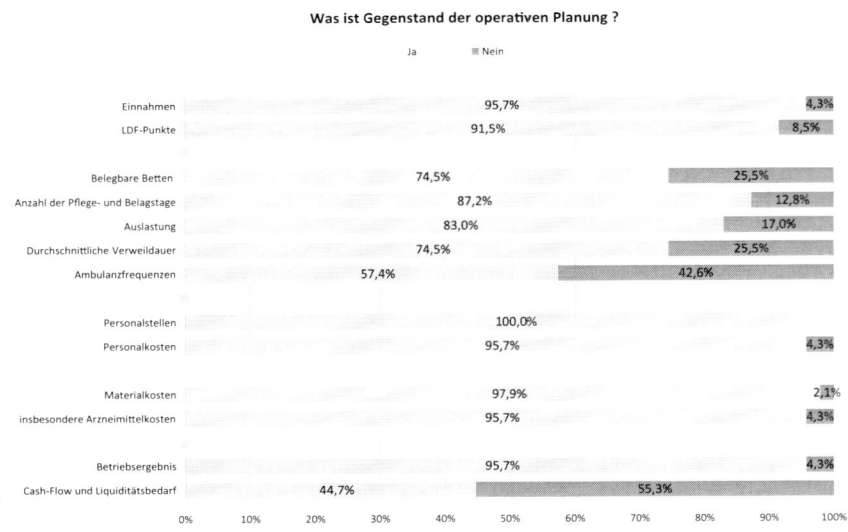

Was ist Gegenstand der operativen Planung ?

Ja   ▪ Nein

	Ja	Nein
Einnahmen	95,7%	4,3%
LDF-Punkte	91,5%	8,5%
Belegbare Betten	74,5%	25,5%
Anzahl der Pflege- und Belagstage	87,2%	12,8%
Auslastung	83,0%	17,0%
Durchschnittliche Verweildauer	74,5%	25,5%
Ambulanzfrequenzen	57,4%	42,6%
Personalstellen	100,0%	
Personalkosten	95,7%	4,3%
Materialkosten	97,9%	2,1%
insbesondere Arzneimittelkosten	95,7%	4,3%
Betriebsergebnis	95,7%	4,3%
Cash-Flow und Liquiditätsbedarf	44,7%	55,3%

0%   10%   20%   30%   40%   50%   60%   70%   80%   90%   100%

ABB. 3:   GEGENSTAND DER OPERATIVEN PLANUNG (STUDIE)[13]

Zeitnahe Überwachung (Soll-Ist-Vergleiche)

Die Befragung hinsichtlich der zeitnahen Überwachung sollte Informationen über die Durchführung von Soll-Ist- beziehungsweise Ist-Ist-Vergleichen hin-

13   Selbst erstellt aus Studiendaten Lavaulx-Vrecourt 2009, S. 142ff

sichtlich verschiedener Bereiche (Kennzahlen) liefern. Zusätzlich wurden Angaben über den Rhythmus der Vergleiche erhoben und untersucht, bis zu welcher
Ebene (Tiefe) der Krankenhausstruktur diese reichen. Die Antworten zeigen
hinsichtlich der verschiedenen Kennzahlen ein weitgehend ähnliches Bild mit
hohen Anteilen an Krankenanstalten, welche regelmäßig Vergleiche (monatlich, quartalsweise, jährlich) für das gesamte Krankenhaus durchführen. Ein gewisser Rückgang der Kennzahlen ist bei Vergleichen auf Ebene der Fachbereiche und ein relativ starker Einbruch auf Ebene der Stationen zu beobachten.
Vergleiche zu Kennzahlen des Erlös-Controllings (Einnahmen, LDF-Punkte),
des Personal- und des Beschaffungs-Controllings sind unter den befragten
Krankenhäusern am stärksten verbreitet. Es folgt der Kapazitäts- und Leistungsbereich mit leicht darunter liegenden Ergebnissen. Vergleiche der Be-
triebsergebnisse werden von fast allen Krankenanstalten auf Ebene des gesamten Krankenhauses wahrgenommen, sind aber auf der Ebene der Fachbereiche
nur mehr in knapp über einem Drittel der Krankenanstalten vorhanden.

Analyse von Abweichungen

Analysen von Abweichungen für Zahlen, das gesamte Krankenhaus betreffend, werden von 95,7% der teilnehmenden Häuser bereits bei geringen
sowie bei signifikanten Abweichungen vorgenommen. Die Ergebnisse für die
Fachbereiche decken sich weitestgehend mit denen für das gesamte Krankenhaus, auf Stationsebene ist hingegen ein merklicher Rückgang der Controlling-Aktivitäten zu beobachten. Bei Abweichungen werden nur 57,5% tätig,
36,2% nehmen keine Abweichungsanalysen vor.

Besprechung der Ergebnisse der Abweichungsanalyse

In 85,1% der Krankenhäuser werden laufend Gespräche mit der Krankenhausleitung abgehalten, um die Ist-Zahlen und die Ergebnisse der Abweichungsanalyse zu erörtern. Mit den Verantwortlichen der Fachbereiche finden in
72,3% der Häuser regelmäßig Besprechungen statt. Die Stationsverantwort-
lichen nehmen vor allem bei Auftauchen von Abweichungen, welche Tole-
ranzgrenzen übersteigen, an diesbezüglichen Gesprächen mit dem Controlling teil. Im Rahmen solcher Besprechungen sollte nicht nur eine Erklärung
der Abweichungen sowie eine Analyse von deren Gründen erfolgen, sondern
es sollten vom Controlling auch konkrete Maßnahmen vorgeschlagen werden, um die Zielvorgaben doch noch zu erreichen. In 12,8% werden solche
Handlungsempfehlungen sehr oft bis immer und in 63,8% der Fälle zumindest bei Vorliegen von signifikanten Abweichungen vom Controlling aufgezeigt. Folglich geht die Initiative in 76,6% der Fälle aktiv vom Controlling aus,
während in 19,1% der teilnehmenden Häuser Controlling nur auf Anfrage des
Ansprechpartners Entscheidungshilfe leistet. In 4,3% der Krankenhäuser
übernimmt Controlling keine Beratungsleistungen.

Berichtswesen

Ein zentrales Berichtswesen ist in 89,4% der teilnehmenden Krankenanstalten implementiert, wobei dieser Anteil von der Größe unabhängig zu sein scheint. Bei Vorhandensein eines solchen Berichtsystems ist im überwiegenden Teil der Fälle (zirka 93%) Controlling dafür verantwortlich. In den übrigen Krankenanstalten übernimmt zumeist das Rechnungswesen oder die Verwaltungsdirektion selbst die Organisation des Berichtswesens.

Beratung im Entscheidungsfindungsprozess

‚Nur bei wichtigen Entscheidungen' involvieren 38,3% der befragten Krankenhäuser im Material- sowie Arzneimittelbereich und 31,9% im Personalbereich das Controlling. Weiters ergibt die Studie, dass Controlling im Material- sowie Arzneimittelbereich zu 12,8% und im Personalbereich zu 19,1% der teilnehmenden Krankenhäuser ‚sehr oft bis immer' in die Entscheidungsprozesse eingebunden ist. Werden diese beiden Ergebnisse addiert, spielt Controlling folglich in etwas mehr als der Hälfte der Häuser regelmäßig eine Rolle im Entscheidungsprozess.[14] Dieser als eher gering zu bezeichnende Beitrag des Controllings zur Entscheidungsfindung könnte darauf zurückzuführen sein, dass die Entscheidungen von den diesen Bereichen zugeordneten Stellen (Materialwirtschaft und Personalabteilung) vorbereitet und dann gemeinsam

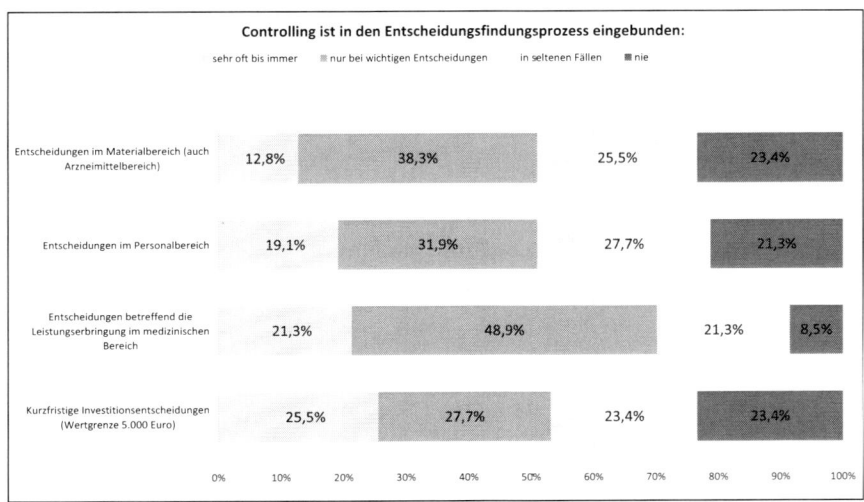

ABB. 4:   EINBINDUNG VON CONTROLLING IN DEN ENTSCHEIDUNGSFINDUNGSPROZESS (STUDIE)[15]

14   Selbst erstellt aus Studiendaten Lavaulx-Vrecourt 2009, S. 167ff
15   Selbst erstellt aus Studiendaten Lavaulx-Vrecourt 2009, S. 142ff

mit der kollegialen Führung getroffen werden. Die Befragung ergab hinsichtlich der Entscheidungen im medizinischen Bereich deutlich andere Ergebnisse, wonach in Summe über 70% Controlling häufig oder zumindest bei wichtigen Entscheidungen in den Prozess einbinden. Nur in 21,3% der Fälle spielt Controlling selten und in 8,5% überhaupt keine Rolle bei der Entscheidungsfindung im medizinischen Bereich. Die Entscheidungsfindung für kurzfristige Investitionen findet in beinahe 50% der Krankenhäuser weitestgehend ohne Beiziehen der Controlling-Abteilung statt. Wenn Controlling hier eingebunden ist, so geschieht dies in ca. der Hälfte dieser Fälle sehr oft bis immer (25,5%).

Personal-Controlling

Die Auswertung der abgefragten Berufsgruppenkategorien (Medizinisches Personal, Pflegepersonal, Medizinisch-technisches Personal sowie Verwaltungs-, technisches und sonstiges Personal) zeigt, dass Controlling-Maßnahmen für das Pflegepersonal mit 40,4% bis 87,2% über alle abgefragten Analysen durchwegs am stärksten verbreitet sind. Auswertungen zur Gruppe des medizinischen Personals folgen mit Anteilen von 27,7% bis 80,9%, noch vor dem medizinisch-technischen Personal und den weiteren Personalgruppen.[16]

   Die Detail-Ergebnisse erklären diese große Bandbreite mit hohen Prozentziffern für die Personalbedarfsplanung sowie die Analysen zu den Personalkosten und dem Personalbedarf. Während Auswertungen zu Fehlzeiten durchwegs von etwas mehr als 50% der Häuser durchgeführt werden, ist hinsichtlich der Auswertungen zu Fluktuationen, des Personaleinsatzes im Verhältnis zur Leistungserbringung und dem Benchmarking eine noch markantere Verringerung der positiven Antworten (von 4,3% bis 48,9%) beobachtbar.

Sachkosten-Controlling

Energiekennzahlen werden für das gesamte Krankenhaus in 72,3% der Fälle erhoben, wohingegen die Ziffern für die Fachbereiche und Stationen verständlicherweise klar darunter liegen. Die Kennzahlen zum Verbrauch von Implantaten werden vor allem auf der Ebene der Fachbereiche (61,7%) und nur in geringerer Anzahl für das gesamte Krankenhaus oder die Stationen analysiert. In etwas mehr als der Hälfte der befragten Krankenhäuser kommen weitere Verbrauchskennzahlen zur Anwendung, wobei diese wiederum vor allem das gesamte Krankenhaus betreffen.

---

16   Selbst erstellt aus Studiendaten Lavaulx-Vrecourt 2009, S. 170ff

Arzneimittel-Controlling

Analysen der Verbrauchshäufigkeit (ABC-Analysen) stellen die am stärksten etablierten Instrumente im Feld des Arzneimittel-Controllings dar und kommen in 57,4% der Häuser zur Anwendung. In ca. der Hälfte der teilnehmenden Krankenanstalten werden Verbrauchsanalysen für Arzneimittel nach ATC-Gruppen[17] auf Ebene des Gesamtkrankenhauses erstellt. Dieses Instrument wird auf Ebene der Fachbereiche (46,8%) und Stationen (36,2%) bereits in geringerem Ausmaß genutzt. Während Lagerkennzahlen für Arzneimittel noch in 36,2% der befragten Krankenhäuser Anwendung finden, werden nur von 17% der teilnehmenden Krankenanstalten XYZ-Analysen durchgeführt.

LKF-Controlling

Auswertungen zu den LKF-Punkten[18] werden von einer überwiegenden Anzahl der befragten Krankenanstalten für das gesamte Haus (91,5%) und auch für die Fachbereiche (89,4%) angefertigt. Umso verwunderlicher ist, dass die zugrunde liegenden Daten, die zur Berechnung der Punkte benötigt werden, in einem geringeren Ausmaß analysiert werden.

Ist-Werte der Medizinischen Einzelleistungen werden von 70,2% für das Gesamtkrankenhaus und von 76,6% für die einzelnen Fachbereiche analysiert. Ein ähnliches Bild zeigt sich hinsichtlich der Auswertungen zu den HDG und MEL-Gruppen, wenn auch die Zahlen leicht darunter liegen. Die Haupt- und Nebendiagnosen werden von etwas weniger als der Hälfte der Anstalten (48,9%) näher untersucht.

Weiterführende Analysen werden in 63,8% der Häuser in Form von Auswertungen zu der durchschnittlichen Verweildauer in Bezug zur LKF-Modellvorgabe vorgenommen, Kostenkalkulationen in Bezug zu den LDF-Punkten sind mit einem Wert von 21,3% bereits weit weniger verbreitet. Bei allen Auswertungen zeigt sich der bereits bekannte Umstand der merklich geringeren Ergebnisse hinsichtlich der Analysen auf Ebene der Stationen.

---

17 ATC: Anatomical Therapeutic Chemical (ATC) Classification System; http://www.whocc.no/atcddd/

18 LDF- bzw. LKF-Punkte: Kernpunkte nach dem österreichischen LKF-Modell, ermittelt durch das offizielle Scoring-Programm

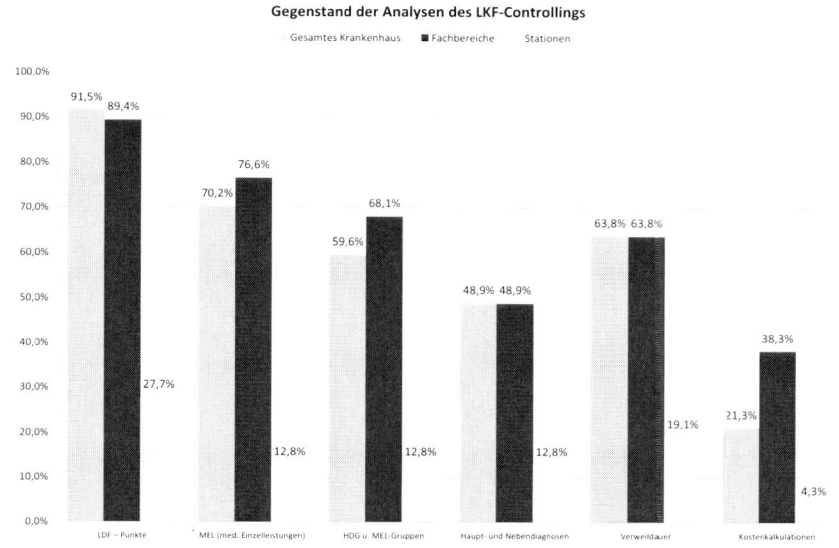

Legende:
HDG u. MEL-Gruppen   Hauptdiagnosegruppen und MEL-Gruppen
Verweildauer   Durchschnittliche Verweildauer in Bezug zur LKF-Modellvorgabe
Kostenkalkulationen   Kostenkalkulationen in Bezug zu den LDF-Punkten (nach HDG bzw.
                        MEL-Gruppen)

Abb. 5:   Gegenstand des LKF-Controllings (Studie)[19]

Controlling im unmittelbaren Patientenbereich

Um den Einsatz von Controlling in diesem Bereich zu erheben, war die Anwendung der Instrumente des Medizin-Controllings Gegenstand der Befragung. Die generelle Betrachtung der Ergebnisse zeigt, dass lediglich eine Minderheit die jeweiligen Instrumente intensiv einsetzt. Vergleiche der Diagnosestatistiken werden von 31,9% der Häuser flächendeckend durchgeführt, wobei eine Verknüpfung dieser Statistiken mit der Anzahl der Pflegetage in nur mehr knapp über einem Viertel der befragten Krankenanstalten Anwendung findet. Analysen der Leistungserstellung und der medizinischen Prozesse werden nur von 6,4% der Häuser regelmäßig, aber immerhin von 53,2% vereinzelt erstellt. Der Personaleinsatz als wichtigster Kostenfaktor bei der medizinischen Leistungserstellung wird flächendeckend in 25,5% der Häuser und vereinzelt bei 46,8% der teilnehmenden Spitäler analysiert. ca. die Hälfte der befragten Krankenhäuser erstellen umfassende Auswertungen zur internen Leistungsanforderung, wobei eine Bewertung derselben von etwa 40% vorgenommen wird.

19   Selbst erstellt aus Studiendaten Lavaulx-Vrecourt 2009, S. 142ff

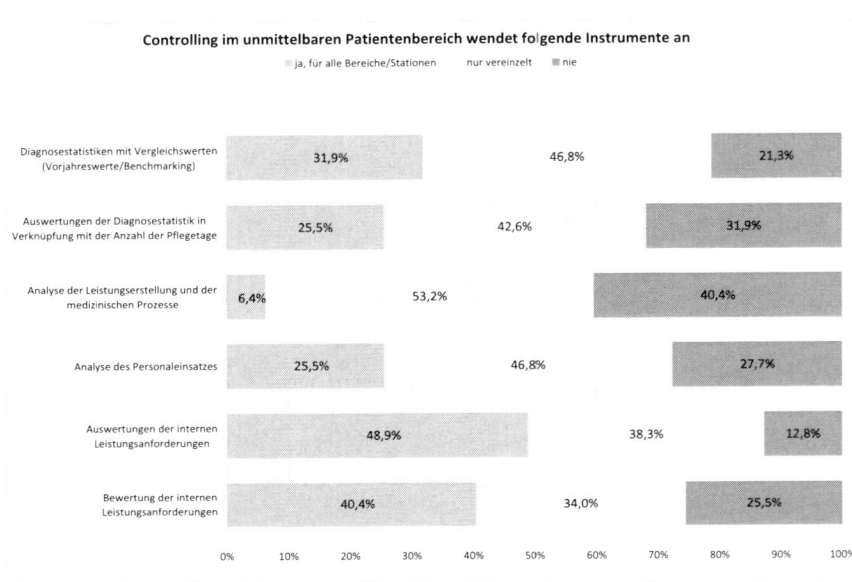

Controlling im unmittelbaren Patientenbereich wendet folgende Instrumente an

ja, für alle Bereiche/Stationen   nur vereinzelt   nie

Diagnosestatistiken mit Vergleichswerten (Vorjahreswerte/Benchmarking)	31,9%	46,8%	21,3%
Auswertungen der Diagnosestatistik in Verknüpfung mit der Anzahl der Pflegetage	25,5%	42,6%	31,9%
Analyse der Leistungserstellung und der medizinischen Prozesse	6,4%	53,2%	40,4%
Analyse des Personaleinsatzes	25,5%	46,8%	27,7%
Auswertungen der internen Leistungsanforderungen	48,9%	38,3%	12,8%
Bewertung der internen Leistungsanforderungen	40,4%	34,0%	25,5%

0% 10% 20% 30% 40% 50% 60% 70% 80% 90% 100%

ABB. 6:   CONTROLLING IM UNMITTELBAREN PATIENTENBEREICH (STUDIE)[20]

Strategisches Controlling

Da die Planung ein grundlegendes Element des Controllings zur Unterstützung des strategischen Managements darstellt, wurden im Rahmen der Befragung die Controlling-Tätigkeiten der Krankenanstalten in diesem Feld erhoben. Planungen zu langfristigen Investitionsentscheidungen werden in 63,8%
der Fälle vorgenommen, wobei weitere 17% beabsichtigen eine solche Planung einzuführen. Ähnliche Werte erreichen auch die Kapazitätsplanung
sowie die Prognose der zukünftigen Ausrichtung der Leistungserbringung im
jeweiligen Krankenhaus. Lediglich die Ergebnisse zur Planung bezüglich der
zukünftigen medizinischen Technologie (31,9%) fallen gegenüber den anderen Werten deutlich ab.

20 Selbst erstellt aus Studiendaten Lavaulx-Vrecourt 2009, S. 142ff

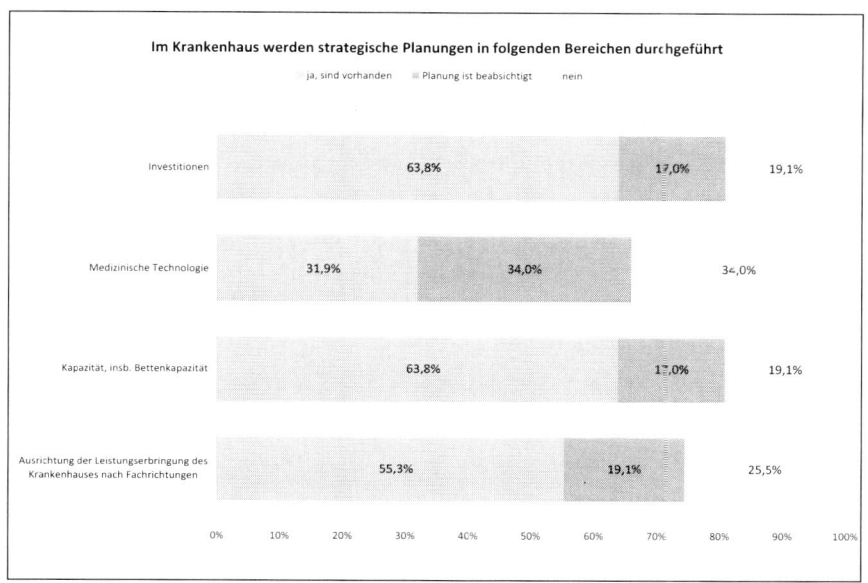

Im Krankenhaus werden strategische Planungen in folgenden Bereichen durchgeführt

ja, sind vorhanden   Planung ist beabsichtigt   nein

Abb. 7:   Strategisches Planen im Krankenhaus (Studie)[21]

Welche Wirkung entfaltet Controlling im Krankenhaus?

In der Mehrheit der Häuser ist ein deutlicher Einfluss des Controllings auf das Management zu beobachten. 72,3% der Befragten sehen eine starke Auswirkung auf das Wirtschaftlichkeitsdenken der Verantwortlichen und in 61,7% der Krankenhäuser werden Kostensenkungspotenziale durch Controlling-Maßnahmen aufgedeckt. Doch bei der eigentlichen Realisierung der Maßnahmen zeigt sich ein vollkommen konträres Bild. Kostensenkungen können nur in etwas mehr als einem Viertel der Krankenhäuser auch tatsächlich realisiert werden. Auch die Optimierung des Ressourceneinsatzes und die Effizienzsteigerung bei medizinischen Prozessen werden lediglich in 27,7% bzw. 29,8% der teilnehmenden Krankenanstalten als merkliche Auswirkung des Controllings gesehen.

21   Selbst erstellt aus Studiendaten Lavaulx-Vrecourt 2009, S. 142ff

2.2 Kritische Zusammenfassung der Ergebnisse der Controllingstudie
Eugen Hauke

2.2.1 Wo ist erfolgreiches Controlling organisatorisch zweckmäßig verankert?

Es ist verständlich, wenn in einem Unternehmen der Wirtschaft das Controlling dem Finanz- und Wirtschaftsbereich zugeordnet wird, zumal der Zweck des Unternehmens in der Erzielung von finanziellen Erfolgen liegt. Daher erscheint es recht und billig, die maßgebliche Steuerung in diesem Bereich anzusiedeln.

In Krankenhäusern – insbesondere in jenen der öffentlichen Hand und in den Ordensspitälern – oder auch anderen Gesundheitseinrichtungen sind es jedoch andere Zielsetzungen, die verfolgt werden: es geht primär um die Besserung des Gesundheitszustandes und die Heilung der Patienten. Somit sind auch die wesentlichen Entscheidungen, um diese Ziele erreichen zu können, nicht primär ökonomisch bedingt, sondern werden von den Gesundheitsberufen, die unmittelbar am Patienten tätig sind, getroffen, also von Ärzten, Pflegern, Therapeuten. Sie bestimmen, welche Voraussetzungen für einen optimalen diagnostisch-therapeutischen Prozess erforderlich sind. Sie definieren somit die Investitionen und das Personal in seiner erforderlichen Qualität und Quantität ebenso wie die Ge- und Verbrauchsmaterialien und weitgehend auch die Betreuungsprozesse. Allerdings sollten all diese Entscheidungen über die Erfordernisse unter Beachtung des Rationalprinzips erfolgen, also die Beschränkung auf den unbedingt nötigen Ressourceneinsatz zum Ziel haben. Wie kann dieses wichtige Ziel nun von diesen Berufsgruppen, deren Berufsausbildung nicht primär ökonomisch orientiert war, konsequent verfolgt werden?

Eine ganz andere Rolle spielen die Mitarbeiter des Wirtschafts- und Verwaltungsbereiches. Sie haben die Aufgabe der Optimierung der Ressourcenbereitstellung, einer Mitgestaltung beim Prozessmanagement und der Herstellung des finanziellen Gleichgewichtes bei sich ändernden Rahmenbedingungen zwischen den medizinischen, pflegerischen sowie therapeutischen Erfordernissen und deren Finanzierungsmöglichkeiten. Weiters kommt diesen Berufsgruppen eine beratende Funktion gegenüber den unmittelbar am Patienten tätigen Berufen in organisatorischer und wirtschaftlicher Hinsicht zu.

Damit kann die Frage hinsichtlich der ökonomischen Orientierung der unmittelbar am Patienten Tätigen dahingehend beantwortet werden, dass sie zeitnahe Informationen des Controllings benötigen, um ihren Aufgaben gerecht werden zu können. Diese Informationen werden ihnen entweder für ihre Aufgabenerfüllung ausreichen, oder sie werden der Beratung durch die dafür ausgebildeten Mitarbeiter bedürfen. Wichtig ist, dass alle Zugang zu den Informationen des Controllings haben und dass nicht eine negativ-kritische Haltung gegenüber dem Daten- und Informationsmaterial besteht. Controllingdaten sind nicht „Eigentum" der Finanz- und Wirtschaftsbereiche, sondern ermöglichen Transparenz des Betriebes einschließlich der finanziellen Auswirkungen.

Wenn nun die Studie ergeben hat, dass das Controlling als Steuerungsinstrument organisatorisch, aber auch noch inhaltlich cominierend dem Wirtschafts- und Finanzbereich zugeordnet ist, stellen sich folgende Fragen:

*   Sind die Kernprozesse des Gesundheitsbetriebes ausreichend durch das Controlling integriert und datenmäßig erfasst, um mithilfe des Controllings Steuerungsprozesse einleiten zu können?
*   Werden die Controllingergebnisse von allen Berufsgruppen akzeptiert und damit die ökonomische Mitverantwortung übernommen?
*   Ist die Bereitschaft, auch den Kernprozess zu steuern, um ihn zu optimieren, vorhanden, wenn die Daten nicht innerhalb der eigenen Berufsgruppe entstanden sind?

Es spricht vieles dafür, dass das Controlling unabhängig von den Berufsgruppen verankert werden sollte, da bereits dadurch Akzeptanzprobleme der Ergebnisse verringert werden können. Jede Berufsgruppe sollte Controllinginformationen als wertvolle Unterstützung des eigenen Gestaltungsbereiches ansehen und schätzen.

2.2.2   Mehrere Controllingbereiche in einer Gesundheitseinrichtung

War gerade die Rede von einer berufsgruppenfreien Ansiedlung des Controllings und der gemeinsamen Nutzung, so erscheint es aufgrund der Studie bemerkenswert, dass es Gesundheitseinrichtungen gibt, die mehrere Controllingbereiche (Controller-Bereiche), manchmal sogar voneinander weitgehend unabhängig, aufgebaut haben (Finanz-, Personal-, Medizin-, Pflege-, Technikcontrolling) und deren Daten miteinander nicht abgestimmt werden. Dies ist ein Abbild der immer wieder zu beobachtenden „Versäulung" der Organisation in Gesundheitseinrichtungen. Dabei steht nicht das Miteinander im Vordergrund, sondern es besteht mangelnde interprofessionelle Kooperationsfähigkeit, die mit einem Verzicht auf die Optimierung des gesamten Betriebes verbunden ist.

Wenn mehrere Controllingbereiche in einem Gesundheitsbetrieb bestehen sollten, so ist im Sinne der erforderlichen Kooperation und der gesamtbetrieblichen Steuerung deren Zusammenführung erforderlich.

2.2.3   Relevanz des Controllings

Betrachtet man die Ergebnisse der Studie, so wird evident, dass nicht alle Berufsgruppen sich gleich intensiv mit den Ergebnissen des Controllings auseinandersetzen. Nicht alle sind sich offenbar bewusst, dass Controlling nur ein Abbild des gesamten betrieblichen Geschehens ist, das sehr wohl aber von allen Berufsgruppen gestaltet wird. Es zeigt sich, dass noch Nachholbedarf bei einigen Berufsgruppen besteht, den unabdingbar notwendigen Instrumentalcharakter des Controllings für alle, die sich um die Erfüllung der Ziele der Gesundheitseinrichtung bemühen, aufzuzeigen.

2.2.4   Patient und Controlling

Während sich die Mitarbeiter einer Gesundheitseinrichtung vielfältig im Controlling widerspiegeln (Anzahl, Kosten, Absenzen, Fluktuation, Organisation ...), so zeigt sich bei den Patienten eine einseitigere Darstellung. Natürlich werden die Patientenzahlen und ihre Kosten in den Controllingprozess mit einbezogen, doch sind nur in seltenen Fällen Analysen z. B. hinsichtlich der Patientenadministration, der Patientenzufriedenheit und deren Neigung, im Bedarfsfall wieder diese Gesundheitseinrichtung zu wählen, vorzufinden. Zweifellos wären aber diese Aspekte für strategische Überlegungen wertvoll.

2.2.5   Der Controller als Statistiker (Datenlieferant)

Die Studienergebnisse zeigen zwar, dass der Controller zunehmend einen Beraterstatus einnimmt und nicht nur als statistischer Datenlieferant angesehen wird. Es wäre auch nicht im Sinne der Controllingidee, die dem Controlling beimisst, das Management aufgrund der erarbeiteten Daten mit Vorschlägen aktiv zu unterstützen, wenn das Controlling auf die Datensammlung und -aufbereitung reduziert würde. Natürlich ist die Voraussetzung für die Erfüllung dieser Aufgabe, dass der Controller in seiner Person, Ausbildung und Erfahrung hierfür geeignet ist.

2.2.6   Strategisches Controlling kommt zu kurz

Die Ergebnisse der Befragung zeigen eine klare Dominanz des operativen vor dem strategischen Controlling. Versucht man angesichts der evidenten Notwendigkeit der strategischen Ausrichtung von Gesundheitsbetrieben zu ermitteln, worin diese Ergebnisse begründet sind, so wird nicht selten die unzureichende faktische Kompetenzübertragung für Gesundheitseinrichtungen an ihr Management zu vermuten sein. Übergeordnete Körperschaften, Eigentümer und andere außerhalb des Betriebes situierte, relevante Institutionen haben sich immer wieder die Strategiekompetenz vorbehalten. Die unsichere Finanzierung längerfristiger Strategien aufgrund der Finanzierungssysteme trägt sicher dazu bei, dass längerfristige Überlegungen zu kurz kommen. Dass aber Gesundheitsbetriebe nicht nur mit der Perspektive für 1 bis 3 Jahre verantwortungsbewusst zu führen sind, sollte jedem Beteiligten offensichtlich sein. Im Sinne der Optimierung der Gesundheitseinrichtungen sollte daher die Wahrnehmung der strategischen Führungsverantwortung verstärkt eingefordert werden.

2.2.7   Die Tiefe der betrieblichen Durchdringung

Gesundheitseinrichtungen, aber insbesondere Krankenhäuser, sind in ihrer Struktur heterogen. Man denke nur an die unterschiedlichen Fachabteilungen, die differenziert zu betrachten sind, sei es z. B. in Bezug auf die Kosten, die Verweildauer, die Auslastung oder die erforderlichen Investitionen. Trotzdem zeigt die Studie, dass die gesamtbetrieblichen Analysen des Controllings überwiegen und erst in zweiter Linie die Fachabteilungen untersucht werden. Stationsweise Überlegungen werden noch seltener angestellt.

Damit verzichtet man auf ausreichende Eingriffe der Steuerung auf teilbetrieblicher Ebene. Natürlich dürfen die Gesamtergebnisse einer Gesundheitseinrichtung in ihrer Bedeutung nicht unterschätzt werden, doch wird sich auch ein gesamtbetrieblicher Erfolg sicher nur durch die Steuerung von Fachabteilungen erzielen lassen. Zu unterschiedlich sind die Fachabteilungen, als dass der Gesamtbetrieb auf ihre Beeinflussung verzichten könnte.

Je nach Kompetenzzuteilung auf die einzelnen Führungsebenen sollte die Stationsverantwortung in die Controllingarbeiten einbezogen oder bewusst darauf verzichtet werden.

2.2.8   Reaktives Management

Bemerkenswert erscheint das Studienergebnis hinsichtlich der Reaktionen des Managements bezüglich der vom Controlling aufgezeigten erforderlichen Entscheidungen. Es zeigt sich, dass noch nicht ausreichend auf aufgezeigte Zielerreichungsabweichungen durch verändernde Entscheidungen reagiert wird. Dies liegt sicher auch in der noch jungen Tradition von Gesundheitsbetrieben, zielorientiert und rasch gestaltet zu werden, ebenso wie in trägen Beeinflussungsmöglichkeiten des Gesundheitssystems und in der schwer erzielbaren Beeinflussung von Patientenverhalten. Doch wird man angesichts der zunehmenden Verselbstständigung der Gesundheitseinrichtungen nicht umhin kommen, sich intensiver den Folgerungen aus Controllinganalysen und -empfehlungen anzunehmen.

2.2.9   Die Bedeutung von Kosten/Leistung

Während die Studie deutlich aufzeigt, dass sich Controller intensiv mit LKF-Punkten, den MEL und HDG auseinandersetzen, sind Kostenkalkulationen pro Leistung deutlich seltener vorzufinden. Das bedeutet, dass die Überlegungen zur Relation Kosten und Entgelt nicht ausreichend angestellt werden. Damit kommen auch innerbetrieblich zeitliche Analysen zu kurz, geschweige denn der überbetriebliche Vergleich. Dies sind aber maßgebliche Elemente im betrieblichen Geschehen, auf deren Gestaltung bzw. Einflussnahme die Führung offensichtlich verzichtet.

2.2.10   Zwischenbetriebliche Vergleiche

Es kann wohl nur auf die traditionelle mangelhafte Transparenz im Gesundheitswesen und auf die Weigerung, die Kosten transparent zu machen, zurückgeführt werden, dass der Vergleich der eigenen Leistungen mit anderen Leistungsanbietern nicht die ihm gebührende Wertschätzung erhält. Auf die Bedeutung der Strategie, sich vergleichsweise zu messen und daraus Schlussfolgerungen zu ziehen bzw. Entscheidungen zu treffen, muss nicht extra hingewiesen werden. Zu oft ist der fruchtbringende Effekt dieses „Wettbewerbs" in der Literatur zu finden. Doch sollte man nicht zögern, eigene Anstrengungen zur Vertiefung dieses Lerneffektes zu intensivieren.

2.2.11   Geringe Wertschätzung innerbetrieblicher Leistungen

Aufgrund der Komplexität der Gesundheitsbetriebe ist die Erbringung von einer innerbetrieblichen Leistungsstelle an eine andere häufig. Daraus ergibt sich ein großer Komplex nicht direkt zurechenbarer Kosten. Ihre adäquate Zurechnung ermöglicht erst die Kostenermittlung. Diese sind unabdingbare Grundlage für die Entscheidungen der Führungskräfte. Die Studie zeigt diesbezügliche Unterentwicklungen auf. Für die Steuerung der Gesundheitsbetriebe wird eine Intensivierung der Bemühungen um eine adäquate Kostenermittlung unerlässlich sein.

2.2.12   Controlling hat sich durchgesetzt, aber es gibt keinen Anlass es nicht weiterzuentwickeln

Die Studie hat eindeutig aufgezeigt, dass Controlling in den letzten Jahren eine hohe und inzwischen unbestrittene Bedeutung auch für die Gesundheitsbetriebe erlangt hat. Sein Stellenwert hat sich durch die Notwendigkeiten, die durch die Verselbstständigung dieser Einrichtungen und der damit verbundenen gestiegenen Verantwortung entstanden sind, noch erhöht. Allerdings zeigen die Studienergebnisse noch einen gewaltigen Weiterentwicklungsbedarf, bis die Möglichkeiten des Controllings ausreichend ausgeschöpft betrachtet werden können.

2.3 Stärken, Schwächen, Grenzen des gegenwärtigen Controllings

Josef Hradsky, Roland Lavaulx-Vrécourt

Dieses Kapitel behandelt Stärken, Schwächen und Grenzen des Controllings in Gesundheitseinrichtungen. Diese Punkte werden teilweise auch in anderen Beiträgen dieses Buches – unter dem Gesichtspunkt des jeweiligen Kapitels – aufgezeigt. Die folgenden Anmerkungen zu diesen Punkten sollen nicht als Doppelgleisigkeiten betrachtet werden, sondern als Aufforderung, sich demselben Thema von unterschiedlichen Standpunkten aus zu nähern.

2.3.1 Stärken

Enger werdende finanzielle Möglichkeiten im Gesundheitswesen einerseits und andererseits die Tatsache, dass „Gesundheit" insgesamt eines der wichtigsten Zukunftsthemen – ein Megatrend – ist, erfordern noch mehr als bisher den Einsatz betriebswirtschaftlicher Instrumente. Planung, Zielvorgaben und Steuerung werden somit immer wichtiger. Die Überprüfung, ob der „richtige" Weg eingeschlagen wird und ob die hierfür erforderliche Steuerung zutrifft, ist nur aufgrund von aussagefähigen Daten des Controllings möglich[22]. Dazu gehört auch ein gut gestaltetes innerbetriebliches Berichtswesen, das üblicherweise ebenfalls dem Controlling zugeordnet ist.

In Gesundheitseinrichtungen bestehen – schon allein aufgrund der unterschiedlichen Berufsgruppen, vor allem aber wegen der in Diagnose, Therapie, Pflege usw. ablaufenden vielschichtigen Prozesse – besonders komplexe Zusammenhänge. Controlling beinhaltet unter anderem den Nachweis der erbrachten Leistungen und deren Verknüpfungen und ist ein unumgänglicher Bestandteil von Gesundheitseinrichtungen, um diese Zusammenhänge gut darzustellen und damit insgesamt die Transparenz des Betriebsgeschehens zu erhöhen.

Diagnose, Therapie, Pflege, komplexe Zusammenhänge: allein die Aufzählung dieser Begriffe zeigt, dass Controlling ein Instrument für alle Berufsgruppen sein könnte – und sein müsste, denn nur mit der Einbindung aller Berufsgruppen kann Controlling seine Stärke vollends entfalten[23].

Der Nachweis erbrachter Leistungen und die Transparenz – beide werden, wie bereits erwähnt, vom Controlling geliefert – bringen Klarheit und heben Unsicherheiten auf. Es werden nachvollziehbare Grundlagen für Entscheidungen und/oder Kurskorrekturen geliefert. Unklarheit demotiviert Mitarbeiter,

---

22 Vgl. Breinlinger-O'Reilly/Krabbe 1998
23 Vgl. Schirmer 2003

im Gegensatz dazu ist Sicherheit bei der eigenen Tätigkeit ein wesentlicher Faktor der Motivation. Auch dieser Aspekt ist eine Facette der Stärke des Controllings.

Oft vernachlässigt, wenn überhaupt vorhanden, ist das auf langfristige Planungen hin ausgerichtete strategische Controlling. Die immanente Stärke eines funktionierenden strategischen Controllings ist es, durch die Aufbereitung und Analyse von Daten (machbare) Visionen zu bestätigen und somit aber auch (nicht machbare) Utopien als solche aufzuzeigen.

Für Mitarbeiter, die im Controlling tätig sind oder tätig werden wollen, ist ein im Sinne der eigenen Karriereplanung nicht gering zu schätzender Vorteil, dass Controlling im Gesundheitswesen – obwohl bereits seit geraumer Zeit theoretische Abhandlungen bestehen[24] – in der Praxis ein relativ junger Bereich ist und daher noch viele Entwicklungsmöglichkeiten hat.

2.3.2   Schwächen

Eine der Hauptschwächen des Controllings nicht nur, aber besonders im Gesundheitswesen ist, dass es oft als „Kontrolle" gesehen wird. Dazu trägt allerdings manchmal bei, dass Controller dies tatsächlich so leben oder dass Controlling von manchen Managern für Kontrolle „missbraucht" wird, statt es als Hilfestellung für Managemententscheidungen zu nutzen.

Diese Tendenz, Controlling als Kontrolle anzusehen, bewirkt gemeinsam mit der immer noch häufig anzutreffenden prinzipiellen Abneigung von Health Professionals gegenüber betriebswirtschaftlichen Instrumentarien eine völlig unzureichende Akzeptanz, vor allem bei Angehörigen der medizinischen und pflegerischen Berufe. Daher müssten der Zweck und die Aufgabe des Controllings auf allen betrieblichen Ebenen verdeutlicht werden, am besten indem es sich selbst positiv „verkauft". Dies bedeutet jedoch vor allem aufgrund der Vielzahl der beteiligten Berufsgruppen sowie der in vielen Bereichen des Gesundheitswesens anzutreffenden Matrixorganisation einen hohen Aufwand bei der Überzeugungsarbeit und bei der innerbetrieblichen Kommunikation. Vor allem sollte sich das Controlling natürlich an diejenigen wenden, die als Empfänger der Daten, der aufbereiteten Ergebnisse und der Maßnahmenvorschläge in ihrem jeweiligen Verantwortungsbereich steuern sollen bzw. sollten[25].

Controlling hat die Tendenz, Daten und Ergebnis möglichst vollständig und umfassend weiterzugeben. Damit schwächt sich das Controlling selbst, weil die Adressaten mit der Fülle an Informationen nicht zurecht kommen bzw. zurechtkommen können. Controlling sollte sich daher auf die wesentli-

24 Vgl. Hauke 1997
25 Vgl. Salfeld/Hehner/Wichels 2008

chen Punkte beschränken (Bekenntnis zur gewollten Unvollständigkeit) und diese möglichst anschaulich und verständlich präsentieren.

Eine weitere Schwäche ist dadurch bedingt, dass die Leistung des Controllings kaum messbar und oft nicht genau definiert bzw. definierbar ist. Dies führt manchmal dazu, dass Antworten auf nicht gestellte Fragen gegeben werden, wodurch aus den erhobenen Daten „Zahlenfriedhöfe" entstehen[26]. Generell ist an dieser Stelle anzumerken, dass Controlling Informationen und Empfehlungen liefert; doch wie und wer beurteilt deren Brauchbarkeit? Die Qualität des Controllings kann somit nur schwer überprüft werden – ein grundsätzlicher Schwachpunkt, der nicht leicht behebbar ist.

Der Controller wird häufig nicht als Partner des Managements angesehen, sondern nur als „Zahlenlieferant", bestenfalls als Berater. Noch dazu lassen sich Manager, egal aus welchem Berufsstand der Gesundheitseinrichtung, oft nur ungern von „einfachen" Controllern beraten, da dies dem (falschen!) Selbstverständnis als Manager widerspricht und Beratung häufig als „Besserwissen" oder gar Bevormundung erlebt wird. Aus dieser Geringschätzung heraus resultiert auch die Gefahr des Missbrauchs von Controlling ganz nach dem Motto „Was wollen Sie denn, dass herauskommen soll?"[27].

Bei der Eingliederung des Controllings besteht grundsätzlich Einigkeit darüber, dass die Controllingfunktion als Stabsstelle, die der Leitung unterstellt ist, in die Organisation eingeordnet werden sollte[28]. Erst dadurch kann das bereichsfreie Denken des Controllers ermöglicht und der Vorwurf der Voreingenommenheit zu bestimmten Berufsgruppen abgeschwächt werden. Dies trifft jedoch dann nicht zu, wenn – wie in der Praxis immer wieder anzutreffen – Controlling in der „Linie" eingeordnet ist. In diesem Fall liegt die Schwäche des Controllings in der oben genannten Voreingenommenheit und dem mangelnden bereichsfreien Denken[29]. Diese Schwäche wird durch die häufig vorkommende „zersplitterte Teilung" des Controllings verstärkt, indem das Controlling in Finanzabteilungen, in Personalabteilungen usw. (teilweise sogar in Personalunion mit anderen Funktionen) eingeordnet ist. Solche getrennten Funktionen führen zu Interessenskonflikten und erfordern zusätzlichen Koordinierungsaufwand, der oft gar nicht oder nur unzureichend wahrgenommen wird.

Wenn Controlling an seine Grenzen stößt, werden zwangsläufig die ihm zugeschriebenen Aufgaben eingeschränkt. Dies kann im weiteren Sinne ebenfalls als Schwäche ausgelegt werden.

---

26 Vgl. Straub 1997
27 Schirmer 2003
28 Vgl. Mösenbacher 2007
29 Vgl. Straub 1997

2.3.3   Grenzen

Controlling im Gesundheitswesen hat sich naturgemäß den besonderen Gegebenheiten dieses hochspezialisierten Dienstleistungssektors anzupassen. Mit der herkömmlichen Art und den gebräuchlichen Methoden von Controlling, die schon von der Entwicklung her (zu) stark auf betriebs- und finanzwirtschaftliche Parameter ausgerichtet sind, können nämlich die entscheidenden Prozesse (Diagnose, Therapie) nicht vollständig durchleuchtet, sondern nur punktuell Hinweise dazu gegeben werden. Controlling kann somit auch – obwohl dies oft unrealistischerweise gefordert wird – nur wenige Aussagen zur Qualität dieser Prozesse geben. Daraus lässt sich unter anderem ableiten, dass die in der primären Leistungserbringung tätigen Health Professionals, die diese entscheidenden Prozesse leben, Controlling nicht annehmen. Sie sehen in den Ergebnissen des Controllings bzw. in den sich daraus ergebenden Konsequenzen keine unmittelbaren Vorteile für sich, sondern nur – aus ihrer Sicht – zusätzlichen „berufsfremden" Arbeitsaufwand und unnötigen Erklärungsbedarf, oft unter dem negativ besetzten Stichwort „Bürokratie" zusammengefasst.

Vor allem in gemeinnützigen Gesundheitseinrichtung ergeben sich Grenzen auch dort, wo Maßnahmen, die aus rein betriebswirtschaftlicher Sicht aus den Daten des Controllings abgeleitet werden müssten, manchmal aus verschiedenen Gründen nicht umsetzbar sind: es gilt einen Versorgungsauftrag einzuhalten; es sind Vorhalteleistungen beizubehalten; die sinnvolle Verschiebung von „ungünstigen" zu „günstigeren" (das heißt mit einem besseren Verhältnis Erlös zu Kosten) Leistungen ist nicht möglich usw.

In allen Unternehmungen gilt, dass Controlling Daten erheben, aufbereiten und analysieren soll, um dem Management eine auf die Unternehmensziele ausgerichtete Steuerung zu ermöglichen. Für Steuerung werden aber messbare Ziele benötigt – und speziell in Gesundheitseinrichtungen fehlen diese häufig! Es fanden[30] und finden sich nach wie vor z. B. nur selten Krankenhäuser, die ihr Leistungsspektrum aufgrund eines Planungsprozesses definiert haben. Wenn überhaupt Ziele vorhanden sind, wie z. B. in den Holdings, Gesellschaften, Verbünden usw., werden diese aber oft nicht auf die dezentralen Einheiten (Krankenhäuser, Abteilungen) heruntergebrochen. Eine Steuerung der bzw. in den dezentralen Einheiten ist folglich bei strenger Auslegung des Begriffs Steuerung nicht möglich.

Wenn es messbare Ziele gibt, zeigt sich oft eine weitere Grenze, die aber an sich keine Grenze des Controllings ist. Dieses kann nämlich Zahlen, Daten und Fakten für Steuerung liefern, steuern muss allerdings das Management selbst. Sehr häufig werden Ergebnisse aus dem Controlling jedoch nicht oder

---

30   Vgl. Hauke 1995

nicht ausreichend als Auslöser für notwendige Maßnahmen verwendet. Damit entsteht sowohl bei den im Controlling Tätigen, aber noch mehr bei den Health Professionals, die bei der Erstellung der Ergebnisse idealerweise mit eingebunden sind, der Eindruck, es würden ohnehin nur Informationen für die „Schublade" produziert. Die menschlich natürliche Folge dieses Eindrucks: Demotivation, sich für das Controlling zu engagieren.

Die Gründe, warum auch eindeutige Ergebnisse des Controllings beim Management keine entsprechenden Maßnahmen auslösen, können vielfältig sein. Gerade im Krankenhauswesen ist manchmal zu beobachten, dass Controlling vom Träger aus nicht wirklich intensiv gefördert wird. Dieses Nichtfördern kann unter anderem durch das Vorenthalten der notwendigen personellen und materiellen (wie etwa EDV-Programme) Ressourcen recht „subtil" erfolgen. Die Gründe dafür sollen hier nur vermutet werden: es könnte die befürchtete Einschränkung der „Freiheit" (manchmal auch der Willkür?) des Trägers ebenso sein wie die Tatsache, dass bei eindeutigen Ergebnissen des Controllings eventuell unpopuläre Maßnahmen zu treffen wären (z. B. Koordination oder Konzentration von Leistungen, Abbau von Ressourcen usw.). Mit ein Grund ist sicher auch, dass im Gesundheitswesen insgesamt oft eine „Abneigung" gegen Transparenz und gegen die damit mögliche Vergleichbarkeit von Leistungen besteht.

Controlling oder besser gesagt das Management, das aufgrund von Ergebnissen und Analysen des Controllings zu reagieren hätte, hat aber vor allem dort seine Grenzen, wo – trotz anderer Datenlage – nicht rationale Aspekte zählen. Controlling ist nur so gut, wie es gewollt wird.

2.3.4 Resümee

Controlling im Allgemeinen und damit die Notwendigkeit und die Stärken des Controllings werden in vielen Beiträgen dieses Buches behandelt. Im vorliegenden Beitrag wird daher verstärkt auf die Schwächen und die Grenzen eingegangen. Es wäre falsch, wenn dadurch unbeabsichtigt der Eindruck entstünde, dass es keine positiven Beispiele für funktionierendes Controlling in Gesundheitseinrichtungen gibt. Es gibt sie durchaus. Aber es ist künftig weiterhin viel (Überzeugungs-)Arbeit zu leisten, um Controlling noch weiter zu implementieren bzw. es verstärkt anzuwenden.

Die Grundbedingung für sinnvolles und wirksames Controlling ist der uneingeschränkte Wille des Trägers und des Managements, aufgrund der Ergebnisse und der Vorschläge des Controllings tatsächlich die erforderlichen Maßnahmen zu setzen. Voraussetzung für diese zielorientierte Steuerung sind messbare Ziele auf allen Ebenen. Eine allen Mitarbeitern bekannte Unternehmensstrategie und daraus abgeleitete operative Ziele, die sich in Zielvereinbarungen der jeweiligen betrieblichen Einheit widerspiegeln, sind somit ein unbedingtes Erfordernis[31]. Auf Basis dieser Zielvereinbarungen, die unter Beiziehung des Controllings erarbeitet werden sollten, müssen die genauen Aufgaben des Controllings definiert werden. Controlling darf kein Selbstzweck sein. Es muss alles getan werden, um den Eindruck zu vermeiden, dass Controlling nur unbrauchbare oder inadäquate Informationen liefert – noch mehr muss natürlich vermieden werden, dass dies tatsächlich so ist.

Wesentlich ist, dass die Vorteile, die sich aus einer zeitnahen, zielorientierten Steuerung des Betriebs einer Gesundheitseinrichtung ergeben, allen Berufsgruppen nahe gebracht werden. Die Einbeziehung der im medizinischen, pflegerischen und medizintechnischen Bereich verantwortlich tätigen Mitarbeiter auf allen Ebenen ist unbedingt erforderlich. Besonders die Wichtigkeit von Zielen kann nicht oft genug betont werden: „Ziele schaffen Erfolgserlebnisse – Allein die Tatsache, dass eine Person ihre Ziele kennt, erhöht die Motivation dieses Menschen beträchtlich"[32]. Es muss daher gelingen, die Ergebnisse des Controllings für die Empfänger so aufzubereiten, dass sie auch für diese – und nicht nur für das oberste Management – unverzichtbar sind. Ein in der Praxis bewährtes Mittel, das Interesse der „Kunden" des Controllings zu wecken und z. B. die Einhaltung vereinbarter Ziele attraktiv zu machen, ist es, in gewissem Maße Belohnungssysteme vorzusehen[33].

Es muss alles versucht werden, eine positive Einstellung auch des mittleren Medizin- und Pflegemanagements dem Controlling gegenüber zu erreichen. Nur dann wird es möglich sein, die Stellung des Controllings in Gesundheitseinrichtungen zu stärken und es vermehrt zu einem anerkannten, nicht mehr wegzudenkenden Instrument auf allen betrieblichen Ebenen zu machen.

31 Vgl. Salfeld/ Hehner/ Wichels 2008
32 Zeyringer 2003
33 Vgl. Hradsky 2007

3 Controlling und Management

3.1 Controlling als Voraussetzung für erfolgreiches Management
Bernhard Güntert

3.1.1 Herausforderungen an das Management von Gesundheitseinrichtungen

Das Gesundheitswesen und seine Einrichtungen stehen vor vielfältigen Herausforderungen. Einige zeichneten sich seit Längerem ab, andere waren jedoch kaum vorhersehbar, neue werden dazukommen. Einige wirken sich einschneidend und langfristig aus, andere nur kurzfristig oder nur in Teilbereichen. Einige bedeutungsvolle Herausforderungen seien hier kurz erwähnt:

Demografische Entwicklung

Während das Bevölkerungswachstum in den meisten europäischen Ländern eher bescheiden bleiben dürfte, in einigen Ländern sogar mit einem Schrumpfungsprozess gerechnet wird und sich daraus keine substanzielle Nachfragesteigerung ergeben wird, spielt die Alterung der Bevölkerung hingegen eine entscheidende Rolle. Die Zunahme der Lebenserwartung ist signifikant, die Zunahme an gesunden Lebensjahren wird künftig anteilsmäßig jedoch gering bleiben. Altersbedingt wird daher auch in Zukunft ein Anstieg der Morbidität zu verzeichnen sein, welcher sich in einer Mehrnachfrage nach ambulant und stationär erbrachten Gesundheitsleistungen äußern wird. Eine zusätzliche Nachfrage nach professionell erbrachten Gesundheitsleistungen wird durch die vermehrte Vereinzelung der Menschen und das damit verbundene Auseinanderbrechen sozialer Unterstützungsnetze erfolgen.

Morbiditätsveränderungen

Mit der Alterung einher geht jedoch nicht nur eine Zunahme der Krankheitshäufigkeit, sondern auch eine Veränderung der Krankheitsbilder. Chronische und degenerative Erkrankungen nehmen zu, sind aber nur mehr schwer oder nicht mehr zu heilen und oft aufwändig zu behandeln. Die bisher zu beobachtende Kompression der Krankheit gegen das Lebensende hin muss heute differenzierter gesehen werden. Zivilisationskrankheiten wie Übergewicht, Allergien und Stressfolgen führen dazu, dass physische und psychische Erkrankungen doch wieder früher auftreten.

Ressourcenproblematik

Die Ressourcen des Gesundheitswesens werden sich – angesichts der einschneidenden aktuellen Finanz- und Wirtschaftskrise – nicht mehr leicht ausweiten lassen. Die markante Verknappung der finanziellen Ressourcen wird sicherlich mittelfristig anhalten. Die Finanzierung der Gesundheitseinrichtungen ist nicht nur in Österreich stark konjunkturabhängig. Die Abhängigkeit der Krankenversicherung von der Arbeits- und Einkommenssituation hat mit den zu finanzierenden Aufgaben wenig zu tun. Ähnlich verhält es sich in Österreich mit der von Mehrwertsteuererträgen abhängigen Finanzierung der Krankenhäuser bzw. der Landesgesundheitsfonds. Die wirtschaftliche Entwicklung und die Nachfrageentwicklung im Gesundheitswesen verläuft alles andere als parallel. Die Verknappung ökonomischer Ressourcen ist jedoch nur ein Teil der Ressourcenproblematik. Ein spezielles Problem stellen die personellen Ressourcen dar: Einerseits wird mit der Alterung der Gesellschaft die Leistungsnachfrage zunehmen, andererseits wird der Anteil der Erwerbsbevölkerung insgesamt abnehmen. Die Rekrutierung des für die Erbringung personaler Dienstleistungen an Patienten benötigten qualifizierten Personals dürfte somit schwieriger und die Konkurrenz auf dem Arbeitsmarkt intensiver werden. Erschwerend wirkt, dass sich personale Dienstleistungen ohne Qualitäts- und Komforteinbußen nur sehr bedingt rationalisieren lassen.

Steigende Erwartungshaltungen

In den vergangenen Jahren konnte eine deutlich gestiegene Erwartungshaltung an die Gesundheitseinrichtungen beobachtet werden. Die Gründe dafür sind vielschichtig. Einerseits erwartet die Bevölkerung immer mehr auch in Gesundheitseinrichtungen Wahlmöglichkeiten zu haben, wie Kunden behandelt zu werden und bei Behandlungsentscheidungen maßgeblich mitwirken zu können. Auch werden Komfortansprüche aus dem privaten Bereich ganz selbstverständlich auf den Gesundheitsbereich übertragen. Andererseits ist das Gesundheitswesen immer mehr zu einem Politikum geworden. Damit steigen auch die Erwartungen der Politiker selbst. Gesundheitsversorgung, Leistungsumfang, Zugang zu Leistungen und Komfort sind wichtige Wahlkampfthemen. Leistungs-, Qualitäts- und Komfortabbau werden, da sie von der Bevölkerung nicht akzeptiert sind, von der Politik vermieden. Damit steigt der Druck auf die Effizienz und Effektivität der Gesundheitseinrichtungen, und die Forderungen an die Leistungsfähigkeit und -bereitschaft werden immer mehr.

Veränderte und veränderliche rechtliche Rahmenbedingungen

Aufgrund der bereits erwähnten Ressourcen- und Strukturprobleme sowie der gestiegenen Erwartungen werden von politischer Seite die Rahmenbedingungen für Gesundheitseinrichtungen immer häufiger, fundamentaler und oft widersprüchlich verändert. Einerseits finden zunehmend marktwirtschaftliche Elemente wie verbesserte Wahlmöglichkeiten und Patient Empowerment Eingang in das Gesundheitswesen. Andererseits kommen aber auch zentrale und regionale Planungsansätze wie der Österreichische Strukturplan Gesundheit (ÖSG) oder Regionale Strukturpläne (RSG) zum Tragen, um verschiedene Leistungsangebote aufeinander abzustimmen und Über- bzw. Unterversorgungen zu vermeiden. Auch wurden in den vergangenen Jahren die Rechtsstellung von Patient und Leistungsanbieter verändert und dabei die Verantwortlichkeit der Anbieter verschärft. Von den Professionen werden immer häufiger Standards bezüglich Infrastruktur, Qualitätsmanagement und Mitarbeiterqualifikation vorgeschlagen. Diese orientieren sich am Stand der Forschung oder an idealen Versorgungssituationen, weniger an durchschnittlichen realen Arbeitssituationen, werden jedoch von der Rechtssprechung im Konfliktfall oft übernommen. Krankenversicherer bzw. Landesgesundheitsfonds versuchen über Anreizsysteme und Reformpoolprojekte integrierte Versorgungsformen, klinische Pfade, Case Management oder Disease Management-Programme einzuführen und definieren damit die Rolle der verschiedenen Leistungsanbieter neu. Allerdings unterliegen auch diese Rahmenbedingungen einem ständigen Wandel, sodass die Richtung für das Management der Gesundheitseinrichtungen alles andere als klar ist.

Struktur- und Entwicklungsprobleme

Die Strukturen des Gesundheitsversorgungssystems sind historisch gewachsen und entsprechen heute oft weder dem aktuellen Stand von Medizin, Pflege, Rettungswesen oder Informationssystemen noch den Patienten- und den gesellschaftlichen Bedürfnissen. Politisch definierte Zuständigkeiten, Sektorisierung der Leistungserbringung aufgrund unterschiedlicher Finanzierungen sowie bewusste Abgrenzung von Einrichtungen und Professionen führen vielfach zu Schnittstellen, die übermäßig Ressourcen binden. Dabei steht meist die Optimierung einzelner Institutionen oder Abteilungen im Vordergrund und damit einzelner Patientenepisoden und nicht der Patientenkarriere insgesamt. Unterstützt wird die Sektorisierung durch das Finanzierungssystem. Die Finanzierung der Krankenhäuser nach DRG oder LKF fördert Vernetzungen und Kooperationen nicht direkt. Die Anreize liegen vielmehr in der Optimierung der internen Abläufe. Der Ruf nach integrierten Versorgungsmodellen, nach Informationsaustausch, nach Prozessorientierung usw. wird zwar immer lauter, aber in der praktischen Umsetzung tut man sich damit noch sehr schwer und es bedarf spezieller Anreizsysteme (wie z. B. der Reformpoolprojekte). Voraussetzung für integrierte Versorgungsformen sind jedoch ausgebaute Informationssysteme. Die bereits bestehenden Möglichkeiten und erfolgreiche Beispiele aus anderen Ländern zeigen jedoch, dass die informationellen Voraussetzungen für integrierte Versorgung und neue Kooperationen zwischen verschiedenen Leistungsanbietern vorhanden sind, aber noch wenig genutzt werden. Weiterer Kooperationsbedarf ergibt sich auch aufgrund teurer Entwicklungen in der Medizintechnologie. Um diese wirtschaftlich nutzen zu können, sind Vernetzungen verschiedener Leistungsanbieter notwendig. Voraussetzung für derartige Versorgungsformen ist jedoch ein neues Selbstverständnis für das Management von Gesundheitseinrichtungen.

Das Überleben von Institutionen erfordert nicht nur im Gesundheitswesen eine ständige Auseinandersetzung mit der Umwelt und ein dauerndes Anpassen der Innenwelt der Einrichtung (Ziele, Leistungen, Prozesse und Organisation) an Umweltveränderungen. Damit wird klar, dass die Außenorientierung für das Management und damit auch für das Controlling in Gesundheitseinrichtungen von größter Bedeutung ist.

3.1.2 Erfolgreiches Management im Gesundheitswesen

3.1.2.1 Was bedeutet Management?

Definitionen zum Begriff „Management" in der Literatur sind sehr unterschiedlich. Oft orientieren sie sich an Managementfunktionen. Dann wird Management definiert als „Planning, Organizing, Staffing, Directing (Leading) und Controlling"[34]. In einem systemtheoretischen Zusammenhang definiert Peter Drucker Management als „organ of leadership, direction and decision in our social institutions, and especially in business enterprise."[35] Ulrich sieht in Management „die bewegende Kraft, überall wo es darum geht, durch ein arbeitsteiliges Zusammenwirken vieler Menschen gemeinsam etwas zu erreichen, sei es in der Landesverteidigung ebenso wie in der Kirche, auf dem Gebiete der Erziehung und der Gesundheitspflege ebenso wie in der Wirtschaft."[36]

Organisationen müssen, um langfristig überleben zu können, einen Nutzen stiften, d. h. einen Zweck in der Gesellschaft erfüllen. Der Begriff Management kann somit in einem ersten Schritt konkretisiert werden als: „Gestalten, Lenken und Entwickeln von zweckorientierten sozialen Systemen"[37]. Unter *Gestalten* werden jene Handlungen verstanden, die darauf ausgerichtet sind, ein soziales System zu schaffen und es als handlungsfähige Ganzheit aufrechtzuerhalten. Dabei geht es einerseits um die Schaffung effizienzsteigernder Strukturen mit einer sinnvollen Arbeitsteilung, andererseits aber auch um die Integration und Koordination. *Lenken* bedeutet, dass Systeme so beeinflusst werden, dass sie einen gewünschten Zustand einnehmen oder sich ihm annähern.[38] Mit *Entwickeln* ist der ständige Anpassungsprozess der Sys-

---

34 Koontz/O'Donnell/Weihrich 1980, S. 23
35 Drucker 1973, S. 17
36 Ulrich 2001, S. 13
37 Ulrich 2001, S. 33
38 Vgl. Ulrich 2001, S. 112f

teme an Umweltveränderungen gemeint, wobei dies nicht nur passiv zu verstehen ist. Auch ein aktives Beeinflussen der Umwelt wird darunter verstanden. Mit *Zweckorientierung* ist gemeint, dass Institutionen – um langfristig überleben zu können – nicht nur eigene Ziele verfolgen dürfen, sondern auch einen gesellschaftlichen Nutzen stiften müssen.

Malik verwendet eine breitere Definition. Er versteht unter Management ganz allgemein die „Transformation von Ressourcen in Nutzen"[39]. Dabei stellt er fest, dass beide, Ressourcen und Nutzen, außerhalb der Institutionen liegen. Die Ressourcen werden von der Umwelt bezogen. Der Nutzen muss zum größten Teil außerhalb der Institution entstehen, beim Leistungsempfänger bzw. beim Kunden, aber auch bei den Investoren, Kapitalgebern, Eigentümern und in der Gesellschaft. Damit knüpft auch er an die Zweckerfüllung an und betont die große Bedeutung der Außenorientierung des (Top-)Managements.

Management bedeutet somit die Analyse der internen und externen Situation, das Aufstellen von Regeln, um die Zielerreichung und das Zusammenleben der Organisationsmitglieder einerseits und andererseits das Überleben des Systems in seiner Umwelt und dazu Kooperationen mit den wichtigsten Anspruchsgruppen sicherzustellen. Unterstellt wird dabei, dass Systeme nicht nur offen sind, d. h. sich nicht nur optimal an die Umwelt anpassen, sondern auch komplex sind. Die zentrale Frage bei komplexen Systemen lautet, wie sich ein nicht triviales System in einer überkomplexen, chaotischen Umwelt konstituiert und rekonstruiert.[40] Das heißt, dass Systeme nicht nur offen sein müssen und Beziehungen zur Umwelt unterhalten und pflegen müssen, sondern dass sie auch eine gewisse innere Geschlossenheit und Selbstreferenz aufweisen. Damit folgt auch unter diesen Prämissen die Systemabgrenzung nicht einer institutionalen Betrachtung. Innere Geschlossenheit und Selbstreflexion bedeuten vielmehr, dass Systemelemente sich stärker aufeinander beziehen, d. h. reflexiv sind[41] und miteinander kommunizieren. Dieser Vorgang begründet einen laufenden Selbstreproduktionsprozess. Damit wird das System für einen Beobachter erfass- und definierbar, auch über eine längere Zeitperiode hinaus und wenn sich die einzelnen Systemelemente längst erneuert haben.

3.1.2.2 Merkmale erfolgreichen Managements im Gesundheitswesen

Henry Mintzberg[42], einer der profiliertesten Managementtheoretiker unserer Zeit, sieht das Management im Gesundheitswesen gefährdet, da einerseits in

---

39 Malik 2005, S. 26
40 Vgl. Willke 1994, S. 143; vgl. Heimerl 2005, S. 74ff
41 Vgl. Heimerl 2005, S. 75
42 Vgl. Glouberman/Mintzberg 2001, S. 58ff

den Gesundheitseinrichtungen, die er als professionelle Organisation bezeichnet, selbst keine Einheit des Managements besteht und andererseits
vielfach die für das langfristige Überleben der Organisation notwendige, intensive Auseinandersetzung mit der Umwelt fehlt. In Gesundheitseinrichtungen neigen die Professionen dazu, sich auf ihren Bereich zu konzentrieren
und diesen zu optimieren. Mintzberg begründet seine Beobachtung mit
einem zweidimensionalen Erklärungsmodell und unterscheidet neben den
zwei Dimensionen vier unterschiedliche Bereiche, die mit „Cure", „Care",
„Control" und „Community" bezeichnet werden. Die eine Dimension zeigt
die Orientierung von „unten", d. h. von den klinischen Prozessen und der
konkreten Leistungserbringung am Patienten, nach „oben", d. h. zum Träger
oder Eigentümer, bzw. zum Finanzierer der Gesundheitsleistung. Die zweite
Dimension bezieht sich auf die Orientierung von „innen", d. h. den inneren
Strukturen, Prozessen, Hierarchien, usw. nach „außen", d. h. hin zu Gruppen,
die mit der Gesundheitseinrichtung verbunden, jedoch formal unabhängig
sind (vgl. Abb. 1).

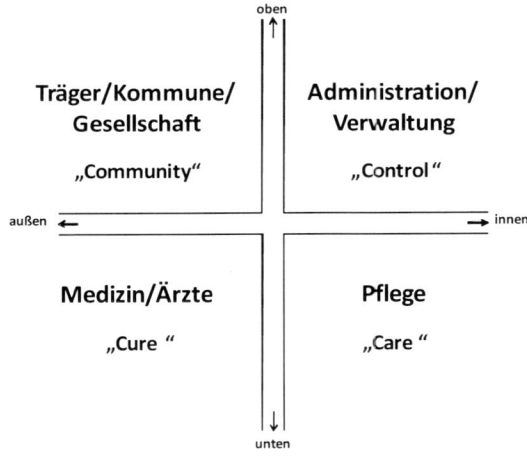

ABB. 8:   DIE VIER WELTEN IN GESUNDHEITSEINRICHTUNGEN[43]

„Cure" oder Heilung wird vor allem durch die Medizin repräsentiert, die einerseits klinische Prozesse dominiert, sich aber andererseits als etablierte
Profession stark nach außen, d. h. in der medizinischen Wissenschaft und an
professionellen Standards orientiert und weniger nach innen, an den Gegebenheiten der Organisation. „Care" ist das Feld der Pflege. Auch diese erbringt direkt Gesundheitsleistungen, orientiert sich im Gegensatz zur Medi-

43 Glouberman/Mintzberg 2001, S. 60

zin jedoch (noch) stärker nach innen, d. h. an der jewei igen Einrichtung. Unter „Control" versteht man die traditionelle Verwaltung von Gesundheitseinrichtungen. Die Orientierung ist eher nach innen gerichtet, aber nicht wie bei Medizin und Pflege bezogen auf die konkrete Leistungserstellung, sondern nach oben, d. h. in Bezug auf den Versorgungsauftrag und die Erwartungen des Trägers bzw. der Finanzierer. Der vierte Bereich, „Community", wird von Trägern der Einrichtungen oder von den Finanzierungseinrichtungen wie etwa den Landesgesundheitsfonds und anderen politischen Entscheidungsgremien repräsentiert, welche sich um die Bedarfe und Erwartungen der Bevölkerung und um die gesellschaftlichen Möglichkeiten kümmern.

Glouberman und Mintzberg orten in ihrer Analyse vor Gesundheitseinrichtungen zwischen den vier Bereichen nur wenige Gemeinsamkeiten, wenige Interaktionen und oft auch wenig Kommunikation, wenige gemeinsame Zielsetzungen und Strategien und oft auch nur wenige gemeinsame Prozesse. Unterschiedlich sind aber nicht nur die Orientierung und Arbeitsweisen, sondern auch die Art und Weise der Entscheidungsfindung. Dominieren in der Medizin die professionellen Hierarchien und die Fachdisziplinen, so sind es in der Pflege arbeitsorientierte Gruppenprozesse, in der Verwaltung die Bürokratie und im Bereich der „Community" formale politische Entscheidungsprozesse.[44] Diese Situation ist für eine gemeinsame Perspektive der vier Bereiche nicht förderlich.

Das Modell von Glouberman und Mintzberg kann sowohl auf der Ebene einzelner Gesundheitseinrichtungen wie auch auf der Systemebene angewendet werden. Auf Systemebene werden im Bereich „Cure" die Einrichtungen der Akutversorgung wie Krankenhäuser, Ambulatorien und niedergelassene Ärzte subsumiert. Im Bereich „Care" stehen stationäre und teilstationäre Pflegeeinrichtungen sowie die ambulante Pflege. Der Bereich „Control" wird ausgeweitet und umfasst Träger (Länder oder Private), Finanzierer (Landesgesundheitsfonds oder Krankenversicherer) sowie Aufsichtsbehörden. Unter „Community" werden politisch gewählte Entscheidungsträger und -gremien sowie organisierte Interessengruppen verstanden (vgl. Abb. 9).

Mintzbergs Analyse-Modell weist auf wesentliche Schwächen des Managements von Gesundheitseinrichtungen und des Gesundheitsversorgungssystems hin. Als besonders kritisch werden die unterschiedliche Orientierung und Entscheidungsfindung der vier Bereiche und damit das Fehlen gemeinsamer Ziele und Strategien gesehen.[45] Diese Beobachtung ist nicht neu. Das Problem wurde schon lange erkannt, und man hat versucht dieser Situation mit organisatorischen Maßnahmen wie etwa der kollegialen Führung zu begegnen. Damit werden zumindest „Cure", „Care" und „Control"

44 Vgl. Glouberman/Mintzberg 2001, S. 67ff
45 Vgl. Glouberman/Mintzberg 2001

oben

Gesellschaftliche
Beteiligung
- gewählte Vertreter
- Interessengruppen
- Parteien
- Medien

„community"

Staatliche Regelung
und Steuerung
- Länder
- Kammern
- Gesundheitsfonds
- Krankenversicherungen

„control"

außen   innen

Akutmedizin
- Krankenhäuser
- niedergelassene Ärzte

„cure"

Langzeitversorgung
- Pflegeheime
- extramurale Pflege
- Gesundheits - und Sozialdienste

„care"

unten

ABB. 9:   Die vier Welten des Gesundheitssystems[46]

miteinander gekoppelt. Die Erfahrung zeigt allerdings, dass oft auch in diesem Führungsmodell das Bereichsdenken dominiert und es nur ansatzweise zu einer Integration kommt.

Dass Medizin und Pflege, obwohl am selben Patienten arbeitend, unterschiedliche Strukturen und Prozesse aufweisen und oft noch immer über unterschiedliche Informationssysteme verfügen, ist für Außenstehende unverständlich. Man versucht die Trennung von Medizin und Pflege mittels modernem Prozessmanagement, der gemeinsamen Entwicklung klinischer Pfade und Standards und mittels integrierter Krankenhaus-Informationssysteme mit gemeinsamer Patientenakte zu überwinden. Dazu beitragen sollen in verschiedenen Einrichtungen auch gemeinsame abteilungsbezogene Führungsstrukturen mit Doppelspitzen aus Medizin und Pflege. Allerdings findet man auch hier oft keine gemeinsame Führung.

Mit der Einführung von DRG-Systemen bzw. des LKF-Systems in Österreich wurde eine gemeinsame Basis für „Cure" und „Control" geschaffen. Die LKF oder DRGs bieten eine gemeinsame Kommunikationsplattform zwischen Medizin und Verwaltung, indem sie die Grundlage für die Leistungsdefinition und Leistungsabrechnung bilden und damit die medizinische Dokumentation stark beeinflussen.[47] Die Pflege bzw. „Care" findet ihre Leistung dabei allerdings nur wenig repräsentiert. Es gelingt daher dem DRG- oder LKF-Sys-

---

46 Glouberman/Mintzberg 2001, S. 61
47 Vgl. Güntert/Thiele 2008, S. 221ff

tem nur ansatzweise, die Trennung zwischen Pflege und Verwaltung bzw. Medizin zu überbrücken.

Wenig abgestimmt mit den Bereichen „Cure", „Care" und „Community" ist bis heute der Bereich „Community", und dies obwohl auf dieser Stufe oft strategische Entscheidungen für die Einrichtungen getroffen werden. Eine vergleichbare Trennung zwischen operativem (Krankenhausleitung) und strategischem (Träger, politische Ebene) Management findet man in anderen Organisationen kaum. Aufsichtsräte entscheiden auch in anderen Organisationen über die strategische Ausrichtung, bestimmen diese jedoch selten, sondern setzen den dafür notwendigen Rahmen (normatives Management).[48]

Erfolgreiches Management in Gesundheitseinrichtungen muss die Bereichsgrenzen überwinden und die vier Bereiche miteinander verknüpfen können. Dabei ist es unerheblich, aus welcher Berufsgruppe das Führungsteam zusammengesetzt ist. Wesentlich ist vielmehr, dass das Management die gesamte Organisation vertritt und sich alle Bereiche vertreten fühlen. Mintzberg stellt mit Recht fest, dass das Management von Gesundheitseinrichtungen professionelle, systemorientierte Manager benötigt und keine Vertreter von Professionen.[49] Erfolgreiches Management darf sich nicht auf eindimensionale Zielsetzungen wie z. B. wirtschaftliche Leistungserstellung, Patientenzufriedenheit, Mitarbeiterzufriedenheit oder Leistungsqualität beschränken. Durch die Verbindung der vier Bereiche und der operativen, strategischen und normativen Managementebenen resultieren vieldimensionale Zielsysteme, die, um erfolgreich zu sein, alle angemessen verfolgt werden müssen. Dies erfordert ein differenziertes Vorgehen, eine sozial orientierte Trägerschaft, welche situationsadäquates Vorgehen und kooperative Vernetzungen zulässt sowie sozial akzeptierte Führungsprinzipien verfolgt.[50]

3.1.3   Erfolgreiches Management braucht gute Entscheidungsgrundlagen

Das Management von Gesundheitseinrichtungen erreicht heute eine Komplexität, die weder mit Intuition noch mit Erfahrung zu bewältigen ist. Beide werden auch weiterhin ihre Bedeutung haben, denn vollständige Information für abgesicherte, rationale Entscheidungen wird es auch in Zukunft kaum geben. Die Entscheidungskomplexität ist derart groß geworden, dass man schon in den einzelnen Bereichen breit abgestützte Entscheidungsverfahren fordert. Im Bereiche „Cure" etwa wird „eminenz"basierte, d. h. auf Erfahrung und Hierarchie beruhende Medizin, zunehmend durch evidenzbasierte Medizin (EBM) abgelöst.[51] Aktuelle Studienergebnisse sollen ganz bewusst in die Ent-

48   Vgl. Rüegg-Stürm 2003
49   Vgl. Mintzberg/Glouberman, 2001, S. 82f
50   Vgl. Mintzberg/Glouberman, 2001, S. 84f
51   Vgl. Perleth/Antes 2002; vgl. Sackett/Richardson/Rosenberg 1999

scheidungsprozesse einfließen und die Erfahrung ergänzen, ohne dass dabei die konkrete Situation des Patienten verloren gehen soll. Damit wird sichergestellt, dass die medizinische Entwicklung berücksichtigt, die Entscheidungssituation verbessert und eine aktuelle Leistungsqualität erreicht wird. Ähnliche Konzepte finden seit kurzem auch in die Bereiche „Care" und „Control" Eingang, wie die Diskussionen um „evidence-based nursing (EBN)"[52] und „evidence-based health care management"[53] zeigen. Damit wird in beiden Bereichen eine Außenorientierung gefordert, auch wenn die Evidenzforschung in der Pflege und insbesondere in der Organisationsforschung noch wenig ausgeprägt ist.

Werden die vier Bereiche jedoch miteinander verbunden und erfolgt die für das Management wichtige Umweltorientierung, so steigt die Entscheidungskomplexität nochmals markant an. „Bauchentscheidungen"[54] werden aufgrund der unvollständigen Information immer wieder erfolgen, müssen jedoch abgesichert sein. Dazu bedarf es breiter, systematisch gesammelter, für alle Bereiche verständlich aufbereiteter Informationen über das Geschehen in der eigenen Einrichtung und in der Umwelt. Dies ist nun klar die Aufgabe des Controllings.

Unter Controlling versteht man die systematische Sammlung und Aufbereitung von qualitativen und quantitativen Informationen zur Unterstützung von Managemententscheidungen. Dazu gehören Dokumentations- und Überwachungsaufgaben mit Abweichungsanalysen, Ergebnisprüfung und Vorschlägen für Maßnahmen bzw. Plankorrekturen. Damit unterstützt das Controlling die „Krankenhausleitung durch Planung, Überwachung, Analysen und Entwicklungen zur Steuerung des Betriebsgeschehens im Krankenhaus"[55]. Andere Autoren beschreiben diese Unterstützungsfunktion als systembeschreibend, systemkoppelnd und systemgestaltend.[56] Typisch dabei ist, dass die Controller keine Führungsverantwortung haben, sondern die Linienverantwortlichen, ähnlich wie Lotsen den Kapitän, in ihrer Entscheidungsfindung unterstützen.[57] Das Controlling wurde aus dem betrieblichen Rechnungswesen heraus entwickelt („Control"). In den vergangenen Jahren wurden Controllingkonzepte aber auch auf andere Bereiche im Krankenhaus übertragen. Heute findet man z. B. in vielen Häusern ausgebaute Controllingkonzepte im ärztlichen Bereich. Diese umfassen nicht nur den Ressourceneinsatz und die Ressourcennutzung, sondern fokussieren auch auf die Patientencodierung (LKF bzw. DRG), die Erfassung von Einzelleistungen und

52 Vgl. u. a. Behrens/Langer 2009 und vgl. Schneider 2008
53 Vgl. u. a. Walshe/Rundall 2002, Muir Gray 2001
54 Vgl. Gigerenzer 2008
55 Mösenbacher 2007, S. 325
56 Vgl. u. a. Siegwart 1987
57 Vgl. auch Schulte 1996, Güntert 1994

damit auf die Beurteilung der Angemessenheit der Leistungserbringung und die Behandlungsqualität. Etwas weniger ausgeprägt ist das Pflegecontrolling. Hauptfokus ist hier Ressourceneinsatz und -nutzung. In den letzten Jahren wurden jedoch auch im Bereich der Pflege Controllinginstrumente entwickelt, welche systematisch Einzelleistungen erfassen[58]. Darüber hinaus findet man ausgebaute Ansätze des Medikamentencontrollings oder spezialisierte Ansätze für Bereiche wie Labor, Physiotherapie, Intensivpflege usw.

Die genauere Betrachtung des Krankenhauscontrollings zeigt, dass sich – ähnlich wie Mintzberg für das Management von Gesundheitseinrichtungen festgestellt hat – auch Controllingansätze bereichsbezogen entwickelt haben. Pflegerisches Controlling verfolgt andere Ziele und nutzt andere Informationen und Instrumente als das Medizincontrolling oder das Verwaltungscontrolling. Zwischen letzteren beiden haben sich allerdings aufgrund der Bedeutung der LKF- bzw. DRG-Codierung für die Abrechnung zunehmend gemeinsame Felder und enge Bezüge entwickelt. Die Leistungen der Pflege sind in diesen Systemen hingegen (noch) wenig abgebildet und daher ist das Pflegecontrolling kaum integriert.

Die Forderung, dass erfolgreiches Management von Gesundheitseinrichtungen die vier Bereiche „Cure", „Care", „Control" und „Community" miteinander verbinden soll, muss auch auf das Controlling übertragen werden. Eine einseitige Betonung des traditionellen finanzwirtschaftlich und nach innen orientierten Controllings kann die Informationsbedürfnisse des Managements nicht bzw. nur teilweise abdecken. Finanzwirtschaftliche Kennzahlen müssen somit mit patienten- und leistungsorientierten Kennzahlen verbunden werden (systembeschreibend). Neben organisationsbezogenen Informationen müssen auch Umweltinformationen aufbereitet werden.[59] Ein umfassendes Controlling schafft die Grundlage für gemeinsame unternehmensbezogene Kommunikation (systemkoordinierend) und unterstützt somit die gemeinsame Identifikation und Sinnstiftung sowie die Zielbestimmung (systemgestaltend).

3.1.4   Der Beitrag des Controllings an das Management von Gesundheitseinrichtungen

Diese Forderung an das Controlling wird auch mit dem Ansatz der „klugen Entscheidung"[60] unterstützt. Basierend auf dem Konzept des „Naturalistic Decision Making"[61], welches Entscheidungen im Kontext dynamischer und riskanter Umwelten untersucht, wird die Frage der Konstitution von Sinn als

---

58   z. B. LEP, vgl. u. a. Büche 2009
59   Vgl. Güntert 1994
60   Vgl. Klatetzki 2006
61   Vgl. Klein 1993; vgl. Lipshitz/Klein/Orasanu/Salas 2001

Voraussetzung für zuverlässige Organisationen gestellt. Sinn- und Entscheidungskonstitution werden als Voraussetzung für die Stabilisierung sozialer Beziehungen in Organisationen gesehen[62] oder anders ausgedrückt für die Überwindung der Differenzen zwischen den Bereichen.[63] „Kluges Entscheiden wird ermöglicht durch große, in Identitäten wurzelnde, praktische Erfahrung, durch eine respektvolle face-to-face-Interaktion, durch achtsame Bezugnahme innerhalb größerer Sozialsysteme und durch ein kulturelles System, das durch Nachdenklichkeit, Fürsorglichkeit, Gerechtigkeit, Anerkennung und Flexibilität gekennzeichnet ist."[64] In diesem ganzheitlichen Ansatz der Entscheidungstheorie wird einerseits Abschied genommen vom ökonomisch rational handelnden und allumfassend informierten Manager, der aufgrund der bestehenden Rahmenbedingungen und Anreizsysteme meist kurzfristigen Erfolg sucht oder suchen muss und dabei offensichtlich – wie die jüngste Krise deutlich zeigt – immer wieder unkluge Entscheidungen trifft. Andererseits wird auch Abschied genommen von raschen, rein auf Intuition beruhenden Entscheidungen, da gefordert wird, dass Organisationsentscheidungen auf vier Ebenen sozialer Realität betrachtet werden müssen, auf der individuellen, der interpersonellen, der sozialstrukturellen Ebene der Organisation und auf der kulturellen Ebene.[65]

Die gemeinsame Konstitution von Sinn über die vier Bereiche und die Beachtung der verschiedenen Systemebenen stellt im stark gegliederten, von professionsbezogenen Parallelhierarchien dominierten Krankenhaus eine große Herausforderung dar. Kluge Managemententscheidungen müssen daher einerseits „Cure", „Care", „Control" und „Community" mit Blick auf die langfristige Sicherstellung der Gesundheitsversorgung für die ganze Bevölkerung und nicht nur auf kurzfristige Erfolge verbinden und andererseits die vier Ebenen der sozialen Realität angemessen berücksichtigen:

Individuelle Entscheidungsebene

Individuelle Problemlösungen sind durch verschiedene Aktivitäten charakterisiert und umfassen die Definition des Problems, die Vorstellungen akzeptabler Problemlösungen, Umsetzungshandlungen sowie eine Bewertung der Wirkungen der getroffenen Handlungen. Je nach Situation werden Entscheidungen unterschiedlich getroffen. Ist eine Situation bekannt und vertraut, werden Erfahrungen genutzt, meist ohne weitere rationale Abwägungen. Wenn jedoch die Situation wenig vertraut ist, werden entweder erweiterte Kenntnisse und Problemlösungskompetenzen (hohe Ausbildung und Qualifi-

---

62 Vgl. Klatetzki 2006
63 Vgl. Glouberman/Mintzberg 2001
64 Klatetzki 2006, S. 163
65 Vgl. Klatetzki 2006, S. 145ff

kation der Health Professionals) benötigt, oder aber vordefinierte Problemlösungsprozesse wie klinische Pfade oder Disease Management-Programme genutzt. Die systematische Dokumentation und Evaluation von Entscheidungen durch das Controlling kann sowohl den Erfahrungsraum wie auch das rationale Abwägen verbessern, muss jedoch unterschiedliche Perspektiven beinhalten. Die noch immer weit verbreitete traditionelle Finanzperspektive des Controllings reicht dazu nicht aus. Erweiterungen der Informationslage in Richtung „Cure" und „Care", wie sie heute z.T. im Qualitätsmanagement gefordert werden, sind notwendig. Hinzu kommen ergebnisorientierte Informationen, wie sie von EBM und EBN gefordert werden.

Interpersonelle Ebene

Auf der interpersonellen Ebene wird die eigene subjektive Realitätsinterpretation ergänzt durch jene weiterer Personen (Patient, andere Health Professionals, Manager). Damit entsteht – bei funktionierender Kommunikation zwischen den Beteiligten – eine intersubjektive Wirklichkeitskonstruktion bzw. eine gemeinsame Sinndeutung. Durch diese Zunahme an Information kann die Klugheit einer Entscheidung verbessert werden. Voraussetzung für die Erreichung einer Intersubjektivität sind jedoch offene Kommunikation mit Vertrauen, Ehrlichkeit und Selbstrespekt sowie die Akzeptanz von Informationen. Eine weitere Voraussetzung ist das Verständnis für die Perspektiven der verschiedenen Bereiche und die Schaffung einer gemeinsamen Sichtweise für die Organisation. Im hierarchisch und professionell gegliederten Krankenhaus ist dies nicht immer gegeben. Das Controlling leistet auch hier wichtige Beiträge durch Aufbereitung, Verknüpfung, Vergleich und Reflektion von Ressourcen-, Leistungs-, Kosten- und Qualitätsinformation. Um eine optimale Wirkung zu erzielen, ist eine funktionierende Kommunikation zwischen Controllern, Health Professionals, Managern und Trägern notwendig. Dies bedeutet, dass Controller nicht nur über analytische Fähigkeiten verfügen müssen, sondern auch über ausgeprägte kommunikative Kompetenzen.

Sozialstrukturelle Ebene

Diese Ebene geht über die direkte face-to-face-Ebene hinaus. Kluge Entscheidungen erfordern ein Konzept eines kollektiven Geistes. Die individuellen Handlungen werden als Beitrag zur Leistungserstellung des Systems und nicht als losgelöste Aktivität verstanden. Der kollektive Geist hat weiter zur Folge, dass sich die Individuen als Teil eines gemeinsamen Projektes verstehen. Dies bedeutet auch, dass das gemeinsam erzeugte System ernst genommen wird. Dies wiederum erfordert nicht nur eine gegenseitige achtsame Bezugnahme der Organisationsmitglieder, sondern auch eine gemeinsame, von allen Beteiligten akzeptierte Informationslage. Mit dem LKF-System wurde ein wichtiger Schritt in die bereichsübergreifende Konstruktion der Krankenhauswirklichkeit getan, indem die Kernleistungen verbindlich definiert wurden. Aufgabe des Controllings ist es, Prozesse der Leistungserstellung darzustellen und zu bewerten sowie diese Kernleistungen mit den Bedarfen der Umwelt in Verbindung zu bringen, um den Zweck der Gesundheitseinrichtung und damit ihren Sinn aufzuzeigen.

Kulturelle Ebene

Diese Ebene besteht aus gemeinsamen Werten und Überzeugungen. Organisationen, die in dynamischen und riskanten Umwelten erfolgreich sind, weisen eine Kultur auf, die sich durch Nachdenklichkeit und Differenziertheit, durch Fürsorglichkeit, Gerechtigkeit und Anerkennung sowie durch Flexibilität und Dezentralisierung des Entscheidens auszeichnet. Ein umfassendes Controlling, welches Umwelt und Innenwelt, qualitative und quantitative Informationen umfasst und miteinander in Beziehung bringt, leistet auch auf der kulturellen Ebene wichtige Beiträge.

Unbestritten ist, dass kluge Managemententscheidungen auch in der Vergangenheit im Krankenhaus getroffen worden sind. Interessant sind dabei jedoch die Veränderungen in den Entscheidungsrationalitäten. Nach einer langen Phase der Dominanz des Bereiches „Cure" wurde in den letzten Jahren der Bereich „Control" stark betont. Geprägt war diese Phase durch den Wechsel von der Kameralistik zur Doppik, dem Aufbau des innerbetrieblichen Rechnungswesens mit der Kostenarten- und Kostenstellenrechnung sowie vielfältigen Kostenkontroll- und Budgetierungssystemen. Diese Ansätze entsprachen jedoch nicht den Rationalitäten der Health Professionals. Weiterentwicklungen wie LKF- und DRG-Systeme, Qualitätsmanagement, Prozess- und Kundenorientierung, vernetzte und integrierte Versorgungssysteme in Verbindung mit neuen Informationstechnologien schaffen jedoch eine neue Situation für das Management und das Controlling und erweitern das Entscheidungsfeld. Beispiele zeigen, dass eine differenzierte Interpretation eines Auftrages zur Kostensenkung und seine Prüfung auf den verschiedenen Ebenen durchaus zu zusätzlichen Ressourcen und Investitionen sowie zu Mitarbeiterentwicklungen führen können, welche zu einer Steigerung der Leistungsfähigkeit, der Leistungsbereitschaft, der Qualität, der Kunden- und Mitarbeiterzufriedenheit sowie zu einer Verbesserung des wirtschaftlichen Erfolges führen.[66] Ein derartiges Management muss allerdings auf einem umfassenden Controlling basieren, welches systematisch Informationen über interne Ressourcen, Strukturen, Prozesse, Leistungen und erbrachte Ergebnisse[67] umfasst und aufbereitet, diese aber auch zur Umwelt, insbesondere zur (regionalen) Population und ihrer Gesundheitsbedarfe, zum relevanten

66 Vgl. u. a. Salomonowitz 2009
67 Vgl. Güntert 1994

Versorgungssystem mit seinen Leistungen und Potenzialen sowie zu Beschaffungsmärkten (Personal, Ressourcen) in Beziehung setzt. Dazu bedarf es einer Professionalisierung des Controllings und eines ausgeprägten Verständnisses für alle Bereiche in Gesundheitseinrichtungen. Im Interesse der gesellschaftlichen Zweckerfüllung, der langfristigen Gesundheitsversorgung der Bevölkerung, der Sicherung attraktiver Arbeitsbedingungen und der Überwindung der Grenzen zwischen den Bereichen könnte beispielsweise ein Grundsatz – den Health Professionals schon lange pflegen – übernommen werden: Neben einer professionellen Ausbildung mit analytischer und systemischer Ausrichtung könnte von Managern und Controllern auch eine Art hippokratischer Eid verlangt werden, als Verhaltensleitlinie für ein integrierendes, gesellschaftlich und langfristig orientiertes Vorgehen.[68]

68 Vgl. Khurana/Nohria 2008

3.2   Controlling als Antwort auf neue Herausforderungen an das Management

Reinhard Krepler, Christian Horak, Stefan Furtmüller

3.2.1   Herausforderungen an das Management von Gesundheitseinrichtungen

Die Führung von Gesundheitseinrichtungen ist eine sehr anspruchsvolle Tätigkeit. Dies ist zum einen auf branchenspezifische Merkmale des Gesundheitssystems, zum anderen auf Entwicklungen und Umbrüche im Umfeld zurückzuführen, die im Folgenden erläutert werden. Anschließend sind jeweils einige beispielhafte, wichtige Aspekte aufgezeigt.

Branchenspezifische Herausforderungen

Das Gesundheitswesen ist durch eine Vielzahl verschiedener Anspruchsgruppen („stakeholder") gekennzeichnet. Dazu gehören z. B. Patienten, Mitarbeiter und Eigentümer von Gesundheitseinrichtungen, Geldgeber, Interessengruppen, Politiker, Lieferanten, die Öffentlichkeit und andere mehr. Die Bedürfnisse und Interessen dieser Gruppen variieren und harmonieren nicht immer miteinander. Aus den unterschiedlichen Bedürfnissen der Anspruchsgruppen ergibt sich ein komplexes Zielsystem. So sind z. B. allgemeine Versorgungsziele mit individuellen Ansprüchen und wirtschaftlichen Notwendigkeiten in Einklang zu bringen.

Der Erfolg von Gesundheitseinrichtungen kann nicht rein monetär bewertet werden. Es geht vor allem um qualitative Zielsetzungen, wie z. B. den Gesundheitszustand von Patienten zu verbessern (kurative Medizin) oder Verhaltensänderungen bei Klienten zu ermöglichen (Gesundheitsförderung und Prävention). Die Erreichung dieser Sachziele zu messen gestaltet sich häufig sehr anspruchsvoll. Für eine erfolgreiche Leistungserstellung müssen verschiedene Berufsgruppen (Medizin, Pflege, Ökonomen, medizinisch-technische Dienste und viele andere mehr) zusammenarbeiten, deren Selbstverständnis und Kultur sich häufig unterscheiden. Dem Krankenhausmanagement kommt dabei eine wichtige Integrationsfunktion zu und die Aufgabe, die Potenziale zu heben, die sich aus der Vielfalt ergeben.

Die wichtigste Herausforderung besteht jedoch darin, Strukturfragen zu bearbeiten. Strukturelle Veränderungen sind nicht leicht durchzusetzen, was vor allem in der Vielzahl an Interessen, aber auch in rechtlichen, politischen und finanziellen Rahmenbedingungen begründet ist. Als Beispiel seien die unterschiedlichen Finanzierungs- und Steuerungssysteme für den niedergelassenen und den stationären Bereich genannt.

Wichtige Entwicklungen und daraus resultierende Herausforderungen

Neben den genannten strukturellen Merkmalen ergeben sich neue Anforderungen aus einer Reihe von Umfeldentwicklungen. Dazu einige Beispiele:

- Demografische Verschiebungen, wie z. B. die Veränderung der Altersstruktur, bewirken auch Veränderungen bei Krankheitsbildern in der Bevölkerung.
- Patienten werden mündiger und besser informiert (Internet), jedoch auch anspruchsvoller und fordernder.
- Neue diagnostische/therapeutische Verfahren schaffen eine Vielzahl an Möglichkeiten, bewirken jedoch auch einen zunehmenden Kostendruck.
- Öffentliche Budgets sind limitiert, die Geldgeber verlangen zunehmend Kostenbewusstsein.

Aus den genannten Entwicklungen ergeben sich neue Herausforderungen an das Spitalsmanagement, so z. B. die Notwendigkeit, das Leistungsangebot weiterzuentwickeln, um eine bedarfsgerechte Versorgung zu gewährleisten, die Ergebnisqualität sicherzustellen, neue Technologien zu nutzen und gleichzeitig die Wirtschaftlichkeit des Betriebes zu erhöhen.

3.2.2   Controlling-Konzeption

Aus diesen Herausforderungen ergibt sich ein Informationsbedarf der Führungskräfte (Führung auf Basis von Zahlen, Daten und Fakten) sowie ein Koordinationsbedarf innerhalb und außerhalb von Gesundheitseinrichtungen. Controlling leistet dazu einen entscheidenden Beitrag. Controlling bedeutet, Ziele und Maßnahmen zu planen, deren Einhaltung zu überprüfen und – wo notwendig – die entsprechenden Steuerungsmaßnahmen zu setzen.[69]

Controlling kann daher als integrierte Planung, Kontrolle und Steuerung definiert werden. Kontrolle bedeutet in diesem Zusammenhang vor allem Plan-/Ist-Vergleiche und Plan-/Wird-Vergleiche[70] durchzuführen, um das Betriebsgeschehen und die Ergebnisse unter Kontrolle zu halten. Controlling kann am besten anhand eines Regelkreises veranschaulicht werden (siehe Abb. 10):

Zunächst werden Ziele geplant. Das können etwa Leistungsziele (gemessen z. B. anhand von Fallzahlen) oder Ressourcenziele (z. B. Kostendeckung) sein. Neben Zielen sind auch die erforderlichen Maßnahmen zur Umsetzung zu planen und zu initiieren. Nach einer entsprechenden Umsetzungsphase werden die erreichten Ergebnisse (Ist) erhoben und mit dem Plan verglichen:

---

69 Vgl. Eschenbach/ÖCI 2007, S. 12ff
70 ,Plan' im Sinne der Erwartungsrechnung wird verstanden als erwartetes Ergebnis zu einem bestimmten Stichtag

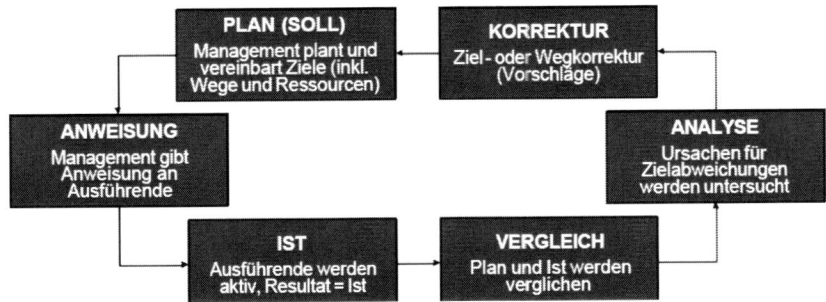

ABB. 10:   PLANUNGS- UND KONTROLLKREISLAUF[71]

Haben wir erreicht, was wir uns vorgenommen haben? Abweichungen werden analysiert und ggf. Korrekturmaßnahmen veranlasst.

Steuerung wird in diesem Zusammenhang nicht nur als Anweisen und Durchsetzen von Maßnahmen verstanden, sondern soll vielmehr die Geführten mit einbeziehen. Controlling baut auf Feedback, Vereinbarung, Akzeptanz und Transparenz auf und begreift Organisationen als soziale Systeme. Es geht daher um die Selbststeuerung eines Systems auf Ziele hin, wo möglich, mithilfe von Daten und Fakten.[72]

Die Ausführungen zeigen, dass das Konzept des Controllings auch originäre Managementfunktionen umfasst und Controlling als Prozess im Betrieb an der Schnittstelle zwischen Führungskräften und Fachleuten des Controllings geschieht. Die Aufgaben- und Rollenverteilung zwischen Fachleuten des Controllings und Führungskräften wird in der nachstehenden Grafik verdeutlicht.

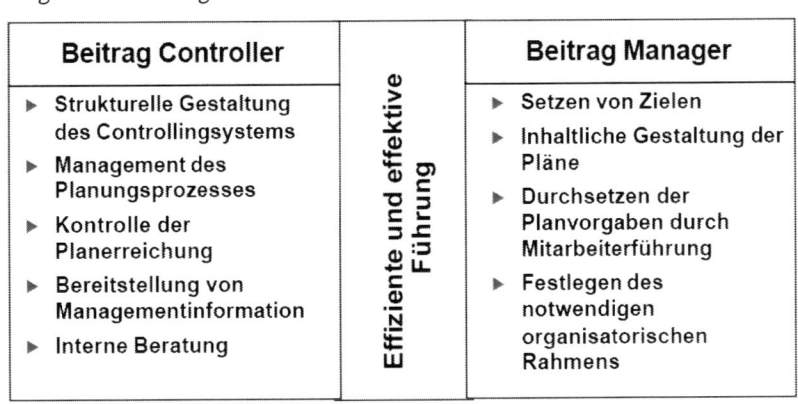

Beitrag Controller	Effiziente und effektive Führung	Beitrag Manager
▸ Strukturelle Gestaltung des Controllingsystems ▸ Management des Planungsprozesses ▸ Kontrolle der Planerreichung ▸ Bereitstellung von Managementinformation ▸ Interne Beratung		▸ Setzen von Zielen ▸ Inhaltliche Gestaltung der Pläne ▸ Durchsetzen der Planvorgaben durch Mitarbeiterführung ▸ Festlegen des notwendigen organisatorischen Rahmens

ABB. 11:   AUFGABEN VON MANAGERN UND CONTROLLERN[73]

71   Österreichisches Controller-Institut/Contrast Management-Consulting 2008
72   Vgl. Eschenbach/ÖCI 2007, S. 14
73   ÖCI auf Basis von Weber/Schäffer 2008, S. 1ff

Controlling erfolgt an der Schnittstelle zwischen Controllern und Führungskräften. Fachleute des Controllings erfüllen daher vor allem eine Dienstleistungsfunktion für Führungskräfte (Führungsunterstützung). Das Planen und Durchsetzen von Zielen und Maßnahmen sowie die laufende Steuerung sind hingegen originäre Managementfunktionen.[74] Führungkräfte in Gesundheitsorganisationen sind daher mitverantwortlich für das Gelingen von Controlling.

Controlling kann sowohl auf einer strategischen als auch auf e ner operativen Ebene erfolgen. Strategie wird in diesem Zusammenhang als das Schaffen von Potenzialen (Erfolgsquellen, z. B. bedarfsgerechtes Leistungsangebot, effiziente Prozesse, qualifiziertes Personal), Operation als das Ausschöpfen von Potenzialen verstanden. Beide Ebenen brauchen entsprechende Planungs- und Kontrollprozesse.

3.2.3   Nutzen von Controlling

Da Planungs- und Kontrollprozesse auch mit organisatorischem Aufwand einhergehen, stellt sich die Frage nach dem Nutzen von Controlling. Diese kann wie folgt beantwortet werden: Nur wer sein Ziel kennt, kann es auch erreichen. Nur wer weiß, wo er steht, kann auch die erforderlichen Schritte setzen. Die Planung von Zielen und Maßnahmen sowie die laufende Durchführung von Plan-/Ist-Vergleichen sind daher unabdingbar für alle Organisationen, insbesondere auch für Branchen mit einer hohen Komplexität wie dem Gesundheitswesen. Die wichtigsten Nutzen von Controlling sind:

- Controlling leistet einen wesentlichen Beitrag zum Erre chen der Organisationsziele sowie zur Sicherung von Liquidität, Vermögen und Kostendeckung
- Controlling unterstützt die Koordination verschiedener Organisationseinheiten und deren Teilziele
- Controlling hilft, unerwünschte Entwicklungen rechtzeitig zu erkennen
- Die Qualität von Managemententscheidungen steigt, da Entscheidungen auf Grundlage von Zahlen, Daten und Fakten getroffen werden können und somit versachlicht werden
- Controlling leistet einen wichtigen Beitrag zum Erfolgsnachweis

Das Österreichische Controller-Institut hat gemeinsam mit Contrast Management-Consulting im Jahr 2004 eine Studie zum Entwicklungsstand von Controlling in österreichischen Non-Profit-Organisationen durchgeführt und dabei auch den Zusammenhang zwischen dem Entwicklungsstand und Erfolg des Controllings untersucht. Die Ergebnisse zeigen eindrucksvoll eine

---

74 Vgl. Malik 2000, S. 171ff

positive Korrelation zwischen dem Entwicklungsstand (hinsichtlich Instrumente, Aufgabenerfüllung und Institutionalisierung) und der Effektivität von Controlling im Sinne der oben aufgezeigten Nutzenaspekte (Korrelationskoeffizient = 0,62; Signifikanzniveau = 1%).

So erreichen Organisationen mit einem gut entwickelten operativen Controlling ihre selbst gewählten Ziele in der Regel wesentlich besser als jene NPOs, die über ein vergleichsweise schlechter entwickeltes operatives Controlling verfügen. Auch hinsichtlich der Formalziele Liquidität, Kostendeckung und Sicherung des Vermögens weisen die „Fortgeschrittenen" und die „Profis" im Controlling weit höhere Zielerreichungsgrade als die „Noch-Nicht-Controller" und die „Anfänger" auf.[75]

3.2.4 Zielsysteme von Gesundheitsorganisationen als Ausgangspunkt für das Controlling

Gesundheitsorganisationen zeichnen sich durch komplexe Zielsysteme aus. Insbesondere bei gemeinnützig ausgerichteten Organisationen stehen Sachziele im Vordergrund. Es geht z. B. darum, Versorgungsziele für die Bevölkerung zu erreichen und eine gute Ergebnisqualität sicherzustellen. Der Erfolg einer Gesundheitseinrichtung ist daher nicht rein monetär bewertbar. Die Finanzen können vielmehr als Ressource denn als Zweck gesehen werden, auch wenn Formalziele in diesem Bereich (z. B. Zahlungsfähigkeit und Kostendeckung) eine wichtige Rolle spielen.

Um ein Zielsystem zu strukturieren, kann in folgende Handlungsfelder unterschieden werden: Wirkungen, Leistungen, Prozesse und Ressourcen. Die Wirkungen beziehen sich jeweils darauf, was bei Anspruchsgruppen (v. a. Patienten) bewirkt werden soll, bzw. wozu die Organisation da ist. So stellt z. B. im Bereich der kurativen Medizin die Verbesserung des Gesundheitszustandes der Patienten eine zentrale Zielsetzung dar. Um diese Wirkungen zu erzielen, erbringt die Organisation Leistungen, z. B. stationäre, ambulante oder tagesklinische Betreuung. Leistungsziele beziehen sich z. B. auf Art und Umfang der Leistungen. Zur Leistungserstellung wiederum sind Ressourcen (Personal, Sachmittel, Infrastruktur) erforderlich, die im Zuge der Leistungserstellungsprozesse (Betriebsabläufe) eingesetzt werden. Prozessziele beziehen sich daher auf Qualität, Kosten und Zeit der Prozesse. Ressourcenziele beziehen sich auf die Sicherstellung, Entwicklung und den effizienten Einsatz von Ressourcen. Nachstehende Grafik verdeutlicht die Zusammenhänge am Beispiel einer Einrichtung zur Rehabilitation suchtkranker Menschen:

75 Vgl. ÖCI/Contrast Management-Consulting 2004

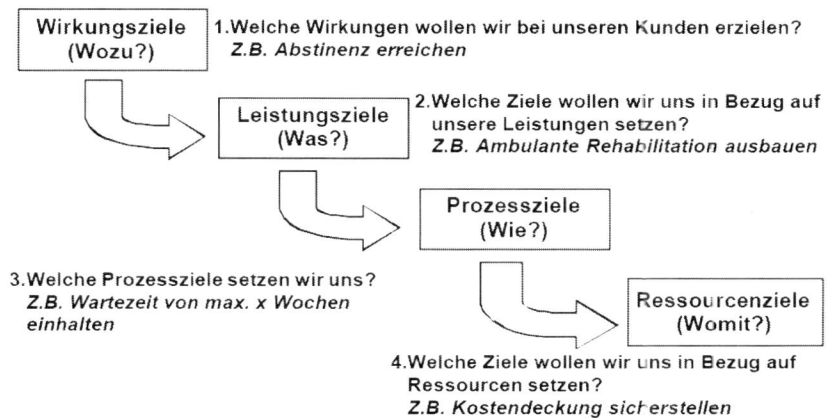

ABB. 12: ZIELARTEN (BEISPIEL: SUCHTREHABILITATION)[76]

Sinn und Zweck der Differenzierung in die verschiedenen Handlungsfelder besteht darin, eine wirkungsorientierte Ausrichtung der Organisation zu fördern, Zusammenhänge und Wechselwirkungen sichtbar zu machen und zu gewährleisten, dass alle relevanten Ebenen berücksichtigt werden.

Für eine controllinggerechte, operationale (= nachvollziehbare) Zielformulierung genügt es jedoch nicht, den Zielinhalt zu definieren, vielmehr sind auch das angestrebte Ausmaß mithilfe von messbaren Indikatoren festzulegen und ein Zeitbezug herzustellen. So könnte z. B. der Grad an Abstinenz mithilfe einer Katamnese auf Basis empirischer Daten gemessen werden, der Ausbaugrad ambulanter Leistungen anhand von Klientenzahlen im Ambulanzbereich und/oder anhand der geleisteten Betreuungsstunden. Auf Basis der tatsächlich erreichten Werte kann das Management definieren, welches Niveau bis wann erreicht werden soll.

Das Österreichische Controller-Institut und Contrast Management-Consulting haben im Jahr 2008 eine empirische Erhebung unter den Gesamtverantwortlichen von Österreichs Spitalsgruppen durchgeführt und dabei unter anderem erhoben, wie die Spitzenmanager Erfolg definieren und welche Ziele im Vordergrund stehen: In der Gesamtbetrachtung wird Erfolg als eine „bedarfsgerechte, qualitativ hochwertige Versorgung bei effizientem Mitteleinsatz" verstanden. Die wichtigsten Ziele sind:

Rang	Strategisches Ziel
80.0%	Patientenzufriedenheit
73.3%	Hohe Ergebnisqualität
53.3%	Mitarbeiterzufriedenheit
46.7%	Wirtschaftlicher Erfolg
40.0%	Flächendeckende Versorgung
33.3%	Motiviertes Personal
26.7%	Gutes Image
26.7%	Hohe Auslastung

ABB. 13: ZIELSETZUNGEN IN SPITALSGRUPPEN[77]

Die Prozentzahlen geben den Anteil der Spitzenmanager an, die das jeweilige Ziel als vorrangig benannt haben.

Aus den obigen Ausführungen wird deutlich, dass Controlling in Gesundheitseinrichtungen nicht in operativen Aspekten verharren darf, sondern sich an strategischen Zielsetzungen ausrichten soll. Des Weiteren würde ein rein finanzielles Controlling zu kurz greifen. Ein ausgewogenes Controlling in Gesundheitseinrichtungen bezieht auch Wirkungen, Leistungen, Prozesse und nicht finanzielle Ressourcen wie z. B. Personal ein.

Es ist für diesen Zweck nicht erforderlich, sämtliche Funktionen in der Controlling-Abteilung zu verankern. So können verschiedene Aspekte auch durch andere Serviceeinrichtungen (Qualitätsmanagement etc.) wahrgenommen werden. Wichtig ist jedoch ein koordinierter Zugang und dass sämtliche Informationen in den Berichten an die Führung zusammenfließen und in den Planungsprozessen berücksichtigt werden.

3.2.5   Voraussetzungen für ein funktionierendes Controlling

Operationalisierte Ziele (Ziele inkl. Inhalt, Ausmaß und Zeitbezug) stellen den Ausgangspunkt und die wichtigste Voraussetzung für das Controlling dar. Darüber hinaus sind jedoch noch eine Reihe weiterer Voraussetzungen für ein funktionierendes Controlling zu schaffen:

Informationen sind als Entscheidungsgrundlage vorhanden

Die für die jeweiligen Entscheidungsträger notwendigen Informationen können standardmäßig oder individuell aufbereitet in kurzer Zeit strukturiert und konzentriert zur Verfügung gestellt werden. Die Aufbereitung erfolgt im Idealfall durch einheitlich gestaltete Informationssysteme. Gerade hier besteht in vielen Gesundheitsorganisationen, insbesondere im Bereich der Spitäler,

77 ÖCI/Contrast Management-Consulting 2008

Handlungsbedarf. Die komplexen und heterogenen Strukturen führen in Verbindung mit hohen Datenmengen und häufig unzureichender Datenerfassung und instrumenteller Unterstützung dazu, dass die Datenqualität und -verfügbarkeit oftmals nicht gegeben ist. Diese ist schrittweise zu verbessern um Controlling zu ermöglichen.

Der Controlling-Instrumentenkoffer ist gut ausgestattet

Dazu gehören funktionierende Planung und Planungssysteme, adäquate Leistungserfassungssysteme, verlässliche Finanzbuchhaltung und Kostenrechnung sowie ein gut ausgebautes Berichtswesen. Hier bestehen in Gesundheitseinrichtungen ebenfalls Verbesserungsmöglichkeiten.

Nutzen muss durch die Betroffenen erkannt werden

Controlling schafft Transparenz, diese ist nicht immer bei a len Beteiligten erwünscht. Es ist daher wichtig, aktiv zu kommunizieren, wie mit Ergebnissen umgegangen wird und welchen Nutzen Controlling bringt. Neben dem bereits dargestellten Nutzen für das Gesamtsystem bringt es auch Vorteile für den Einzelnen: klare Erfolgsmaßstäbe, Feedback, Orientierung.

Aktive Unterstützung durch die Führungskräfte und bereichsübergreifende Kommunikation

Controlling braucht die Unterstützung der Führungskräfte um akzeptiert zu werden. Die Entscheidungsträger sollen die Promotoren sein und das Controllingsystem aktiv forcieren. Aktives, bereichsübergreifendes Kommunizieren und das gegenseitige Verstehen der jeweiligen Aufgaben und Problemstellungen fördern ebenfalls ein wirksames Controlling.

3.2.6   Entwicklungsbedarf im Controlling

Controlling hat sich in österreichischen Gesundheitseinrichtungen etabliert. So können 62% der Gesundheitsorganisationen bereits als „Fortgeschrittene" im Bereich Controlling bezeichnet werden. Dennoch gibt es genug zu tun: 34,5% der Organisationen befinden sich noch auf Einsteiger-Niveau, nur 3,5% sind Profis.[78] Bei der Weiterentwicklung des Controllings kommt insbesondere dem Berichtswesen eine hohe Bedeutung zu, da eine besonders hohe Korrelation zwischen der Qualität des Berichtswesens und der Wirksamkeit des Controllings besteht.

Ein ähnliches Bild – was den Entwicklungsstand von Controlling betrifft – zeigen die Ergebnisse der Studie zum Spitalsmanagement aus dem Jahr 2008:

78 Vgl. ÖCI/Contrast Management-Consulting 2004

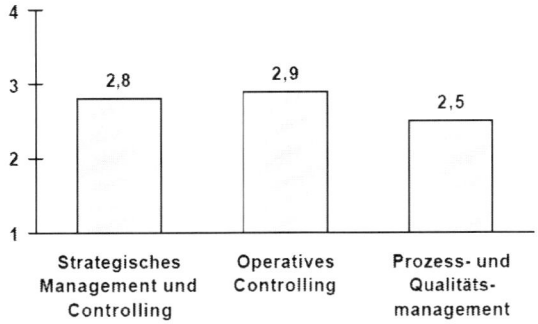

ABB. 14: ENTWICKLUNGSSTAND VON MANAGEMENTWERKZEUGEN IN ÖSTERREICHS SPITALS-GRUPPEN[79]

Controlling hat sich also auch im Spitalsbereich etabliert, wenn auch noch Verbesserungsmöglichkeit besteht. Dazu einige Beispiele[80]:

90% der Spitalsgruppen verfügen zumindest über eine einfache Kostenrechnung, 80% nutzen sie auch zur Steuerung ihrer Organisation, jedoch ist nur bei einem Teil der Organisationen (27%) das System soweit ausgereift, dass sie auch sagen können, was eine medizinische Leistung (z. B. Hüftoperation) wirklich kostet und ob sie kostendeckend erbracht werden kann.

Die kurzfristige Unternehmensplanung ist bei rund 50% der teilnehmenden Spitalsgruppen gut ausgebaut, jedoch verfügt nur jede vierte Organisation auch über eine systematische Mittelfristplanung (mehrjährige, monetär bewertete Leistungs- und Ressourcenpläne).

Alle Spitalsgruppen verfügen in einem Mindestmaß über ein Standardberichtswesen zur Unternehmensführung, jedoch nur 13% geben an, dass die Berichtsinhalte und deren Detaillierungsgrad gut den Bedürfnissen der Berichtsempfänger angepasst sind. Wichtig ist in diesem Zusammenhang auch ein Berichtswesen zu strategisch relevanten Inhalten für die Spitzenmanager und die politische Ebene aufzubauen.

90% der Spitzenmanager von Österreichs Spitalsgruppen erwarten, dass der Veränderungsbedarf in den kommenden 10 Jahren steigen bis stark steigen wird.[81] Hier gilt es schneller zu sein als der Druck. Controlling als Konzept zur Führungsunterstützung wird daher an Bedeutung gewinnen.

79 ÖCI/Contrast Management-Consulting 2008
80 Vgl. ÖCI/Contrast Management-Consulting 2008
81 Vgl. ÖCI/Contrast Management-Consulting 2008

3.3   Controlling als integrierter Steuerungsansatz
Guido Offermanns

Als Kritik an der bisherigen Entwicklung im Bereich des Controllings in Gesundheitseinrichtungen kann angemerkt werden, dass man sich, gerade auch vonseiten der Wissenschaft, bisher primär auf die Einführung von klassischen betriebswirtschaftlichen Instrumenten für die Administration konzentriert und nicht nach Steuerungsmöglichkeiten bei den Health Professionals (ärztliches, pflegerisches und therapeutisches Personal) selbst gesucht hat. Da ja dort die eigentlichen Leistungen z. B. eines Krankenhauses erbracht werden, liegen hier auch in Bezug auf Kosten und Qualität die größten Effektivitäts- und Effizienzpotenziale. Im Kapitel werden bereits bekannte Instrumente zur Steuerung von Gesundheitseinrichtungen durch eine neue Blickweise auf prospektiv wirkende Steuerungsinstrumente der Health Professionals ergänzt. Eine Kombination dieser Ansätze kann erhebliche Auswirkungen auf den Outcome, im Sinn der gemessenen Qualität der erbrachten Leistungen durch die Health Professionals, sowie auf den Impact, als die gemessene Zufriedenheit von Patienten und anderen Bezugsgruppen mit den Dienstleistungen von Gesundheitseinrichtungen, haben.[82] Als Konsequenz hieraus geht es sowohl um den Einsatz und weiteren Ausbau klassischer Controlling-Instrumente als auch um die Integration neuer Ansätze, die zunehmend im Bereich der Health Professionals relevant werden. Im Kapitel wird zu einem großen Teil auf Krankenhäuser Bezug genommen, jedoch lassen sich die angeführten Beispiele und Konzepte auch auf andere Gesundheitseinrichtungen übertragen.

3.3.1   Controlling unter veränderten Rahmenbedingungen

Zur Lösung der vielfältigen Probleme im Gesundheitswesen wurden in den vergangenen Jahren fast gebetsmühlenartig Wettbewerb und Markt als mögliche Lösungsansätze des bis jetzt stark regulierten Gesundheitsbereiches postuliert.[83] Der bisher praktizierte Ansatz ging eher einseitig in die Richtung einer Kostenminimierung und Budgetierung, ohne Blick auf die Prozesse und Ergebnisse der Versorgung. Die Folge war ein erheblicher Kostendruck auf alle Krankenhäuser mit zum Teil erheblichem Personalabbau und Arbeitsverdichtung durch erhöhte Fallzahlen und verkürzte Verweildauern.[84] Spätestens nach der Finanzkrise ist der generelle Glaube an pauschale Marktlösungen,

---

82 Vgl. Eichhorn 2005, S. 162
83 Vgl. Oberender/Zerth 2008; vgl. Deppe/Burckhardt 2002
84 Vgl. Schmidt 2005

beruhend auf der neoliberalen Wirtschaftsideologie, heftig in die Kritik geraten. Gerade das Gesundheitswesen ist weit von den Vorstellungen eines idealen Marktes entfernt und Ökonomen sprechen daher von einem Markt- und Steuerungsversagen.[85] Die eingeschränkten Einfluss- und Entscheidungsmöglichkeiten der eigentlichen Nutzer (Bevölkerung und Patienten) sind zusammengefasst Ergebnis einer fehlenden Transparenz, Folgen mangelhaften Wissens über Krankheit und medizinisch-pflegerische Möglichkeiten sowie der dominierenden Rolle der Leistungserbringer mit daraus resultierenden paternalistischen Strukturen, am deutlichsten sichtbar im Krankenhaus. Als Korrektiv zur eher schwierigen Rolle von Patienten und Versicherten als „Marktpartner" im Gesundheitswesen finden sich in der gesundheitspolitischen Diskussion unterschiedliche Begriffe wie Bürger-, Patienten-, und Konsumentenorientierung[86] sowie neuerdings auch der Begriff der Nutzerorientierung[87]. Auch ohne eine bereits erfolgte einheitliche wissenschaftliche Definition dieser Begriffe gehen diese doch alle in eine einheitliche Richtung, nämlich der Forderung nach Einführung von geeigneten Steuerungsinstrumenten, die den Folgen des Markt- und Steuerungsversagens entgegenwirken sollen. Ziel eines solchen Steuerungsansatzes muss es sein, den Wettbewerb sowohl auf den Nutzen für die Bezugsgruppen (value for patients) als auch auf die aus der Leistungserbringung resultierenden Ergebnisse auszurichten (competing on results).[88] Die bisherigen Reformbestrebungen berücksichtigten diese Ansätze eher wenig. So hat das Qualitätsmanagement noch den Charakter eines lästigen Übels und nicht den eines zentralen Veränderungsansatzes.

Die sich zunehmend verschärfenden Rahmenbedingungen haben auch weitreichende Auswirkungen auf die einzelnen Krankenhäuser, wobei die neuen, bereits realisierten oder geplanten Steuerungs- und Finanzierungsmechanismen im Gesundheitswesen den Trend einer Verstärkung der Führungsverantwortung auf der Stufe der Krankenhausleitung unterstützen. Diese Neuorientierung verlangt nach einer verbesserten Steuerung von Leistungen und des Ressourceneinsatzes, aber auch nach Qualitätssicherungsmaßnahmen sowie dem Einsatz von strategischen und operativen Management- und Controlling-Instrumenten im Krankenhaus. Die veränderten Rahmenbedingungen verlangen daher die Erarbeitung eines völlig eigenständigen Controlling-Verständnisses für Krankenhäuser. In diesem Kontext soll unter Management das Gestalten, Lenken und Entwickeln von sozialen Systemen verstanden werden, wobei im Mittelpunkt die Nutzenstiftung für die einzel-

---

85 Vgl. Hajen/Paetow/Schumacher 2006; vgl. Cassel 2003
86 Vgl. AOK Bundesverband 2003
87 Vgl. Mozygemba/Mümken/Zündel/Rehm/Höfling-Engels/Lüdecke/Qurban 2009; vgl. SVR 2005
88 Vgl. Porter/ Teisberg 2006

nen Bezugsgruppen der Organisationen steht (u. a. Patienten, Angehörige, Bürger, Kassen, Länder).[89]

Der Controller unterstützt vor allem das Management im oben beschriebenen Sinn, um insbesondere die „Managementlücke" mit den noch vorhandenen Verbesserungspotenzialen in der Steuerungsfähigkeit des Krankenhauses nach und nach zu schließen, d. h. den Einsatz von adäquaten Führungsinstrumenten zu forcieren. Das Krankenhaus-Controlling hat so, gegenüber dem herkömmlichen Controlling-Verständnis aus der klassischen Betriebswirtschaftslehre[90], ein wesentlich erweitertes Aufgabenspektrum, wobei jedoch auch erheblich stärkere Widerstände bei Akzeptanz sowie Einführung von neuen Controlling-Instrumenten entstehen, einerseits bedingt durch die Unterschiedlichkeit der verschiedenen Berufsgruppen im Krankenhaus als Expertenorganisation und andererseits durch deren generelle Vorbehalte gegenüber ökonomischen Führungsinstrumenten. Die bisher den Alltag dominierenden bürokratischen Sichtweisen und die funktionale Arbeitsteilung haben die Entwicklung des Controllings bislang in den Krankenhäusern eher gehemmt. Aus der Sichtweise der Health Professionals sind die Tätigkeiten im Controlling eigentlich zu wichtig, um sie den Controllern und damit den Ökonomen allein zu überlassen. Die Kernleistungen in einem Krankenhaus werden ja in erster Linie von Ärzteschaft, Pflege und Therapeuten erbracht, die sich daher künftig dem Controlling nicht entziehen können, ohne ihren Anspruch auf Mitbestimmung in der Führung des Krankenhauses aufzugeben.[91] Deswegen muss der breit gefasste Controllinggedanke quer durch alle Professionen bekannt gemacht werden. In erster Linie müssen bestehende Vorurteile gegen das Controlling-Konzept ausgeräumt werden, was natürlich auch an der praktischen Tätigkeit der im Krankenhaus tätigen Controller sowie an den Erfahrungen der Health Professionals damit festzumachen ist. Aber auch unterschiedliche Terminologien sind eine häufige Quelle von Missverständnissen, Widerständen und Konflikten. Die Health Professionals verstehen dieselben Begriffe oft völlig anders als Ökonomen.[92] Ein Beispiel hierfür ist gerade der Begriff des Controllings. Aufgrund ihrer Rationalität und Berufserfahrung setzen die Mediziner Controlling häufig mit Kontrollieren gleich und assoziieren weiter etwa Kommandieren und Korrigieren. Für den ökonomischen Experten hat Controlling jedoch ungefähr ebenso wenig mit „Kontrolle" zu tun wie für den Mediziner „Geschwulst" mit „Geschwür".[93] Moderne Definitionen beschreiben Controlling als „Steuern", „Regeln" und „Lenken" von sozialen Systemen. Durch die verschiedenen Rationalitäten und

89 Vgl. Malik 2003 und 2005; vgl. SVR 2001
90 Vgl. Rüegg-Stürm/Sander 2009
91 Vgl. Offermanns 2006, S. 58
92 Vgl. Güntert/Offermanns 2002a, S. 150; vgl. Stratmeyer 2002, S. 115
93 Vgl. Marti 2000

Perspektiven wird es zukünftig wichtiger werden, neben den professionellen Perspektiven auch soziale und kommunikative Kompetenzen zu entwickeln. Gerade diese sind wichtig für ein ganzheitliches Managementverständnis.[94]

So gesehen ist Controlling ein Instrument des Managements aller Bereiche, wobei es die Verantwortlichen darin unterstützt, die Effektivität und die Effizienz der Patientenbehandlung auf einem erreichbaren hohen Niveau nachhaltig zu gewährleisten. Die Wirkung des Controllings bestimmt sich dadurch, welche Controlling-Philosophie dem Handeln eines Controllers zugrunde gelegt wird und welche Aufgaben ihm zugemessen werden. In der Krankenhauspraxis findet man generell folgende Ansätze, die sich auch an unterschiedlichen betriebswirtschaftlichen Schulen orientieren:[95]

- Die passiv-vergangenheitsorientierte Controlling-Philosophie hat die Gewährleistung der Ordnungsmäßigkeit der internen und externen Rechnungslegung zum Ziel. Primärer Aktions- und Gestaltungsbereich des Controllings ist das traditionelle betriebliche Rechnungswesen. Als Aufgaben stehen die Leitung des Rechnungswesens, die Durchführung der Kostenarten, -stellen und -trägerrechnung sowie formale, kontrollierende und informatorische Aufgaben der Bilanz-, Finanz-, Kosten- und Leistungsrechnung im Vordergrund. Die Controllingaufgaben werden eher passiv, reaktiv, vergangenheitsbezogen durchgeführt. In dieser relativ stabilen und statischen Umwelt wirkt der Controller als „Registrator".

- Die aktiv-zukunftsorientierte Controlling-Philosophie hat die Sicherung der Informationsversorgung, die Verbesserung der Informationsprozesse und Kommunikationsbeziehungen sowie die Vereinheitlichung informatorischer Erfassungs- und Auswertungshandlungen zum Ziel. Primärer Aktions- und Gestaltungsbereich des Controllings sind betriebliche Informationssysteme. Als Aufgaben stehen die Entwicklung, Implementierung und Betreuung der Informationssysteme, -beschaffung, -speicherung, -verarbeitung, -aufbereitung, -übermittlung und -verteilung, die Durchführung von Stärken- und Schwächen- und Abweichungsanalysen sowie Korrekturvorschläge im Vordergrund. Die Controlling-Aufgaben werden eher aktiv, integrativ und zukunftsorientiert durch einen „Controller als Navigator" durchgeführt.

- Die innovativ-antizipative Controlling-Philosophie hat die Führungsunterstützung im Sinne der Sicherung der Informationsversorgung, der Sicherung der Entscheidungsgrundlagen, der Koordination und der Sicherung von Planung und Kontrolle zum Ziel. Primärer Aktions- und Gestaltungsspielraum des Controllings ist das Controlling als Instrument, als Konzept und als integraler Bestandteil der Unternehmensführung. Als Aufgaben

---

94 Vgl. Ulrich 2001; vgl. Malik 2000
95 Vgl. Weber 2001, S. 4; vgl. Müller 2002, S. 17; vgl. Offermanns 2005

stehen der Entwurf, die Implementierung und Betreuung von Planungs-, Kontroll- und Informationsversorgungssystemen, die Abstimmung dieser Systeme, die Unterstützung der Planung, die Bereitstellung von Planungs- und Kontrollinstrumenten, die Erfassung von Steuerungs- und Korrekturkonzepten und die Alternativensuche im Vordergrund. Die Controlling-Aufgaben werden eher pro-aktiv, antizipativ, durch einen „Controller als Innovator" wahrgenommen.

Die ersten beiden Controlling-Philosophien sind nicht geeignet, um die derzeit anstehenden Probleme im Krankenhaus zu lösen, da ja immer noch erhebliche Management-Defizite im Krankenhaus anzutreffen sind. Die Rolle des Controllers als „Registrator", verbunden mit der passiv-vergangenheitsorientierten Philosophie, reichte unter stabilen Umweltbedingungen sicher aus. In einer begrenzten dynamischen Umwelt mit sicherer Finanzierungsbasis, wie in der Zeit bis zur Einführung von Fallpauschalensystemen (LKF- oder DRG-System in Österreich, Deutschland oder der Schweiz)[96] der Fall, hätte die Sicht des Controllers als Navigator des Managements ausgereicht, um die auftretenden Probleme bewältigen zu können. Durch die immer komplexer werdenden internen und externen Rahmenbedingungen, d. h. durch den großen internen Veränderungsbedarf sowie den extrem starken Druck von außen, muss der Controller die zuletzt beschriebene Rolle einnehmen, nämlich die eines Innovators, der an Problemlösungsprozessen teilnimmt sowie aktiv neue Steuerungsinstrumente einführt. Nur die letzte Konzeption ist für ein Krankenhaus sinnvoll. Der Controller agiert als Innovator und fördert den Wandel in der Organisation. Er führt die unterschiedlichen Perspektiven der Health Professionals zusammen und gleicht diese mit denen der Führung ab. Controlling hat die Aufgabe, den Managementprozess kritisch zu hinterfragen, indem es die Aktivitäten auf normativer, strategischer und operativer Managementebene begleitend beurteilt und überwacht. Zusätzlich geht es darum, Abweichungen bei den Erwartungen und mögliche Ursachen anzuzeigen sowie Kurskorrekturen zu empfehlen. Controlling im alten Sinn konzentriert sich – leicht simplifizierend ausgedrückt – auf Input und Output, nicht jedoch auf die entscheidenden Größen für den Erfolg eines Krankenhauses, den Outcome und Impact (Resultate des Managements mit dem Oberziel einer Nutzenstiftung für Bezugsgruppen).

3.3.2   Controlling schließt die Managementlücke

Diese innovativ-wirkende Ausrichtung des Controllings wird nötig, da die Ressourcen- bzw. Input-Steuerung zunehmend durch eine Leistungs- und Er-

---

96 Vgl. Köninger 2003

gebnissteuerung, d. h. eine Steuerung über Leistungs- und Verhaltenswettbewerb, abgelöst wird. Dies führt dazu, dass durch die Einführung von Markt- und Wettbewerbsmechanismen Health Professionals zunehmend einer für sie neuen ökonomischen Rationalität ausgesetzt sind und sie sich im Interesse des Überlebens ihrer Organisation ökonomisch rational verhalten bzw. das ökonomische Paradigma akzeptieren müssen. Bisher wurde aber eben diese ökonomische Rationalität ausschließlich negativ betrachtet und abgewehrt. Das Controlling fördert nun eine stetige Verbesserung der Leistungs- und Kostentransparenz der Einrichtungen. Ouchi verwendet zur Beschreibung der möglichen Formen der Systemsteuerung die beiden Dimensionen „Messbarkeit von Leistungen" und „Transparenz von Prozessen".[97] Bisher konnten im Krankenhaus kaum leistungsorientierte Steuerungsinstrumente eingesetzt werden, weil die Prozesse der Leistungserstellung intransparent und die erzielten Ergebnisse kaum messbar waren. Eine Steuerung im Krankenhaus war somit praktisch nur über Ressourcenzuteilung, mit all ihren Nachteilen, möglich (vgl. Abb. 15). Die Ergebnisse einer solchen Ressourcenzuteilung sind nicht leistungs- oder ergebnisorientiert, sondern basieren weitestgehend auf dem Verhandlungsgeschick der einzelnen Krankenhausabteilungen mit der Krankenhausleitung und beruhen oft auf Macht und tradierten Verhaltensmustern (vgl. linker unterer Quadrant in Abb. 15). Die klassischen Controlling- und betriebswirtschaftlichen Instrumente, primär wirksam im rechten oberen Quadranten der Abbildung 15, konnten so bisher nicht eingesetzt werden und scheiterten an nicht existierenden Leistungszielen und an fehlender Transparenz gerade im direkten Arbeitsbereich der Health Professionals. Dieser Zustand wurde über Jahre erbittert verteidigt und wirkt auch heute noch in die Beziehung zwischen Health Professionals und Ökonomen, da die ökonomische Rationalität primär als Bedrohung empfunden wird.

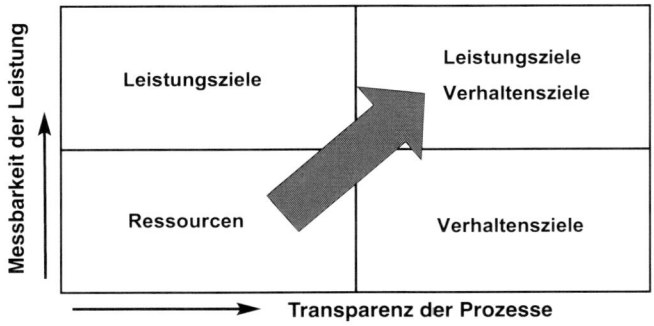

ABB. 15:   STEUERUNGSMÖGLICHKEITEN IM SYSTEM KRANKENHAUS[98]

97 Vgl. Ouchi 1977, S. 95; vgl. Güntert/Offermanns 2002a, S. 149
98 Vgl. Ouchi 1977, S. 95; vgl. Güntert/Offermanns 2002a, S. 149

Durch die Einführung des Controllings im Krankenhaus wurde in diesem Bereich jedoch die Transparenz bereits maßgeblich verbessert. Dadurch ist es heute mehr und mehr möglich, die einzelnen Organisationen über Leistungs- und Verhaltensziele zu steuern und so Anreize für bedarfsgerechte und wirtschaftliche Leistungserbringung durch die Health Professionals zu nutzen. Durch diese veränderte Situation werden jetzt dringend an die spezielle Situation der Krankenhäuser adaptierte Instrumente benötigt. Leitlinie für das Handeln der Health Professionals waren bisher ihre professionellen Standards. Ökonomische, soziale oder politische Aspekte spielten nur am Rande eine Rolle. Die neuen Möglichkeiten der Systemsteuerung erfordern nun aber gerade den Einbezug dieser neuen Dimensionen.[99] Konkret bedeutet dies, dass in Zukunft, z. B. bei ärztlichen Entscheidungen, die Kostenfolgen und die sozialen Auswirkungen mit zu berücksichtigen sind. Die Verantwortung der Krankenhaus- und Abteilungsleitungen nimmt zu, während die traditionellen Krankenhausträger an Einfluss eher verlieren bzw. sich auf die normative Managementebene zurückziehen.[100] Parallel müssen Verantwortlichkeiten mit Blick auf Qualität und Kosten, soweit sinnvoll und möglich, auf Abteilungsebene delegiert werden.

3.3.3   Controlling fördert prospektiv wirkende Steuerungsinstrumente

Entscheidend für ein neues Steuerungskonzept ist, dass Instrumente eingesetzt werden, welche die für die Zielerreichung entscheidenden Faktoren wirklich beeinflussen können. Es sollte also idealerweise ein Ursache-Wirkungs-Zusammenhang nachgewiesen werden können (Strategie-Prozess-Outcome-Impact).[101] Die Instrumente zur Steuerung und Umsetzung der Strategie dürfen sich daher nicht nur mit der Vergangenheit befassen, sondern mit dem Einfluss einer Entscheidung auf das Ergebnis der Zukunft und auf die formulierte Zielsetzung. Bisher wirkten die eingesetzten betriebswirtschaftlichen Instrumente meist eher auf die Vergangenheit bezogen und besaßen wenige prospektive Elemente. Mit der Einführung auch prospektiv wirkender Steuerungsinstrumente wird, insbesondere für den Bereich der Health Professionals, das Bewusstsein der Entscheidungsträger auf die Beeinflussbarkeit der Zukunft gerichtet. Die bisher zur Verfügung stehenden Steuerungsinstrumente dienen dann nicht mehr dazu, die Vergangenheit noch detaillierter abzubilden, sondern richten das Führungsverhalten nachhaltig auf die Beeinflussbarkeit der Zukunft aus. Hier liegt der wesentliche Schlüssel zur Erhöhung der Steuerbarkeit der einzelnen Einrichtung, mit starkem Blick

99   Vgl. Offermanns 2005, S. 55; vgl. Weber 2001
100 Vgl. Güntert/Offermanns 2002a, S. 157; vgl. Bleicher 2002a, S. 147
101 Vgl. Eichhorn 2005, S. 162; vgl. Bleicher 2002

auf die konkreten Prozesse der Leistungserbringung. Die den folgenden Ausführungen zugrunde liegende Systematik wird in einem mehrdimensionalen
Steuerungs-Würfel abgebildet (vgl. Abb. 16). Der Steuerungs-Würfel fokussiert auf die Organisation und liefert Ansätze zu einer strukturierten Diskussion der Problematik im jeweiligen Krankenhaus. Die Instrumente verbessern
die Steuerung der Organisation auf normativer, strategischer und operativer
Managementebene, wirken teils isoliert auf einer Ebene oder integrierend auf
mehreren Ebenen. Einschränkend festzuhalten ist, dass eine Einordnung
nicht abschließend in prospektiv und retrospektiv vorgenommen werden
kann, da einige prospektiv wirkende Instrumente auch retrospektive Daten
zur Steuerung verwenden. Allerdings fehlt auch bisher ein sinnvoller Bezugsrahmen zur Förderung der recht neuen Diskussion zu dieser Thematik.

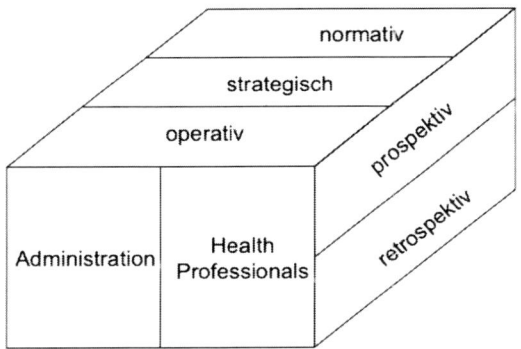

Abb. 16: Mehrebenen-Steuerungswürfel für das Krankenhaus-Controlling[102]

Zwischen den drei Dimensionen des Würfels kommt es zu Überschneidungen,
d. h. einerseits wirken Instrumente auf verschiedenen Managementebenen
(normativ, strategisch, operativ), andererseits erfolgt die Einordnung danach,
ob die Instrumente eher traditionell betriebswirtschaftlicher Natur sind (Administration) oder sich aus dem professionellen Bezugsrahmen der Medizin,
Pflege und Therapie ergeben (Health Professionals).[103] Einige primär betriebswirtschaftlich geprägte Instrumente wirken sowohl auf die Administration als
auch auf die Health Professionals. Zu nennen sind hier z. B. Instrumente des
Personalmanagements, wie Mitarbeiterbefragungen, Zielvereinbarungen und
Führungsleitlinien. Den weitaus größten Teil des Personals stellen die Health
Professionals dar, daher haben diese Instrumente dort eine hohe Relevanz. An-
dere Instrumente sind wieder schwerpunktmäßig eher dem Bereich der Health
Professionals zuzurechnen (u. a. Leitlinien, Klinische Pfade und Evidence-based

102 Offermanns 2008, S. 295
103 Vgl. Ulrich 2001, S. 241; vgl. Offermanns 2005, S. 233, vgl. Bleicher 1994

Medicine). Diese wirken jedoch auch auf die Ebene der Administration, insbesondere auf die dort dominierende wirtschaftliche Perspektive. Teilweise werden die neuen Steuerungsinstrumente auch durch neu geschaffene Berufsfelder wie Qualitätsmanager oder medizinische Controller weiter gefördert und deren Wirkung in der Organisation ausgebaut.

Die retrospektiven Steuerungsinstrumente der Health Professionals dienen der Evaluation der erbrachten Leistungen und beeinflussen damit über den Kontrollmechanismus das Verhalten der einzelnen Leistungserbringer. Zu nennen sind hier klassische Instrumente wie u. a. Arzt- und Pflegevisite, Fallbesprechungen, aber auch Patientenbefragungen. Nach Auswertung fließen die Informationen in die Entscheidungsfindung und -umsetzung der Führungskräfte mit ein (vgl. Abb. 17). Gleiches gilt auch für den Bereich der Administration, wo sich als retrospektive Instrumente u. a. klassisches Leistungs-Controlling, ABC-Analysen zur Identifikation von kostenintensiven Leistungen und Prozessen, aber auch Kennzahlensysteme finden. Kostenrechnungssysteme versuchen Kosten zu erfassen und abzubilden, jedoch sind funktionierende Kostenträger-, Plan- und Teilkostenrechnungen noch recht selten in Krankenhäusern zu beobachten. Die Kombination von prospektiven und retrospektiven Steuerungsinstrumenten, wie in herkömmlichen Managementsystemen üblich, fand im Krankenhaus bisher nicht statt. Es ging in der Vergangenheit lediglich um die Verwaltung der zur Verfügung gestellten Ressourcen.

Die prospektive Steuerung, von der Ebene der Administration ausgehend, kann durch Leistungs- und Verhaltensziele, z. B. mit der Vorgabe von Obergrenzen für die Kosten einer bestimmten Behandlung (Capitation, DRGs), beeinflusst werden. Aufgrund der Ziele müssen Prozesse auf Effizienzpotenziale untersucht werden, d. h. ob Ressourcen ganz eingespart bzw. besser eingesetzt werden können („*to do more with less for patients*")[104]. Andere für Ökonomen gängige Instrumente sind die Balanced Scorecard, Benchmarking, aber auch eine auf die Strategie des Krankenhauses abgestimmte Personalentwicklung. Nicht zu vernachlässigen sind des Weiteren Instrumente zur Beeinflussung der Unternehmenskultur wie Leitbilder oder Führungsgrundsätze.[105] Oft wird nicht beachtet, dass Strategien teils aufwändig entwickelt werden. Strukturen rasch wechseln, jedoch die Kulturen im Krankenhaus sich erst langsam den veränderten externen und internen Rahmenbedingungen anpassen können.

3.3.4   Prospektive Steuerung mit Ergebnisorientierung

Die prospektiven Steuerungsinstrumente der Health Professionals wirken auf die Entscheidungsfindung in der konkreten Behandlungssituation u. a. durch

104 Spath 1997, S. 2
105 Vgl. Schmidt 2005

neue Ansätze wie der Evidence-based Medicine (EBM) ein, d. h. individuelle Patienten anhand der besten zur Verfügung stehenden Daten und Erkenntnisse zu versorgen. Die wissenschaftliche Evidenz dient als externer Standard, um die Qualität der Behandlung im eigenen Krankenhaus – durch eine Vereinheitlichung der professionellen Handlungsweisen – zu steigern und die Kosten durch Reduktion individueller Handlungsweisen der Health Professionals geeignet zu steuern[106] (vgl. Abb. 17).

Standards und Leitlinien auf der Basis von EBM sichern den transparenten Diskurs zwischen Health Professionals über Formen und Ergebnisse der Behandlung. Leitlinien sind als systematisch entwickelte Entscheidungshilfen über die angemessene ärztliche Vorgehensweise bei speziellen gesundheitlichen Problemen definiert. Sie stellen den nach einem definierten, transparent gemachten Vorgehen erzielten Konsens mehrerer Experten aus unterschiedlichen Fachbereichen und Arbeitsbereichen, ggf. unter Einbeziehung von Patienten[107], zu bestimmten ärztlichen Vorgehensweisen dar. Leitlinien sind durch EBM wissenschaftlich begründete und praxisorientierte Handlungsempfehlungen. Methodische Instrumente zur Erstellung von Leitlinien sind unter anderem Konsensuskonferenzen, Delphianalysen, Therapiestudien und Meta-Analysen. Die Leitlinien werden regelmäßig auf ihre Aktualität hin überprüft und ggf. fortgeschrieben.[108]

	Ebene der Administration	Ebene der Health Professionals
Prospektive Steuerung	Personalentwicklung Balanced Scorecard Unternehmenskultur Führungsleitlinien Zielvereinbarungen Benchmarking Total Quality Management Fallpauschalen (z. B. LKF, DRGs) Capitation (Kopfpauschalen)	Evidence-based Medicine Leitlinien Standards Richtlinien Disease Management Klinische Pfade Second-Opinion-Programme
Retrospektive Steuerung	Personalinformationssysteme ABC-Analysen Kennzahlensysteme Kostenrechnungssysteme Leistungs-Controlling	Qualitätssicherung Arzt- und Pflegevisite Gezielte Fallbesprechung Patientenbefragung Mitarbeiterbefragung

Abb. 17: Auswahl prospektiver und retrospektiver Steuerungsinstrumente des Controllings[109]

106 Vgl. Rossboth/Gay/Lin 2007, S. 7; vgl. Antes/Bassler/Forster 2003, S. 2; vgl. Greenhalgh 2000, S. 17
107 Vgl. Sänger/Brunsmann et al. 2007, S. 109
108 Vgl. Delbi 2005, S. 471; vgl. AWMF 2001, S. 68
109 Offermanns 2008, S. 297

Ein Klinischer Pfad ist ein netzartiger, berufsgruppenübergreifender Behandlungsablauf mit evidenzbasierten Leitlinien, der Patientenerwartungen, Qualität und Wirtschaftlichkeit gleichermaßen berücksichtigt.[110] Er sichert die Umsetzung von EBM und Leitlinien in der konkreten Situation zwischen Health Professional und Patient durch genau geplante Ablaufschritte und Termine, mit Blick auf den Heilungsfortschritt und die geplante Verweildauer.[111] Durch die starke Prozessorientierung werden nun Abläufe und Kosten transparent und können unter Effektivitäts- und Effizienzgesichtspunkten optimiert werden. Angemerkt werden muss, dass insbesondere die Ärzte in begründeten Fällen vom Pfad bzw. den Leitlinien abweichen können, wenn dies im Interesse der Patienten liegt. Entscheidend für die Einführung der Klinischen Pfade als Steuerungsinstrument muss die Verbindlichkeit des Pfades für alle Health Professionals und die Fokussierung auf die Ergebnisqualität sowie die ständige Evaluation der Pfade und deren Verbesserung sein. Nur dann können Ziele formuliert und geeignet überprüft werden. Ein tatsächlicher Einfluss auf das Verhalten der Health Professionals ist nur so möglich. Diese Verbindlichkeit stellt eine „*conditio sine qua non*" dar, ohne die Veränderungsansätze mit evidenzbasierten Leitlinien und Klinischen Pfaden zum Scheitern verurteilt sind.[112]

Als über die Versorgungssektoren hinaus integrativ wirkende Versorgungsform kann Disease Management, das die klinischen, patientenorientierten und ökonomischen Ergebnisse von Prozessen bezogen auf Erkrankungen von chronisch kranken und kostenintensiven Patienten berücksichtigt, eingesetzt werden.[113] Ziel ist auch hier eine kontinuierliche Verbesserung des Gesundheitszustandes der Patienten unter Berücksichtigung der ökonomischen Auswirkungen.[114] Klinische Pfade in Disease-Management-Programmen auch über Sektoren hinweg anzuwenden ist im Augenblick noch eine Vision – sie würden dann zu integrierten Versorgungspfaden und könnten einen Beitrag leisten, die Fragmentierung zu überwinden.

Bei allen Steuerungsversuchen entscheidend ist, mithilfe der prospektiven und retrospektiven Instrumente Verhaltensänderungen be den Health Professionals herbeizuführen, überflüssige Leistungen auszusondern und dadurch die Qualität der Versorgung zu steigern. Gerade auf die Ebene der Health Professionals und deren professionelle Entscheidungsfindung ist der Fokus zu legen, weil hier große Fortschritte in Bezug auf Qualität und Kosten der Leistungen möglich sind.[115] Die Akzeptanz und der Nutzen bei den

---

110 Vgl. Hellmann 2002, S. 16
111 Vgl. Offermanns 2005, S. 234
112 Vgl. Spath 1997; vgl. Offermanns 2005
113 Vgl. Lauterbach/Stock 2002, S. 19
114 Vgl. Offermanns 2005, S. 234
115 Vgl. Güntert/Offermanns 2002

Health Professionals werden dadurch gestärkt, dass der Fokus nicht primär auf den Kosten liegen darf, sondern sich bewusst auf Aspekte der Qualität und Leistungserbringung konzentrieren muss. Ein auf die Kosten beschränkter Blick würde auch eindeutig zu kurz greifen. Die Philosophie hinter den neuen Instrumenten verlangt danach, dass sie gemeinsam von Ökonomen und Health Professionals eingesetzt werden, um die gewünschte Steuerungswirkung – im Hinblick auf die Qualität und die Kosten – zu erzielen. In der Vergangenheit war Kooperation mit Blick auf die Leistungserbringung, auch aufgrund der verschiedenen Rationalitäten, vollkommen unüblich.

Das Steuerungskonzept bezieht mit seiner prospektiven und retrospektiven Ausrichtung alle drei Management-Ebenen mit ein. Steuerungsinstrumente werden auf der operativen, strategischen und normativen Ebene eingesetzt und wirken so integrierend und nicht isoliert lokal. Einem unkoordinierten Einsatz der Steuerungsinstrumente wird gezielt entgegengewirkt. Wie schon angeführt, darf auch die Kultur in den Krankenhäusern nicht vernachlässigt werden. Durch die bewusste Beeinflussung der Unternehmenskultur (z. B. durch eine partizipativ angelegte Leitbildentwicklung) und durch mitarbeiterorientierte Führungs- und Managementmodelle wie dem Total Quality Management (TQM) oder dem Modell der European Foundation for Quality Management (EFQM) lässt sich die Einführung neuer Steuerungsinstrumente und Verhaltensänderungen fördern. Ein zunehmend wichtiges Thema ist das Qualitätsmanagement der einzelnen Krankenhäuser mit Blick auf die Ergebnisse der Patientenbehandlung.[116] Sorgfältig auszuwählen ist dabei ein geeignetes Qualitätsmodell, da dies auch für das Controlling sehr relevant ist. Das Qualitätsmanagement kann als Hebel wirken, geeignete Steuerungsinstrumente einzuführen. Generell besteht hier noch erheblicher Forschungsbedarf für die Betriebswirtschafts- und Managementlehre, insbesondere mit Blick auf den bestmöglichen Einsatz und die Bewertung der Wirksamkeit einzelner Instrumente und Modelle.

116 Vgl. Schrappe 2005, S. 17

3.4   Rolle des Controllings für eine Gesundheitsbetriebsholding

Moritz Thiede, Tobias Schlüter

Zur HELIOS Kliniken Gruppe gehören 62 eigene Kliniken, darunter 43 Akutkrankenhäuser und 19 Rehabilitationskliniken. HELIOS versorgt jährlich 2 Millionen Patienten, davon 600.000 stationär. Die Klinikgruppe verfügt über insgesamt mehr als 18.000 Betten und beschäftigt rund 32.000 Mitarbeiter. Im Jahr 2008 erwirtschaftete HELIOS einen Umsatz von 2,1 Milliarden Euro. Die Klinikgruppe gehört zum Gesundheitskonzern Fresenius SE. Bei einer solchen Größe und Anzahl an Kliniken ist es nicht möglich, den Konzern starr aus der Zentrale heraus zu führen. Entsprechend dem Managementansatz, dass die Verantwortung vor Ort liegt und operative Entscheidungen vor Ort getroffen werden müssen, ist auch der gesamte Konzern aufgebaut. Die Kliniken sind Regionen zugeordnet, die wiederum eigene Verantwortliche für die verschiedenen Bereiche haben. Im Controllingbereich sind die Regionalverantwortlichen gleichzeitig in den meisten Fällen in einem der Häuser verankert. Dadurch wird sichergestellt, dass erstens kein großer Overhead entsteht und zweitens nicht der Blick für die operativen Probleme verloren geht. Das Konzerncontrolling wiederum unterstützt die Regionen und Kliniken und gibt einheitliche Vorgaben bzw. Rahmenbedingungen, wo es sinnvoll oder notwendig ist. Darüber hinaus ist das Konzerncontrolling für die Berichterstattung an die Muttergesellschaft zuständig.

3.4.1   Medizinisches Controlling, Qualitätsmanagement

Bei einem Krankenhauskonzern spielt naturgemäß auch das Medizinische Controlling eine bedeutende Rolle. Das Medizincontrolling in den einzelnen Kliniken legt den Fokus verstärkt auf die Verbesserung der Kodierqualität, der internen Abläufe und der medizinischen Sachkosten, ist also direkt operativ tätig.

   Das Medizinische Controlling auf der Konzernebene legt die Basis für das Qualitätsmanagement im Konzern und Verbesserung der Qualität im Gesamtkonzern durch Analysen und Benchmarks. Das interne Medizinische Controlling beruht auf der Analyse von Routinedaten, die bei der Abrechnung von Leistungen gemäß dem deutschen DRG-Vergütungssystem in Krankenhäusern anfallen. Durch dieses System werden rund 700 Qualitätskennzahlen gewonnen. So wird ein differenziertes und aussagefähiges Bild über die Ergebnisqualität der einzelnen Kliniken ermöglicht, anhand dessen man die medizinischen Leistungen und Ergebnisse konzernintern steuern kann. Alle Geschäftsführer und Chefärzte werden monatlich über den aktuellen Stand informiert.

3.4.1.1 Transparenz Medizinische Ziele

Auf Grundlage von 142 Indikatoren (z. B. Sterblichkeit, Anteil oder Menge be-stimmter OP-Techniken usw.) werden die Behandlungsergebnisse für 30 wichtige Krankheitsbilder und Operationsverfahren dargestellt. Insgesamt lassen sich damit für gut ein Drittel aller Fälle in den Kliniken Aussagen tref-fen. Aus diesen Kennzahlen wiederum werden die medizinischen Ziele für die gesamte Gruppe abgeleitet. Es wurden 33 Ziele definiert und mit Referenz-werten hinterlegt, an denen jede Klinik gemessen wird (s. Abb. 18: Auszug aus den Medizinischen Konzernzielen).

Dezember 2008/38 Kliniken
Medizinische Unternehmensziele und Leistungskennzahlen 2008, Konzernziele kumuliert
1.1. bis 31.12.2008, Version 2.3
Erkrankungen des Herzens

			Quelle	HELIOS 2008 kumuliert 1.1. bis 31.12.2008	HELIOS Todesfälle	HELIOS Patienten insgesamt (100%)	HELIOS 2007	HELIOS Todesfälle	HELIOS Patienten ingesamt (100%)
1	**Herzinfarkt**								
1.1	Hauptdiagnose Herz-infarkt (Alter >19), Anteil Todesfälle aufgetreten	unter Erwar-tungs-wert	St. BA	7,6%	430	5.631	8,4%	400	4.788
	Hauptdiagnose Herzinfarkt, Anteil Todesfälle, erwartet	*(Bund 10,7%)*	St. BA	10,5%			10,4%		
1.2	davon Herzinfarkt, Altersgruppe 20–44, Anteil Todesfälle	unter 2,9%	St. BA	3,0%	7	230	3,3%	7	211
1.3	davon Herzinfarkt, Altersgruppe 45–64, Anteil Todesfälle	unter 4,5%	St. BA	3,5%	58	1.651	3,2%	47	1.451
1.4	davon Herzinfarkt, Altersgruppe 65–84, Anteil Todesfälle	unter 11,6%	St. BA	8,1%	259	3.185	9,2%	241	2.621
1.5	davon Herzinfarkt, Altersgruppe >= 85, Anteil Todesfälle	unter 25,3%	St. BA	18,8%	106	565	20,8%	105	505
1.6	Hauptdiagnose Herzinfarkt, Direktauf-nahmen ohne Verlegungen (Alter >19), Anteil Todesfälle, Beobachtungswert			9,9%	359	3.635	11,0%	356	3.225

ST. BA – STATISTISCHES BUNDESAMT

ABB. 18:   MEDIZINISCHE ZIELE BEI HELIOS[117]

117 Eigene Darstellung

3.4.1.2 Qualitätsmessung aus Routinedaten

Grundvoraussetzung kosten- und administrationseffizienter Qualitätsmessung ist die Verwendung von Routinedaten. In diesem Fall werden Daten verwendet, die ohnehin für die DRG-Abrechnung erforderlich bzw. vorgeschrieben sind. In diesem Datensatz werden seit Einführung der DRG detaillierte Angaben über Erkrankung, Eingriffe, Liegezeiten und Verlegunger zu Abrechnungszwecken an die Krankenkassen übermittelt. Die schon vorhandenen Daten werden genutzt, um damit die Qualitätsmessung vorzunehmen. Es entsteht somit kein zusätzlicher Erfassungsaufwand in den Kliniken und gleichzeitig werden Daten herangezogen, die bundesweit einheitlich zur Verfügung stehen. Auf diese Art können auch neue Kliniken schnell integriert werden und von den Vergleichen mit den anderen Kliniken profitieren. Um den HELIOS-Ansatz über den Konzern hinaus verfügbar zu machen, wurde 2008 die Initiative Qualitätsmedizin (IQM) gegründet, der inzwischen über 10 öffentlich-rechtliche, freigemeinnützige und private Krankenhausträger mit über 100 Krankenhäusern in Deutschland beigetreten sind. Mittlerweile hat die Schweiz das HELIOS-Qualitätsmessungssystem zur Beurteilung ihrer öffentlichen Spitäler übernommen.

3.4.1.3 Peer/Selbst-Review

Statistische Daten alleine können aber nur Hinweise auf mögliche Qualitätsprobleme liefern. Das Erkennen des Optimierungsbedarfs in den Behandlungsabläufen erfordert eine genaue Analyse der tatsächlichen Abläufe. Anhand der Qualitätskennzahlen werden mögliche Problembereiche identifiziert. Es werden dazu gezielt schwierige Fälle ausgewählt, die meist in Zusammenhang mit den definierten Unternehmenszielen oder mit Zielen der einzelnen Fachdisziplinen stehen. Hierzu gehören z. B. Todesfälle bei beatmeten Patienten, bei Herzinsuffizienz, Herzinfarkt, Pneumonien, Schlaganfall, kolorektalen Operationen, Amputationen, Gefäßoperationen und den anderen oben im Zusammenhang mit den Konzernzielen genannten Krankheitsbildern. Bei Fällen mit vergleichsweise auffälligen Ergebnissen wird dann ein sogenanntes Peer Review-Verfahren eingeleitet. In einem solchen Review werden stichprobenartig Behandlungsverläufe auf mögliche Verbesserungspotenziale anhand der Patientenakte untersucht. In der Regel setzen sich die Review-Teams aus erfahrenen Chefärzten unterschiedlicher Fachbereiche aus anderen Kliniken im Konzern zusammen. Zusätzlich zur Patientenakte werden noch von allen Beteiligten Fragebögen ausgefüllt und Gespräche geführt, um vorwärtsgerichtet mögliche systemische Schwachstellen zu identifizieren. Sind solche Schwachstellen identifiziert, werden diese mit den verantwortlichen Ärzten besprochen und Lösungsansätze diskutiert.

Nach medizinisch-fachlicher Diskussion wird auch die Verwaltungsleitung der Klinik einbezogen, was deutlich macht, dass für die Erreichung der medizinischen Ziele sowohl Ärzte als auch das Management verantwortlich sind. Zusammen werden dann die Entwicklungsziele festgelegt, dokumentiert und nachverfolgt.

Im internen Selbst-Review-Verfahren beurteilt nur der verantwortliche Chefarzt selbst seine Fälle, hält pro Fall die Einstufung nach den genannten Kriterien fest und meldet die Ergebnisse (ohne Nennung der Patienten) an den Leiter der jeweiligen Fachgruppe im Konzern. Die Ergebnisse werden in den Fachgruppensitzungen ausgetauscht.

3.4.1.4   Risikomanagement/RiskConsole

Durch den Einsatz der von der Weltgesundheitsorganisation WHO entwickelten „Surgical Safety Checklist" in acht Ländern konnte die Sterblichkeit von Patienten bei Operationen von 1,5% auf 0,8% gesenkt werden, die Komplikationsrate fiel von elf auf sieben Prozent. HELIOS setzt ab 2008 als erste Klinikgruppe in Deutschland diese WHO-Checkliste in einer achtmonatigen Testphase ein. Experten der medizinischen Fachgruppen bei HELIOS passten diese WHO-Checkliste an die hiesige Praxis an und entwickelten zusätzliche Instrumente, die den Patienten durch den Operationsprozess begleiten. Ab dem Jahr 2009 werden die entwickelten Checklisten dann verbindlich bei allen Operationen eingesetzt.

Drei Checklisten bei HELIOS

Die **Checkliste PRÄ** dient der Einschätzung von Risiken, die bereits **vor** einer Operation bestehen. Das Risiko des Patienten wird interdisziplinär anhand von Vorerkrankungen, Befunden und Art der geplanten Operation eingeschätzt. Daraus leiten sich Vorgaben für die weitere Betreuung des Patienten ab.

Die **Checkliste PERI**, eine Weiterentwicklung der WHO-Checkliste, dient der Vermeidung von Behandlungsfehlern unmittelbar vor, **während** und direkt nach der OP. Eine fehlende Patienteneinwilligung, falsch operierte Gliedmaßen oder im Körper vergessene Tupfer sollen damit verhindert werden.

Die **Checkliste POST** ist derzeit in der Entwicklung: Mit ihr wird der Patient **nach** der Operation engmaschig überwacht. Sie wird konzernweit in einer Testphase erprobt und soll ab 2010 verbindlich eingesetzt werden.

Um die Wirksamkeit des Qualitätsmanagements und der Checklisten zu überprüfen, wird unter anderem die sogenannte RiskConsole genutzt. Seit 2007 werden alle Haftpflichtanspruchserhebungen in den Bereichen Personen- und Sachschäden über eine sogenannte RiskConsole festgehalten. Bei der RiskConsole handelt es sich um eine internetbasierte Maske, über die alle

Anspruchserhebungen erfasst und in einer zentralen Datenbank hinterlegt werden. Einerseits lässt sich durch die standardisierte Erfassung die Schadensbearbeitung vereinfachen, andererseits können die vorhandenen Daten zu einer Analyse nutzbar gemacht werden. Durch die datenbankmäßige Aufbereitung der vorhandenen Daten können beispielsweise Auffälligkeiten in einzelnen Kliniken und dort sogar bis auf Abteilungsebene hinunter erkannt und transparent gemacht werden. Sind Auffälligkeiten erkannt, kann über gezielte „Reviews" den Behandlungsfehlern nachgegangen werden. Mängel in der Dokumentation, Organisation oder der Patientenaufklärung können so erkannt und abgestellt werden.

3.4.2   Kaufmännisches Controlling

Die HELIOS Kliniken GmbH als große private Krankenhauskette in Deutschland ist auf ein aussagekräftiges und zeitnahes kaufmännisches Controlling zur operativen und strategischen Steuerung des Konzerns zwingend angewiesen. Insgesamt 43 Akutkliniken und 19 Rehakliniken müssen monatlich überwacht und bei Bedarf nachgesteuert werden, wobei die operativen Entscheidungen vor Ort gefällt werden. Zudem verlangt der übergeordnete Konzern, die Fresenius SE, einen monatlich konsolidierten Finanzüberblick, um den Erfordernissen internationaler Kapitalmärkte gerecht werden zu können. Die monatliche Berichterstattung mit den konzernseitig erstellten Benchmarks wird im Folgenden dargestellt.

3.4.2.1   Monatliche Berichterstattung

Die monatliche Berichterstattung erfolgt auf der Basis monatlicher Abschlüsse in der Buchhaltung, die qualitativ und quantitativ einem Jahresabschluss entsprechen. Lediglich einige wenige, nur jährlich erforderliche (Neu-)Berechnungen im Bereich des Personalwesens (typische Personalrückstellungen wie Urlaub, Altersteilzeit, Mehrarbeit, Jubiläen etc.) werden nicht monatlich erstellt. Insofern vermittelt der Monatsabschluss ein den tatsächlichen Verhältnissen entsprechendes Bild der wirtschaftlichen Lage.

Im Leistungsbereich wird zusätzlich zu den wöchentlichen Datenbereitstellungen ein monatlicher Datenabruf durchgeführt. Im kaufmännischen Bereich erfolgt die Datenübermittlung des Monatsabschlusses durch elektronischen Versand eines Excel-Packages, das die relevanten Informationen enthält (Bilanz, GuV, Anlagevermögen, Eigenkapital, Steuerüberleitungen, Darlehensübersichten, Kapitalflussrechnung). Diese monatliche Datenübermittlung führt in der Konzernzentrale zu einer Konsolidierung und Verdichtung zu einem Tabellenblatt, das die wesentlichsten Leistungs-, Personal- und Finanzdaten enthält und an die einzelnen Kliniken zurückgegeben wird (vgl. Abb. 19). Dieser sogenannte Monatsbericht für die Geschäftsführung (MBGF) ist krankenhausindividuell zu kommentieren. Die wesentlichen Positionen werden mit dem Vorjahresstand sowie dem aktuellen Plan- und Ist-Stand angegeben (jeweils kumuliert zum aktuellen Monat). Daraus ergeben sich dann zwei Hochrechnungssystematiken. Einerseits wird eine lineare Hochrechnung aus den aktuellen Daten angegeben, d. h. die Annahme eines linearen Geschäftsverlaufes bis zum Jahresende getroffen. Andererseits muss jede Klinik eine individuelle Hochrechnung erstellen, bei der saisonale Einflüsse oder die Kenntnis bestimmter Besonderheiten, z. B. bekannte Einmaleffekte, zu berücksichtigen sind.

Finanzbericht Kliniken - Monat Jahr

[TEUR] IAS kumuliert	Februar				Vor-/Vorjahr	Vorjahr	Lfd. Jahr			Folgejahr
	Plan	Ist	Abweichung abs.	%	Ist	Ist	Plan	HR	Indi HR	Plan
HELIOS Klinik 123										
Akut-Fälle vollstationär										
Akut-Fälle Privat										
Reha-Fälle vollstationär										
Budgeterlöse										
Erlöse Privatklinik										
Krankenhauserlöse										
Rehaleistungen										
Pflegeleistungen										
Erlöse MVZ										
sonstige Umsatzerlöse										
Umsatzerlöse										
Umsatzerlöse extern										
sonst. betriebl. Erträge										
Personalaufwand										
Sachaufwand										
Medizinischer Bedarf										
Mieten/Pachten/Lizenzen										
OI ohne Instandhaltung										
OI mit Regelinstandh. in %										
EBITDAR										
EBITDAR in %										
Instandhaltung										
a.o. Ergebnis										
Abschreibung										
EBIT										
EBIT in %										
Finanzergebnis										
EBT										
EBT in %										

Legende:

a.o.   außerordentlich
EBIT   Earnings before Interest and Tax
EBITDAR   Earnings before Interest, Tax, Depreciation, Amortization and Rent
EBT   Earnings before Tax
MVZ   Medizinisches Versorgungszentrum
OI   Operating Income
HR   Hochrechnung

ABB. 19: DER MONATSBERICHT DER GESCHÄFTSFÜHRUNG (MBGF)[118]

In einem vorgegebenen Schema sind die Abweichungen zwischen der vorab erstellten Jahresplanung und den kumulierten Ist-Zahlen bzw. der individuellen Hochrechnung des aktuellen Geschäftsjahres zu erläutern. Der Schwellenwert, ab dem positive wie negative Abweichungen erläutert werden müs-

118 Eigene Darstellung

sen, beträgt 5%. Darunter sollte eine Erklärung vorgenommen werden, wenn sie für das Verständnis der aktuellen bzw. voraussehbaren Entwicklung erforderlich ist. Die Kommentare der einzelnen Kliniken sollen das Konzerncontrolling bzw. die Konzerngeschäftsführung in die Lage versetzen, ohne weitere Nachfragen die aktuelle Lage jeder Konzernklinik nachvollziehen zu können.

3.4.2.2 Konzernbenchmarks

Aus den verschiedenen Datenquellen des medizinischen und kaufmännischen Controllings werden zu regelmäßigen Zeitpunkten (monatlich, quartalsweise oder jährlich) Benchmarks erstellt, die im Konzernintranet veröffentlicht und somit jeder Klinik zugänglich sind. Die zu den Benchmarks führenden Kennzahlen werden in einem Ampelsystem dargestellt (rot: unbedingter Handlungsbedarf, gelb: bedingter Handlungsbedarf, grün: kein oder kaum Handlungsbedarf). Eventuell zu ergreifende Maßnahmen müssen im MBGF kommentiert bzw. erläutert werden.

3.4.2.2.1 Forderungsreichweite

Der zur Steuerung des Working Capitals im Krankenhausbereich wichtigste Benchmark ist die Forderungsreichweite (FRW), d. h. die Umschlaghäufigkeit der Forderungen. Hierzu wird der Forderungsbestand zum Stichtag im Verhältnis zum durchschnittlichen Umsatz, d. h. kumulierter Umsatz geteilt durch Tage des Jahres bis zum Stichtag, angegeben. Die errechnete Kennzahl gibt an, in welcher Geschwindigkeit die Leistung eines Unternehmens in Liquidität umgeschlagen werden kann. Dies umfasst sowohl den internen Prozess der Rechnungserstellung bei Abschluss der Produktion (die Abrechnung) als auch die Übermittlung und die Realisierung der Forderung. Daher gilt: je kürzer die Forderungsreichweite, desto besser.

Der Vergleich auf Konzernebene, der monatlich im Intranet veröffentlicht wird, gibt den aktuellen Stand auf zwei Ebenen an. Einerseits gibt es über eine Ampeldarstellung (grün für besser als 30 Tage FRW, gelb für 30 bis 40 Tage FRW und rot für schlechter als 40 Tage) eine Hinterlegung des absoluten Wertes, andererseits wird die relative Veränderung des letzten Monats zum Durchschnitt der letzten zwölf Monate dargestellt. Dieser Veränderungssatz bestimmt die aktuelle Tabellenposition im Ranking (siehe Abb. 20).

	Dez	Jan	Feb	Schnitt 12 Monate	Veränderu ng	Rang (VM)
Klinik 1	51,2	43,3	34,2	58,2	(41,1)%	1
Klinik 2	29,1	27,3	26,0	38,0	(31,7)%	2
Klinik 3	30,3	28,4	20,1	28,2	(28,6)%	3
Klinik 4	26,0	13,2	16,6	21,6	(23,1)%	4
Klinik 5	58,0	53,9	53,1	66,9	(20,6)%	5
Klinik 6	26,5	34,7	27,7	34,6	(19,8)%	6
Klinik 7	38,6	34,8	36,2	44,4	(18,6)%	7
Klinik 8	79,7	62,4	49,9	60,5	(17,5)%	8
Klinik 9	23,2	12,8	16,9	19,2	(12,2)%	9
Klinik 10	38,7	42,8	27,0	30,7	(12,0)%	10
Klinik 11	27,2	14,4	24,8	28,0	(11,2)%	11
Klinik 12	67,9	61,5	56,3	63,4	(11,1)%	12
Klinik 13	33,7	31,6	28,5	31,9	(10,9)%	13
Klinik 14	28,6	35,0	27,5	30,8	(10,7)%	14
Klinik 15	48,8	54,9	48,3	54,0	(10,5)%	15
Klinik 16	49,2	38,4	32,8	36,3	(9,4)%	16
Klinik 17	39,1	31,3	35,9	38,1	(5,8)%	17
Klinik 18	37,6	38,7	37,5	39,6	(5,3)%	18
Klinik 19	47,2	35,9	37,4	39,2	(4,8)%	19
Klinik 20	29,6	26,1	26,6	27,8	(4,5)%	20
Klinik 21	38,2	30,7	35,6	36,3	(2,0)%	21
Klinik 22	45,5	27,0	31,7	31,8	(0,4)%	22
Klinik 23	30,2	33,1	35,7	35,5	0,4%	23
Klinik 24	42,0	41,2	38,8	38,7	0,4%	24
Klinik 25	35,6	29,1	33,6	32,4	3,7%	25
Klinik 26	27,8	30,2	26,9	25,8	4,1%	26
Klinik 27	47,5	34,5	41,0	39,3	4,2%	27
Klinik 28	42,2	37,6	39,8	37,7	5,4%	28
Klinik 29	27,1	26,2	24,1	22,7	6,3%	29
Klinik 30	40,4	40,7	46,0	42,3	6,4%	30
Klinik 31	64,2	77,7	74,9	70,4	6,4%	31
HELIOS Kliniken	37,8	39,6	40,1	36,5	6,2%	
HK Forderungshöhe in TEUR	216.197	214.799	231.040	210.698	9,7%	

Forderungsreichweite im Ziel d.h. kleiner **30** Tagen
Forderungsreichweite liegt zwischen **30** und **40** Tagen
Forderungsreichweite liegt über **40** Tagen

Legende:
HK   HELIOS Kliniken
TEUR   Tausend Euro

ABB. 20:   BENCHMARK FORDERUNGSREICHWEITE[119]

Mit Hilfe dieses Benchmarks gelang es innerhalb von 18 Monaten nach Einführung, die konzernweite Forderungsreichweite von über 60 Tagen auf unter
40 Tage zu bringen.

3.4.2.2.2   Arztbriefzeiten – Quote und Dauer

Das Therapieergebnis, Laborwerte und Empfehlungen für die ggf. notwendige Nachsorge sind wichtige Informationen für den behandelnden Hausarzt
sowie den Patienten. Der Arztbrief enthält diese Informationen und schließt
neben der Abrechnung den stationären Aufenthalt des Patienten ab. Der Arztbrief ist auch ein wichtiges Kommunikationsinstrument mit dem Hausarzt,
der seinerseits regelmäßig Patienten bei der Auswahl der Klinik berät und

119 Eigene Darstellung

über diese „Einweiser-Funktion" direkten Einfluss auf die Belegung einer Klinik hat. Die Vollständigkeit des Arztbriefes wird durch eine Standardisierung der Inhalte sichergestellt. Mit dem Benchmark Arztbriefzeiten wird einerseits die Schnelligkeit der Arztbriefschreibung in Tagen gemessen und andererseits die Quote der Arztbrieferstellung für die bis zum Vormonatsende entlassenen Patienten angegeben.

Wie aus Abb. 21 ersichtlich, sollte der Arztbrief möglichst am Tag der Entlassung bzw. einen Tag später erstellt werden. Bei mehr als drei Tagen besteht dringender Handlungsbedarf. Die Arztbriefquote bezieht sich auf die Anzahl der erstellten Arztbriefe im Verhältnis zu den bis zum Vormonat entlassenen Patienten. Hier wird eine Quote von möglichst über 90% angestrebt, bei unter 75% besteht dringender Handlungsbedarf.

Durch die Veröffentlichung und damit verstärkte Fokussierung auf die Arztbriefzeiten konnten diese nachhaltig gesenkt bzw. die Quote deutlich erhöht werden.

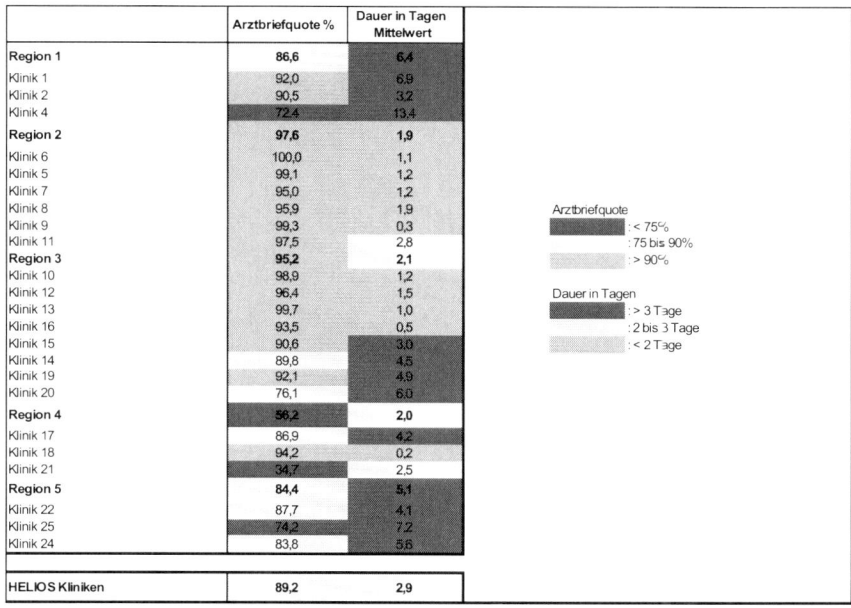

	Arztbriefquote %	Dauer in Tagen Mittelwert
Region 1	**86,6**	**6,4**
Klinik 1	92,0	6,9
Klinik 2	90,5	3,2
Klinik 4	72,4	13,4
Region 2	**97,6**	**1,9**
Klinik 6	100,0	1,1
Klinik 5	99,1	1,2
Klinik 7	95,0	1,2
Klinik 8	95,9	1,9
Klinik 9	99,3	0,3
Klinik 11	97,5	2,8
Region 3	**95,2**	**2,1**
Klinik 10	98,9	1,2
Klinik 12	96,4	1,5
Klinik 13	99,7	1,0
Klinik 16	93,5	0,5
Klinik 15	90,6	3,0
Klinik 14	89,8	4,5
Klinik 19	92,1	4,9
Klinik 20	76,1	6,0
Region 4	**56,2**	**2,0**
Klinik 17	86,9	4,2
Klinik 18	94,2	0,2
Klinik 21	34,7	2,5
Region 5	**84,4**	**5,1**
Klinik 22	87,7	4,1
Klinik 25	74,2	7,2
Klinik 24	83,8	5,6
HELIOS Kliniken	**89,2**	**2,9**

Arztbriefquote
: < 75%
: 75 bis 90%
: > 90%

Dauer in Tagen
: > 3 Tage
: 2 bis 3 Tage
: < 2 Tage

ABB 21: BENCHMARK ARZTBRIEFZEITEN[120]

3.4.2.2.3 Input-Output-Kennzahlen

Bei den Input-Output-Kennzahlen wird die wesentliche Inputgröße im Gesundheitswesen, die Personalressource, in Relation zu einer Ergebnisgröße gesetzt. Die Inputgröße wird in Vollkräften der einzelnen Dienstarten (Ärztlicher Dienst, Pflegedienst etc.) angegeben, die Ergebnisgröße durch den sich im deutschen DRG-System ergebenden Anteil der jeweiligen Personalkosten der Dienstart an den Gesamtkosten der Fallpauschale. Diese Angabe beruht auf den jährlich neu kalkulierten Kostengewichten durch das Institut für das Entgeltsystem im Krankenhaus (InEK). Die damit ermittelte Kennzahl ist an sich aussagelos und wird erst im Vergleich verschiedener Krankenhäuser zueinander bedeutsam. Je geringer die Kennzahl, desto produktiver das Krankenhaus. Das Ampelsystem beschreibt daher auch nur das relative Verhältnis der verglichenen Krankenhäuser zueinander (s. Abb. 22).

	2008			2009			2008	2009	Veränderung	Rang
	PD VK Dez	PD VK gew.	PBWR	PD VK Monat	PD VK gew.	PBWR HR	PD VK / TPBWR	PD VK / TPBWR Monat	PD VK / TPBWR	2009 Feb (VJ)
Klinik 1	54	54	699	54	54	802	80,86	69,78	-11,07	21 (21)
Klinik 2	51	53	987	51	53	834	55,60	65,84	10,24	20 (7)
Klinik 3	96	96	1.504	96	96	1.530	66,63	65,41	-1,22	19 (20)
Klinik 4	92	92	1.451	85	85	1.489	66,16	59,20	-6,96	18 (19)
Klinik 5	579	601	11.483	628	652	11.576	54,54	58,70	4,15	17 (4)
Klinik 6	620	620	10.454	626	626	11.137	61,76	58,58	-3,18	16 (16)
Klinik 7	268	268	4.933	284	284	5.092	56,52	58,12	1,60	15 (9)
Klinik 8	617	641	11.911	616	640	11.777	56,07	56,63	0,56	14 (8)
Klinik 9	38	40	645	38	40	734	64,26	56,54	-7,73	13 (17)
Klinik 10	311	323	6.300	321	333	6.217	53,49	55,84	2,35	12 (2)
Klinik 11	67	67	1.206	68	68	1.300	58,22	54,29	-3,93	11 (12)
Klinik 12	107	111	2.149	116	121	2.365	53,77	53,12	-0,65	10 (3)
Klinik 13	174	174	3.165	169	169	3.338	57,17	52,66	-4,52	09 (10)
Klinik 14	576	599	11.218	582	605	11.989	55,59	52,58	-3,01	08 (6)
Klinik 15	35	35	559	36	36	719	66,13	52,18	-13,95	07 (18)
Klinik 16	607	607	11.564	610	610	12.209	54,69	52,07	-2,61	06 (5)
Klinik 17	249	249	4.301	248	248	4.991	60,38	51,86	-8,52	05 (15)
Klinik 18	56	56	976	54	54	1.084	59,74	51,64	-8,10	04 (14)
Klinik 19	33	33	730	33	33	678	47,21	51,31	4,10	03 (1)
Klinik 20	80	80	1.433	80	80	1.633	58,51	51,06	-7,45	02 (13)
Klinik 21	82	85	1.534	83	86	1.756	57,66	51,06	-6,61	01 (11)

Legende:
PBWR HR   Pflegebewertungsrelationen Hochrechnung (linear auf das ganze Jahr)
PD VK   Pflegedienst Voll(zeit)kräfte
TPBWR   Tausend Pflegebewertungsrelationen
ABB. 22:   BENCHMARK VOLLKRÄFTE PFLEGEDIENST[121]

3.4.2.2.4 Sachkostenbenchmarks

Bei den Sachkostenbenchmarks werden bestimmte Bereiche der Sachkosten, die im Bereich der variablen Kosten, also fallzahlbezogen anfallen (z. B. Lebensmittel, medizinischer Bedarf), miteinander verglichen und sollen den einzelnen Krankenhäusern die Möglichkeit geben, Kostenreduktionen zu realisieren.

121 Eigene Darstellung

3.4.2.2.5   Individuelles Benchmarking

Neben den konzernweiten Benchmarks, die im Intranet veröffentlich werden, gibt es ein weniger standardisiertes individuelles Benchmarking, bei dem sich Kliniken mit vergleichbaren Strukturen untereinander austauschen und nach Verbesserungsmöglichkeiten suchen. Dies betrifft in erster Linie die Maximalversorger – das sind Krankenhäuser ab ca. 1.000 Betten, die fast alle Fachrichtungen anbieten – und Fachkliniken, die auf ganz bestimmte Fachrichtungen spezialisiert sind, z. B. orthopädische Fachkliniken.

3.4.3   Schlussbemerkung und Fazit

Die einzelnen angesprochenen Themenfelder wurden nur kurz angerissen, um einen Überblick darüber zu geben, wie die Controlling-Anforderungen in einem großen Krankenhauskonzern in die Praxis umgesetzt werden. Die einzelnen Elemente wurden auf Forderungen der Konzernführung hin entwickelt, um praktikable Werkzeuge zur Überwachung und Prüfung der medizinischen und wirtschaftlichen Entwicklung zur Verfügung zu stellen. Die Wirksamkeit der einzelnen Benchmarks wird immer wieder überprüft und bei nachlassender Wirksamkeit verfeinert oder, falls sich das zugrunde liegende Thema erledigt hat, eingestellt. Bei Bedarf werden neue Instrumente entwickelt. Dies erfolgt in einem dynamischen Prozess. Unter Mithilfe der Controllingwerkzeuge ist es gelungen, die HELIOS-Kliniken-Gruppe bei gleichzeitig hohem externem Wachstum steuerbar zu halten und die medizinischen und wirtschaftlichen Ergebnisse der einzelnen Kliniken erheblich zu verbessern.

3.5 Controlling als Prozess
Martin Reich, Roswitha Klausner

3.5.1 Definition Controlling-Tätigkeit

Die Ausgestaltung der Tätigkeit „Controlling" wird in organisatorischer und inhaltlicher Sicht beschrieben. Die Literatur trennt nicht eindeutig zwischen der Organisationseinheit des Controller-Bereiches und der Tätigkeit „Controlling". Aus diesem Grund werden für die Organisationseinheit auch Begriffe wie „Controllinginstitution"[122] oder „Grundstruktur der Controllingorganisation"[123] verwendet. Eschenbach[124] spricht von hierarchischer Einordnung des Controllings. Da der Begriff „Controlling" im Deutschen kein Äquivalent hat, wird mit der Bezeichnung Controlling entweder die Controllership oder die Wahrnehmung von „control" ausgedrückt. Die amerikanische Auffassung des Controllingbegriffs sieht die Steuerung des Unternehmens im Rahmen einer vorgegebenen Zielrichtung. Das ist eine Management-Aufgabe.[125] Der Internationale Controller Verein unterscheidet in seinem Leitbild folgende Komponenten:

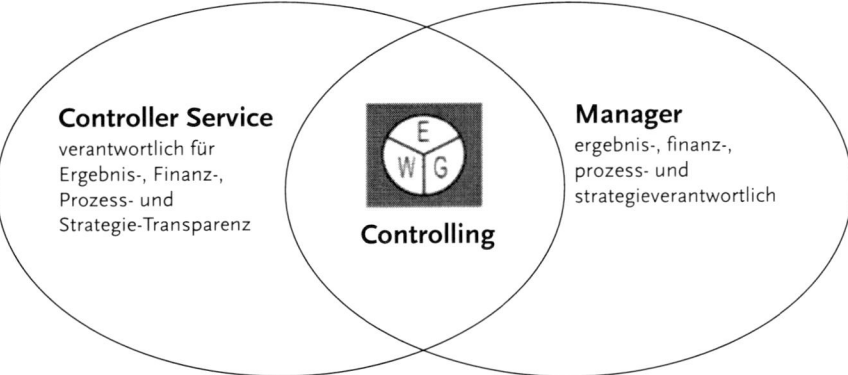

ABB. 23:   CONTROLLER UND CONTROLLING[126]

Folgende drei Komponenten lassen sich darstellen:
- **Controller-Bereich:** Organisationseinheit in der Aufbauorganisation des Unternehmens, in der die Aufgaben des Controller-Dienstes zum Thema Controllership[127] zusammengefasst sind.

122 Vgl. Reichmann 2001, S. 15
123 Vgl. Weber/Schäffer 2006, S. 455
124 Vgl. Eschenbach 1995, S. 135
125 Vgl. Eschenbach 1995, S. 51
126 www.controllerverein.com/Controller_Statements.187.html, Controller-Leitbild
127 Vgl. Eschenbach 1995, S. 51

- **Controlling:** Gemeinsame Tätigkeit zwischen Controller-Bereich und Management – diese Definition baut auf der amerikanischen Auffassung von Controlling auf, inkludiert jedoch die intensive Nutzung der Unternehmensdaten und das enge Zusammenwirken zwischen Controller-Bereich und Management zur Erreichung der Unternehmensziele.
- **Management:** Das Management im Krankenhaus ist entsprechend seinen jeweiligen Kompetenzbereichen verantwortlich für die Erreichung der meist kurzfristigen Leistungs- und Budgetziele, die Mitarbeiterführung (z. B. ärztlicher Dienst, Pflegedienst, medizinisch-technischer Dienst) sowie für strategische Erfolgspositionen (medizinische Schwerpunkte oder Fallzahlen in bestimmten Fallpauschalen – LDFs).

Bedeutend für dieses Controlling-Verständnis ist die Kenntnis der Rollen und Aufgaben, die vom Management bzw. vom Controller-Bereich wahrgenommen werden sollen. Erst durch die Interaktion beider ergibt sich die Tätigkeit Controlling, die als Steuern oder Regeln, d. h. Führen zum praktischen Erreichen der vereinbarten Ziele definiert ist.[128]

Im Zuge der gemeinsam mit dem Management durchgeführten Controlling-Tätigkeit darf sich der Controller-Bereich nicht als Eigentümer der Daten sehen. Es geht immer um die Daten des jeweiligen Unternehmens oder des Bereiches, die durch den Controller-Bereich für die Controlling-Aktivitäten aufbereitet werden. Die Funktionen, die beim Controller-Bereich – je nach Ausgestaltung – hinzukommen, reichen vom reinen Berichtswesen bis zur Verantwortung für das komplette Rechnungswesen und Einbeziehung in die oberste Management-Ebene. Auf sämtlichen Unternehmensebenen sind die Service-Funktionen des Controller-Bereiches zu erfüllen und dies konsistent, damit von der kleinsten Einheit auf die größte Einheit geschlossen werden kann.

Die besondere Vertrauensstellung, die der Controller-Bereich und die dort tätigen Personen in der Erfüllung der Service-Funktionen inne haben, muss an dieser Stelle erwähnt werden. In den Gesprächen z. B. mit den klinischen Bereichen werden immer die Unternehmensziele zu vertreten sein, da der Controller-Bereich als verlängerter Arm der Unternehmensleitung bzw. als Teil dieser tätig ist. Diese Aufgabe muss kompetent, glaubhaft, ehrlich und mit Handschlagqualität ausgeführt werden. Die Transparenzverantwortung ist hier wörtlich zu nehmen. In diesen Ausführungen wird besonderer Wert gelegt auf die Ausgestaltung der Controlling-Tätigkeit als Prozess und die Auswirkungen auf die Aufgaben des Controller-Bereiches.

---

128 Vgl. Internationaler Controllerverein/Biel 2007, S. 5

3.5.2 Controlling als Prozess

Das Controlling von Geschäftsprozessen, die die Wertschöpfung für ein Unternehmen sichern, ist – nicht zuletzt durch die Verbreitung des Qualitätsmanagements quer durch alle Branchen – beinahe schon zur Selbstverständlichkeit geworden. Prozesse werden geplant und mittels Kennzahlen überwacht und gesteuert. Im Blickpunkt stehen Transparenz und das Zusammenwirken der Faktoren Zeit, Kosten und Qualität.[129]

Spätestens im Zuge des Aufbaus eines Qualitätsmanagementsystems ist aber auch das Controlling selbst auf seine Prozesseignung und Prozesswürdigkeit zu prüfen und in der Prozesslandschaft des Unternehmens zu verankern.

Empirische Erhebungen und Benchmarks[130] haben ergeben, dass der Prozessbegriff aktuell noch nicht flächendeckend in die Controlling-Praxis integriert wird.

3.5.2.1 Prozessdefinition

Der Prozess wird hier wie folgt definiert: „Ein Prozess ist ein Ablauf, der von einem Auftrag angestoßen wird und Ressourcen in Anspruch nimmt, um vorgesehene Ergebnisse (Ziele) zu erreichen. Im Auftrag werden klare (= eindeutige und vollständige) Anforderungen zwischen Auftraggeber als Kunde und Auftragnehmer als Lieferant vereinbart."[131]

Ein Prozess wird durch mehrere Elemente näher beschrieben:

- Prozesszweck
- Input
- Output
- Prozessablauf
- Ressourcen zur Durchführung des Prozesses
- Prozessziel (inkl. dazugehöriger Messgröße)
- Prozessverantwortung

Diese Bestimmungselemente werden in der Folge als Basis für eine Analyse herangezogen, die ergeben soll, inwieweit sich im Controlling diese Prozesselemente nachweisen lassen.

---

129 Vgl. www.controllerverein.com/Controller_Statements.187.html, Controlling und Qualität
130 Vgl. Mayer/Brenner 2009, S. 153
131 www.controllerverein.com/Controller_Statements.187.html, Controlling und Qualität

3.5.2.2   Prozesszweck

Der Zweck des Controlling-Prozesses als zentraler Management-Prozess ist die zielgerichtete Steuerung des Unternehmens bzw. der Unternehmensbereiche. Die Ziele kommen vom Eigentümer des Unternehmens und von der Unternehmensleitung. Bei der Erarbeitung der Unternehmensziele (z. B. in einer Strategieklausur) kommt dem Controller-Bereich die Doppelrolle zu, einerseits zentraler Datenlieferant, andererseits Bestandteil der Unternehmensleitung zu sein. Gleichzeitig werden in Abstimmung mit der Unternehmensleitung Ziele für die Unternehmensbereiche ausgearbeitet, mit den Leitungen dieser Bereiche vereinbart und standardisiert dokumentiert. Im Rahmen des gemeinsamen Controlling-Prozesses wird sichergestellt, dass diese Bereichsziele zur Erreichung der gesamten Unternehmensziele beitragen. Die Ziele des Unternehmensbereiches müssen messbar sein. Der Controller-Bereich hat darauf zu achten, dass die Zielgrößen z. B. mit den Daten des Rechnungswesens einhergehen und in einem Plan-Ist-Vergleich (z. B. im Rahmen von monatlichen Berichten), der einem vorher zu definierenden Standard zu folgen hat, laufend gemessen werden.

3.5.2.3   Input

Der Input ist die Eingabe, die im Zuge eines Prozesses bearbeitet wird, und stellt in der Regel den Output eines vorgelagerten Prozesses dar. Inputs können materielle (Werkstoffe etc.) oder immaterielle (Daten, Richtlinien etc.) Erzeugnisse sein.[132]

Input-Größen für den Controlling-Prozess kommen sowohl vom Controller-Bereich als auch vom Management bzw. lassen sich aus den Rahmenbedingungen, unter denen das Unternehmen tätig ist, ableiten:

- Strategische und operative Zielgrößen der Unternehmensleitung bzw. des Eigentümers
- Finanzdaten
- Kosten- und Leistungsdaten aus dem internen Rechnungswesen
- LKF-Daten
- Gesetzliche, behördliche, wirtschaftliche Rahmenbedingungen, Verträge
- Abweichungen in der Vergangenheit (z. B. durch Änderung des Leistungsspektrums verursachte Kostenänderungen, z. B. Etablierung neuer medizinischer Leistungen, die noch nicht in den Fallpauschalen des LKF-Systems enthalten sind)

---

132 Vgl. Schmelzer/Sesselmann 2004, S. 92

- Organisationsstrukturen innerhalb des Unternehmens bzw. der Unternehmensbereiche (inklusive Rechnungswesen, Prozesse, etc.)
- Patientenbezogene Daten (medizinisch, pflegerisch, therapeutisch)

3.5.2.4 Output

Der Output eines Prozesses entsteht durch die Bearbeitung des Inputs.[133] Im Falle des Controllings sind folgende Outputs zu nennen:
- Adaptierte strategische und operative Zielgrößen der Unternehmensleitung bzw. des Eigentümers
- Zielgrößen für die Unternehmensbereiche, die auf die obersten Unternehmensziele ausgerichtet sind
- Maßnahmen zur Zielerreichung (z. B. Erhöhung der Dokumentationsqualität, verbesserte Prozesse zur Leistungserstellung, integrierte Versorgungskonzepte)
- Zielgerichtete Leistungserbringung durch die Unternehmensbereiche
- Adaptierung der Werkzeuge des Controller-Bereichs (z. B. in Richtung Empfängerorientierung).

3.5.2.5 Prozessablauf

Der Prozessablauf stellt die logische und zeitliche Abfolge der Aktivitäten eines Prozesses dar. Er sollte so strukturiert sein, dass eine minimale Prozesszeit, ein minimaler Ressourcenverbrauch sowie die optimale Prozessqualität erreicht werden kann.[134]

Den Prozessablauf des Controllings veranschaulicht das Controlling-Grundmodell (Abb. 24: Controlling-Grundmodell). Dieser Regelkreis, der im Jahresrhythmus durchlaufen wird, beginnt mit der Zielvereinbarung zwischen dem Unternehmen und dem Eigentümer sowie in weiterer Folge den Zielvereinbarungen zwischen Unternehmensleitung und den einzelnen Unternehmensbereichen. Er wird durch die laufende Beobachtung der Entwicklungen am Leben erhalten und durch die gemeinsame Erarbeitung von Maßnahmen im Fall von Abweichungen wieder geschlossen. Der Hauptregelkreis birgt einen Sub-Regelkreis in sich, der die Leistungs- und Kostendatenaufbereitung, das Berichtswesen, die Abweichungsanalyse etc. umfasst.

Die Aktivitäten in diesem Hauptprozess stellen jeweils für sich einen eigenen Prozess dar. Es gilt, die Prozesse zu koordinieren, zu managen. Große Bedeutung ist der Definition und dem Management der Schnittstellen beizumessen, die in diesem unternehmensweiten Prozess mitunter zahlreich und komplex sein können.

133 Vgl. Cassel 2007, S. 35
134 Vgl. Schmelzer/Sesselmann 2004, S. 90

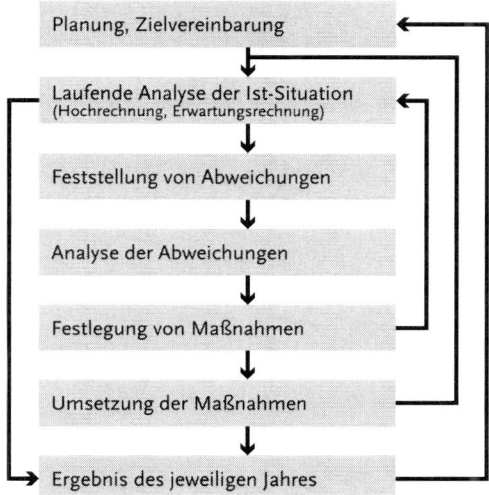

ABB. 24:   CONTROLLING-GRUNDMODELL[135]

3.5.2.6   Ressourcen

Für den operativen Prozessablauf sind die entsprechenden Ressourcen unabdingbar.[136] Laufen Prozesse in einer funktionalen Organisation ab, können für den Prozess entweder direkt Ressourcen (Ressourcenmocell) oder indirekt Leistungen (Leistungsmodell) von den funktionalen Organisationseinheiten zur Verfügung gestellt werden. In beiden Fällen haben die Leiter der funktionalen Organisationseinheiten die Ressourcenverantwortung, es wird jedoch im Auftrag des Prozesses gehandelt.[137]

Für die Ressourcen (Personal, Finanzen, Hard- und Software etc.), die im Controlling-Prozess eingesetzt werden, sind der Leiter des Controller-Bereiches und die Unternehmensleitung verantwortlich. Die Ressourcen, die der Controller-Bereich für die Erfüllung seiner Aufgaben zur Verfügung hat bzw. benötigt, sollten ebenfalls regelmäßig Gegenstand von Zielvereinbarungen sein.

3.5.2.7   Prozessziele

Für jeden Prozess ist es notwendig quantifizierbare Ziele zu definieren, die deutlich machen, was wo bis wann erreicht werden soll. Dies geschieht mit-

---

135   Nach Schmelzer/Sesselmann 2004
136   Vgl. Schmelzer/Sesselmann 2004, S. 335
137   Vgl. Schmelzer/Sesselmann 2004, S. 118

tels Definition von Kennzahlen. Durch deren regelmäßige Messung kann ein Rückschluss auf die Erfüllung der Vorgaben gezogen werden, somit die Lenkung des Prozesses und somit die rasche Reaktion auf Fehlentwicklungen erst möglich wird.[138] Die Auswahl und Verwendung dieser Messgrößen ist erfolgskritisch für die Wirkung jeglichen Prozessmanagements.[139]

Die Ziele des Controllings sind im Wesentlichen eine hohe Qualität der Patientenversorgung sowie die Wirtschaftlichkeit, Rentabilität, Produktivität und Liquidität des Unternehmens. Konkret geht es um die Unterstützung der Planung und Koordination von Teilbereichen des Unternehmens sowie die Kontrolle der wirtschaftlichen Ergebnisse.[140]

Beispiele für Ziele für den **Controlling**-Prozess:

- Ziele für die Unternehmensbereiche, die mit den Unternehmenszielen abgestimmt sind
- flächendeckende Zielvereinbarungen zwischen Unternehmensleitung und Unternehmensbereichen
- abgestimmte medizinische Schwerpunkte für die Unternehmensbereiche

Beispiele für Ziele für den **Controller-Bereich** im Rahmen des Controlling-Prozesses einer Krankenanstalt:[141]

- die Darstellung der für den Betrieb notwendigen Ressourcen gegenüber den Interessenspartnern
- die sukzessive Verbesserung der Datenbasis im bettenführenden und nicht-bettenführenden Bereich
- die Verbesserung der Abbildung der Leistungen im LKF-System inklusive Optimierung des Dokumentationsprozesses
- die dezentrale (betriebswirtschaftliche) Steuerung durch die Klinik-/Abteilungs-/Institutsleitungen und die Fachdirektionen mit Hilfe eines standardisierten Berichtswesens
- die Sicherstellung der Erfüllung der gesetzlichen Anforderungen (z. B. KVF).

3.5.2.8 Prozessverantwortung

Für die Prozessverantwortung ist am besten derjenige Vorgesetzte in der Linie, der die größten (personellen) Anteile am Prozess hat, oder derjenige, der das größte Interesse am Funktionieren und der Aufrechterhaltung des Prozesses hat, heranzuziehen.[142]

138 Vgl. Cassel 2007, S. 35
139 Vgl. Schmelzer/Sesselmann 2004, S. 177
140 Vgl. Barth/Barth 2008, S. 20
141 Vgl. AKH Controlling-Prozess (Auszug)
142 Vgl. Cassel 2007, S. 33

Die Verantwortung für den Controlling-Prozess sollte somit dem Controller zukommen. Als Prozessverantwortlicher hat er auch Sorge zu tragen, dass der Prozess im Falle von Änderungen relevanter Richtlinien adaptiert wird.

3.5.2.9 Einordnung in die Prozesslandschaft

Controlling erfüllt durch die Planung, Steuerung und Kontrolle e ne wichtige Querschnitts- und Koordinationsfunktion. Dadurch und curch die strategische Relevanz ist das Controlling als Prozess zu modellieren und zu steuern.

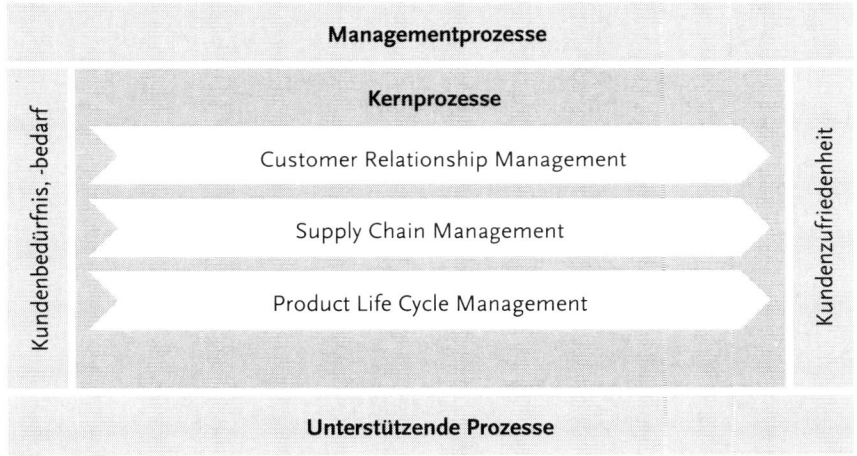

ABB. 25:   PROZESSLANDSCHAFT[143]

Abgesehen von den wertschöpfenden Kernprozessen (bzw. primären Geschäftsprozessen[144]) sind in der Prozesslandschaft eines Unternehmens außerdem die Managementprozesse sowie die unterstützenden Prozesse (bzw. sekundäre Geschäftsprozesse) abgebildet. Schmelzer und Sesselmann ordneten das Controlling den sekundären Geschäftsprozessen zu.[145] Aus neuerer Literatur geht jedoch vielfach hervor, dass das Controlling durch seine tragende Rolle in der Strategieumsetzung, Planung und Zielverfolgung bei den Managementprozessen anzusiedeln ist.[146] Wird Controlling nun als Management-Prozess eingestuft, gelten für diesen Prozess die Unternehmensziele, an denen sich dieser Prozess auszurichten hat.

---

143   Nach Wagner/Patzak 2007, S. 64
144   Vgl. Schmelzer/Sesselmann 2004, S. 55ff
145   Vgl. Schmelzer/Sesselmann 2004, S. 57
146   Vgl. Wagner/Patzak 2007, S. 64f

Um den Prozess-Charakter der Controlling-Tätigkeit herauszuarbeiten, muss noch stärker auf die Aufgaben des Controller-Bereiches eingegangen werden. Das Management betreibt das Geschäft und gestaltet die Leistungserbringung in den verschiedensten Unternehmensbereichen. Dabei werden zur Steuerung z. B. Daten aus dem Rechnungswesen der Krankenanstalt herangezogen. In Krankenanstalten fällt im Prozess der medizinischen Leistungserbringung eine große Menge von Daten an, die von medizinischen Geräten und EDV-Systemen generiert oder vom medizinischen Personal dokumentiert werden. Die Daten der Leistungserbringung für die Entscheidungsunterstützung aufzubereiten ist Aufgabe des Controller-Bereiches. Die Sicherstellung der Dokumentation der Daten – nicht zuletzt um den geltenden rechtlichen Rahmenbedingungen zu entsprechen – ist Aufgabe des Managements. Der Controller-Bereich unterstützt bei der organisatorischen Umsetzung und sichert die Einheitlichkeit der Dokumentation (z. B. Zählweise der Leistungen). Der laufende Betrieb findet nicht einfach statt, sondern hat als Überbau die Ziele des Eigentümers, die Unternehmensziele und die Ziele des jeweiligen Unternehmensbereiches. Der Controller-Bereich hat hier den zentralen Management-Prozess gemeinsam mit dem Management zu organisieren, die Aufgabenverteilung zu treffen und den Prozess zu leben. Gleichzeitig ist der Controller-Bereich selbst auf die Unternehmensziele auszurichten. Der Controller-Bereich ist derart zu gestalten, dass er die aus den Unternehmenszielen abgeleiteten Bereichsziele (z. B. Wirtschaftlichkeit) erreicht und andererseits den Anforderungen der Rolle im Controlling-Prozess gewachsen ist. Der Controller-Bereich – vorausgesetzt er ist direkt der obersten Leitung unterstellt – hat gegenüber den Unternehmensbereichen (z. B. klinische Bereiche einer Krankenanstalt) die Ziele der Unternehmensleitung zu vertreten. Gleichzeitig – und hier kommt die weitere Doppelfunktion zum Ausdruck – ist der Controller-Bereich die zentrale Service-Funktion für Unternehmensbereiche, die für die Steuerung dieser Bereiche relevante Informationen aufzubereiten hat. Der Unternehmensbereich wird zum Kunden des Controller-Bereichs. Dieser ist Lieferant und Vertreter des Managements.

3.5.3 Auswirkung der Prozessorientierung auf die Organisation des Controller-Bereiches

Gemäß der Literatur[147] sollte die Controllingfunktion möglichst hoch in der Hierarchie der Aufbauorganisation angesiedelt sein. Horvath[148] spricht von einem „dotted-line-Prinzip", in dessen Rahmen der zentrale Controller-Bereich Linienautorität für die Umsetzung des Controlling-Prozesses hat. Diese

147 Vgl. Reich 2002, S. 344
148 Vgl. Horvath 1992, S. 785

als funktional bezeichnete Linienautorität besteht gegenüber einer anderen Leitungsinstanz, die disziplinarisch einer vom Controller-Bereich verschiedenen Instanz untersteht. Dieses Prinzip, das von einem Stabliniensystem ausgeht, beschreibt bereits Hoffmann[149].

Um den Controlling-Prozess zu stärken und dessen Funktionieren sicherzustellen, bedarf es organisatorisch der Einordnung des Controller-Bereiches in der direkten Linie unterhalb der obersten Leitung des Unternehmens. Der Controller übernimmt im Rahmen des Controlling-Prozesses Managementfunktionen und -verantwortung. Der Controller bekommt zunehmend die Aufgabe, das Prozessmanagement in die Unternehmenssteuerung zu integrieren. Dies birgt die Chance, einen noch stärkeren Einblick in die Kernprozesse des Unternehmens zu erlangen. Ein erfolgskritischer Faktor sind hier die Mitarbeiter, die sich mit dem Prozess und seinen Zielen identifizieren.[150] Dies bedeutet neue Herausforderungen für die Zukunft. Die bisherige Literatur geht auf diese Herausforderungen noch nicht ein, bietet aber bereits seit mehreren Jahren die Basis für die Weiterentwicklung in Richtung Prozessorientierung. Das heutige Verständnis von Controlling erfüllt jedenfalls sämtliche Bestimmungselemente eines Prozesses und ist daher als solcher zu organisieren und weiter zu entwickeln.

149 Vgl. Hoffmann 1972, S. 86
150 Vgl. Mayer/Brenner 2009, S. 159

4 Controlling-Instrumente

4.1 Rechnungswesen als Basis für Controlling

In diesem Abschnitt wird die Rolle der Finanzbuchhaltung sowie die der Kosten- und Leistungsrechnung als Basis für die Steuerung des Unternehmens und die Controlling-Tätigkeit dargestellt. Eingegangen wird auf die Organisation und die Zusammenhänge zwischen Finanzbuchhaltung, Kostenrechnung und Materialwirtschaft. Die Aufgaben des Controller-Bereiches werden dargestellt. Die Komponenten der Kostenrechnung werden ausgeführt, wobei auf die besonderen Regelungen in Österreich Bedacht genommen wird. Der Kostenträgerrechnung wird wegen ihrer Bedeutung ein eigener Abschnitt gewidmet. Den Abschluss der beiden Abschnitte bildet ein zusammenfassendes Praxisbeispiel.

4.1.1 Die Rolle der Finanzbuchhaltung sowie der Kosten- und Leistungsrechnung als Basis für die Steuerung des Unternehmens und damit für die Controlling-Tätigkeit
Leonhard Hell, Martin Reich

Das betriebliche Rechnungswesen hat die Aufgabe, die durch den betrieblichen Leistungsprozess entstandenen Geld- und Leistungsströme mengen- und wertmäßig systematisch zu erfassen, und stellt somit die zentrale Informationsquelle dar, mit der die ergebnisrelevanten Unternehmensdaten erfasst, gesteuert und verteilt werden. Die Finanzbuchhaltung bildet mit der Bilanz bzw. Vermögensrechnung das Kernstück des externen Rechnungswesens. Sie liefert neben der auf gesetzlichen Vorschriften basierenden Dokumentation und Bewertung von Kapital- und Güterströmen auch die Datenbasis zur Steuerung des Unternehmens.

4.1.1.1 Organisatorischer Zusammenhang zwischen Finanzbuchhaltung und Kostenrechnung

In der Finanzbuchhaltung werden alle betrieblichen Geschäftsfälle in Form von Buchungen auf Bestands- und Erfolgskonten sachlich und zeitlich geordnet erfasst. Dabei werden die Bestandskonten (Vermögen und Kapital) jeweils am Ende jeder Rechnungsperiode direkt in die Schlussbilanz übernommen und die Erfolgskonten (Aufwendungen und Erlöse) fließen über das Ergebnis der Gewinn- und Verlustrechnung in das Kapitalkonto ein. Für eine zweckmäßige organisatorische Verbindung innerhalb des Rechnungswesens gibt die Finanzbuchhaltung die erforderliche Struktur über einen gemeinsamen Kontenplan für die angebundenen bzw. integrierten Rechensysteme

(Materialwirtschaft, Personalverrechnung, Patientenabrechnung) vor. Die Erarbeitung des Kontenplanes muss in engster Abstimmung zwischen Finanzbuchhaltung, Kostenrechnung bzw. Controller-Bereich erfolgen, um die Integration der Teilbereiche des Rechnungswesens sicherzustellen und die Datenbasis für den Controlling-Prozess zu gewährleisten. Die Anwender in den medizinischen Bereichen sind hier einzubeziehen (z. B. Gliederung der Kostenarten für Planungszwecke). Ob die Anforderungen des Berichtswesens z. B. in den klinischen Bereichen erfüllt werden können, wird an dieser Stelle entschieden.

Auf Basis des Kontenplanes erfolgt in einem an die Finanzbuchhaltung angeschlossenen Warenwirtschaftssystem (z. B. SAP ERP MM) eine entsprechende hierarchische Verdichtung von Einzelmaterialien über Warengruppen zum entsprechenden Sachkonto (*Vernetzung Materialwirtschaft–Finanzbuchhaltung*). Durch die Integration der Personalverrechnung wird die Zuordnung und Zusammenfassung der einzelnen Lohnarten und Gehaltsbestandteile direkt auf dem jeweiligen Sachkonto ermöglicht (*Vernetzung Personalverrechnung-Finanzbuchhaltung*).

In der KVF[151] ist festgelegt, dass das Krankenhaus-Rechnungswesen mit seinen Zweigen ein integriertes Rechnungswesen bildet.[152] Die Kosten für die Kostenrechnung sind aus der auf handelsrechtlichen Normen basierenden Buchführung aus den Aufwendungen im Wege der Kostenüberleitung nachprüfbar herzuleiten. Die Summe der in der Kostenstellenrechnung ausgewiesenen aufwandsgleichen Kosten muss mit der Summe der auf den entsprechenden Konten der Finanzbuchführung ausgewiesenen kostengleichen Aufwendungen übereinstimmen.[153] In diesem Einkreissystem bilden Finanzbuchhaltung und Kostenrechnung einen formal geschlossenen Abrechnungskreis und verwenden ein einheitliches Kontensystem. Da die Buchungen sowohl von einem Sachkonto der Finanzbuchhaltung auf eine Kostenart der Kostenrechnung als auch in umgekehrter Richtung vorgenommen werden können, muss abgesehen von den Zusatzkontierungen bei der Belegerfassung (z. B. Kostenstelle) keine besondere Abstimmung zwischen den beiden Bereichen vorgenommen werden[154]. Neutrale Aufwendungen und Erträge werden auf Konten geführt, die als nicht kostenrechnungsrelevant gekennzeichnet sind (*Vernetzung Finanzbuchhaltung-Kostenrechnung*).

Im Zuge der Buchungen ist dabei die Möglichkeit der Kostenerfassung in der Finanzbuchhaltung, die differenziert oder undifferenziert erfolgen kann,

---

151 KVF: 638. Verordnung: Kostenrechnungsverordnung für landesfondsfinanzierte Krankenanstalten, BGBl II 2003/638, Teil II
152 Vgl. § 1 (2) KVF
153 Vgl. Mandl 2004, S. 2
154 Vgl. Joos-Sachse 2002, S. 15ff

von Bedeutung. Eine differenzierte Werterfassung wird vor allem bei Materialien durch einen getrennten Ausweis der Mengen- und Preiskomponente vorgenommen. Dabei kann die Bewertung durch die Verwendung von Standardpreisen erfolgen, um bei den einzelnen Materialien unterjährige Preisschwankungen zu eliminieren und die Abrechnungsarbeiten zu erleichtern. Zur wirklichkeitsnahen Ermittlung dieser Standardpreise bieten indexierte jährliche Durchschnittspreise oder aktuelle Nettoeinkaufspreise eine Orientierungshilfe. Abweichungen zwischen den tatsächlichen Einstandspreisen und den Standardpreisen sind getrennt zu erfassen und auf einem eigenen, in die Kostenartenrechnung nicht überzuleitenden Konto auszuweisen. Die getrennte Erfassung der Mengen- und Wertkomponente bietet für die betriebsinterne Steuerung und Beurteilung der Wirtschaftlichkeit eine wertvolle Unterstützung.[155] Wenn eine getrennte Erfassung der Mengen- und Preiskomponente nicht möglich ist (z. B. bei Versicherungskosten), erfolgt eine undifferenzierte Werterfassung.

4.1.1.2 Systembildende Elemente der Kosten- und Leistungsrechnung

Im Rahmen der Betriebsführung kommt der Kosten- und Leistungsrechnung die Aufgabe zu, die betrieblichen Entscheidungsprozesse zu erklären und den für die Zielrealisierung erforderlichen Einsatz von Wirtschaftsgütern festzulegen.[156] Für Krankenanstalten muss die Kosten- und Leistungsrechnung im Rahmen der Planung, Steuerung und Kontrolle des Betriebsprozesses insbesondere Informationen über die Wirtschaftlichkeit der Leistungserbringung bereit stellen.[157] Diese Informationen stehen nicht im ausreichenden Umfang zur Verfügung, da in der KVF zwar der Aufbau und die Durchführung der Kostenarten- und Kostenstellenrechnung geregelt ist, durch eine mangelnde Integration der Leistungsrechnung in das interne Rechnungswesen jedoch die essenziellen Informationen hinsichtlich der Erlöse fehlen.

Kosten sind in der Literatur in einer wertmäßigen und einer pagatorischen Sichtweise definiert. Der wertmäßige Kostenbegriff bestimmt Kosten als bewerteter, leistungsbezogener Verbrauch von Gütern und Dienstleistungen in einer Rechnungsperiode[158] zur Erreichung des Betriebszweckes und der Aufrechterhaltung der erforderlichen Kapazitäten, unabhängig von den Aufwendungen in der Finanzbuchhaltung. So basieren im Rahmen der wertmäßigen Betrachtungsweise die Kosten auf einer aktuellen Bewertung. Ergänzend zu den aufwandsgleichen Kosten können kalkulatorische Anderskosten und kalkulatorische Zusatzkosten in Ansatz gebracht werden.

---

155 Vgl. Hentze/Kehres 1995, S. 48f
156 Vgl. Freidank 1994, S. 1
157 Vgl. Hentze/Kehres 1995, S. 20
158 Vgl. Freidank 1994, S. 4

Im Gegensatz zum wertmäßigen Kostenbegriff hat der pagatorische Kostenbegriff eine auf die Vergangenheit bezogene Sichtweise und bewertet Kosten ausschließlich zu den tatsächlichen Anschaffungsausgaben[159]. Auch der Gesetzgeber folgt bei der Gestaltung der Kostenrechnung für Krankenanstalten dieser pagatorischen Sichtweise. Das bedeutet, dass sich die Abgrenzung zwischen den Aufwendungen der Finanzbuchhaltung und den Kostenarten der Kostenrechnung nur auf betriebsfremde und periodenfremde Aufwendungen beschränkt. Ebenso sind die Abschreibungen der Anlagegüter auf Grundlage der ursprünglichen Anschaffungs- oder Herstellungskosten vorzunehmen.[160] Kalkulatorische Zusatzkosten können jedoch auch bei einem pagatorischen Kostenverständnis hinzugerechnet werden.

4.1.1.3   Kostenartenrechnung

Die Kostenartenrechnung bildet den Ausgangspunkt der Kostenrechnung, deren Aufgabe in der systematischen Erfassung, Bewertung und Kategorisierung der in einer bestimmten Rechnungsperiode entstandenen Kosten besteht.[161] Sie muss in zweckdienlicher, übersichtlicher und nachvollziehbarer Form die in der Krankenanstalt entstandenen Kosten anführen und dient als Vorbereitung für weitere Teilgebiete der Kosten- und Leistungsrechnung.

Um sämtliche angefallenen Kosten eindeutig zu erfassen, hat deren Zuordnung zu den verschiedenen Kostenarten nach einheitlichen Vorgaben zu erfolgen. Im Rahmen der Kostenartenrechnung bildet die Differenzierung nach der Art der verbrauchten Produktionsfaktoren den Ausgangspunkt für die Kostenerfassung. Die Einteilung der einzelnen Kosten und deren Zuordnung zu den Kostenarten ergeben sich aus den Bestimmungen der KVF. Da die Darstellung der Kosten aus der Finanzbuchhaltung nachweislich mittels Betriebsüberleitungsbogen zu erfolgen hat, determiniert die gesetzlich vorgeschriebene Ausgestaltung der Kostenartengliederung die Anzahl an notwendigen Aufwandskonten. Durch die Datenübernahme ist sinnvollerweise bereits im System der Finanzbuchhaltung zu gewährleisten, dass die dort vorhandenen Informationen den Ansprüchen der Kostenrechnung genügen und für unterschiedliche Zielsetzungen durch Verdichtungen zu jeweils zweckentsprechenden Kostenartengruppen zusammengefasst werden können.

Die Kostenartenrechnung dient vor allem der zielgerechten Vorbereitungsarbeit für die weiteren Teilgebiete der Kosten- und Leistungsrechnung und erfüllt an sich keine eigenständigen Funktionen.

---

159 Vgl. Seicht 1990, S. 33
160 Vgl. Mandl 2004, S. 86
161 Vgl. Coenenberg 1992, S. 49ff

4.1.1.4 Kostenstellenrechnung

Die Kostenstellenrechnung ist für Krankenanstalten rechtlich verpflichtend. Sie ist grundsätzlich als Vollkostenrechnung zu konzipieren, da gemäß der Kostenrechnungsverordnung sämtliche primären Kostenarten den einzelnen Kostenstellen der Krankenanstalt zuzurechnen sind.

Kernfrage ist, welche Kosten in welchen betrieblichen Einrichtungen in welchem Ausmaß entstanden sind. Gemäß § 4 der Kostenrechnungsverordnung sind Kostenstellen Verantwortungsbereiche (Teilbereiche) der Krankenanstalt mit der Aufgabe, die an einer bestimmten Stelle für bestimmte betriebliche Leistungen entstandenen Kosten zu sammeln. Jede Abrechnungseinheit, für die Kosten gesondert geplant, erfasst und kontrolliert werden, stellt daher eine Kostenstelle dar.

Die gemäß KVF vorgesehenen Kostenstellen sind in einem nach medizinischen Fachrichtungen und funktionalen Gesichtspunkten klassifizierten Kostenstellenkatalog bundesweit einheitlich vorgegeben. Der Kostenstellenrahmen steht in Zusammenhang mit den Funktionscodes[162], die ihrerseits für die LKF-Abrechnung benötigt werden. Für die Kostenstellengliederung bilden die Größe und der Versorgungsauftrag der Krankenanstalt, die Aufbau- und Ablauforganisation sowie die verfolgten Kostenrechnungsziele wesentliche Bestimmungsgründe.

Bei der Einrichtung der Kostenstellenstruktur ist mit den Entscheidungsträgern die Abbildung einer einheitlichen Kostenstellenhierarchie zu vereinbaren, die sowohl den abrechnungstechnischen als auch den ablauforganisatorischen Anforderungen genügt.[163] Der Controller-Bereich muss bereits an dieser Stelle das zukünftige Berichtswesen und die Kosten- und Leistungszuordnungen bedenken und in die Entscheidung des Managements einbringen. Die Einheiten, die mit Plankosten bebucht und für die Zielvereinbarungen getroffen werden, sind hier festzulegen.

Durch die Fokussierung auf den Verantwortungs- und Entscheidungsaspekt werden die unterschiedlichen Kostenstellen zu Kosten-Centern und Profit-Centern zusammengefasst. Kosten-Center sind organisatorische Unternehmensteilbereiche, bei denen sich das Kontrollsystem ausschließlich auf die verursachten Kosten bezieht und nur die Effizienz der Leistungserstellung zu verantworten ist.[164] Bei einem Profit-Center werden zur Leistungsbeurteilung neben den zuordenbaren Kosten auch die Erlöse herangezogen. Da im Bereich der öffentlichen Krankenanstalten keine Gewinnorientierung vorgesehen ist, ist der Terminus „Profit-Center" weiter zu fassen und als „Betriebsergebnisbeitrags-Center" zu interpretieren.

162 § 10 KVF
163 Vgl. Schön/Krause 1997, S. 27f
164 Vgl. Coenenberg 1992, S. 431f

Neben der bestehenden Kostenstellengliederung sollten auch alternative Kostenstellenhierarchien bestehen, um zusätzliche Kostenstellenbetrachtungen vornehmen zu können (z. B. die Kostenstellenverdichtung aller Ambulanzen bzw. aller Laboratorien zur Darstellung von Zentren, die unterschiedliche Bereiche/Kostenstellen umfassen – z. B. Brustgesundheitszentrum).

Die Kostenstellenrechnung dient zur Erhellung der horizontalen Kostenstruktur[165] und ist Voraussetzung für eine mögliche Weiterverrechnung der Kosten auf die von der Krankenanstalt erbrachten Leistungen. In Vorbereitung auf die Kostenträgerrechnung erfolgt mit Hilfe der Kostenstellenrechnung eine differenzierte Kostenzurechnung, da die Heterogenität von Krankenhausleistungen eine ungleichmäßige Inanspruchnahme der einzelnen Bereiche bedingt.

Der Kostenstellenrechnung kommen somit die Funktionen der Kostenkontrolle bzw. Budgetüberwachung in den einzelnen Kostenstellen zu. In diesem Fall ist die Kostenstellenrechnung als Ist- und als Plankostenrechnung zu führen. Es ist für die Übereinstimmung beider Systeme Sorge zu tragen. Geplant und berichtet werden dabei die Kostenarten auf Ebene der Kostenstellen. Weiters fungiert die Kostenstellenrechnung als Bindeglied zwischen Kostenarten- und Kostenträgerrechnung.

4.1.1.5 Leistungsrechnung

Krankenanstalten sind hinsichtlich ihrer Leistungen kostenrechnerisch mit einem Einzelfertigungsbetrieb vergleichbar, da die Inanspruchnahme von Leistungen je Behandlungsfall unterschiedlich ist. Leistungen sind dabei nicht als Tätigkeiten per se, sondern als Ergebnisse dieser betrieblichen Tätigkeiten zu verstehen, und stellen die durch den „Produktionsprozess" entstandenen und bewerteten „Wirtschaftsgüter" dar. Von der wertmäßigen Leistung ist der Erlös zu unterscheiden. Während die Leistung den Wert aller im Rahmen der betrieblichen Tätigkeit erstellten Güter und Dienstleistungen umfasst, beinhaltet der Erlös den im Rahmen der Leistungserbringung erzielten Gegenwert für die veräußerte Leistung.

Die Leistungen müssen geordnet nach verschiedenen Leistungsarten erfasst werden. Bei der Definition der Leistungsarten sind neben ökonomischen Aspekten (Kostenkontrolle, Kalkulation, interne und externe Verrechnungsmöglichkeit) auch medizinische Erfordernisse (Dokumentation, Qualitätssicherung, Leistungsanforderungsmanagement) zu beachten. Je genauer die Kostenvorgaben für die Wirtschaftlichkeitskontrolle einer Kostenstelle, für die Bildung von korrekten Kostenverrechnungssätzen, für die interne Leistungsverrechnung und für die Kalkulation sein sollen, umso mehr Leistungsarten sind je Kostenstelle und Kostenträger zu erfassen. Diese rechnerische

---

165 Vgl. Seicht 1990, S. 66

Exaktheit erhöht den Planungs- und Erfassungsaufwand jedoch erheblich, so-dass aus wirtschaftlichen Gründen immer der Kosten-Nutzen-Aspekt zu prüfen ist.[166] Grundsätzlich sollten so viele Leistungsarten wie erforderlich und so wenig Leistungsarten wie möglich festgelegt werden, wobei teilweise die Differenzierung der Leistungsabbildung auch durch externe Notwendigkeiten, wie z. B. der Berücksichtigung unterschiedlicher abrechnungstechnischer Anforderungen, bestimmt wird. In den nichtbettenführenden Bereichen gibt es dazu je nach Bundesland, aber auch z.T. nach Träger unterschiedliche Leistungskataloge (in Wien z. B. Ambulanzselbstzahlerkatalog).

Die primäre Leistung eines Krankenhauses im Rahmen der Patientenbehandlung ist die Verbesserung des Gesundheitszustandes des Patienten. Diese Leistung kann nicht direkt bzw. nur unzureichend gemessen und evaluiert werden; als sekundäre Messgrößen werden daher für die Annäherung an die eigentliche Krankenhausleistung die in den verschiedenen Bereichen erbrachten Einzelleistungen herangezogen. Das Problem bei der Verwendung dieser Ersatzparameter liegt darin, dass die Anzahl der erbrachten Einzelleistungen die Leistungsfähigkeit des Krankenhauses nicht hinreichend widerspiegelt. Maßgebend ist vielmehr, dass mit einer möglichst geringen Anzahl an Einzelleistungen der Heilungserfolg erzielt werden kann.[167]

Die Leistungserfassung ermöglicht neben der Durchführung einer verursachungsgemäßen innerbetrieblichen Leistungsverrechnung auch die Beurteilung der Leistungsfähigkeit der einzelnen Bereiche.[168] Die Verknüpfung der Kostenrechnung mit der Leistungsrechnung erfolgt über die Organisationsform der Kosten- und Leistungsstellen. Für jede Kostenstelle muss eine eigene Leistungsstelle vorhanden sein, es können aber auch mehrere Leistungsstellen in einer Kostenstelle zusammengefasst werden (z. B. können verschiedene Sprechstunden innerhalb einer Ambulanz als eigenständige Leistungsstellen eingerichtet werden). Die Leistungsrechnung ist eine unverzichtbare Komponente für die Kostenträgerrechnung.

4.1.1.6 Innerbetriebliche Kostenverrechnung

Aufbauend auf der Kostenstellenrechnung erfolgt die Verrechnung aller in den Hilfs- und Verrechnungskostenstellen bzw. medizinischen Funktionsbereichen angefallenen Kosten über die von ihnen erbrachten Leistungen auf die empfangenden Kostenstellen. Die Kostenzuteilung erfolgt bei Vorhandensein von definierten und bewerteten Leistungen über die interne bzw. innerbetriebliche Leistungsverrechnung (ILV, IBLV) auf Grundlage der tatsächlich beanspruchten Leistungen.

166 Vgl. Schön/Krause 1997, S. 32
167 Vgl. Lavaulx-Vrecourt 1997, S. 17f
168 Vgl. Schön/Krause 1997, S. 32

Sind für eine Kostenstelle keine Leistungen verfügbar, wird eine Umlage der dort angefallenen Kosten auf Grundlage von festgelegten Verteilungsschlüsseln vorgenommen. Diese Kostenumlage führt zu dem Effekt, „dass letzten Endes ohne jede Rücksicht auf tatsächlich kausale Kostenverursachungen und Kostenabhängigkeiten"[169] alle Kosten der mittels dieser Vorgangsweise verrechneten Kostenstellen auf andere Kostenstellen aufgeteilt werden. Diese Kostenumlageschlüssel können als Mengenschlüssel (z. B. Mitarbeiteranzahl, Quadratmeter) oder Wertschlüssel (z. B. Personalkosten, Materialkosten) konzipiert sein[170], bei der Kostenverteilung wird allerdings die unterschiedliche Kostenintensität für die verschiedenen in Anspruch genommenen innerbetrieblichen Leistungen ignoriert.

Die ILV hat im Rahmen des Kostenmanagements vor allem die Aufgabe, durch die Übertragung des Marktmechanismus auf die einzelnen Funktionsbereiche die Wirtschaftlichkeit zu verbessern und darüber hinaus folgende Ziele sicherzustellen:

- verursachungsgerechte Kostenzuordnung
- Schaffung von Kosten- und Leistungstransparenz
- dezentrale Planung und Budgetierung
- Koordination der betrieblichen Ressourcen
- Basis für die Ermittlung von Abteilungsergebnissen
- Voraussetzung für die Kostenträgerrechnung

Der Wertansatz für eine Leistung, die von einer anderen Organisationseinheit der Krankenanstalt bezogen wird, wird als Verrechnungspreis bezeichnet[171] und kann durch Verhandlungen, marktpreis- oder kostenorientiert festgelegt werden. Die Schwierigkeiten, durch Verhandlungen oder Marktpreise (kein externer Markt, keine einheitlichen Preise) zweckmäßige Verrechnungspreise zu bestimmen, geben generell dem kostenorientierten Ansatz den Vorzug. Die Vorteile der Festlegung von kostenorientierten Verrechnungspreisen liegen in ihrer raschen Verfügbarkeit und dem geringen Verwaltungsaufwand, da sämtliche Informationen in der Kostenstellenrechnung vorhanden sind.

4.1.1.7   Controllinggerechte Organisation des Rechnungswesens

In der Einleitung zu diesem Buch werden die Aufgaben des Controller-Bereiches beschrieben. Die Gestaltung der Controlling-Systeme gehört eindeutig dazu. So stellt das Rechnungswesen die zentrale Datendrehscheibe des Unternehmens dar und bildet gleichzeitig den Fluss z. B. der Finanzströme ab, unterstützt aber auch, dass Rechnungen ordnungsgemäß gelegt werden und

169 Vgl. Seicht 1990, S. 154
170 Vgl. Coenenberg 1992, S. 86f
171 Vgl. Horváth 1996, S. 565ff

gelagerte Materialen nicht ablaufen. Die Organisation des Rechnungswesens hat entscheidende Auswirkungen auf Ressourceneinsatz (z. B. Personal, Beratungsleistungen, EDV-Budget) und den laufenden Betrieb. Aus diesem Grund sind Projekte im Rahmen des Rechnungswesens nicht selten direkt bei der obersten Leitung angesiedelt. Weiters ist eine enge Kommunikation zwischen Controller-Bereich, Kostenrechnung und Finanzbuchhaltung inklusive Bilanzbuchhaltung unumgänglich. Zu empfehlen ist daher die Integration der Kostenrechnung direkt in den Controller-Bereich und eine einheitliche Leitung für das gesamte Rechnungswesen mit Verankerung in der Unternehmensleitung oder direkt unmittelbar unterhalb, was immer wieder vorzufinden ist.

Für den Aufbau und die spätere Nutzung der operativen Controlling-Werkzeuge ist das Rechnungswesen controllinggerecht zu organisieren, wozu eine detailliertere Aufgliederung des Kontenplans erforderlich sein kann. Zusätzlich sind die Kontierungsrichtlinien sowie die Abschlussintervalle mit den Controlling-Anforderungen abzustimmen. Für die Kostenplanung und -steuerung kann eine detailliertere Gliederung (z. B. Endoprothesen Knie, Hüfte etc.) als für die reine Finanzbuchhaltung notwendig sein. In diesem Fall sind für die Kostenrechnung mehrere Kostenarten anzulegen (mit dahinter stehenden Warengruppen in der Materialwirtschaft), die auf ebenso viele Sachkonten in der Finanzbuchhaltung zeigen.[172] In der Finanzbuchhaltung kann durch Hinterlegung eines Konzernkontos für die aggregierte Berichterstattung des Gesamtunternehmens eine Zusammenfassung zu z. B. Implantaten erfolgen. Diese Festlegungen sind – wenn möglich – bei Einrichtung des Rechnungswesens zu treffen, da Umstrukturierungen mit bereits bebuchten Materialien[173] einen wesentlichen Mehraufwand verursachen. Mit den Mitarbeitern im Rechnungswesen, aber auch in den klinischen Bereichen ist eine möglichst zeitnahe Verbuchung der laufenden Geschäftsfälle zu vereinbaren, damit die Daten zeitgerecht für das Controlling zur Verfügung stehen. Findet das Rechnungswesen in einem integrierten System statt, ergibt sich die enge Zusammenarbeit aller Beteiligten automatisch, sie ist aber trotzdem über geregelte Abläufe zu organisieren. Bedeutend ist die Abstimmung der Buchungsvorgänge mit den Abläufen in den medizinischen Fachbereichen. Ein Beispiel dafür sind bestandsgeführte Implantate in dezentralen Lagerbereichen. Hier ist organisatorisch sicherzustellen, dass bei der Implantation oder unmittelbar danach die Ausbuchung vom Lager auf die Kostenstelle mit Fall-

---

172 Anmerkung: 1:1-Verknüpfung Kostenart zu Sachkonto ist Voraussetzung für die Integration von Kostenrechnung und Finanzbuchhaltung.

173 Es handelt sich dabei um mit Materialbewegungen bebuchte Materialstämme, hier ist z. B. im SAP-System bei einmal erfolgter Bebuchung bzw. Vorhandensein offener Bestellobligos keine Zuordnungsänderung bezüglich dem Konto ohne Korrektur aller Buchungen mehr möglich.

bezug erfolgt. Im Rahmen des Controlling-Prozesses ist z. B. durch Schulungen und laufende Gespräche sicherzustellen, dass die Bedeutung der Buchungsvorgänge z. B. bei den Mitarbeitern der Pflege bewusst gemacht wird und dass diese Vorgänge standardisiert durchgeführt werden.

In der täglichen Praxis wird zwischen der Kostenrechnung im laufenden Betrieb (unterjährig als Basis für den Controlling-Prozess) und der Kostenrechnung nach KVF zu unterscheiden sein. Letztere stellt eine Nachrechnung des vorangegangenen Geschäftsjahres dar, die aber für die laufende Betriebssteuerung zu spät kommt. Um Mehrfacharbeiten zu vermeiden, ist es notwendig, in enger Abstimmung zwischen Controller-Bereich, Kostenrechnung und Finanzbuchhaltung die Organisation derart zu entwickeln, dass beide Ziele ohne wesentlichen Mehraufwand mit den vorhandenen Ressourcen und vor allem mit Standard-Mitteln realisiert werden können. Weiters ist durch den Controller-Bereich sicherzustellen, dass zusätzlich zur Ist-Kostenrechnung auch eine Plankostenrechnung geführt werden kann, die ebenfalls die Anforderungen eines integrierten Rechnungswesens erfüllen muss. Besonders bei den Erlösen im Stationärbereich ist zur Controlling-gerechten Nutzung der Daten erhebliche Vorarbeit nötig, um die Erlöse oder LKF-Punkte als Verteilungsschlüssel für die Erlöse an die leistungserbringenden Stellen buchen zu können. Das LKF-Modell kennt den stationären Fall und ordnet die errechneten Punkte in der Originalversion der entlassenden Stelle zu. Dies ist für eine innerbetriebliche Steuerung oder eine Profitcenter-Rechnung nicht brauchbar. Die Erlöse müssen daher genauso wie die Kosten verursachergerecht zugerechnet werden können.[174]

Ebenso wie die Kostendaten der Kostenarten- und Kostenstellenrechnung in entsprechenden betriebswirtschaftlichen Informationssystemen erfasst werden, müssen auch die erbrachten Leistungen in entsprechenden Systemen erfasst und dokumentiert werden.

4.1.2   Kostenträgerrechnung
Katrin Gebhart

Die Kostenträgerrechnung ist die letzte Stufe der Kostenrechnung. Sie beantwortet die Frage, wofür die Kosten angefallen sind. Die Kostenträgerrechnung, die häufig in Form einer Deckungsbeitragsrechnung geführt wird[175], baut auf den bestehenden Strukturen der Kostenarten- und Kostenstellenrechnung auf. Sie basiert insbesondere auf der in der Kostenartenrechnung durchgeführten Gliederung in Einzel- und Gemeinkosten. Einzelkosten wie Personalkosten und insbesondere Materialkosten werden direkt auf den Kos-

---

174 Vgl. Bach/Reich 1998, S. 44ff
175 Voraussetzung dafür ist die Trennung von fixen und variablen Kosten

tenträger zugerechnet, Gemeinkosten werden in einer zweiten Stufe zumeist über Schlüssel (z. B. Zuschlagsprozentsätze) auf die Kostenträger verteilt. Die Aufgabe der Kostenträgerrechnung besteht darin, die Kosten eines Produkts oder einer Dienstleistung zu berechnen, um diese Kosten mit erzielbaren oder vorgegeben Erlösen[176] zu vergleichen und zu eruieren, ob durch die Erstellung dieser Leistung ein positiver oder negativer Deckungsbeitrag erwirtschaftet wird.

4.1.2.1 Definition des Kostenträgers

Die leistungsorientierten Diagnosefallgruppen (LDF) stellen die wesentliche Abrechnungseinheit für die landesfondsfinanzierten Krankenanstalten dar. Daher ist es sinnvoll, als Basis der Kostenträgerrechnung in Krankenanstalten den einzelnen medizinischen Fall heranzuziehen.[177] In der Kostenträgerrechnung wird daher versucht, sämtliche anfallende Kosten, jedenfalls aber die Einzelkosten, dem einzelnen medizinischen Fall zuzurechnen und diese den Erlösen gegenüberzustellen. Die dazu erforderlichen Arbeitsschritte werden nachfolgend dargestellt.

4.1.2.2 Einführung der Kostenträgerrechnung

Die Einführung der Kostenträgerrechnung ist ein sehr komplexes Unterfangen, welches das gesamte Unternehmen betrifft. Die Aufgaben der Projektorganisation und -leitung fallen häufig dem Controller-Bereich zu. Einzubeziehen sind die medizinischen Fachbereiche, die die Leistungen am Patienten erbringen, die IT- und die Rechnungswesen-Bereiche (Buchhaltung und Kostenrechnung), sofern diese nicht direkt dem Controller-Bereich unterstellt bzw. zugeordnet sind. Insbesondere ist es sinnvoll, auch Ärzte und Pflegekräfte in das Projekt einzubeziehen, da diese Projektmitglieder die Akzeptanz bei den betroffenen Mitarbeitern, welche künftig von einer erhöhten Dokumentationsanforderung betroffen sein werden, erhöhen können.[178]

Abb. 26 zeigt ein Übersichtsschema zur Logik und zum Aufbau der Kostenträgerrechnung.

Schritt 1:

Eine wesentliche Grundlage bei der Einführung der Kostenträgerrechnung stellt die Abbildung der medizinischen Fälle als Kostenträger in der Kostenrechnung dar. Idealerweise wird in der Kostenrechnung die gleiche Patienten-Identifikationsnummer wie in der medizinischen Dokumentation verwendet.

---

176 LKF-Kernpunkte * Punktewert in € = Erlös
177 Vgl. Keun/Prott 2008, S. 216 und S. 222ff
178 Vgl. Keun/Prott 2008, S. 250f

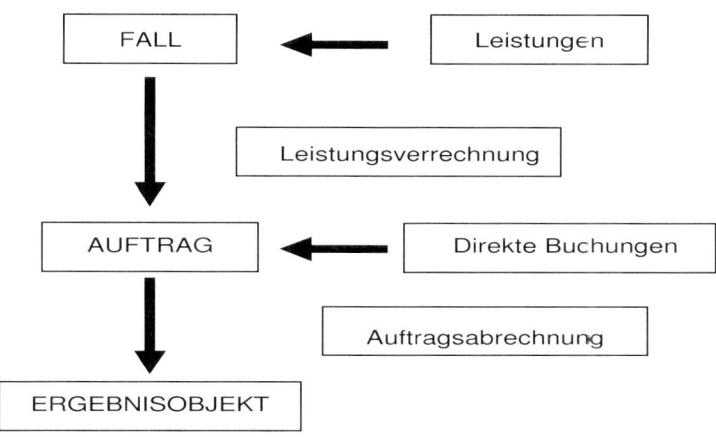

ABB. 26: ÜBERSICHTSSCHEMA ZUM AUFBAU DER KOSTENTRÄGERRECHNUNG[179]

Damit können auch die administrativen Merkmale wie Geburtsdatum, Geschlecht etc. und die medizinischen Daten wie Diagnoser, Leistungen, behandelnde Abteilung etc. aus der medizinischen Dokumentation in die Kostenrechnung automatisch übernommen werden.[180] Nur durch Übernahme dieser Merkmale können nach Verrechnung von Erlösen und Kosten auf den Kostenträger aussagekräftige Auswertungen über die Ergebnisse der Kostenträgerrechnung vorgenommen werden. Bei der Organisation der Kostenträgerrechnung ist darauf zu achten, dass die durch die KVF gestellten Anforderungen (Berichtswesen, zentrale Datenmeldung) erfüllt werden können. Die Kostenträgerrechnung bedingt an dieser Stelle gleichsam den Aufbau einer zusätzlichen Kostenrechnung, denn die Kostenstellen dürfen durch die Buchung auf den Kostenträger nicht entlastet werden, da sonst das Kostenstellenergebnis nicht ermittelt werden kann. Der Fall als Kostensammler ist daher zusätzlich zu bebuchen (z. B. Fallauftrag, zusätzlicher Rechnungswesenbeleg je Buchung). Die Auswirkungen dieser Organisation auf das Berichtswesen sind dabei im Vorfeld zu erheben und zu bedenken. Detaillierte Rechnungswesen- und Systemkenntnisse sowie tiefes Organisationswissen im Controller-Bereich und eine enge Zusammenarbeit mit der EDV und dem obersten Management sind dafür Voraussetzung.

179 Eigene Darstellung; Vinzenz-Gruppe (Krankenhäuser der Barmherzigen Schwestern)
180 Vgl. Keun/Prott 2008, S. 232ff

Schritt 2:

Im nächsten Schritt muss gesichert werden, dass sämtliche Erlöse auf den einzelnen Fall verbucht werden. Die wesentliche Komponente stellen die LKF-Erlöse und allfällige Erlöse aus der privaten Krankenversicherung, wenn der Patient über eine solche verfügt, dar. Da die Vergütung eines medizinischen Falls im Rahmen der LKF mittels Punkten durch das Scoring-Programm erfolgt, müssen diese Punkte dem Fall zugeordnet und durch Multiplikation mit einem im vorhinein errechneten Punktwert auf den Fall abgerechnet werden. Dies erfolgt nicht direkt in der Patientenverrechnung, sondern wird erst in der Kostenrechnung durchgeführt. Die Sonderklasseerlöse werden hingegen zumeist direkt aus der Patientenverrechnung in die Buchhaltung übernommen und sind somit direkt auf dem Fall verbucht.

Schritt 3:

Der weitaus aufwändigere Teil der Kostenträgerrechnung besteht darin, Vorsorge zu treffen, dass auch sämtliche direkten Kosten auf den Fall zugerechnet werden. Es müssen die mit Tarifen bewerteten Leistungen, die auf den verschiedenen Kostenstellen erbracht werden, auf den medizinischen Fall abgerechnet werden können. Auch die innerbetriebliche Leistungsverrechnung muss hier zweifach durchgeführt werden, und zwar von der leistenden auf die anfordernde Kostenstelle und parallel dazu auf den jeweiligen medizinischen Fall. In einer Krankenanstalt sind die wesentlichen Kostenstellen, die Leistungen für einen medizinischen Fall erbringen, der Operationssaal samt Anästhesie und eventuell Intensivstation, die medizinischen Institute wie Labor, Röntgen, Physikalische Therapie, etc. und die einzelnen bettenführenden Stationen.

Auf allen diesen Kostenstellen ist ein Leistungskatalog mit sämtlichen erbringbaren Leistungen und beispielsweise den entsprechenden Äquivalenzziffern zu erstellen. Eine andere Möglichkeit ist ein bewerteter Leistungskatalog mit dahinter stehenden Kalkulationen.[181] Er ist auf Basis der Angaben der leitenden Mitarbeiter die Kostenkalkulation der Leistungen, welche mittels Äquivalenzziffern in der Kostenrechnung abgebildet werden, zu erstellen. Die Summe der für die insgesamt erbrachten Leistungen angefallenen Kosten einer Kostenstelle wird durch die Äquivalenzziffern dividiert, dadurch erhält man einen Verrechnungssatz für die einzelnen Leistungen.[182]

Dabei ist sicherzustellen, dass die Leistungen von den bettenführenden Abteilungen, welche den Patienten primär betreuen, angefordert werden und von der leistungserbringenden Stelle, z. B. dem Röntgeninstitut, auch entsprechend als erbracht gekennzeichnet werden. Die Einführung und laufende

181 Z. B. ASK-Ambulanzselbstzahlerkatalog für die Spitäler der Stadt Wien
182 Vgl. Keun/Prott 2008, S. 216

Kontrolle dieses Leistungsmanagement-Prozesses ist sehr komplex und aufwändig und hat neben der organisatorischen auch eine IT-Komponente, die nicht vernachlässigt werden darf. Die Aufgabenerfüllung ist prozessorientiert zu gestalten.

Während es in den medizinischen Instituten wie dem Röntgen oder dem Labor zumeist einen umfangreichen Katalog von medizinischen Untersuchungen bzw. Behandlungen geben wird, werden die Kosten im OP-Saal zumeist über einheitliche Kosten je Operationsminute zugerechnet.

Die Kosten der Pflege und Betreuung auf den bettenführenden Stationen werden zumeist auch durch die Erfassung von Minutenwerten (PPR-Minuten lt. Pflegepersonalrichtlinie) zugeordnet; falls diese Zeiten nicht erfasst werden, ist es auch möglich, einen einheitlichen Pflegetagsatz auf den Stationen zu kalkulieren und diesen auf Basis der Anzahl der Pflegetage auf die medizinischen Fälle zuzurechnen.

In den kalkulierten Kostensätzen der Leistungen der Kostenstellen der Institute, der OPs oder der Stationen sind sämtliche Personal-, Material- und sonstigen Kosten (z. B. Raumkosten) erfasst. Bei kostenintensiven Medikamenten (z. B. Zytostatika in der Chemotherapie) oder Materialien (Implantate im OP-Saal) ist es sinnvoll, diese direkt auf den einzelnen Fall zu buchen.[183] Der größere Administrationsaufwand trägt zu einer deutlichen Verbesserung der Aussagekraft der Kostenträgerrechnung bei. Je nach Organisation der Materialwirtschaft ist die Buchung direkt durch den Einkaufsbereich oder die Buchhaltung durchzuführen. Werden die Zytostatika z. B. durch die Apotheke selbst zubereitet, ist die Produktion in der Materialwirtschaft und im Rechnungswesen abzubilden und auf den Fall abzurechen.[184] Bei bestandsgeführten Materialien ist die Buchung durch den OP-Bereich direkt zu organisieren.

Schritt 4:

Nachdem alle Erlöse und Kosten auf den einzelnen medizinischen Fall direkt verbucht oder mittels ILV zugerechnet wurden, muss als letzter Arbeitsschritt in der Kostenträgerrechnung sichergestellt werden, dass der medizinische Fall technisch abgeschlossen wird. Erst dadurch werden Auswertung und Darstellung der Ergebnisse der Kostenträgerrechnung als Bericht möglich (siehe Abb. 27).

Hier sei beispielhaft ein Patient mit einem kleinen operativen Eingriff angeführt. Die Kosten im OP – berechnet über OP-Minuten – betragen € 750,–, es wurden für diese OP Schrauben und Drähte für € 200,– verwendet und diese Kosten direkt dem Fall zugerechnet. Weiters wurden präoperativ Laboruntersuchungen und postoperativ Röntgenuntersuchungen durchgeführt,

183 Vgl. Keun/Prott 2008, S. 218f
184 Der Produktionsauftrag der Apotheke (z. B. CO-Innenauftrag) rechnet dann auf die anfordernde Kostenstelle (z. B. Station) und auf den Fallauftrag ab.

	Fall XY
LKF-Erlöse	2.000
Sonstige Erlöse	30
Erlöse gesamt	*2.030*
Stationskosten	450
Intensivkosten	0
OP	750
Material, Fremdleistung	200
Institute	150
Ambulanzkosten	0
Einzelkosten gesamt	*1.550*
Deckungsbeitrag I	**480**
Gemeinkosten	380
Deckungsbeitrag 2	**100**

Abb. 27: Ergebnisbericht der Kostenträgerrechnung für einen medizinischen Fall[185]

diese werden mittels ILV auf den Fall gebucht, die Kosten betragen € 150,–. Der Patient wurde 3 Tage stationär betreut, der Tagsatz auf der betreffenden Station beträgt € 150,–, somit ergeben sich Stationskosten von € 450,–. Insgesamt belaufen sich die Kosten dieses Falls – exklusive Unternehmensgemeinkosten – auf € 1.550,–.

Demgegenüber stehen Erlöse aus der LKF-Punkteverrechnung in der Höhe von € 2.000,– und ein Kostenbeitrag des Patienten in der Höhe von € 30,–, insgesamt also Erlöse in der Höhe von € 2.030,–. Der für diesen Fall daraus resultierende Deckungsbeitrag 1 ergibt € 480,–.

Die Unternehmensgemeinkosten (Kosten für Verwaltung, Betrieb und Instandhaltung des Krankenhauses), die über einen bestimmten Schlüssel (z. B. Zuschlagssatz errechnet auf Basis eines Gesamtbetrages) auf den einzelnen Fall zugerechnet werden, betragen in diesem Fall € 380,–. Es ergibt sich somit ein positiver Deckungsbeitrag 2 von € 100,–. Eine weitere Differenzierung und Detaillierung der Deckungsbeitragsrechnung erscheint nicht vorteilhaft.

Die fallbezogenen Ergebnisse der Kostenträgerrechnung werden im Controlling-Prozess für Periodenvergleiche herangezogen, um die Entwicklung analysieren zu können. Diese Analyse bezieht sich auf die Ergebnisse und auf die einzelnen Kosten- bzw. Erlöskomponenten. Erst durch die gemeinsame Bearbeitung der Ergebnisse durch den Controller-Bereich mit den medizinischen Fachbereichen erfolgen Weiterentwicklungen. Beispielsweise wird ersichtlich, ob sich die OP-Zeiten für die Leistungserbringung verändert haben oder ob der dahinter stehende Prozess entsprechend den Unternehmenszielen weiter entwickelt wurde.

185 Eigene Darstellung; Vinzenz Gruppe (Krankenhäuser der Barmherzigen Schwestern)

4.1.2.3 Ergebnisse der Kostenträgerrechnung

4.1.2.3.1 Auswertung der Ergebnisse der Kostenträgerrechnung

Wichtig bei der Auswertung und Darstellung der Ergebnisse der Kostenträgerrechnung ist die Flexibilität der Auswertemöglichkeiten. So ist es bedeutend, dass möglichst viele Merkmale der einzelnen medizinischen Fälle in den Ergebnisbericht übernommen werden, sodass vielfältige Möglichkeiten zur Auswertung der Ergebnisse – nach Diagnosen und operativen Leistungen, nach behandelnder Abteilung, nach Alter oder Geschlecht oder auch nach Zeitperioden – gegeben sind. Nur dann können die Ergebnisse der Kostenträgerrechnung auch gemäß den Anforderungen des Managements aufbereitet und für zentrale Entscheidungen des Managements zur Verfügung gestellt werden. Für das Management ist entscheidend, vom Ergebnis des Krankenhauses auf die Ergebnisse der einzelnen Bereiche einerseits und von der Fallpauschale auf den einzelnen Fall schließen zu können. Die Steuerung der Kosten im laufenden Betrieb kann nur über den einzelnen medizinischen Fall erfolgen. Diese Anforderungen sind bereits bei Einrichtung der Kostenträgerrechnung zu berücksichtigen bzw. gemeinsam mit Management und den medizinischen Bereichen zu erheben.

Häufig werden die Ergebnisse der Kostenträgerrechnung für einzelne medizinische Fallgruppen, die im LKF-Modell definiert sind, ausgewertet. Dabei werden die Ergebnisse der einzelnen Fälle, die in diese Fallgruppe gehören, gesamthaft oder im Durchschnitt dargestellt, um Aussagen zur Wirtschaftlichkeit der Fallgruppe treffen zu können und um im Weiteren auch eventuell Maßnahmen daraus ableiten zu können. In der Folge ist das durchschnittliche Ergebnis einer Fallgruppe für das aktuelle Jahr im Vergleich zum Vorjahr dargestellt (siehe Abb. 28).

Hierbei handelt es sich um die durchschnittlichen Deckungsbeitragsergebnisse für Patienten mit einem operativen Eingriff. Bei diesen Patienten fallen OP-Kosten, Materialkosten, Kosten für Intensivüberwachung, Kosten für die Stationsbetreuung und Institutskosten aus der innerbetrieblichen Leistungsverrechnung an. Im Durchschnitt betrugen diese Kosten im Vorjahr € 2.650,–, im aktuellen Jahr nur € 2.400,–.

Diese Kostenreduktion konnte durch zwei Maßnahmen erzielt werden: Aufgrund der Gespräche des Controller-Bereichs mit den behandelnden Ärzten konnte eine Optimierung der postoperativen Behandlungsabläufe erzielt werden, sodass es im aktuellen Jahr gelingt, die Patienten im Durchschnitt um knapp einen Tag früher zu entlassen. Diese Verkürzung der Verweildauer bringt eine Kosteneinsparung von € 150,– bei den Stationskosten.

Zusätzlich wurden vom Controller-Bereich gemeinsam mit den Verantwortlichen im Einkauf Preisverhandlungen mit den Lieferanten der verwendeten Materialien aufgenommen. Dabei konnten Preisnachlässe von 20 Prozent erzielt werden.

	DB je Fall	
	Akt. Jahr	Vorjahr
LKF-Erlöse	2.650	2.750
Sonderklasse-Erlöse	150	150
Sonstige Erlöse	50	50
Erlöse gesamt	*2.850*	*2.950*
Stationskosten	900	1.050
Intensivkosten	100	100
OP	850	850
Material, Fremdleistung	400	500
Institute	150	150
Ambulanzkosten	0	0
Einzelkosten gesamt	*2.400*	*2.650*
Deckungsbeitrag 1	**450**	**300**
Gemeinkosten	550	550
Deckungsbeitrag 2	**-100**	**-250**

ABB. 28: ERGEBNISBERICHT DER KOSTENTRÄGERRECHNUNG FÜR EINE MEDIZINISCHE FALLGRUPPE[186]

Aufgrund der Verweildauerreduktion sind zwar auch die Erlöse von durchschnittlich € 2.750,– auf € 2.650,– gesunken, allerdings konnte durch die oben dargestellten Maßnahmen insgesamt eine Verbesserung des Deckungsbeitrags 2 um € 150,– pro Patient erzielt werden.

4.1.2.3.2 Einsatz der Ergebnisse der Kostenträgerrechnung

Als wesentliche Einsatzgebiete der Kostenträgerrechnungsergebnisse sind folgende Punkte anzuführen:

Analyse der Deckungsbeiträge von einzelnen Patientenfallgruppen:

Werden Kosten von einzelnen Fällen zu Patientenfallgruppen (z. B. Blinddarmoperationen, Geburten, Implantation von Hüftendoprothesen, etc.) entsprechend dem LKF-System zusammengefasst und diese der Vergütung der Fallgruppen gegenübergestellt, können Aussagen zur Wirtschaftlichkeit von unterschiedlichen medizinischen Behandlungen getroffen werden.[187] Bei negativen Deckungsbeiträgen von einzelnen medizinischen Behandlungen müssen Überlegungen zur Kostensenkung (z. B. durch Reduktion der Verweildauer, erfolgreiche Preisverhandlung im Einkauf, Verwendung günstiger Materialien) angestellt werden. Die Reduktion der Verweildauer ist besonders sorgfältig zu handhaben, da hier medizinische Notwendigkeiten Priorität haben. Diese Maßnahme kann nur durch intensive Kommunikation zwischen

---

186 Eigene Darstellung; Vinzenz Gruppe (Krankenhäuser der Barmherzigen Schwestern)
187 Voraussetzung dafür ist, dass die LDF-Gruppen (Fallpauschalen) richtig kalkuliert wurden.

Controller-Bereich und Leitung des medizinischen Fachbereiches vorbereitet bzw. umgesetzt werden. In vielen Fällen ist unmittelbar die oberste Leitung des Unternehmens einzubeziehen, da weiterführende organisatorische Maßnahmen (z. B. Kooperation mit einer Remobilisationseinrichtung) notwendig sind, um die adäquate medizinische Versorgung sicherzustellen. Damit kann sich die Krankenanstalt, in der der operative Eingriff stattfindet, auf ihren Kernprozess konzentrieren und diesen weiter verbessern.

Argumentationsgrundlage bei Verhandlungen zum Finanzierungssystem:

Da die Bepunktung der LDF-Gruppen des Leistungsorientierten Finanzierungssystems in Intervallen von drei bis vier Jahren durch ein eigens beim Bundesministerium für Gesundheit eingerichtetes Gremium gewartet wird, können die Ergebnisse der Kostenträgerrechnung dazu dienen, zukünftig eine Verbesserung der Bepunktung und damit der Erlöse zu erreichen. Weiters ist es auch möglich, sich um die Aufnahme von neuen bzw. differenzierten medizinischen Behandlungen in das LKF-System zu bemühen. Solche Anträge können jährlich eingebracht werden, sie werden von medizinischen und wirtschaftlichen Fachexperten begutachtet. Die genauen Daten der Kostenträgerrechnung erleichtern ganz wesentlich die Bearbeitung dieser Anträge, denen eine exakte Kostenkalkulation entsprechend einem vorgegebenen Kalkulationsschema beigelegt werden muss. Dem Controller-Bereich kommt hier die Aufgabe zu, die Argumentationsgrundlage für das Management aufzubereiten, um die Umsetzung der Änderung im LKF-Modell zu erreichen. Management und Controller-Bereich müssen durch das vorhandene Netzwerk Unterstützung in anderen Bundesländern erreichen. Die Weiterentwicklung des LKF-Modells erfolgt dadurch direkt durch die leistungserbringenden Krankenanstalten.

Informationsgrundlage für strategische Entscheidungen des Managements:

Die Ergebnisse der Kostenträgerrechnung fließen in die Diskussion und Definition von strategischen Zielen einer Krankenanstalt ein. Sie bilden neben den Markt- und Kundendaten eine wesentliche Grundlage für die Erstellung eines mittel- und langfristigen Business-Plans. Für diesen Plan sind medizinische Leistungsschwerpunkte unter Berücksichtigung des Rahmens z. B. des gesetzlich definierten Versorgungsauftrags einer öffentlichen Krankenanstalt zu setzen. Die Schwerpunkte können unter Nutzung der Ergebnisse der Kostenträgerrechnung von einzelnen Patientenfallgruppen sehr gut bewertet werden. Zusammen mit den erwarteten Erlösen[188] kann dadurch das finanzielle

---

188 Eine Annahme zu den zukünftigen LKF-Erlösen ist zu treffen und festzuschreiben. Dabei sollte bedacht werden, dass das LKF-Modell gravierenden Veränderungen unterliegt, wie die bisherige Erfahrung zeigt.

Ergebnis der Schwerpunkte bzw. der Finanzbedarf festgestellt werden. Dadurch erhält auch der Eigentümer zusätzliche Informationen für seine Entscheidungen. Für den Controller-Bereich bedeutet dies die Einbeziehung in den strategischen Planungsprozess und die Notwendigkeit der Ausrichtung der Controlling-Instrumente auch auf diese Anforderungen hin. Durch die zunehmende Differenzierung der Medizin in Spezialgebiete innerhalb der großen Fachrichtungen wie Innere Medizin oder Chirurgie ist es auch aus medizinischen Gründen erforderlich, Leistungsschwerpunkte innerhalb der Fachabteilungen zu definieren. Die Ergebnisse der Kostenträgerrechnung finden damit auch innerbetrieblich Anwendung.

Steuerung des Anforderungsverhaltens von innerbetrieblichen oder externen Leistungen:

Die Kostenträgerrechnung macht deutlich, dass Leistungen, die von innerbetrieblichen Dienstleistern (z. B. Labor, Röntgen, etc.) angefordert werden, ebenso Kosten verursachen wie von externen Anbietern erbrachte Leistungen. Die Entwicklung eines derartigen Bewusstseins bei den Leistungsanforderern ist Aufgabe des Controller-Bereiches, der mit der Kostenträgerrechnung ein Instrumentarium hat, die Auswirkungen zahlenmäßig zu kommunizieren.

Beispielsweise kann im Rahmen des Controllings mittels der Daten der Kostenträgerrechnung aufzeigt werden, wie sehr sich ein geändertes Anforderungsverhalten der behandelnden Ärzte bei der diagnostischen Abklärung (z. B. anstelle von klassischen Röntgenaufnahmen Durchführung einer viel teureren MR-Befundung) auf die wirtschaftlichen Ergebnisse einer Patientenfallgruppe auswirkt. Wenn die Notwendigkeit einer MR-Befundung auch medizinisch umstritten ist, werden in der Entscheidung der Ärzteschaft über die routinemäßige Leistungsanforderung die Daten der Kostenträgerrechnung mit berücksichtigt werden.

Weiters stellt sich die Frage betreffend der Kosten der Leistungserbringung und die Möglichkeit, diese Kosten zu senken oder auch zusätzliche Erlöse lukrieren zu können. Die Kostenträgerrechnung zeigt die Kosten einer innerbetrieblichen Leistungserbringung. Diese sind mit den Kosten eines externen Leistungsanbieters zu vergleichen. Damit wird dem Management eine Entscheidungsgrundlage für Überlegungen zum Themenbereich In- oder Outsourcing von Leistungen geboten.

Einführung von Standards und Richtlinien zur Behandlung von Patientenfallgruppen:

Klinische Behandlungspfade stellen den exemplarischen Behandlungsverlauf für eine spezielle medizinische Behandlung – z. B. Blinddarmoperation – dar.[189]

189 Vgl. Keun/ Prott2008, S. 226ff sowie Berger 2004, S. 42ff

Darin ist genau festgelegt, welche Untersuchungen und Behandlungen an einzelnen Aufenthaltstagen des Patienten durchzuführen sind. Leitlinien von medizinischen Fachgesellschaften sind als Grundlage heranzuziehen.[190] Die Erstellung dieser Behandlungspfade ist eine sehr komplexe Aufgabe, die zentral von der Ärzteschaft, aber unter Einbezug sämtlicher an der Behandlung involvierter Berufsgruppen und des Controller-Bereiches durchzuführen ist.

Der Controller-Bereich hat für diese klinischen Behandlungspfade Normkosten zu definieren, indem die Kosten für die einzelnen Untersuchungen und Behandlungen, welche in diesen Pfaden vorgegeben sind, zusammengestellt werden. Damit bietet sich die Möglichkeit, den aus den Daten der Kostenträgerrechnung ausgewerteten Ist-Kosten die so definierten Normkosten gegenüberzustellen und – unbedingt gemeinsam mit den behandelnden Ärzten – eine Abweichungsanalyse durchzuführen.[191] Sind die Ist-Kosten höher, kann dies durch die ILV bedingt sein, wenn z. B. vom Röntgen oder Labor mehr Leistungen durchgeführt bzw. angefordert wurden, als im Pfad vorgesehen. Diese Abweichungen sind mit den medizinischen und wirtschaftlichen Verantwortlichen zu besprechen. Der Controller-Bereich hat die Daten aufzubereiten und die Diskussionen in Gang zu bringen, zu moderieren und für gemeinsame Maßnahmen Sorge zu tragen. Die Einbeziehung der Erlöse aus dem LKF-Modell ist nur dann zulässig, wenn die Behandlungspfade mit den Fallpauschalen übereinstimmen.[192]

Das Ziel der Controlling-Tätigkeit ist erreicht, wenn die interdisziplinäre Diskussion zwischen der für die medizinische Qualität verantwortlichen Ärzteschaft und Pflege und der für die Wirtschaftlichkeit verantwortlichen Führungskräfte zu einem qualitätsorientierten und wirtschaftlichen Ressourceneinsatz führt.

4.1.3   Systemkomponenten des Rechnungswesens und ihr Zusammenwirken
dargestellt am Beispiel der Univ. Klinik für Augenheilkunde und Optometrie am AKH Wien
Martin Reich, Ursula Schmidt-Erfurth

Die folgende Grafik stellt die Systemkomponenten und ihr Zusammenwirken aus der Sicht einer für Planungs- und Steuerungsprozesse geeigneten Kosten- und Leistungsrechnung dar:

190 Vgl. Seyfarth-Metzger/Vogel 2002, S. 20f
191 Diese Analyse ist nur dann zulässig, wenn es sich um Pfad-Patienten handelt.
192 Vgl. Scheu 2003, S. 284f

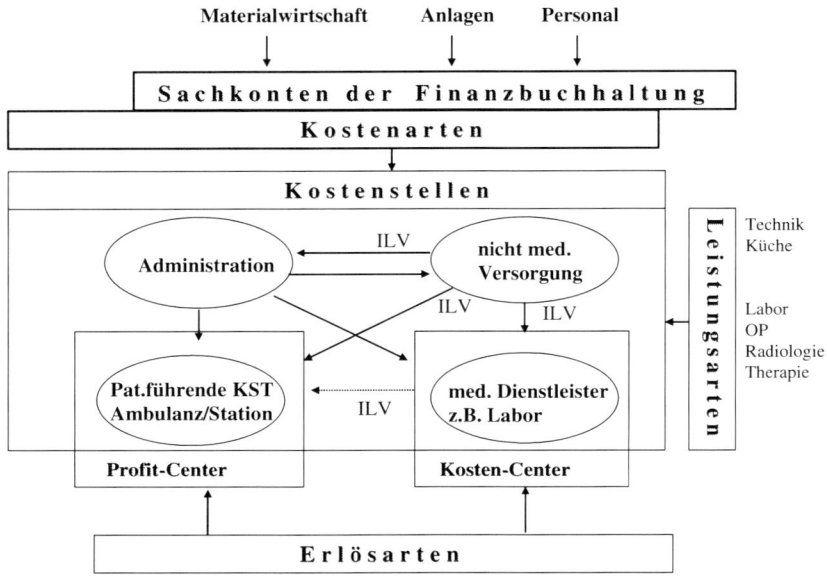

ABB. 29: Darstellung der Komponenten des Rechnungswesens[193]

4.1.3.1 Organisationsstruktur eines klinischen Bereiches

Die Univ. Klinik für Augenheilkunde und Optometrie am AKH Wien ist in mehrere Kostenstellen (zwei Normalpflegestationen, eine Tagesklinik, Ambulanzen, OP-Bereiche) gegliedert. In dieser Struktur erfolgen die Kostenarten- und Kostenstellenrechnung und das Berichtswesen (Plan-Ist-Vergleich). Die Kostenstellen wurden auf Basis der Anforderungen aus der Organisation, der Größe der Organisationseinheiten und der Abgrenzbarkeit der Verantwortungsbereiche eingerichtet. Die Struktur ist daher spezifisch auf die Klinik zugeschnitten, erfüllt aber dennoch sämtliche Erfordernisse der KVF.

4.1.3.2 Kosten- und Leistungsrechnung und Rahmenbedingungen

Auf die Kostenstellen werden die Kosten direkt oder durch Umlagen gebucht. Die Kostenarten werden für das Berichtswesen zur besseren Lesbarkeit in Kostenartengruppen zusammengefasst (z. B. Personal gegliedert in weitere Gruppen, Sachaufwand, Abschreibungen) Der Sachaufwand gliedert sich z. B. in medizinischen und nichtmedizinischen Sachaufwand. Im medizinischen Sachaufwand sind z. B. die Implantate enthalten. Zu den Implantaten zählen an der Augenheilkunde hauptsächlich Linsen, die für Kataraktoperationen

193 TILAK-Finanzen; eigene Darstellung

verwendet werden. Diese werden auf die Kostenstelle, an der die Leistung erbracht wird (OP-Saal E08), gebucht. Die Implantate selbst sind bestandsgeführt, weshalb die Buchung auf die Kostenstelle des OP-Saals erst unmittelbar nach der Operation stattfindet. Erst zu diesem Zeitpunkt entstehen die Kosten. Im Fall der Führung eines Eigenlagers entstehen Differenzen zu den Ausgaben, da die Bezahlung zu einem anderen Zeitpunkt als der Verbrauch erfolgt. Mit dieser Buchung werden im Rechnungswesen folgende Vorgänge ausgelöst:

- Finanz-Buchung: Lagerabbau
- Kostenrechnung: Belastung der Kostenstelle
- Profit-Center-Rechnung: Belastung des Profit-Centers Augenheilkunde[194]
- Herstellung Fallbezug: Festhalten der Information im Rechnungswesen, zu welchem stationären Fall das Implantat gehört
- Materialwirtschaft: Erstellen eines zusätzlichen Materialbelegs.

Für die Analyse im Rahmen der Controllingtätigkeit sind die Ebenen der Kostenstellen (für den Plan-Ist-Vergleich), für den Einkauf – in diesem Fall die Apotheke – die Ebene der Materialwirtschaft und hier die Verbräuche relevant. Der Controller-Bereich oder der klinische Bereich stellen unmittelbar über das Online-Berichtswesen fest, ob die Kostenpläne eingehalten werden, der Einkauf stellt fest, ob die geplanten Produkte in der geplanten Menge eingekauft wurden und ob sichergestellt werden kann, dass die vereinbarte Preisstaffel erreicht wird. In dieser Preisstaffel wird z. B. für ein Geschäftsjahr mit dem Lieferanten die Preisgestaltung bei unterschiedlichen Abnahmemengen vereinbart. Der Zusammenhang mit der Leistungsplanung wird durch den Controller-Bereich gewährleistet. Zusammenfassend ergibt sich daher folgender Ablauf, der durch das integrierte Rechnungswesen abgebildet und sichergestellt werden muss:

1. Zielvereinbarung zwischen Unternehmensleitung und klinischem Bereich über Leistungsmenge (z. B. Kataraktoperation) und Kostenplanung sowie Planung der Erlöse auf Basis des geplanten Patientenaufkommens und der vorhandenen baulichen Kapazitäten. In dieser Phase erfolgt auch die Ableitung des Bedarfs an Implantaten durch den Einkauf (z. B. Linsen) sowie die Ableitung des Personalbedarfs für die jeweiligen Berufsgruppen und der Abgleich mit dem Kostenplan. Bei Differenzen zwischen Bedarf und Kostenplan sind Einsparungspotenziale im Einkauf (z. B. durch Preisverhandlungen, Produktstandardisierung in Abstimmung mit den Anwendern in den medizinischen Bereichen), Optimierungspotenziale in der Or-

194 Anmerkung: Dies bedingt, dass sämtliche Kostenstellen der Augenheilkunde bei der Einrichtung in der Kostenrechnung schon dem Profit-Center Augenheilkunde zugeordnet worden sind.

ganisation zur Bewältigung der geplanten Leistungen zu erheben und zu realisieren.

2. Planung der Kosten auf Ebene Kostenarten und Kostenstellen (Plankostenrechnung): Hierbei handelt es sich um die technische Durchführung der Planung durch den Controller-Bereich in der Kostenrechnung. Zur Sicherstellung der Planungskonsistenz sind Entscheidungen über Berechtigungen in den EDV-Systemen sowie über die Planungstiefe zu fällen. Die Planungshoheit sollte im Controller-Bereich angesiedelt sein, die Berichte sind empfängerorientiert zu gestalten und mittels eines weiteren Berechtigungskonzepts auf die Organisation (z. B. Leitung des medizinischen Fachbereichs, Leitung der Station) abzustimmen und zu verteilen.

3. Laufende Überwachung der Kostenpläne durch Gegenüberstellung mit den Ist-Kosten (Plan-Ist-Vergleich) im Rahmen des Berichtswesens.

4. Laufende Analyse der Verbräuche durch den Einkauf (Materialwirtschaft).

5. Laufende Analyse der Erlöse durch die Abrechnung der stationären Patienten.

6. Laufende Durchführung der innerbetrieblichen Leistungsverrechnung bzw. Dokumentation der Leistungen in den nicht bettenführenden Bereichen.

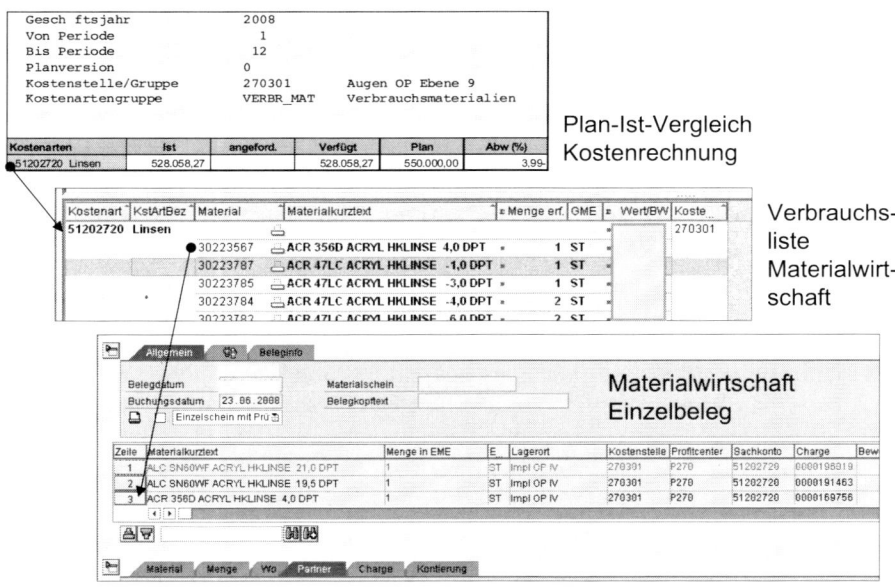

ABB. 30: DARSTELLUNG DER INTEGRATION IM RECHNUNGSWESEN[195]

Die oben stehende Grafik zeigt die Integration nochmals deutlich.

195 Datenquelle: SAP ERP AKH Wien, Daten 2008, eigene Darstellung Reich

Plan-Ist-Vergleich-Kostenrechnung:

In der ersten Tabelle ist der Controlling-Plan-Ist-Vergleich[196] für das Jahr 2008 für die Kostenstelle 270301 Augen-OP Ebene 9 dargestellt. Ausgewählt wurde die Kostenartengruppe Verbrauchsmaterialien. Dargestellt ist die Kostenart 51202720 Linsen mit den Spalten „Ist", „Angefordert" (Bestellobligo), „Verfügt" (Ist + angefordert), „Plan" und „Abweichung" in %. Der Kostenplan der Linsen wurde im Beobachtungszeitraum unterschritten. Gründe dafür liegen nicht in der Mengen- (hier gibt es sogar Steigerungen bedingt durch den tagesklinischen Betrieb und das höhere Leistungsniveau), sondern in der Preisabweichung, da die größere Menge zu einem insgesamt günstigeren Stückpreis bezogen werden konnte. Das Bestellobligo muss am Jahresende auf Null gestellt werden, da die offenen Positionen in das Folgejahr übertragen werden.

Verbrauchsliste – Materialwirtschaft:

Die zweite Tabelle zeigt die Verbrauchsliste in der Materialwirtschaft, bei der die Produkte genau angeführt sind. Die Linsen sind nach Material gruppiert, wobei auch beim selben Hersteller je nach Stärke der Linsen (ausgedrückt in Dioptrien) unterschieden und damit ein eigenes Material geführt wird. Angegeben sind die Informationen „Wert", „Menge" und die Kostenstelle, auf der das Material als Verbrauch gebucht wurde. Als weitere Informationen könnten z. B. die Aufnahmezahlen der Patienten angezeigt werden, um den Fallbezug herzustellen.

Einzelbeleg in der Materialwirtschaft:

Die unterste Tabelle zeigt den Einzelbeleg in der Materialwirtschaft. Für die Linse, die in der Verbrauchliste hinterlegt ist, sind in der Materialwirtschaft weitere Informationen erfasst (z. B. Lagerort, Kostenstelle, Profit-Center, Sachkonto, Charge). Die Erfassung des Profit-Centers ist bedeutend, um die nächste Parallelrechnung (die Profit-Center-Rechnung) zu bedienen. Die Erfassung der Charge bzw. der Seriennummer ist für die Nachvollziehbarkeit und deren Dokumentation unterlässlich. Zusätzlich können die Verfallsdaten der Produkte verwaltet und gesteuert werden.

4.1.3.3   Beispiel für eine Organisationsänderung aufgrund der Ergebnisse der Kosten- und Leistungsrechnung sowie der Prozessanalyse

Die Kosten- und Leistungsdaten dienen für laufende Plan-Ist-Vergleiche, aber auch als Ansatzpunkte für Maßnahmen. Auf Basis der Informationen aus der

196 Kostenstellen- sowie Kostenartenrechnung in der Ausprägung Ist- und Plankostenrechnung

Patientenabrechnung (Verweildauern, Erlöse, etc.), der Kosten- und Leistungsrechnung (Personalkosten, Sachmittel, Kennzahlen Stationärbereich – Auslastung der Normalpflegestation) und einer umfassenden Analyse der Abläufe, konnte ein Verbesserungspotenzial in der bisherigen Organisation des Stationärbereiches der Augenheilkunde identifiziert werden.

Die Verweildauer der Patienten mit Katarakt-Operationen war aus medizinischer Sicht und auch aus Patienteninteresse nicht mehr im bisherigen Ausmaß erforderlich. Die Ziele wurden im Vorfeld konkretisiert (z. B. Verkürzung der Wege für die Patienten, Organisation des tagesklinischen Ablaufes unmittelbar angrenzend an den Eingriffsraum, Optimierung im Personaleinsatz, Verbesserung der Verhandlungsposition gegenüber den Lieferanten). Die Umsetzung (komplette Umgestaltung der Organisation, Einrichtung einer Tagesklinik etc.) geschah in intensiver Zusammenarbeit in einem interdisziplinären Team unter Einbeziehung der obersten Managementebenen und der Mitarbeiter, die direkt in den klinischen Bereichen tätig sind.

Ergebnisse in Zahlen:

Die abschließende Evaluierung dieser Ziele nach einem Jahr Betrieb ergab die Bestätigung der monatlichen Messungen und insgesamt ein positives Feedback für alle Beteiligten.[197]

Die Zeiträume werden wie folgt bezeichnet:

<t-1>: Jahr vor der Umstrukturierung
<t0>: Jahr, in dem die Umstrukturierung stattfand
<t+1>: Jahr nach der Umstrukturierung

Die Eckdaten der Klinik für den Zeitraum <t-1> bis <t+1> lauten:

	<t-1>	<t0>	<t+1>
durchschnittlich systemisierte Betten	88	66	66
stationäre Aufnahmen	6.208	7.201	9.711
davon Eintagespflegen	809	3.489	6.040

ABB. 31: DARSTELLUNG AUSGEWÄHLTER KENNZAHLEN – STATIONÄRBEREICH[198]

Im Ambulanzbereich der Klinik sind im Zeitraum <t-1> bis <t+1> im Schnitt 84.700 Frequenzen (ambulante Erst- und Folgebesuche) zu verzeichnen. Die Daten stammen aus der Stationäradministration und aus den nicht bettenführenden Bereichen bzw. aus Leistungsmeldungen der klinischen Bereiche. Die Datenflüsse und deren Organisation sind Aufgabe des Controller-Bereiches.

197 Vgl. Menapace/Reich/Schmelzenbart/Schmidt-Erfurth 2008
198 Datenquelle: SAP ERP AKH Wien, statistische Kennzahlen Kostenrechnung – eigene Darstellung

Um die Erlösseite beurteilen zu können, ist die genaue Kenntnis der Abrechnung der stationären Fälle unerlässlich. Die Patienten mit Katarakt-Operationen werden in der Fallpauschale[199] „MEL15.05 – Katarakt-Operationen" abgerechnet. Folgende medizinischen Einzelleistungen (MEL)[200] sind damit abgedeckt:

* 1554 Kataraktoperationen mit Implantierung einer intraokularen Kunststofflinse
* 1555 extrakapsuläre Kataraktoperation mittels gesteuertem Saug-Spül-Verfahren
* 1556 sekundäre intraokuläre Linsenimplantation/Linsentausch

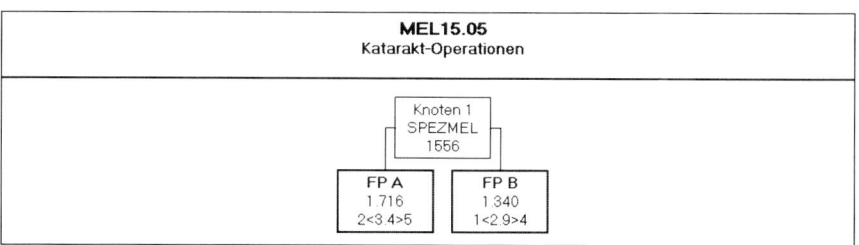

ABB. 32:   MEL 15.05[201] KATARAKT-OPERATIONEN

Für die Analyse werden nur jene Fälle herangezogen, die die MEL 1555 erhalten haben:
<t-1>:   3.006 Fälle
<to>:   3.113 Fälle
<t+1>:   3.618 Fälle.

Das vorher gesetzte Ziel, die Leistungszahlen zumindest gleich zu halten (ca. 3.000), konnte erreicht werden.

Die ökonomische Evaluierung bezieht sich auf die Kosten und die Erlöse. Bei der Kostenbetrachtung wird auf die Univ. Klinik für Augenheilkunde und Optometrie eingeschränkt und hier auf die durch die Veränderung der Organisation bewirkte Kostenänderung (Grenzkostenbetrachtung).

199 LDF ... Leistungsbezogene Diagnosefallgruppe
200 Vgl. www.bmgfj.gv.at/; Leistungsorientierte Krankenanstaltenfinanzierung – Modelle 2006–2008
201 Quelle: KDok 2008 – Version 5.0 ... Ergänzung: Die MEL 1556 führt zur Abrechnung in Fallpauschale A (FP A) in einem Verweildauerintervall von 2 bis 5 Belagstagen (= Mitternachtsstand) mit 1.716 LKF-Kernpunkten (Leistungskostenanteil 551, Tageskostenanteil 1.165 LKF-Kernpunkte). Die MEL 1555 führt zur Abrechnung in Fal pauschale B (FP B) in einem Verweildauerintervall von 1 bis 4 Belagstagen (= Mitternachtsstand) mit 1.340 LKF-Kernpunkten (Leistungskostenanteil 509, Tageskostenanteil 831 LKF-Kernpunkte).

Die Erlösseite für die Katarakt-Operationen ist durch die Errechnung der LKF-Kernpunkte in der Fallpauschale „MEL15.05 – Katarakt-Operationen" gegeben. Die LKF-Kernpunkte wurden über die geringfügig größere Patientenzahl gesteigert. Die durchschnittlichen LKF-Kernpunkte je stationärem Fall sind von <t-1> auf <t0> gestiegen und in <t+1> etwas gesunken. Die Abrechnung selbst ist jedoch völlig unterschiedlich. Im Zeitraum <t-1> fand die Abrechnung ausschließlich als stationärer Fall statt. In den Zeiträumen <t0> und <t+1> werden organisatorisch stationäre (mehrtägiger Aufenthalt) und tagesklinische Fälle unterschieden. Das LKF-Modell bewertet beide Konstellationen mit vergleichbaren LKF-Punkten. Die MEL 1554, 1555, 1556 sind Bestandteil des tagesklinischen Leistungskataloges und können daher auch nach dem Tagesklinik-Modell[202] abgerechnet werden. Die LKF-Punkte jener Fälle, die die MEL 1555 erhalten haben, an der Augenheilkunde entlassen und in der Fallpauschale MEL 15.05 abgerechnet wurden, haben sich von 4,6 Mio. (t-1), 5,0 Mio. (t0) und 5,4 Mio. (t+1) entwickelt.

Der **Input für die Leistungserstellung** – gemessen an Pflegetagen – ist deutlich unterschiedlich, wie folgende Grafik zeigt:

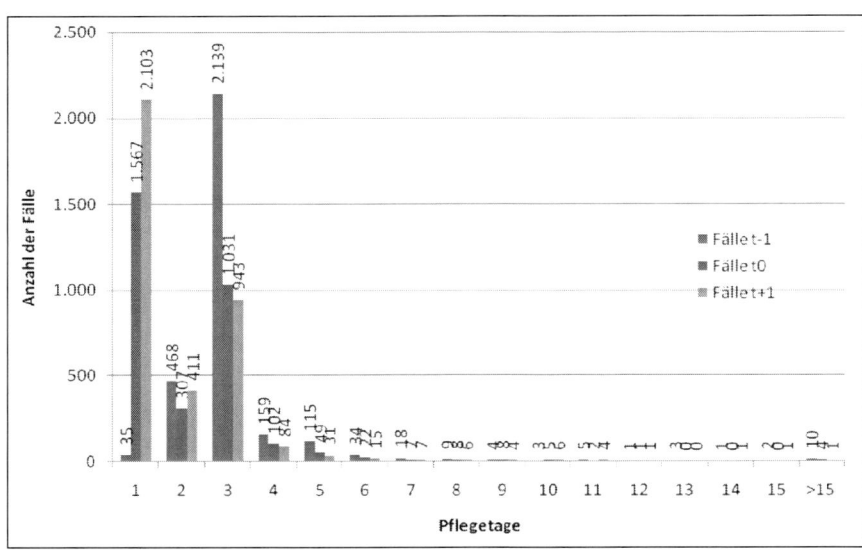

ABB. 33: FÄLLE T-1, T0, T+1 DER MEL 15.05 NACH PFLEGETAGEN[203]

202 Vgl. www.bmgfj.gv.at/; LKF-Modellbeschreibung 2008, S. 37
203 Datenquelle: LKF-Abrechnung AKH/Augenheilkunde, eigene Darstellung. Anmerkung: Bei den Daten handelt es sich um die Pflegetage, die an den Patienten, die in der MEL15.05 – Katarakt-Operationen abgerechnet und an der Univ. Klinik für Augenheilkunde und Optometrie im jeweiligen Jahr entlassen wurden. Da bei dieser Leistung die Rate von internen Verlegungen äußerst gering ist und die Kosten ebenfalls auf den Kostenstellen der Klinik verbucht werden, wurde diese Darstellungsform gewählt.

<t-1>: Der Großteil der Patienten wurde für zwei Pflegetage (463 Fälle) bzw. drei Pflegetage (2.139 Fälle) aufgenommen.

<t0>: 1.567 Fälle wurde tagesklinisch abgewickelt, 307 Patienter wurden für zwei Pflegetage und 1.031 Patienten drei Pflegetage aufgenommen. Bei geringfügig höherer Fallanzahl konnte die Zahl der Pflegetage dieser Patientengruppe von 9.582 auf 6.510 reduziert werden.

<t+1>: 2.013 Fälle wurden tagesklinisch, 411 Patienten zwei und 943 Patienten drei Pflegetage aufgenommen.

Den nächsten Schritt bildete die Messung des Inputs über die Kostenseite. Die Leistungserbringung (MEL 1554, 1555, 1556) erfolgt weiterhin im Eingriffsraum auf Ebene 8. Für die Kostenvergleichsrechnung wird davon ausgegangen, dass sich hier keine Änderungen ergeben haben. Für cie Rechnung werden die ausgabenrelevanten Kosten im Bereich Personal und Sachaufwand herangezogen. Die Veränderung der Personalbindungszeiten im ärztlichen Bereich sind bei der Berechnung ausgenommen.

Zusammenfassend ergibt sich für die Personalkosten[204] folgendes Bild:

Personalkosten in Mio. € <t-1>	3,34
Personalkosten in Mio. € <t0>	3,25
Einsparung in Mio. € <t-1> auf <t0>	-0,09

Die Einsparung beträgt knapp € 90.000,–. Werden über die Kostenrechnung die Gehaltserhöhungen (jährliche Steigerungen und Biennasprünge) rückgerechnet, ergibt sich im Rahmen der Abweichungsanalyse (Preisabweichung) eine höhere Einsparung. Die Reduktion betrug insgesamt 4,3 Vollzeitäquivalente[205] im Bereich des diplomierten Pflegepersonals. Dieses Personal wird in anderen Bereichen des AKH eingesetzt.

Für die Berechnung des Sachaufwands aus der Kostenstellenrechnung wurden im ersten Schritt jene Kostenarten evaluiert, die für die Leistungserbringung (MEL 1554, 1555, 1556) nicht anfallen. Die Behandlung der Makuladegeneration stellt einen weiteren Schwerpunkt der Klinik dar. Diese Kosten, die auch auf die Stationärkostenstellen gebucht sind, mussten über die Kostenarten identifiziert und herausgerechnet werden.

Durch die Reduktion der Pflegetage und die Umstrukturierung (Ersatz einer Normalpflegestation mit 28 Betten durch die Tagesklinik mit 8 Betten) wurde für den Sachaufwand eine Einsparung von € 64.000,– berechnet. Dabei ist festzuhalten, dass die Implantate (Linsen) bewusst von der Berechnung ausgenommen wurden. Die Linsen werden sowohl bei der Erbringung im Rahmen des Stationäraufenthaltes von zwei bzw. drei Pflegetagen als auch

204 Datenquelle: AKH-SAP-Kostenstellenrechnung, Daten in Mio. €
205 Datenquelle: AKH-Kostenrechnung bzw. VIPER-Personalkostenrechnung

im Rahmen des Ein-Tages-Aufenthaltes benötigt und stellen damit keine Grenzkosten dar. Die nachhaltige und auch im Jahr <t+1> wirksame Kosteneinsparung beträgt ca. € 150.000,–.

In der Kostenträgerrechnung ist ein erheblicher Unterschied in der Berechnung der Fallkosten zu erkennen. Die Kosten der Leistungserbringung MEL 1555 wurden neu berechnet, die Prozessverbesserung hat sich erheblich ausgewirkt, da Zeiten für Ein- und Ausschleusung bzw. die Wegzeiten deutlich geringer ausfallen. Die Tagesklinik wurde derart konzipiert, dass der Eingriffsraum räumlich direkt anschließt. Die folgende Grafik zeigt die bauliche Struktur und den Ablauf der Tagesklinik.

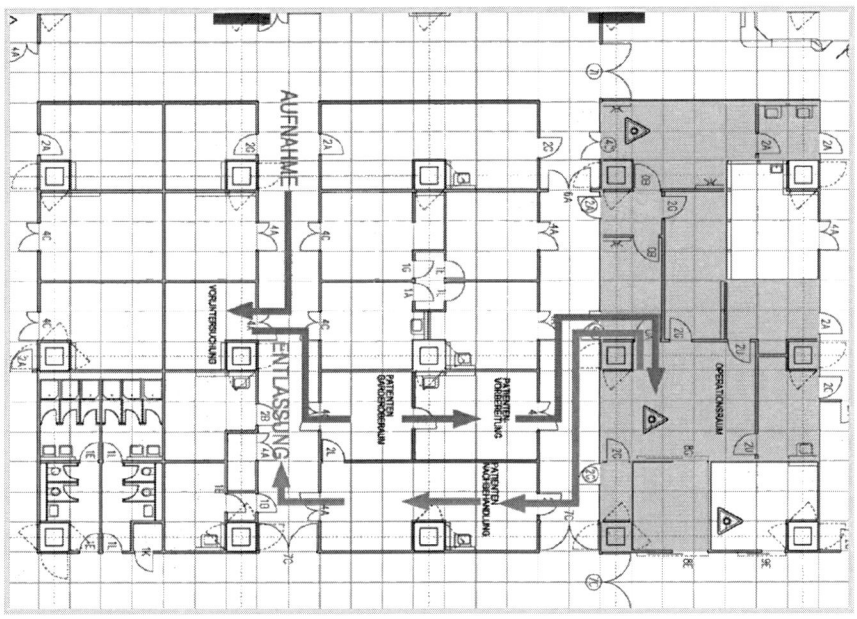

ABB. 34: KATARAKT – TAGESKLINIK – BAULICHE STRUKTUR/
          ABLAUF[206]

206 Plan zur Verfügung gestellt von der Technischen Direktion des AKH Wien

Für die Leistungserbringung bedeutet dies eine erhebliche Kostenreduktion, die um die Ergebnisse der Verhandlungen über die Einkaufspreise der Linsen zu erhöhen ist. Der wichtigste Einsparungseffekt ergibt sich – wie schon aus der Kostenstellenrechnung ersichtlich – aus der Umstrukturierung im Stationärbereich. Der Personalkostensatz (ohne Ärzte) der Normalpflegestation je Pflegetag beträgt € 96,–; der Vergleichswert der Tagesklinik beträgt € 73,–. Dadurch verringern sich die Fallkosten erheblich. Bei einer Aufnahme vor Einrichtung der Tagesklinik mit drei Pflegetagen fallen € 288,– je Fall an, bei der tagesklinischen Abwicklung um € 215,– je Fall weniger. Zusammen mit der Reduktion der Kosten der Leistungserbringung ergibt dies eine deutliche Verbesserung des Deckungsbeitrags je Fall bzw. der Deckungsbeiträge der Fallpauschale MEL15.05.

Parallel dazu werden die **Auslastungsdaten** der Bettenstationen im laufenden Controlling-Prozess überwacht. Bei der Beurteilung der Kennzahlen ist besondere Sorgfalt wegen der zu anderen Fachgebieten vergleichsweise kurzen Verweildauer gefragt. Der Bezug zu den medizinischen Schwerpunkten ist bei der Analyse ebenfalls sicherzustellen. Die Auslastungszahlen bezogen auf die Belagstage (Mitternachtsstand) können nur sehr bedingt herangezogen werden, da sämtliche Fälle, die am selben Tag entlassen werden, in dieser Kennzahl nicht enthalten sind. Eine Station ist zudem mit weiteren tagesklinischen Betten ausgestattet, die in den Verband integriert sind, also keine eigene Kostenstelle haben. Diese Station wird als Wochenstation[207] geführt. Die Kennzahlen für die Zeiträume <t0> und <t+1> lauten:

Kostenstellen	Zeitraum <t0>			Zeitraum <t+1>		
	BT%TAB	BTE%TAB	PFT%TAB	BT%TAB	BTE%TAB	PFT%TAB
270011 Augen Station 16K	63	67	90	61	93	120
270012 Augen Station 16H	67	70	94	70	73	96
270061 Augen Tagesklinik 8I	0	166	166	0	201	201
* **Summe**	**50**	**67**	**84**	**59**	**95**	**117**

BT%TAB   Belagstage in % tatsächliche Betten
BTE%TAB   Belagstage + Eintagespflegen in % tatsächliche Betten
PFT%TAB   Pflegetage in % tatsächliche Betten

Abb. 35: Auslastungskennzahlen (Ausschnitt) Kostenstellenebene in Prozent[208]

207 Die Station ist Samstag und Sonntag geschlossen.
208 Datenquelle: Controlling-Berichtswesen AKH Wien

Die tatsächlichen Betten schließen die Bettensperren an Wochenenden ein. Dadurch ist die wirklich für die Patientenbehandlung verfügbare Kapazität erkennbar.

Die Auslastung der Pflegetage zeigt die Leistungen der Klinik deutlich und spiegelt auch den Ablauf an der Tagesklinik wider. Nach Inbetriebnahme der Tagesklinik in <to> wurde der Prozess weiter entwickelt bzw. hat die Tagesklinik großen Anklang bei den Patienten gefunden, sodass mehrere Fälle pro Tag pro Bett – zeitlich gesehen nacheinander in drei Gruppen – durch die Tagesklinik abgewickelt werden können.

Für das Rechnungswesen bzw. den Controller-Bereich bedeutet diese Auslastungsanalyse im Vorfeld die Systemintegration zwischen Patientenverrechnungs- und -administrationssystem sowie Kosten- und Leistungsrechnung. Die Kennzahlen sind monatlich zu ermitteln bzw. über Schnittstellen überzuleiten, wobei an dieser Schnittstelle eine Eingangsprüfung auf Plausibilität und Vollständigkeit zu etablieren ist. Der Prozess ist bis zu den Datenmeldungen der klinischen Bereiche terminlich zu fixieren und zu vereinbaren, da sonst die Berichte nicht zu den geplanten Zeitpunkten zur Verfügung stehen und wertvolle Zeit für Steuerungsmaßnahmen verloren geht. Die Auslastungsgrößen sind Teil der Zielvereinbarungen zwischen der Leitung des klinischen Fachbereiches und der oberster Leitung.

Zusammenfassend kann gesagt werden, dass die Ergebnisse der Kostenstellen- bzw. Kostenträgerrechnung inklusive Auslastungsdaten unter Einbeziehung der Daten der LKF-Abrechnung und der organisatorischen Gegebenheiten erfolgreich genutzt werden können, um in einem gemeinsamen Controlling-Prozess die Abläufe für die medizinische Leistungserbringung zu verbessern. Bedingung dafür ist ein intensiver Kommunikationsprozess zwischen Controller-Bereich, medizinischen Fachbereichen und dem obersten Management des Krankenhauses[209]. Dann ist sichergestellt, dass für die Patienten ein Prozess geboten wird, der sämtlichen medizinischen, pflegerischen und betriebswirtschaftlichen Anforderungen genügt. Die Umstrukturierung muss interdisziplinär geplant und umgesetzt werden und ein abgestuftes Versorgungskonzept mit ausreichender Kapazität an Normalpflegestationen im Hintergrund berücksichtigen.

209 Festlegung und Vereinbarung der medizinischen Schwerpunkte und strategische Prozesspositionierung

4.2 Controlling und kennzahlengestütztes Berichtswesen
Erika Ortlieb

Im Controllerleitbild der International Group of Controlling (IGC) wurde unter anderem festgeschrieben, dass Controller für die nötige Transparenz im Unternehmen verantwortlich sind. Eine weitere Aufgabe liegt darin, Ziele ganzheitlich zu koordinieren und ein zukunftsorientiertes Berichtswesen unternehmensübergreifend zu organisieren.[210]

Die Informationsversorgung zählt somit zu den wichtigsten Aufgaben der Controller und das Berichtswesen ist eines der „Kernprodukte" der Controllerarbeit. Doch was allseits bekannt ist, sind ewig gestrige, viel zu detaillierte und umfangreiche Berichte, die überwiegend vergangenheitsorientierte Informationen liefern, die nicht gut visualisiert werden und manches Mal sogar widersprüchlich sind. Doch Informationen sollen auf Chancen hinweisen und vor Risiken warnen.[211] Die Herausforderung liegt somit darin, ein effektives Berichtswesen aufzubauen, doch die Praxis zeigt, dass es nicht immer leicht ist, die gerade benötigten Informationen dem Management bzw. dem Mitarbeiter schnell und zuverlässig zur Verfügung zu stellen.[212]

Im Controllerwörterbuch[213] findet man unter Berichtswesen die Definition, dass durch die Berichterstattung schriftlich, nach Möglichkeit und Bedarf auch mündlich, dargelegt werden soll, wie weit einzelne berichtende Einheiten ihre Ziele erreicht haben, wo sie davon abgewichen sind, was die wichtigsten Gründe dafür sind und mit welchen Korrekturmaßnahmen die Führungskräfte vorsehen, die negativen Abweichungen zu beseitigen.

Ein controllingtaugliches Berichtswesen basiert damit immer auf einer Planungsrechnung, in der die Unternehmensziele in Zahlen umgesetzt sind. Der wichtigste Vergleich ist der Plan-Ist- (oder Soll-Ist-) Vergleich. Das Berichtswesen ist nicht dazu da, Schuldige zu finden und ihnen Fehler vorzuhalten; vielmehr soll es zum Nachdenken darüber anregen, wie etwas noch besser gemacht werden kann.

4.2.1 Aufbau eines controllingrelevanten Berichtswesens

Berichte dürfen nicht zum Selbstzweck entstehen, sondern müssen zu Reaktionen und Aktionen führen.[214] Der Controllerservice ist verantwortlich für die Gestaltung des Berichtssystems und für die Koordination der Berichterstellung. Die Art der Berichterstattung ist abhängig von den Organisationsstrukturen im jeweiligen Unternehmen. Es ist die Aufgabe des Controllers

210 Vgl. Horvath/Gleich/Voggenreiter 2007, S. 217
211 Vgl. Horvath & Partners 2006 S. 247
212 Vgl. Weber/Schäffer 2008, S. 221
213 Vgl. International Group of Controlling 2005, S. 24
214 Vgl. Horvath & Partners 2006, S. 267

- die richtigen Informationen
- in der richtigen Verdichtung
- zum richtigen Zeitpunkt
- am richtigen Ort und
- in der richtigen Form

bereitzustellen.

Die schwierigste Aufgabe im Berichtswesen ist es, die relevantesten Informationen für die jeweiligen Budgetverantwortlichen zusammenzustellen. Den Ausgangspunkt zur Gestaltung von Berichten stellen der Berichtszweck sowie die Nutzungsart von Informationen auf Seiten der Berichtsempfänger dar.[215] Deshalb bestimmt der Zweck den Informationswert und nicht die Quantität. Entscheidend ist daher nicht, wie viele Informationen enthalten sind, sondern lediglich, ob sie relevant für die Entscheidungsträger sind. Ein Mehr an Informationen ist nicht zwangsläufig besser. Berichte dürfen weder zu viele irrelevante Informationen enthalten, noch darf ein Mangel an Relevantem entstehen. Horvath[216] bezeichnet dieses Phänomen auch als „Mangel im Überfluss" oder kurz als „Informationsdilemma".

Ob der Bericht von den Budgetverantwortlichen angenommen und akzeptiert wird, hängt in erster Linie mit der Empfängerorientierung zusammen. Das bedeutet, dass Informationen entsprechend den Bedürfnissen der Informationsempfänger sortiert, gefiltert und verdichtet werden müssen. Es sind folgende Fragen zu stellen: Was interessiert den Abteilungsverantwortlichen, der den Bericht bekommt, am meisten? Welche Sprache spricht und versteht er? Welche Ziele und Wünsche hat er? Welche Informationen braucht der Verantwortliche, um steuernd und lenkend einzugreifen? Aus diesen Fragen ergibt sich, dass der Controller sich in die Sichtweise des Berichtsempfängers hineindenken soll. Der Inhalt der Controllerberichte muss so gestaltet sein, dass der Empfänger sie versteht.[217]

Ein Bericht wird nur dann als Steuerungsinstrument genutzt, wenn die nötigen Informationen sehr zeitnah den jeweiligen Budgetverantwortlichen zur Verfügung gestellt werden. Somit wird die Aktualität zu einem wesentlichen Qualitätskriterium, der im Zweifelsfall der Vorzug zu geben ist vor einer übertriebenen Genauigkeit. Je schneller Standardberichte vorliegen, desto besser. Dazu ist es notwendig, das Belegwesen so zu organisieren, dass Belege unmittelbar nach ihrer Entstehung einer weiteren Bearbeitung zugeführt werden. Damit eine Gegenüberstellung von Ist- zu Soll-Zahlen möglich wird, sind identische Strukturen notwendig.

215 Vgl. Weber/Schäffer 2008, S. 227
216 Vgl. Horvath & Partners 2006, S. 268
217 Vgl. Deyhle/Hauser 2007, S. 101

4.2.2 Arten des Berichtswesens

Regelmäßige Berichte können standardisiert werden, während Ad-hoc-Berichte vom konkreten Einzelfall abhängen. Die regelmäßigen Berichte tragen dem grundlegenden Informationsbedürfnis der Verantwortungsbereiche Rechnung. Sie sind auslösender Natur, sie fordern und verlangen Aktionen. Ad-hoc-Berichte werden dagegen aufgrund besonderer Ereignisse und Situationen erstellt.

Grundsätzlich ist es ratsam, die gewählte Gestaltungsform nicht ständig zu verändern, sondern beizubehalten und konsistent zu verwenden. Soll-Ist-Vergleiche sind überhaupt nur möglich, wenn sie nach derselben Struktur der Planung aufgebaut sind. Eine ständige Änderung der Berichte ist unbedingt zu vermeiden.

Controller-Berichte sind, wenn sie geliefert werden, nur halbfertig.[218] Damit sie veranlassend wirken können, soll der Controller eine Interaktion mit den jeweiligen Abteilungsverantwortlichen nicht nur im Vorfeld der Berichterstattung, sondern auch im Nachhinein pflegen.[219] Das gelingt allerdings nur dann, wenn das Prinzip der Controllers' Hausbesuche gelebt wird. Selbstverständlich müssen Controller für Rückfragen zur Verfügung stehen und Unterstützung anbieten, wenn sie benötigt wird. Controller sind somit auch „Übersetzer" der betriebswirtschaftlichen Zahlen. Es muss gelingen, dass die jeweiligen Budgetverantwortlichen ihre Berichte verstehen und richtig interpretieren können, damit Reaktionen ausgelöst werden können.

4.2.3 Kennzahlen in Krankenanstalten

Kennzahlen sind Zahlen, die in komprimierter Form über betriebswirtschaftliche Sachverhalte informieren.[220] Sie dienen dazu, schnell und prägnant über ein ökonomisches Aufgabenfeld zu berichten.[221] In der Folge wird exemplarisch auf diesen Teilbereich des Berichtswesens eingegangen. In der Fachliteratur finden sich viele Hinweise auf Schwierigkeiten, eine sinnvolle und aussagefähige Verdichtung und Gegenüberstellung des vorhandenen Zahlenmaterials durchzuführen.

Finanzielle Kennzahlen wie z. B. Umsatzrentabilität, Eigenkapitalrentabilität, Gesamtkapitalrentabilität, Return on Investment (ROI) spielen in Krankenanstalten kaum eine Rolle, weil sie auf einem positiven Erfolg (nach Zinsaufwand und Steuern) aufgebaut sind, ebenso wie alle wertorientierten Kennzahlen.

---

218 Vgl. Deyhle/ Hauser 2007, S. 102
219 Vgl. Weber/ Schäffer 2008, S. 227
220 Vgl. Horvath & Partners 2006, S. 254
221 Vgl. Weber/ Schäffer 2008, S. 173

Das Gesundheitsministerium erhebt seit vielen Jahren Daten (vgl. Krankenanstalten in Zahlen – Überregionale Auswertung der Kostenrechnungsergebnisse der landesgesundheitsfondsfinanzierten Krankenanstalten) aller Krankenhäuser, die über die Landesgesundheitsfonds finanziert werden (alle öffentlichen allgemeinen und Sonderkrankenhäuser sowie die privaten gemeinnützigen allgemeinen Krankenhäuser im Akutbereich), das sind 76% der gesamten Bettenkapazität in Österreichs Krankenhäusern. Die gesetzliche Grundlage ist das Bundesgesetz über die Dokumentation im Gesundheitswesen[222] und die darauf basierenden Verordnungen. Hier findet man die Definitionen, Berechnungsformeln bzw. Berechnungsgrundlagen der eingesetzten Begriffe und Zahlen in Krankenanstalten, die nicht nur anhand von Kennzahlen ausgewertet werden, sondern auch grafisch aufbereitet worden sind. Es werden nicht nur Kostenrechnungs- und Statistikergebnisse der Krankenhäuser nach Bundesländern zusammengefasst zur Verfügung gestellt, sondern auch detaillierte Informationen aus den Diagnose- und Leistungsberichten (wobei diese für epidemiologische Aussagen nicht verwendet werden sollen, weil sie Aufenthalte und nicht Krankheitsfälle darstellen). Als ergänzende Information über die mittelfristige Entwicklung des gesamten Krankenhaussektors in Österreich dient *Krankenanstalten in Zahlen*. Diese Zusammenstellung enthält Zeitreihen für die landesgesundheitsfondsfinanzierten Krankenhäuser ebenso wie für alle anderen Spitäler.

Kennzahlensysteme wie die Balanced Scorecard, wo neben der finanziellen Perspektive auch die Kundenperspektive, interne Prozessperspektive und Kennzahlen der Lern- und Entwicklungsperspektive reflektiert und betrachtet werden, oder das EFQM-System finden vermehrt Einzug in Österreichs Krankenanstalten.

4.2.4 Benchmarking

Unter Benchmarking versteht man ein Analyse- und Planungsinstrument, das einen Vergleich des eigenen Unternehmens mit dem „Klassenbesten" der Mitbewerber und darüber hinaus auch Vergleiche mit brachenfremden (best practice) Unternehmen erlaubt. Es ist somit ein Prozess, der Produkte, Methoden, Abläufe und Strukturen betrieblicher Funktionen einem oder mehreren anderen Unternehmen gegenüberstellt, um Rationalisierungspotenziale oder Qualitäts- und Leistungssteigerungspotenziale aufzudecken.[223] Auch das Benchmarking innerhalb von Krankenanstalten erfreut sich immer größerer Beliebtheit. Dabei geht es weniger darum, sich mit branchenfremden Unternehmen zu messen, sondern hauptsächlich darum, Potenziale zu erkennen,

222 BGBl. Nr. 745/1996 in der Fassung des Bundesgesetzes BGBl. I Nr. 5/2001 bzw. dessen Novelle BGBl. I Nr. 144/2003
223 Vgl. International Group of Controlling 2005, S. 20

die das eigene Unternehmen in Bezug auf andere Mitbewerber hat oder auch nicht.

Es gibt bereits seit einigen Jahren einen Vergleich innerhalb der Tiroler Bezirkskrankenhäuser. Dieser stützt sich hauptsächlich auf die Daten der bestehenden Kostenrechnung, detailliert aufgeschlüsselt auf die jeweiligen Fachabteilungen. Die Statistikzahlen werden ergänzt um Dienstposten, Operationszeiten, Dienstbesetzungen nach der Kernarbeitszeit, stationäre und ambulante LKF-Punkte, sowie die Sachkosten und PPR-Daten (Pflege-Personal-Regelung) pro Fachabteilung. Aus dem sich ergebenden Kennzahlensystem werden die berechneten Werte grafisch aufbereitet und gegenübergestellt – auch ein Mittelwert aller Häuser wird ermittelt. Zusätzlich werden die Vorjahresdaten jeder Krankenanstalt mit einbezogen um die Entwicklungen erkennbar zu machen. Entscheidend ist dabei, dass sich diese Kennzahlensysteme auch auf die jeweiligen Fachabteilungen herunterbrechen lassen.

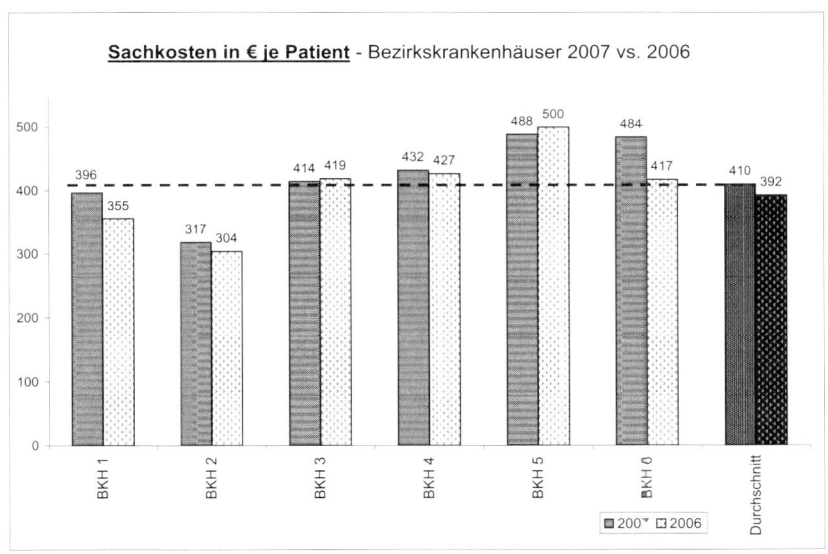

ABB. 36:   SACHKOSTEN JE PATIENT – VERGLEICH[224]

Angelehnt an Abb. 36 werden mitunter folgende Kennzahlen ermittelt und grafisch sowohl auf Hausebene als auch auf der jeweiligen Fachabteilung dargestellt:

- stationäre Punkte je Patient
- stationäre Punkte je Arzt
- ambulante Punkte je Arzt
- Patienten je Arzt

224 Quelle: eigene Darstellung

- Patienten je Pflegekraft
- Sachkosten je Patient
- Sachkosten je Patient samt Kostenartenuntergliederung
- Sachkosten je 1000 LKF-Punkte
- Sachkosten je 1000 LKF-Punkte samt Kostenartenuntergliederung
- Auslastung (Belagstage)
- Auslastung (Pflegetage)
- Schnitt-Naht-Zeit je Operation
- gesamte Operationszeit je Operation (inkl. Umlagerungszeiten)
- „Umlagerungsminuten" je Operation
- Dienstbesetzung nach der Kernarbeitszeit

4.2.5   Monatliches Berichtswesen – ein Praxisbeispiel

In der Praxis existiert nicht „der" Monatsbericht, jedes Unternehmen stimmt seine Berichte genau auf seine Bedürfnisse ab. Im A.ö. Bezirkskrankenhaus Kufstein wird seit 1999 ein Finanzbericht erstellt, zuerst quartalsweise und seit 2005 monatlich. Man entschied sich für eine Darstellung der „hard facts" – nicht monetäre Daten sind in diesem Monatsbericht nicht enthalten. Der Finanzbericht wurde kontinuierlich weiterentwickelt und weist nun dieselbe Struktur auf wie die Budget-Zielvereinbarung der jeweiligen Fachabteilung. Diese verbindlichen Abteilungsbudgets konnte die Anstaltsleitung erstmals mit den jeweiligen Abteilungsverantwortlichen bei der Budgeterstellung für das Jahr 2005 vereinbaren; das jährlich neu definierte Abteilungsziel gilt seither als Richtschnur für das erzielte Abteilungsergebnis.

Selbstverständlich besteht jederzeit die Möglichkeit, z. B. Auslastungskennzahlen, Belags- und Pflegetage, Nulltagesaufenthalte, Patientenzahlen, Aufnahmen, Entlassungen, PPR-Daten, also Auswertungen über nicht monetäre Daten standardmäßig im Krankenhausinformationssystem nach verschiedensten Kriterien auszuwerten.

Parallel dazu wurden alle innerbetrieblichen Leistungen von den Kostenstellenverantwortlichen festgelegt und vom Controlling zum Selbstkostenpreis bewertet. Diese innerbetrieblichen Leistungen werden im Krankenhausinformationssystem dem jeweiligen Fall (Patient) zugerechnet, in einer Access-Datenbank herausgezogen und können im Finanzbericht separat als innerbetriebliche Einnahmen und innerbetriebliche Ausgaben pro Fachabteilung dargestellt werden.

Es werden die Erlöse und Kosten direkt der jeweiligen Fachabteilung zugerechnet. Somit ist ein monatlicher Soll-Ist-Vergleich möglich. Dem Controller-Service war es von Anfang an wichtig, das Berichtswesen so aufzubauen, dass die Empfänger es akzeptieren und verstehen. Dieser Monatsbericht ist in einem Excel-Sheet für jede Fachabteilung nach dem One Page Only-Prinzip gestaltet.[225] Die notwendige Transparenz konnte hergestellt werden, indem jeder Kostenstellenverantwortliche auch alle Ergebnisse der anderen Fachabteilung einsehen kann.

Damit diese Finanzberichte Sinn machen, werden Fachabteilungen und Zentren im Rahmen eines Profit-Center-Modells mit einer gestuften Deckungsbeitragsrechnung geführt.[226] Voraussetzung dafür ist ein Krankenhausabrechnungssystem, das jedem Verantwortungsbereich die Kosten und Erträge möglichst verursachungsgerecht zurechnet. Somit kann der Erfolgsbeitrag jedes Centers zum Gesamterfolg ermittelt werden, für den der Leiter dieses Zuständigkeitsbereichs verantwortlich ist.[227]

Als weitere Grundvoraussetzung für die Umsetzung dieser Deckungsbeitragsrechnung kann die leistungsgerechte Aufteilung der LKF-Erlöse genannt werden, die seit Einführung der Finanzberichte mithilfe einer selbst programmierten Access-Abfrage vollzogen wird. In dieser automatisierten Abfrage wird die LDF-Pauschale je Patient in Leistungs- bzw. Tageskomponente, Intensivzuschläge, Belagstagszuschläge (bei Überschreitung der Belagsdauerobergrenze), Mehrleistungszuschläge sowie spezielle Zuschläge für Sonderbereiche untergliedert und der jeweils leistenden Fachabteilung genau zugerechnet. Es besteht somit eine Access-Datenbank mit der genauen Aufteilung der Erlöse je Patient je leistender Fachabteilung (Profit-Center). Um die Entwicklung der LKF-Erlöse zeitnah abschätzen zu können, wird parallel dazu bereits am 5. des Folgemonats eine „Roh-Punkte-Auswertung" generiert und der Anstaltsleitung standardisiert zur Verfügung gestellt. In diesem Bericht werden die LKF-Punkte jedoch nur der entlassenden Station zugerechnet, die Zuordnung nach dem Leistungsprinzip erfolgt erst im Monatsbericht

Die monatlichen Finanzberichte stellen die Wirtschaftlichkeit der gesamten Fachabteilungen in einer Deckungsbeitragsstufe bis zu jener Ebene dar, die die Abteilungsleiter beeinflussen können, wie in Tab. 1 ersichtlich. Zusätzlich wird unterschieden in einen Deckungsbeitrag 1, der auf den budgetierten Punktewert aufgebaut ist und den tatsächlich erwirtschafteten Deckungsbeitrag 1, der den aktuellen Punktewert gemäß der Tiroler Landesregierung abbildet. An diesem erwirtschafteten Ergebnis wird der Kostenstellenverantwortliche gemessen. Diesen Bericht erhalten alle Kostenstellenverantwortlichen am Monatsende des Folgemonats elektronisch zugestellt. Die Berichtsempfänger wollten nicht nur eine Darstellung des Gesamtergebnisses des laufenden Jahres samt Analyse zur Planzahl, sondern auch eine detaillierte Betrachtung der abgelaufenen letzten drei Monate bzw. fünf Quartale und der letzten beiden Jahre.

225 Vgl. Deyhle/Hauser 2007, S. 104
226 Vgl. Schmidt-Rettig/Oswald/Henrichs 2006, S. 10
227 Vgl. Huch/Lenz 2005, S. 80

Finanzbericht - 2008 (Jänner bis einschl. Dezember)

0X00 - Abteilung XY inkl. Amb.	PLAN 2008	Abweichung Ist zu Plan	IST 01-12/2008	Dez 08	Nov 08	Okt 08	4.Quartal 2008	3.Quartal 2008	Jahr 2007	Jahr 2006
ERLÖSE										
LKF Punkte	9.850.000 Pkte.	329.803 Pkte.	10.179.803 Pkte.	781.439 Pkte.	817.534 Pkte.	839.845 Pkte.	2.438.818 Pkte.	2.665.445 Pkte.	9.528.286 Pkte.	9.428.066 Pkte.
zugrundelegender Punktewert / Pkt	0,7485	0,0000	0,7485	0,7485	0,7485	0,7485	0,7485	0,7485	0,7240	0,7000
LKF Erlöse	7.372.725,00	246.857,39	7.619.582,39	584.907,43	611.923,89	628.623,67	1.825.454,99	1.995.085,41	6.896.478,91	6.599.646,52
TKF Ambulanzpunkte	630.000 Pkte.	75.768 Pkte.	705.768 Pkte.	58.337 Pkte.	56.437 Pkte.	62.801 Pkte.	177.575 Pkte.	166.779 Pkte.	611.051 Pkte.	554.807 Pkte.
zugrundelegender Punktewert / Amb.Pkt	0,4620	0,0000	0,4620	0,4620	0,4620	0,4620	0,4620	0,4620	0,4670	0,4500
Ambulante Erlöse - TKF	291.060,00	35.004,82	326.064,82	26.951,69	26.073,89	29.014,06	82.039,65	77.051,90	285.360,82	249.573,15
Ambulante Erlöse - Selbstzahler	14.000,00	4.735,47	18.735,47	2.030,15	1.778,40	2.028,95	5.837,50	5.963,80	13.486,87	10.623,21
Summe ambulante Erlöse	305.060,00	39.740,29	344.800,29	28.981,84	27.852,29	31.043,01	87.877,15	83.015,70	298.847,69	260.196,36
Innerbetriebl. Leistungsverrechnung (ILV)	55.000,00	-3.956,76	51.043,24	5.270,28	3.526,80	3.703,27	12.500,35	12.851,20	77.795,12	66.636,36
Sonstige Erlöse	0,00	0,00	0,00	0,00	0,00	0,00	0,00	0,00	0,00	0,00
Erlöse gesamt	7.732.785,00	282.640,92	8.015.425,92	619.159,55	643.302,99	663.369,95	1.925.832,49	2.090.952,31	7.275.121,72	6.926.479,24
KOSTEN										
Personalkosten lt. Lohnbüro	1.610.300,00	-33.326,79	1.576.973,21	160.798,08	116.636,38	111.305,15	388.739,61	412.246,16	1.581.309,00	1.522.187,16
Personalkosten - Med. FL (ÄV, Konsil.)	0,00	0,00	0,00	0,00	0,00	0,00	0,00	0,00	0,00	0,00
Personalkosten - Nicht Med. FL (Pfarrer, Entg so, GVO ...)	0,00	0,00	0,00	0,00	0,00	0,00	0,00	0,00	0,00	0,00
Personalkosten - Abgaben (Pens, Schüler ...)	0,00	0,00	0,00	0,00	0,00	0,00	0,00	0,00	0,00	0,00
Personalkosten lt. Kostenrechnung	1.610.300,00	-33.326,79	1.576.973,21	160.798,08	116.636,38	111.305,15	388.739,61	412.246,16	1.581.309,00	1.522.187,16
Pharmaspezialitäten	145.300,00	1.193,37	146.493,37	11.651,65	11.224,07	13.107,50	35.983,22	43.487,51	140.734,03	163.567,86
Med. Ge- u.Verbrauchsgüter	503.800,00	-3.249,27	500.550,73	50.870,68	52.132,26	40.547,33	143.550,27	153.981,48	476.691,16	348.979,70
Nichtmed. Ge- u. Verbrauchsgüter	37.900,00	-3.948,73	33.951,27	4.075,21	2.924,13	3.055,23	10.055,57	7.733,94	36.805,42	26.690,07
Ge- u. Verbrauchsgüter lt. Kostenrechnung	687.000,00	81.600,05	788.600,05	66.598,54	86.280,46	56.710,06	189.589,06	205.202,93	654.230,61	539.237,63
Medizinische Fremdleistungen (extern)	155.800,00	14.217,39	170.017,39	18.496,78	13.902,80	15.358,09	47.757,67	54.527,47	147.847,51	134.972,07
Nichtmed. Fremdleistungen (extern)	65.300,00	6.921,34	72.221,34	5.610,43	5.024,37	4.735,17	15.369,97	16.039,48	59.613,37	63.914,58
Externe Fremdleistungen lt. Kostenrechnung	221.100,00	21.136,73	242.238,73	24.107,21	18.927,17	20.093,26	63.127,64	70.566,95	207.460,88	198.886,65
Innerbetriebl. Leistungsverrechnung (ILV) neue ILV ab '08	3.010.500,00	130.143,36	3.140.643,36	225.001,03	251.274,57	257.857,29	734.132,89	804.663,79	2.797.399,55	2.757.275,19
Kosten Pflege lt. PPR-Berechnung neue ILV ab '08	1.390.800,00	58.135,57	1.448.935,57	122.192,40	127.185,67	122.042,42	371.420,49	367.945,94	1.155.292,00	1.198.585,99
Abgaben, Beiträge, Gebühren u. sonst. Kosten	16.041,00	4.262,99	20.303,99	6.097,08	1.419,62	1.101,29	8.617,99	4.983,75	15.561,35	21.628,43
Kosten gesamt	6.935.741,00	261.953,91	7.197.694,91	604.794,34	581.723,87	569.109,47	1.755.627,68	1.865.609,52	6.411.253,39	6.237.801,05
		0,00								
Deckungsbeitrag 1 (budget.Punktewert)	797.044,00	20.687,01	817.731,01	14.365,21	61.579,12	94.260,48	170.204,81	225.342,79	863.868,33	688.678,19
AKTUELLER Punktewert / stat. Punkt lt. ATLR			0,7624	0,7624	0,7624	0,7624	0,7624	0,7624	0,7390	0,7218
Mehr-/Mindereinnahmen durch tatsächl. Punktewert STAT.			141.499,26	10.862,01	11.363,72	11.673,84	33.899,56	37.049,68	142.924,29	205.531,85
AKTUELLER Punktewert / amb. Punkt lt. ATLR			0,4653	0,4653	0,4653	0,4653	0,4653	0,4653	0,4525	0,4720
Mehr-/Mindereinnahmen durch tatsächl. Punktewert AMB.			2.329,03	192,51	186,24	207,24	586,00	550,57	-8.860,24	1.237,53
Korrektur EINNAHMEN (tatsächlicher Punktewert)			143.828,29	11.054,52	11.549,96	11.881,08	34.485,56	37.600,05	134.064,05	217.733,20
			0,00	0,00	0,00	0,00	0,00	0,00	0,00	0,00
Deckungsbeitrag 1 (tats.Punktewert)			961.559,30	25.419,73	73.129,08	106.141,56	204.690,37	262.942,84	997.932,38	906.411,39
									DB1 - AKTUELLER Punktewert	
Kosten je 1000,- Erlös (DB1 - budgetierter Punktewert)	895	1	895	967	902	856	907	890	863	870
Personal	208	12	197	260	181	168	202	197	213	213
Pharma	19	-	18	19	17	20	19	21	19	23
med G&V	65	8	73	82	81	61	75	74	64	49
Nonmed G&V	5	1	4	7	5	5	5	4	5	4
Med FL	20	1	21	30	22	23	25	26	20	19
Nonmed FL	8	1	9	9	8	7	8	8	8	9
ILV	389	3	392	363	391	389	381	385	378	386
PPR	180	1	181	197	198	184	193	176	156	168

Tab. 1:   Monatlicher Finanzbericht Dezember 2008[228]

Im Finanzbericht finden sich unterhalb des Deckungsbeitrages die festgelegten Kennzahlen. Die Entscheidung fiel im Monatsbericht zugunsten der Kennzahl „Kosten je 1.000 Euro Erlös", weil mithilfe dieser Kennzahlen auf einen Blick festgestellt werden kann, ob sich die Kosten analog zu den Einnahmen entwickeln oder nicht. Bei den absoluten Zahlen ist eine solche Aussage nicht immer sofort möglich, weil sie nicht abbilden, wie viele bzw. wie kostenintensive Patienten in diesem Monat betreut wurden. Man geht davon aus, dass sich die LKF-Punkte analog zum Patientenaufkommen entwickeln und deshalb diese Kennzahl einen relativ guten schnellen Überblick bieten kann.

Parallel dazu gibt es weitere Auswertungsmöglichkeiten, die in separaten Tabellen dargestellt werden. Jeder Kostenstellenverantwortliche hat die Mög-

228 Quelle: eigene Darstellung

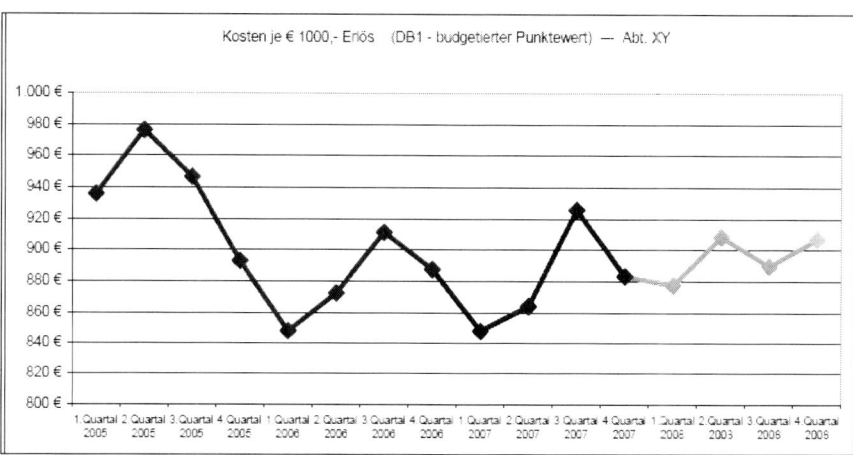

ABB. 37: KOSTEN JE 1000,– EURO ERLÖS[229]

lichkeit, jede innerbetriebliche Summe (Einnahmen- wie auch Ausgabensumme) detailliert aufzuschlüsseln, einerseits auf Abteilungsebene – wo die innerbetrieblichen Leistungen erbracht bzw. angefordert wurden – und andererseits auf Leistungsebene, damit ersichtlich wird, welche Leistungen von anderen Fachabteilungen in Anspruch genommen wurden.

Zusätzlich enthält der Monatsbericht eine eigene Seite, in der die tatsächlich besetzten Dienstposten ersichtlich sind. Auch hier sind verschiedene Filter- bzw. Auswahlmöglichkeiten gegeben. Nicht nur auf Kostenarten- bzw. Kostenstellenbasis, sondern auch nach Verantwortlichkeiten. Diese Information ist sehr zeitnah – sie beinhaltet die Daten des aktuellen Monats. So wird der Monatsbericht bis einschließlich der Daten vom April am 31.05. den Abteilungen zur Verfügung gestellt, die Personaldaten enthalten allerdings schon die aktuellen Personalzahlen bis einschließlich Mai.

Die im Monatsbericht dargestellten Kosten können mithilfe der Verbrauchsliste nicht nur nach Kostenarten, sondern auch auf den jeweiligen Einzelartikel genau je Kostenstelle heruntergebrochen werden. Gerade bei großen Abweichungen stellt sich oft heraus, dass die hohen Kosten auf ein paar sehr spezielle Behandlungsfälle zurückgehen.

Der Krankenhaus-Monatsbericht ist umfangreich; in diesem Finanzbericht befindet sich eine Zusammenstellung aller Fachabteilungen des Hauses, das Ergebnis jeder Fachabteilung in einem eigenen Excel-Tabellenblatt und in separaten Excel-Tabellenblättern einerseits der Personalstand und andererseits die innerbetrieblichen Leistungen detailliert ausgewertet (vgl. Tab. 1). Der Kostenstellenverantwortliche erhält eine Aufstellung über alle Kosten sei-

229 Quelle: eigene Darstellung

ner Fachabteilung, denen die LKF-Einnahmen und innerbetrieblichen Einnahmen, die von seiner Fachabteilung geleistet wurden, genau gegenüberstehen. Es wird ersichtlich, welchen Beitrag die jeweilige Fachabteilung zum Gesamtergebnis lieferte. Die für alle Fachabteilungen gleiche Struktur wird auch bei der Erstellung der Jahresabteilungsbudgets verwendet. Damit ist eine Gegenüberstellung der Soll- (bzw. Plan-Zahlen) zu den Ist-Daten überhaupt erst möglich. Dieser Monatsbericht ist eine gut akzeptierte „Richtschnur" für die Abteilungsverantwortlichen, inwieweit die gesteckten Jahresziele erreicht werden bzw. wo Abweichungen zu finden sind. In den anschließenden Controller-Gesprächen wird über die Zahlen berichtet, werden bestimmte Konsequenzen aufgezeigt sowie mögliche Lösungsansätze oder Alternativen besprochen. Abweichungen werden als Signale aufgenommen und lösen Maßnahmen aus. Dabei ist weniger die Frage von Bedeutung „Warum ist das passiert?" als die Frage „Wie lässt sich das Planungsziel erreichen?" Es geht primär um ein Veranlassen der Konsequenzen nach vorwärts, weniger um eine detaillierte Analyse der Abweichungsgründe nach rückwärts.

4.2.6 Spezielles Berichtswesen – mehrdimensionale Deckungsbeitragsrechnung

Mithilfe einer mehrstufigen Deckungsbeitragsrechnung (MDB) ist es möglich, das Betriebsergebnis sowie das Ergebnis gewöhnlicher Geschäftstätigkeit fallbezogen mehrdimensional abzubilden. Die mehrdimensionale Deckungsbeitragsrechnung hat den enormen Vorteil, dass mittels Zielen ganze Bereiche bzw. Leistungszweige gesteuert und auch transparent gemacht werden können. Die Mehrstufigkeit ist die Voraussetzung dafür, dass alle Ergebnisse bis auf die Patientenebene bzw. Fallebene heruntergebrochen werden können. Damit ist eine wesentlich bessere Betrachtung der verschiedenen Einzelfälle und somit Fallgruppen möglich. Diese Transparenz auf Patienten- bzw. Fallebene ist die Grundbedingung für vernünftig zusammengestellte Fallgruppenanalysen und damit auch für das Strategische Management von großer Bedeutung.

Als erstes mussten die bestehenden Centerergebnisse entweder dem stationären, ambulanten oder einem Funktionsbereich zugeordnet werden. Im Anschluss daran war es notwendig, einen Weg zu finden, weitere Produkteinzelkosten direkt dem Patienten zurechnen zu können. Dazu waren verschiedene Einzelkalkulationen zusätzlich durchzuführen und zum Teil neue innerbetriebliche Leistungen zu definieren.

Im Bezirkskrankenhaus Kufstein wurde ein hauseigenes Modell mit verschiedenen Deckungsbeitragsstufen entwickelt. In der ersten Stufe wurden alle direkt dem Patienten zuordenbaren Produkteinzelkosten dem jeweiligen Fall zugewiesen. Jene Kosten, die nicht direkt dem Patienten, sehr wohl aber der jeweiligen Fachabteilung zugeteilt werden konnten, wurden als Produkt-gemeinkosten in einer weiteren Stufe transparent gemacht. Ein weiteres Ziel war es, die Strukturkosten jeder Fachabteilung – wie zum Beispiel die Nacht-dienstkosten – auf den einzelnen Fall herunterzubrechen und so transparent darzustellen. Gerade die separate Auflistung dieser hohen Kosten hat zu einer höheren Bewusstseinsbildung geführt. Bei dieser Deckungsbeitragsstu-fe hört die Verantwortlichkeit des Profit-Center-Chefs auf – es gibt aber noch eine Zielsetzung, welches Deckungsziel er für die restlichen Strukturkosten des Hauses erbringen soll. In weiterer Folge wurde dieses Deckungsziel je Pa-tient ermittelt und es wurde in einer weiteren Stufe klar dargestellt, welche Kosten die jeweilige Abteilung für die Abschreibung für Abnutzung (AfA) zu-sätzlich erwirtschaften soll.

Für die Entwicklung der MDB stand die mehrdimensionale Verflechtung von Leistungen und Kosten im Vordergrund. Die Basis für die Auswertung war durch das aufbereitete Datenmaterial gegeben und konnte dadurch

- auf der Profit-Center-Ebene
- auf der Patientenebene
- auf der Hauptdiagnosen-Ebene
- auf der Finanzierungsebene

bearbeitet werden. Es entstanden neue Ergebnisse auf Profit-Center-Ebene, wobei erstmals klar erkennbar wurde, wie sich die Ergebnisse innerhalb der Fachabteilung zwischen stationärem und ambulantem Bereich verhalten, wie in Abb. 38 ersichtlich.

Auf der Patientenebene konnte eine klare „Rechnung" pro Patient mit den verschiedenen Stufen dargestellt werden. Auf der Hauptdiagnosenebene wur-den die Ergebnisse in weiterer Folge als Durchschnittszahlen pro Patient ver-glichen – die verwendete Portfoliotechnik machte die verschiedenen Ergeb-nisse grafisch recht deutlich und für alle Anwender transparent.

Wie in Abb. 39 ersichtlich, erkennt man an der Kreisgröße, wie oft welche Hauptdiagnose erbracht wurde. Für die Darstellung wurden die tatsächlichen Hauptdiagnose-Kapitelgruppen anonymisiert und verschlüsselt. Auf einen Blick wird sichtbar, dass zum Beispiel die Gruppen „M", „F" und „L", genau-so wie die Gruppen „R" und „N" nicht kostendeckend erbracht werden konn-ten.

Mit Hilfe der konzipierten mehrdimensionalen Deckungsbeitragsrech-nung ist es möglich geworden, verschiedene Diagnosen hinsichtlich ihrer Wirtschaftlichkeit zu beurteilen. Sie schafft nicht nur einen Überblick über das derzeit angebotene Leistungsprofil des jeweiligen Profit-Centers, sondern erkennt auch wirtschaftlich sinnvolle Fokussierungen bzw. Nischen. Genauso wird transparent, dass auch Leistungen, die einen negativen Deckungsbeitrag ausweisen, durchaus leistbar werden, wenn das Leistungsspektrum in Sum-me sehr ausgeglichen ist. Es kann eine Differenzierung und somit Abgren-

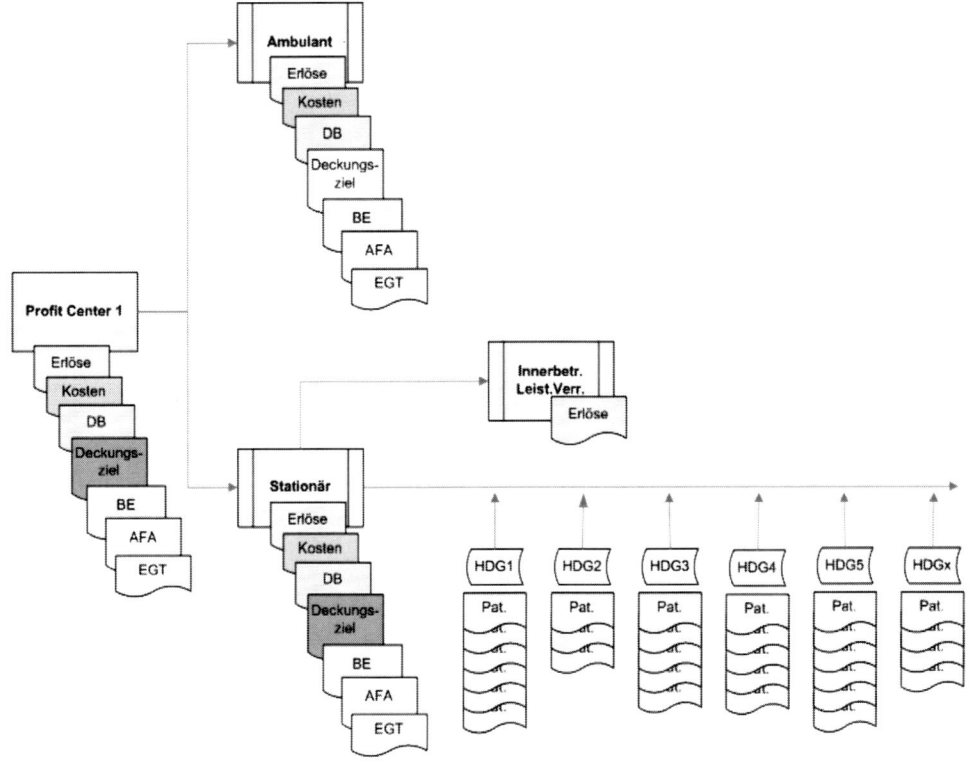

Legende:
AFA   Abschreibung für Abnutzung
BE   Betriebsergebnis
DB   Deckungsbeitrag
EGT   Ergebnis der gewöhnlichen Geschäftstätigkeit
HDG   Hauptdiagnose-Gruppe
Pat. Patient

ABB. 38: GRAFISCHE DARSTELLUNG PROFIT-CENTER-ERGEBNIS BEI DER MEHRDIMENSIONALEN DECKUNGSBEITRAGSRECHNUNG[230]

zung zur Konkurrenz geschaffen werden, die für das strategische Management bedeutend ist. Gerade die vielfältigen mehrdimensionalen Auswertungsmöglichkeiten verschiedener Deckungsbeitragsstufen bringen neue Erkenntnisse.

Die mehrdimensionale Deckungsbeitragsrechnung kann das strategische Management hinsichtlich der Bildung von Fachschwerpunkten in den jeweili-

230 Quelle: eigene Darstellung

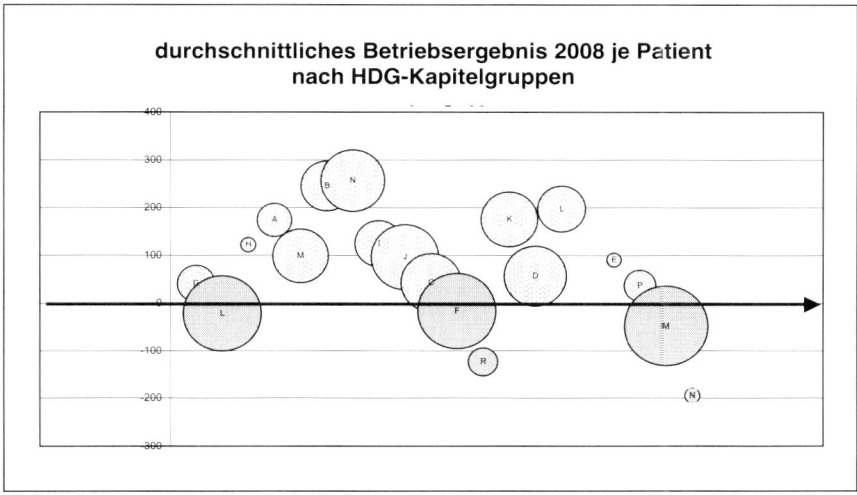

ABB. 39: ANONYMISIERTES PRODUKTPORTFOLIO JE HDG-KAPITELGRUPPE[231]

gen Fachabteilungen unterstützen. Damit diese mehrdimensionale Deckungsbeitragsrechnung effizient eingesetzt werden kann, muss das Center-
Prinzip im Unternehmen fest verankert sein. Dazu gehört ein fix definiertes
Ziel pro Center, das zum Beispiel in einem Abteilungsbudget niedergeschrie-
ben sein kann. Auch die detaillierte Aufgliederung der LKF-Erlöse je Fallzahl
ist für eine genaue leistungsbezogene Zuordnung unbedingt notwendig, genauso wie eine innerbetriebliche Leistungsverrechnung, in der alle Leistungen, die für andere Bereiche erbracht werden, im KIS direkt am Patienten dokumentiert und weiter verrechnet werden.

Die vorgenommenen Auswertungen können für das strategische Management eine Basis für die Entwicklung eines ausgeglichenen und durchaus
kreativen Leistungs-Portfolios sein. Im Sinne des Zählermanagements geht
es aber auch darum, neue, meist teure Behandlungen bzw. neue Geschäftsfelder und Tätigkeitsbereiche rechtzeitig zu erschließen, damit für die Stakeholder der Versorgungsregion – und damit vor allem für die Patienten –
neuer Wert geschaffen wird.

Die Wirtschaftlichkeit wird zum maßgeblichen Erfolgsfaktor für die Zukunftssicherung, damit gerade ein Krankenhaus mit öffentlichem Versorgungsauftrag weiterhin für den Träger finanziell leistbar bleibt.

231 Quelle: eigene Darstellung

5 Interdisziplinarität des Controllings

5.1 Arzt und Controlling
Herbert Stekel

Der Begriff des Controllings ist im Gesundheitswesen nicht neu. Bereits 1992/93 erschien mit dem Handbuch „Controlling im Krankenhaus"[232] ein Standardwerk. Dort wird im Abschnitt 1 Controlling als „Denkhaltung, die sich auf ein konkretes Instrumentarium stützt" bezeichnet.

Der Gleichklang des Wortes Controlling mit dem Begriff „Kontrolle" führte und führt immer wieder zu schweren Missverständnissen und zur pauschalen Ablehnung des gesamten Konzeptes. Das ist umso verwunderlicher, als der Begriff „controlled" bereits auf jeder TV-Fernbedienung zu finden ist, wodurch die Verbindung mit der Idee der Steuerung deutlich wird. Das immer wieder ins Treffen geführte Argument der „Aufgabe der Freiheit des Arztes" entpuppt sich als grundlegende Fehleinschätzung der Realität. Controlling trifft keine Entscheidungen, weder im Management noch in der Ausübung des ärztlichen Berufes. Controlling hilft aber durch Aufarbeitung der Informationen, in Kooperation mit den anderen Berufsgruppen, gesicherte Entscheidungen zu treffen. Bereits an dieser kurzen Beschreibung wird eine nahe Verwandtschaft zum ärztlichen Handeln sichtbar, die im Folgenden noch weiter verdeutlicht werden soll.

5.1.1 Wo treffen Arzt und Controlling aufeinander?

Prinzipiell unterscheiden wir mehrere Arten des Controllings.

Strategisches Controlling im ärztlichen Bereich ist vorwiegend in der Führungsebene, also der ärztlichen Leitung anzutreffen. Hier wird das Werkzeug eingesetzt, um mittel- und langfristige Zielsetzungen und Strategiebildungen auf Basis der verfügbaren Informationen entwickeln zu können.

Operatives Controlling als einzelfallorientiertes Führungsphänomen bearbeitet kurzfristige Anliegen. Meist ist es in der Umsetzungsphase längerfristig geplanter Aktivitäten angesiedelt.

Prozesscontrolling umfasst „Planung, Kontrolle, Informationsversorgung und Koordination"[233]. Diese Abfolge begleitet die ärztliche Tätigkeit umfassend, ja beschreibt sie sogar, wenn auch mit einem unter Ärzten unüblichen Vokabular.

---

232 Vgl. Hauke 1992ff
233 Schmelzer/Sesselmann 2004, S. 173

5.1.2 Gibt es Elemente des Controllings, deren Kenntnis hilfreich ist?

An dieser Stelle müssen zwei Denkschemata näher behandelt werden. Das ist zum einen das Verständnis von **Regelkreisen**, zum anderen das Denken in **Prozessen**. Controlling benötigt beide Denkmodelle, um erfolgreich angewendet werden zu können. Das Denken in Regelkreisen bedeutet, durch Gewinn und Verarbeitung von Informationen steuernd in ein System eingreifen zu können. Prozessdenken wiederum fordert klare, wiederholbare Schritte zur Erreichung eines gesetzten Ziels und inkludiert Zuordnungen und Abgrenzungen sowie definierte Verantwortlichkeiten. Beide Elemente sind dem ärztlichen Handeln immanent.

Regelkreise begegnen uns in vielerlei Gestalt. In der Folge soll dies in einigen Beispielen verdeutlicht werden.

Regelkreise in der Technik: Eines der meistzitierten Beispiele zum Verständnis von Regelkreisen sind thermostatgesteuerte Systeme. Diese Beispiele sind durch die Alltagserfahrung anschaulich und gut nachvollziehbar. Ob es sich um den Raumthermostat, den Kühlschrank, das Backrohr oder die Klimaanlage handelt, ist letztlich ohne Bedeutung. In allen Fällen wird von einem vorgegeben Soll-Wert ausgegangen. Dieser wird durch die Einstellung an einem Temperaturwähler sichtbar gemacht. Die aktuell gemessene Temperatur im System gibt den Ist-Wert, also das Abbild der momentanen Realität wieder. Der Vergleich der beiden Werte, der Soll-Ist-Vergleich, kann entweder eine Übereinstimmung oder eine Abweichung als Ergebnis haben. Im Falle der Abweichung wird ein Regelsignal generiert, das geeignet sein muss, den Ist-Wert an den Soll-Wert anzupassen.

Regelkreise in der Biologie: „Die Physiologie befasst sich vorwiegend mit den Mechanismen, die der Aufrechterhaltung konstanter innerer Bedingungen des Körpers dienen."[234] Dieser Satz aus einem Lehrbuch der Physiologie, greift den Begriff der Homoiostase auf, der bereits vor mehreren Jahrzehnten geprägt wurde.[235] Gängige Beispiele umfassen die hormonelle Steuerung der Schilddrüse, das Säure-Basen-Gleichgewicht mitsamt allen kompensatorischen Vorgängen, das Gleichgewicht zwischen Blutgerinnung und thrombolytischen Prozessen und viele andere mehr.

Regelkreise im Qualitätsmangement: Das Qualitätsmanagement hat den Begriff des Regelkreises in mehrfacher Gestalt verinnerlicht. Die bekannteste Ausprägung dürfte der Deming-Circle sein.[236] Diese Abfolge aus „Plan-Do-Check-Act" ist heute Allgemeinwissen im Qualitätsdenken geworden. Die erste Beschreibung findet sich bei Walter Andrew Shewhart, einem Lehrer Demings.[237]

234 Ganong 1972, S. 24
235 Vgl. Cannon 1934
236 Vgl. Shewhart 1939
237 Vgl. Zollondz 2006, S. 81

Eine in letzter Zeit vermehrt zitierte Variante wird als RADAR-Logik bezeichnet und von der EFQM (European Foundation for Quality Management) publiziert. Die Elemente werden als **R**esults, **A**pproach, **D**eployment, **A**ssessment und **R**eview bezeichnet.

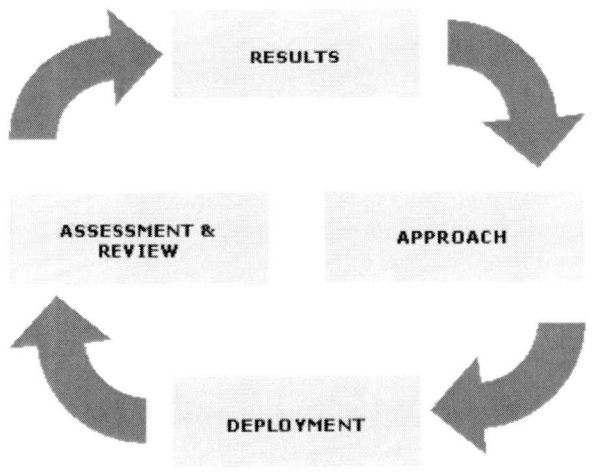

ABB. 40: RADAR-LOGIK[238]

Prozesse: In diesem Abschnitt werden das Wesen des Prozessdenkens und seine Bedeutung im ärztlichen Handeln näher betrachtet. Staudt definiert den Geschäftsprozess folgendermaßen: „Ein Geschäftsprozess besteht aus einer zusammenhängenden abgeschlossenen Folge von Tätigkeiten (Aktivitäten), die zur Erfüllung der betrieblichen Aufgabe notwendig sind. Die Tätigkeiten werden von Aufgabenträgern in organisatorischen Einheiten mit ihrer Aufbau- und Ablauforganisation unter Nutzung der benötigten Produktionsfaktoren geleistet".[239] Übersetzt man diesen Satz in den Alltag eines Krankenhauses, dann könnte er etwa so klingen: Die Behandlung eines Patienten besteht aus einer zusammenhängenden, abgeschlossenen Folge ärztlicher und pflegerischer Tätigkeiten. Das ärztliche, pflegerische, medizintechnische, etc. Personal führt diese Aufgaben im Rahmen ihrer Abteilungen, die in Aufbau, Verantwortung und Zuständigkeit beschrieben sind und deren Abläufe nach Berufsregeln und aktuellem Stand des Wissens festgelegt sind, aus. Dabei werden die vom Krankenhausträger zur Verfügung gestellten Ressourcen wie Raum, Arbeitszeit, Medikamente, diagnostische Möglichkeiten, Ausstattung, Geräte, usw. genützt.

238 www.qualityaustria.com/
239 Staud 2001, S. 6

Ärztliches Handeln ist immer in Prozessform geschehen. Die folgende Abbildung gibt in einer sehr einfachen Form den idealtypischen Prozess der Dienstleistung am Patienten wieder.

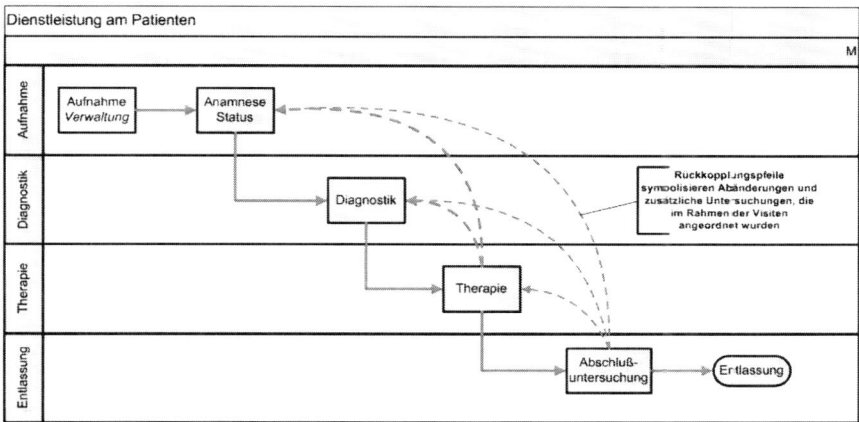

ABB. 41: DIENSTLEISTUNGSPROZESS[240]

5.1.3 Wozu dienen Informationen im Prozessverlauf und wie werden sie verarbeitet?

Bleiben wir zu Beginn wiederum in der Fachsprache der Qualitätssicherer: Ein stabil laufender Prozess benötigt nur eine geringe Anzahl an Überwachungspunkten. Sie dienen dazu, sich vom ordnungsgemäßen Ablauf zu überzeugen. Läuft der Prozess instabil, so ist die Anzahl der Messpunkte zu erhöhen, bzw. sind die Messintervalle kleiner zu halten. Aus den Messungen sind Regelsignale abzuleiten und entsprechende Änderungen in der Prozesssteuerung vorzunehmen. Überträgt man das auf das ärztliche Handeln, so kann folgende Aussage getroffen werden. Eine stabil laufende Therapie benötigt eine geringe Zahl an Visiten und begleitenden Untersuchungen (Messpunkten). Läuft der Prozess instabil (schicksalshafter Verlauf, Komplikation, Auftreten von Komorbiditäten usw.), so wird die Prozessüberwachung intensiviert. Die gängigen Einrichtungen dazu sind Monitoring und Intensivstationen. Bei zunehmender Stabilisierung kann der Überwachungsgrad reduziert werden (Intermediate Care Units) bis zur Normalstation und endlich zur Entlassung. Im Rahmen der Visiten können neben Änderungen in der Therapie (sie ist der Kernprozess) auch partielle Rückschritte auf bereits abgearbeitete Prozessschritte (Anamnese, Diagnostik) mehrfach angeordnet werden.

240 Eigene Darstellung

5.1.4 Welche Hilfe bieten Techniken des operativen Controllings im medizinischen Alltag?

Operatives Controlling ist sehr häufig eng mit ökonomischen Betrachtungen, Kostenrechnung etc. verknüpft. Im Alltag des klinisch tätigen Arztes treten diese Überlegungen (leider) eher in den Hintergrund. Durchaus lohnend kann aber die Beschäftigung mit **statistischer Prozesslenkung** sein. Wheeler definiert: „Statistical Process Control is, first and foremost, a way of thinking which happens to have some tools attached".[241] Entwickelt wurde die *statistical process control* (SPC) von W. A. Shewhart[242]. Ursprünglich wurden aus den ersten Erkenntnissen über Versuche zur Streuung und Fehlerminimierung in der Produktion Werkzeuge wie Qualitätsregelkarten entwickelt. Deming erkannte, dass sich diese Erkenntnisse auf alle Prozessarten anwenden lassen. Wesentliche Schritte sind dabei die Festlegung und eindeutige Definition eines Prozesses und die Festlegung der Messgrößen. Medizinisch bewegt man sich damit in der Nähe der klinischen Pfade. Auch hier sind Prozesse und Messpunkte mit höchster Professionalität zu definieren; einerseits um einen optimalen Therapieerfolg erzielen zu können, andererseits, um sinnlosen Aufwand zu vermeiden. Die Erfassung steuerungsrelevanter Daten soll umfassend mit möglichst geringem Aufwand erfolgen. Die Beispiele sind zahlreich: jede postoperative Überwachung kann nach diesen Regeln bewertet werden, jeder Therapieansatz bei chronischen Erkrankungen wie Diabetes mellitus oder Hypertonie ist mit steuerungsrelevanten Größen (Blutzuckerspiegel, HbA1c, Blutdruck) zu optimieren. Allerdings werden der theoretische Überbau und die Möglichkeiten in der Ausweitung der Methodik – vor allem durch statistische Auswertungen längerfristig angewendeter Behandlungskonzepte und aus den Auswertungen abgeleitete Verbesserungen – nicht immer im wünschenswerten Ausmaß genützt.

5.1.5 Was kann das strategische Controlling im ärztlichen Umfeld?

Strategisches Controlling ist immer in der Führungsebene angesiedelt. Auf der Ebene der medizinischen Direktion wird es in größeren Häusern meist durch eine Stabsstelle repräsentiert. Hier wird die zentrale Aufgabe des Controllings, die Erfassung und Aufbereitung relevanter Daten zur Vorbereitung der Entscheidungsfindung, besonders deutlich. Die Entscheidungsfindung im Rahmen strategischer und dispositiver Überlegungen einer Gesundheitseinrichtung ist ohne die Zuhilfenahme relevanter Datenbestände kaum nachvollziehbar und selten zielführend. Wesentlich ist, dass das Controlling

241 Wheeler, Chambers 1992
242 Vgl. Shewhart 1931

Zugang zu den meist sehr großen Datenbeständen einer Gesundheitseinrichtung hat und diese mit Hilfe geeigneter Programme sinnvoll verknüpfen kann. Üblicherweise wird das Controlling im Auftrag tätig. Dabei können kontinuierlich Unterlagen für Steuerungsinstrumente wie die Balanced Scorecard (BSC) geliefert werden. Aber auch der Einsatz im Rahmen beschriebener Projekte gehört zu den Aufgaben des Controllings. Neben der Beherrschung der IT-, Statistik- und QM-Werkzeuge ist auch das Fachwissen um medizinische Abläufe und Prozesse in der Gesundheitsdienstleistung notwendig, um sinnlose Varianten von Beginn an ausschließen zu können. Methodische Hinweise und Werkzeuge finden sich unter anderem bei Schneider[243]. Die Aufgaben des Controllings können in mehrere Bereiche gegliedert werden:

Planungsaufgaben beschäftigen das Controlling im Bereich der Führungsebene mit der Erstellung von Zielen als Ausgangspunkt für die schrittweise Planung. Der Schwerpunkt der Aufgabe liegt dabei bei der Plankoordination. Oftmals wird nach den Regeln des Projektmanagements vorgegangen. Endpunkt kann die Erstellung der jeweils zugewiesenen Budgets als direkte Sollvorgaben für den Planungszeitraum sein.

Informationsaufgaben umfassen das Sammeln und Strukturieren betriebsrelevanter Informationen als Grundlage zur Entscheidungsfindung durch die Führungskräfte. Die Einarbeitung der Ergebnisse der Kostenrechnung ist ebenso notwendig wie die Berücksichtigung weiterer innerbetrieblicher Kennzahlen.

Steuerungsaufgaben umfassen regelmäßige Soll-Ist-Vergleiche, um Abweichungen oder mangelhafte Umsetzung von beschlossenen Projekten frühzeitig erkennen zu können und geeignete Maßnahmen zur Gegensteuerung zu ergreifen.

5.1.6 Resümee

Zusammenfassend sei nochmals darauf hingewiesen, dass Controlling als Werkzeug dem ärztlichen Handeln weder widerspricht noch wesensfremd ist. Es erleichtert zudem die Wahrnehmung der ökonomischen Mitverantwortung des Arztes. Richtig eingesetzt erleichtert es komplexe Entscheidungsfindungen und ist daher insbesondere aus der Führung einer Gesundheitseinrichtung nicht wegzudenken.

---

243 Vgl. Schneider 2005

5.2 Pflege – ein unerlässlicher Partner im Controlling
Elfriede Lampel

Mit durchschnittlich 45% Anteil am Gesamtpersonalstand des Unternehmens stellt der Pflegemanagement-Bereich in jeder Gesundheitseinrichtung die größte Berufsgruppe und hat somit die Verantwortung auch für das Personalmanagement. Personalmanagement betrifft sowohl die Unternehmensleitung, als auch jede Berufsgruppe. Die abgestimmte Vorgangsweise zur Erreichung der Unternehmensziele hat daher zentrale Bedeutung. Die Mitarbeiter der Gesundheitsberufe (im Pflegebereich: diplomiertes Gesundheits- und Krankenpflegepersonal, Pflegehelfer, Operations-Gehilfen, Abteilungshelfer, Hol- und Bring-Dienst etc.) tragen wesentlich zur Erhaltung von Qualität und Effizienz in den Gesundheitsbetrieben bei.

Die wirtschaftliche Mitverantwortung und die Einhaltung des Jahresbudgets sind von der Pflegedienstleitung bis zu den Führungskräften des mittleren Pflegemanagements in regelmäßigen Zielvereinbarungsgesprächen im Rahmen der Linienfunktion einzufordern. Welche Komponenten in die Inhalte von Zielvereinbarungsgesprächen aufgenommen werden müssen, um den Controller-Bereich und das Controlling aktiv zu unterstützen, ist Gegenstand dieser Ausführungen. Der Controller-Bereich und die Pflege sind füreinander unerlässliche Partner in Zeiten massiver Einschnitte und Veränderungen.

Der Krankenhaus-Controller hat die Aufgabe, das Instrument/die gemeinsame Tätigkeit Krankenhaus-Controlling immer in die Organisation einzubinden und die verantwortlichen Personen des Vorstandes oder der Kollegialen Führung als essenzielle Partner u. a. in den Bereichen Wirtschaftlichkeit, Budgeterstellung sowie Personal- und Leistungsplanung mit einzubeziehen.

5.2.1 Verantwortung der Pflegedienstleitung

Die Pflegedienstleitung als Mitglied der Kollegialen Führung bzw. als Mitglied des Krankenhausvorstands, wenn der Betrieb z. B. in Form einer GesmbH organisiert ist, hat in ihrem Bereich Führungsverantwortung. Auf die einzelnen Bereiche wird in der Folge eingegangen.

5.2.1.1 Qualitativer und quantitativer Personaleinsatz

In der Literatur ist eine Vielzahl von Personalbedarfsberechnungen angeführt. Welche Berechnungsmethoden für die jeweilige Gesundheitseinrichtung geeignet und anzuwenden sind, ist eine prinzipielle Entscheidung der Pflegedienstleitung. Die Berechnungen müssen klar nachvollziehbar sein, zu den Tätigkeiten und Aufgaben der jeweiligen Organisation passen und sollten immer mit dem Krankenhaus-Controller abgestimmt sein. Eine der beständigsten Personalbedarfsberechnungen für den Normalpflegebereich ist in Österreich die Pflegepersonalbedarfsregelung (PPR).[244]

Für Zentralbereiche wie Operationssaal, Aufwachraum und Ambulanzen ist die Personalberechnung nach Mindestpräsenzen und Betriebszeiten eine flächendeckend eingesetzte Methode, die bei vielen Berufsgruppen zur Berechnung herangezogen wird.

Eine weitere Methode ist die Arbeitsplatzberechnung. Dabei wird die Mindestbesetzung für bestimmte Leistungen in einer definierten Zeit z. B. wöchentlich der Personalbedarf erhoben. Kennzahlen aus dem Modell der Leistungsorientierten Krankenanstaltenfinanzierung wie LKF-Kern- oder -Abrechnungspunkte, Daten aus den OP-Programmen (Schnitt-Naht-Zeiten, Wechselzeiten, Anzahl der Operationen pro Betriebszeit/pro Tag) können zur Unterstützung in Personalberechnungen einfließen. Sie sind aber nur bedingt anwendbar, da über einen klar definierten Zeitraum das OP-Programm, OP-Diagnosen und der Patientenmix stabil sein müssen. Für Schwerpunkt-Krankenhäuser z. B. mit dem Fachgebiet chirurgische Orthopädie sind diese Kennzahlen aber eine seriöse Grundlage für die Jahresbudgeterstellung, da der Patientenmix planbarer ist.

Ein weiterer Schwerpunkt ist die Qualifikation und Anzahl der Mitarbeiter. Speziell im Pflegebereich sind die Qualifikationen sehr unterschiedlich. Der Bogen spannt sich von der speziell ausgebildeten Führungskraft des mittleren Pflegemanagements über die Fachpflegeperson mit Sonderausbildung bis zu Hilfskräften. Überlegungen wie „Sind für hauswirtschaftliche Tätigkeiten wirklich Pflegehelfer erforderlich, oder sind intern geschulte Abteilungshelfer wirtschaftlicher?" sind anzustellen. In diese Überlegungen ist die Qualitätskomponente einzubeziehen.

Die Berechnung für Führungsposten kann nicht ausschließlich von der Mitarbeiteranzahl abhängig sein. Strategische Entscheidungen, verwandte fachliche Bereiche zusammenführen und das operative Tagesgeschäft an Stationskoordinatoren zu delegieren, müssen in Zeiten von optimaler Ressourcennutzung immer bedacht werden. Dabei können Führungsposten reduziert und Funktionen an das mittlere Pflegemanagement, das geringere Ausbildungskosten aufweist, abgegeben werden. Absenzen können von den Koordinatoren kompensiert werden, da das operative Tagesgeschäft (z. B. Patientenbelegungsmanagement, Bestellwesen) für alle Stationen normiert ist. Die Strategie muss darin bestehen, in der Hierarchie sparen und das unmittelbar am Patienten tätige Personal in ausgewogener Anzahl einzusetzen.

---

244 Vgl. Dorfmeister 1999, S. 55

5.2.1.2 Budgeterstellung/Personal und Investitionen

Die Erstellung des Jahresbudgets ist für alle verantwortlichen Personen das Instrument für die Leistungs-, Personal- und Investitionsplanung sowie die Planung der daraus resultierenden Erlöse. Von entscheidender Bedeutung ist die Ausrichtung der Strategie des Hauses. Ist die Pflege in die Strategieerstellung nicht eingebunden und ist z. B. eine Veränderung des Patientenmix vorgesehen, kann dies für die Gesundheitseinrichtung mit sehr hohen Folgekosten verbunden sein. Die Einbeziehung der Pflege in die Planung und Budgeterstellung ist nicht nur wegen der Personalkosten sehr bedeutend, sondern auch um sicherzustellen, dass die erforderlichen Pflegeleistungen laut Planung auch mit dem verfügbaren Personalstand erbracht werden können. Ziel ist es, planbare personelle Engpässe bei allen Berufsgruppen zu vermeiden.

Nicht nur für die Pflege wesentlich ist die Beobachtung von wesentlichen Kennzahlen, die die Verantwortlichen der Berufsgruppen auf eventuelle Abweichungen im Vergleich zur Planung aufmerksam machen sollen und damit aufzeigen können, wo Handlungsbedarf besteht. Als mögliche Kennzahlen kommen folgende in Frage:

- Auslastung pro Operationssaal
- Umlagerungszeit pro Operation
- Operationszeit (Schnitt-Naht-Zeit, speziell bei Totalendoprothesen Hüfte und Knie, Arthroskopien)
- Operationen pro Tag.

Die Auslastung des OPs wird durch die Operationszeit und die Organisation zwischen den Operationen bestimmt. Um hier eine möglichst hohe Auslastung zu erreichen, bedarf es der intensiven Abstimmung sämtlicher beteiligter Berufsgruppen.

5.2.2 Verbindliche Mitverantwortung der Führungskräfte des mittleren Pflegemanagements

Die Führungskräfte des mittleren Pflegemanagements (Bereichs-/Stationsleitungen) haben die von der Unternehmensleitung erarbeiteten Strategien im Tagesgeschehen umzusetzen. Dafür ist die wechselweise Kommunikation zwischen dem Krankenhaus-Controller und der Pflegedienstleitung eine Notwendigkeit. Das Strategiegespräch hat der ärztliche Direktor zeitnah mit den Abteilungsleitern im ärztlichen Bereich zu führen. Damit sichergestellt ist, dass allen Beteiligten das Gleiche kommuniziert wurde, ist die Einbeziehung aller Verantwortlichen wesentlich.

5.2.2.1 Datenbasis

Das Instrument des gelebten Krankenhaus-Controllings beginnt mit dieser Prozessstufe. Die regelmäßigen Auswertungen der oben genannten Kennzahlen und die Zeitschiene, d. h. wann die Ziele erreicht sein müssen und wie die Umsetzung dazu aussehen soll bzw. kann, müssen gewährleistet sein. Die Ergebnisse können beispielsweise die Notwendigkeit einer Personalaufstockung im Pflegebereich, Veränderungen von Tätigkeiten, Schwerpunktsetzungen im Patientenmix oder einer Reduzierung der Verweildauer der Patienten erkennen lassen. Die Datenbasis muss konsistent und in Bezug auf Berechnungsmethoden, Datenquellen und Berichtszeitpunkte abgestimmt sein.

5.2.2.2 Interne Schulungen

Interne Schulungen sind das Grundgerüst für ein gelungenes Krankenhaus-Controlling. Nur der Krankenhaus-Controller kann sich in internen Schulungen vergewissern, dass die Auswertungen von den Führungskräften des mittleren Pflegemanagement verstanden, richtig interpretiert und im Rahmen von Teambesprechungen korrekt an die Mitarbeiter transportiert werden. Theoretische Vertiefungen in Weiterbildungen sollen das Wissen abrunden.

5.2.2.3 Zielvereinbarungsgespräch

Im Rahmen des jährlichen Zielvereinbarungsgespräches zwischen Pflegedienstleitung und Bereichs-/Stationsleitungen kann die Strategie mit der Pflegedienstleitung im dualen Gespräch ausführlich besprochen werden. Schriftlich festgehalten werden sollen die Zieldefinition, die Maßnahmen, der Zeitrahmen und die messbaren Erfolgskriterien. Die Ziele müssen klar und nachvollziehbar, transparent, realistisch und messbar sein. Zur Sicherstellung kann ein Zwischengespräch zur Jahresmitte vereinbart werden, das Zielerreichungsgespräch ist jedenfalls ein Muss. Die Unterlagen müssen bekannt und für alle Mitarbeiter gleich sein und unterliegen der Vertraulichkeit. Zielinhalte sind:

- generelle Hausziele
- Auslastungskennzahlen inklusive Wochenendauslastung
- Einhaltung des quantitativen und qualitativen Personalplanes
- Definition von Abweichungen (z. B. erhöhte Ausgaben bei ausgewählten Medikamenten), bei denen der Controller-Bereich zu informieren ist
  LKF-Erlöse
- regelmäßige Kommunikation der Ziele und der Zielerreichung in den Teambesprechungen.

5.2.3 Einbeziehung der Pflegeverantwortlichen durch die Krankenhausleitung

Ist der Pflegedienstleitung der Bereich Patientenmanagement von Seiten der Krankenhaus-Leitung zugeteilt, so ist die Mitverantwortung in allen patienten- und personalbezogenen Anfragen gegeben und auch einzubeziehen. Der Bogen der Mitgestaltung spannt sich von Personalentscheidungen, Veränderungen von Betriebszeiten, Implementierung von Abteilungen bis hin zu baulichen Veränderungen. Die zwei bedeutendsten Punkte werden in der Folge näher erläutert.

5.2.3.1 Veränderungen von Betriebszeiten

Ausweitungen von Betriebszeiten werden in der Momentaufnahme insbesondere von Krankenanstaltenträgern bzw. von der Krankenhausleitung immer positiv gesehen. Mehr Patienten zu behandeln, mehr Operationen durchzuführen, mehr Fachspezialisierung anzubieten klingt sehr verlockend. Im Vorfeld der Überlegungen und Planungen muss der Pflegebereich unbedingt miteinbezogen werden, um Engpässe zu vermeiden. Die Pflegedienstleitung kann und muss sofort reagieren,

- wenn Veränderungen von Betriebszeiten zu Nachtdienststunden führen (ab 22.00 Uhr), die besonderen Auflagen unterliegen
- wenn die Einhaltung der gesetzlichen Ruhezeiten gefährdet ist
- wenn Fach- und Hilfspersonal aufgestockt werden müssen etc.

Die Pflegedienstleitung ist im Rahmen ihrer Personalverantwortung an die arbeitsrechtlichen Bestimmungen und in ihrer Führungsverantwortung an die betriebswirtschaftlichen Zielsetzungen gebunden. Dem Controller-Bereich kommt dabei die Aufgabe zu, die Folgekosten von Betriebszeitenveränderungen und die Auswirkung auf die Erlöse zu ermitteln. Dabei sind auch mögliche Engpässe im personellen Bereich aufzuzeigen. Die Ergebnisse dieser Berechnungen können zur Neuausgestaltung der Projekte und zum Überdenken der Schwerpunkte führen.

5.2.3.2 Bauliche Veränderungen

Welche Gesundheitseinrichtung will nicht die modernste sein? Bauprojekte sind für sich allein schon komplex. Gesetzliche Vorgaben, behördliche Auflagen und Genehmigungsverfahren beeinflussen die Gestaltung. Bauliche Veränderungen bedingen häufig auch Änderungen im Personalbedarf und -einsatz und in der Organisation. Daher keine Planung ohne die beteiligten Berufsgruppen. Der Controller-Bereich muss dabei die aus den baulichen Veränderungen resultierenden Konsequenzen im Rahmen der Entscheidungsvorbereitung aufzeigen. Kritischer Erfolgsfaktor ist die verpflichtende Kommunikation aller Beteiligten.

Bei der Planung der Bettenanzahl von Normalpflegestat onen, bei der Planung der Bettenanzahl in den Zimmern innerhalb der Station, bei den Arbeitsabläufen und Wegen, bei der Betriebs- und Ablauforganisation kann eine erfahrene Pflegedienstleitung bereits in den Vorplanunger den Personalbedarf bestimmen. Ehrgeizige Projekte sind dadurch schon zugunsten von machbareren und realistischeren umgeplant worden. Es hat sich z.B erwiesen, dass Normalpflegestationen mit einer Bettengesamtzahl von 28–31 Betten, aufgeteilt auf 10–12 Zimmer, das Optimum für eine effiziente Personaleinsatzplanung ist.

Aspekte für seriöse Kostenplanung sind die Konzepte für Verkehrswege, die Wegstrecken, die Ablauforganisation und die Betriebszeiten von Zentralbereichen wie Labor, Röntgen, Zentralsterilisation und Reinigungskosten. Hier können sich bei Inbetriebnahme ohne vorherige interdisziplinäre Nutzerbesprechungen unangenehme Kostensteigerungen zu Buche schlagen, die keine Einmalkosten, sondern jährliche Belastungen in der wirtschaftlichen Ausgaben darstellen. Nur in dieser Phase kann die Höhe der zukünftigen Fixkosten entscheidend beeinflusst werden.

Die vorherige interdisziplinäre Abstimmung, die auch die Mitarbeiter im betrieblichen Alltag einbezieht, welche später die Ergebnisse umzusetzen haben, und die Konsens-Entscheidung von Seiten der Krankenhaus-Leitung hat sich als vorteilhaft erwiesen.

5.2.4 Kommunikationsverantwortung seitens der Pflegeverantwortlichen

Ehrliche Kommunikation, das Aufzeigen von Perspektiven und frühzeitiges Entgegensteuern sind beim Erkennen von Problemen wichtig. Zu Jahresbeginn kann die Leistungsplanung nach bestem Wissen und Gewissen vereinbart werden. Doch niemand kann in die Zukunft schauen und alle Eventualitäten erkennen. Hier schließt sich der Kreis von Kenntnissen über Kennzahlen, Auswertungen, Ausgaben und Erlösen. Nur der informierte und wissende Verantwortliche kann zeitnah und argumentativ den Controlling-Prozess umsetzen.

5.2.4.1 Ausgabenseitige Überschreitungen

Mit den monatlichen bzw. quartalsmäßigen Auswertungen durch den Krankenhaus-Controller liegt ein zeitnahes und aussagekräftiges Instrument vor. Kommt es zu Überschreitungen z. B. im Bereich Antibiotika oder Blutersatzderivate, sind primär Schuldzuweisungen zu vermeiden, wenn Mehrkosten zu argumentieren sind. Kommt es zu einem Anstieg von teureren Antibiotika oder zu Reoperationen mit einer erhöhten Blutersatztherapie, so sollte der Controller-Bereich frühzeitig informiert werden. Diese Informationen sind in die Analyse einzubeziehen. Abweichungen (ausgaben- und erlösseitig) sollten zu regelmäßigen berufsgruppenübergreifenden Besprechungen führen, in denen konkrete Maßnahmen zur Gegensteuerung vereinbart werden. Die Frage dabei ist: „Wie kann das Jahresziel trotz dieser zwischenzeitlichen Abweichungen erreicht werden?"

5.2.4.2 Nichterreichung von Betriebszielen

Kaum ein Betriebsziel kann von einer Berufsgruppe alleine umgesetzt werden. Zumeist geht es um interdisziplinäre Mitverantwortung. So kann bei unvorhergesehenen Bettensperren aus aktuellen Anlässen mitunter das Erreichen des Monats- bzw. Quartals-Erlöszieles ein Problem darstellen. Dabei ist die enge Kommunikation mit dem Krankenhaus-Controller und der Krankenhaus-Leitung die einzig richtige Strategie. Überlegungen wie „Wie lange bleibt die Bettensperre aufrecht?" und „Kann das Minus in den kommenden Monaten kompensiert werden?" sind ausführlich zu diskutieren. Kreative Ausfallskonzepte sind dabei ebenso erlaubt wie fächerübergreifende Maßnahmen. Nur alle Berufsgruppen miteinander können eine Optimierung der Leistungserbringung erreichen.

5.2.4.3 Pflegepersonalmanagement

Pflegepersonalengpässe gehören zu den unangenehmsten Situationen im Berufsleben der Pflegedienstleitung. Die Situation kann in den Spezialbereichen OP-Bereich und Intensivstation sehr kritisch sein. In den Normalpflegestationen hingegen kann vorübergehender Personalengpass mit Überstundenanordnung an die Mitarbeiter entschärft werden. Ist zu erkennen, dass der Personalengpass über einen längeren Zeitraum bestehen wird, kann bis zu einem gewissen Grad mit Leihpersonal (auch in Urlaubszeiten) das Auslangen gefunden werden. Diese Maßnahme ist allerdings sehr genau und umfassend zu überdenken.

Kritischer können die Auswirkungen in den Spezialbereichen werden. Absenzen (z. B. länger andauernde Krankenstände, Schwangerschaften, Abgänge von speziell ausgebildeten Mitarbeitern) oder schwer zu besetzende Planposten können massive Probleme auslösen. Hier muss bereits bei der Personalplanung im Vorfeld das Thema Absenzen, Ausbildungszeiten und deren Kompensation diskutiert und bedacht werden. Mit statistischen Auswertungen und Kennzahlen ist es mitunter möglich, dafür Personalreserven zu verhandeln. In den kritischen Spezialbereichen müssen bereits in der Personalbedarfsberechnung diese Puffer eingebaut werden, da ein reduzierter Betrieb bzw. ein Stillstand dieser Bereiche (z. B. OP, Intensivstation) nachteilige Auswirkungen auf den gesamten Krankenhausbetrieb haben. Diese sind wesentlich gravierender als ein erhöhter Personalschlüssel in den Spezialbereichen.

5.2.5   Schlussbemerkung

Aktives Mitgestalten des Betriebszieles darf kein Einzelereignis im Rahmen des Zielvereinbarungsgespräches sein, sondern soll tagtäglich in allen Situationen und Handlungen erkennbar sein. Ein Prozess kann nur dann zu einem Ende kommen, wenn alle Beteiligten und involvierten Personen den Prozess, die Meilensteine und das Ziel kennen, annehmen und danach handeln. Der Controller-Bereich unterstützt dabei mit abgestimmtem und zeitnahem Zahlenmaterial. Controlling als gemeinsame Tätigkeit zwischen Controller-Bereich und Management fordert alle heraus und muss sich mit dem betrieblichen Geschehen und den Auswirkungen auseinandersetzen. Die Pflege ist ein wichtiger Teil für diesen Gestaltungsprozess.

5.3   Netzwerk Controlling: Medizintechnische Berufe und Controlling

Karin Eigenschink, Martin Reich, Margit Vasicek, Christian Rasch

5.3.1   Netzwerke – Definition und Darstellung

Die Verbindung von krankenhausinternen Kapazitäten sowie Kompetenzen und die Nutzung berufsgruppenübergreifender Wissenspotenziale (Dienstleistungsnetzwerke) sind ein wichtiger Bestandteil eines funktionierenden Unternehmens. Die Vorteile dieser Synergien kommen vor allem in Zeit- und Kostenvorteilen und Optimierungen im Ressourceneinsatz zum Tragen.

In diesem Beitrag wird der Begriff **Netzwerk Controlling**[245] verstanden als ein unternehmensinternes Netzwerk, die Kooperation zwischen Controller-Bereich und den Berufsgruppen der Patientenbetreuung. Zwischen den Netzwerkpartnern findet ein Informationstransfer im Sinn des Ressourcenaustausches[246] statt. Im Vordergrund steht die Erfüllung der Querschnittsfunktion, um durch gemeinsame Definition, Erarbeitung und Umsetzung von Arbeitsaufgaben die klar definierten Unternehmensziele zu erreichen und den bestehenden hohen Qualitätsansprüchen gerecht zu werden.

Durch die Netzwerkzusammenarbeit entstehen arbeitsbezogene Abhängigkeiten zwischen den Leistungserbringern. Die Leistungserstellung der Netzwerkpartner muss aufeinander abgestimmt, koordiniert und auf die Ziele der Netzwerkorganisation ausgerichtet stattfinden, um die gewünschten Erfolge zu erzielen. „Der Ausdruck Koordination bezeichnet eine bestimmte Zuordnung der Glieder eines Gefüges derart, dass eine verbindende innere Beziehung der Glieder auf das übergeordnete Ganze entsteht."[247]

Die netzwerkinterne Koordination erfolgt durch
- persönliche Weisungen (z. B. hierarchische Weisungen)
- Selbstabstimmung (z. B. Meinungsbildner)
- Programme (z. B. Leitlinien)
- Pläne (z. B. Wirtschaftsplan)
- Organisationskultur (z. B. Vertrauen).[248]

In Anlehnung an Sydow[249] unterscheidet man zwischen vier zentralen Funktionen (beziehungsspezifischen Handlungsbereichen) der Managementaufgaben in einem Netzwerk.

---

245 Da es sich um ein Netzwerk für die gemeinsame Controlling-Tätigkeit handelt und nicht um Controlling eines Netzwerkes, wurde der Begriff bewusst ohne Bindestrich definiert.
246 Vgl. Ahlert/Evanschitzky 2003, S. 46
247 Kosiol 1968, S. 77
248 Vgl. Braun 2004, S. 32
249 Vgl. Sydow 2003, S. 310f

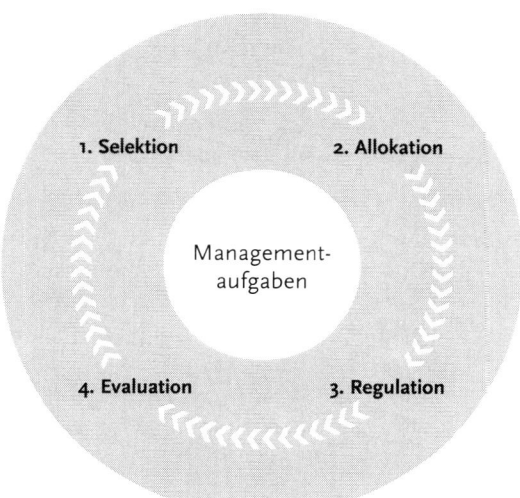

1. **Selektion:** Bei der Auswahl der Netzwerkpartner spie t Vertrauen eine wichtige Rolle. Luhmann[251] betont, dass kooperatives Handeln und koordiniert ablaufendes Einzelhandeln Vertrauen erschließt. Dies geschieht durch die Reduktion von Komplexität. Es entstehen Handlungsmöglichkeiten, die ohne Vertrauen unwahrscheinlich und unattraktiv geblieben, also nicht zum Zuge gekommen wären. Dieser Schritt ist einer der wichtigsten im Netzwerkgestaltungsprozess. Bei der Auswahl müssen bei den Netzwerkpartnern die Kompetenzen und Intentionen zur Erfüllung der Netzwerkziele beachtet werden.

2. **Allokation:** Sie umfasst sowohl Vergabe einzelner Aufträge im Netzwerk als auch Auftragsvergabe im Rahmen der Weiterentwicklung des Netzwerkes. Hier erfolgt die Verteilung der Aufgaben und Ressourcen im Netzwerk. In dieser Phase müssen bereits die Zuständigkeiten aufgeteilt und die Grundlage für eine gemeinsame Wissensbasis gelegt sein.

3. **Regulation:** Entwicklung und Durchsetzung konkreter Regeln für die Zusammenarbeit.

4. **Überprüfung des Netzwerkerfolges:** Die Überprüfung des Netzwerkerfolges ist als Controllingaufgabe zu sehen, da die Überwindung netzwerktypischer Informations-, Planungs-, Koordinations- und Kontrollprobleme Kernaufgabe des Controllings ist. Um auch in Netzwerken ein klares Controllingselbstverständnis zu leben, ist es wichtig auf die Aufgaben von Ma-

250 Nach Sydow 2003, S. 312
251 Vgl. Luhmann 2000, S. 30

nagern und Controllern einzugehen. Kooperationen sind aufgrund der Querschnittsfunktion für das gesamte Unternehmen von Bedeutung.[252]

5.3.2 Die Rolle der medizinischen, therapeutischen und diagnostischen Gesundheitsberufe in einem Krankenhaus

Ein effizienter Behandlungsprozess bedarf jedenfalls einer berufsübergreifenden und fächerübergreifenden Kooperation aller medizinischen und nicht medizinischen Berufsgruppen in einer Krankenanstalt. Zu den Berufsgruppen der medizinischen, therapeutischen und diagnostischen Gesundheitsberufe, in der Folge kurz MTD genannt, zählen u. a. Radiologietechnologen, biomedizinische Analytiker, Orthoptisten, Logopäden, Physiotherapeuten, Diätologen und Ergotherapeuten. Die Aufgaben und Tätigkeiten der beschriebenen Berufsgruppen haben Einfluss auf den Behandlungsprozess und den Behandlungserfolg eines Krankenhauses. Um diese unterstützenden Prozesse zu verdeutlichen, stellt sich der Behandlungsprozess (unter besonderer Berücksichtigung der leistungserbringenden Berufsgruppe MTD) in einem Krankenhaus mit Hilfe einer Diagnosestraße wie folgt dar:

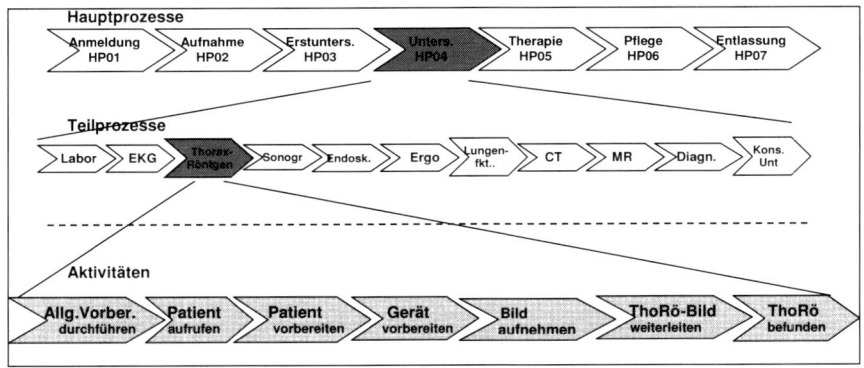

ABB. 43: Prozesse in einer Diagnosestrasse[253]

Mit Hilfe dieser Diagnosestraße werden einige wichtige Aufgabengebiete und Arbeitsfelder der MTD im Gesamtprozess eines Krankenhauses dargestellt. Von der Aufnahme bis zur Entlassung tragen die Aktivitäten der MTD zum Diagnoseerstellungs- und Therapieerfolg bei der Behandlung von Krankheitsbildern bei.

---

252 Siehe Kapitel *Controlling als Antwort auf die neuen Herausforderungen an das Management*
253 Vgl. Hartinger 2007

Abteilungen/Funktionen

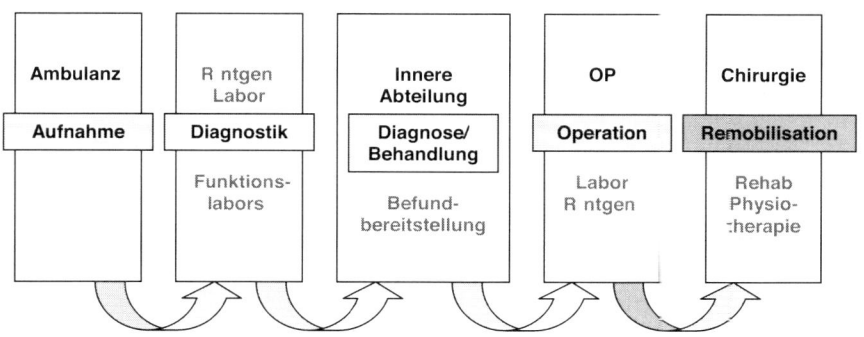

5.3.3 Netzwerk Controlling – eine neue Herausforderung an die Organisationsstruktur eines Krankenhauses

Da der Controlling-Prozess im gesamten Unternehmen stattfinden muss, ist die Idee eines interdisziplinären Controlling-Teams (Betriebswirt, Arzt, Pflegedienst (DGKS/P), MTD, Prozessmanager, Kostenrechner) nahe liegend. Dieser neue Controlling-Ansatz fördert die Kommunikation mit den Vertretern der einzelnen Berufsgruppen und bringt mehr Transparenz in die komplexen Controlling-Aufgaben.

Die komplexe Organisationsstruktur eines Krankenhauses und der steigende Kostendruck auf NPOs machen eine ständigen Verbesserung der bestehenden Controlling-Instrumente notwendig. Diese Instrumente müssen in der Lage sein, der Dynamik der Entwicklung im medizinischen Bereich standzuhalten bzw. sie zu dokumentieren und rechtzeitig Informationen zur Betriebssteuerung zu liefern. Die Controlling-Tätigkeit, die, um das Ziel der Betriebssteuerung erfüllen zu können, selbst als Prozess gesehen werden muss[255], ist in diesem Umfeld interdisziplinär zu organisieren. Das Zusammenwirken im Rahmen des „Netzwerk Controlling" soll hier als Beispiel für diese interdisziplinäre Tätigkeit vorgestellt werden.

Die Basis dafür sind
* ein unternehmensweiter gültiger und akzeptierter Controlling-Prozess,
* die Leistungsdokumentation in den nicht bettenführenden und bettenführenden Bereichen
* die Anforderungen, die sich aus dem Österreichischen Struktur- und Gesundheitsplan sowie dem jeweils gültigen LKF-Modell ergeben.

254 Vgl. eigene Adaptierung nach Hartinger 2007
255 Vgl. Klausner 2005, S. 47ff

5.3.4   Darstellung der Tätigkeiten im Netzwerk Controlling

Die Berufsgruppen der medizinischen, therapeutischen und diagnostischen Gesundheitsberufe spielen, wie bereits beschrieben, eine wichtige Rolle im interdisziplinären Spitalsalltag und leisten einen essenziellen Beitrag zur Auftragserfüllung und der Gesamtleistung einer Krankenanstalt. Im Mittelpunkt all dieser Aufgaben steht der Mensch: der Patient, der Kunde. Die folgende Abbildung zeigt das im Allgemeinen Krankenhaus Wien etablierte Netzwerk Controlling.

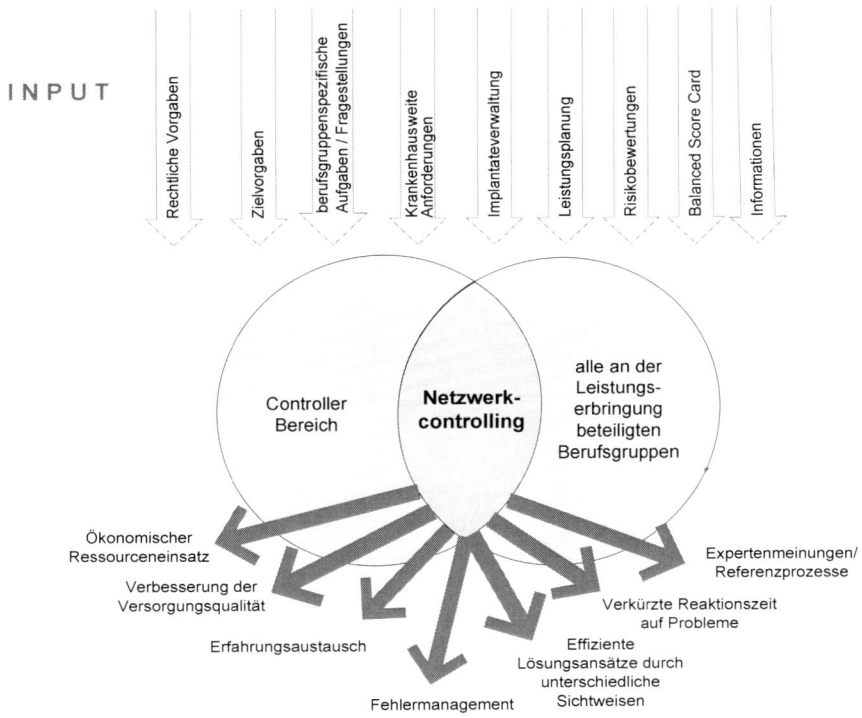

ABB. 45:   Schematische Darstellung Netzwerk Controlling-AKH[256]

Durch die Einrichtung eines Netzwerk Controlling-Teams (bestehend aus Mitgliedern der Abteilung Controlling und MTD) ist es gelungen, berufsgruppenspezifische Controlling-Aufgaben für den MTD-Bereich zu definieren, Lösungen zu erarbeiten und umzusetzen. Der Abteilung Controlling (= Control-

256 Eigene Darstellung

ler-Bereich) kommt im Zuge dieser Kooperation in erster Linie eine unterstützende bzw. vorgebende Rolle als Eigner des Controlling-Prozesses zu.

Die Rolle des Controller-Bereiches ändert sich in einem Netzwerk-Prozess dahingehend, dass der Controller-Bereich den Netzwerkpartnern in einer Servicefunktion betriebswirtschaftliche Systeme und Beratungsleistungen in Form von Methoden, Analysen und Reports (das Controlling-Informationssystem des Unternehmens) als Basis für Verhandlungen und zur Entscheidungsfindung zur Verfügung stellt.

Durch die Zusammensetzung des Teams aus unterschiedlichen fachlichen Disziplinen ist schließlich ein Expertenteam entstanden. Die Auswahl der MTD-Netzwerkpartner für das Netzwerk Controlling wurde anhand folgender Kriterien getroffen:

*   Herkunft aus unterschiedlichen Berufsgruppen (Ergotherapie, Radiologietechnologie, Physiotherapie usw.), um ein weit gefächertes Netzwerk zu erzeugen,
*   besondere Berücksichtigung der Kooperationsbereitschaft sowie der Wille, das im Netzwerk erarbeitete Wissen anzuwenden. Keine Scheu vor Neuem
*   Bereitschaft zum „Self-Controlling", d. h. Controlling-Funktionen im eigenen Bereich selbst ausführen.

Die Mitglieder dieser Kerngruppe treffen einander einmal monatlich zum Erfahrungsaustausch, zur Evaluierung und Diskussion neuer Arbeitsaufgaben sowie zur Klärung aktueller Fragestellungen. Ziel ist es, die unternehmensbezogenen Prozesse mit konsistent eingesetzten Instrumenten zu unterstützen, um das gesamte Unternehmen entsprechend seiner Ziele zu steuern.

Um die abgebildeten Ergebnisse zu erlangen, muss der Controller zu allen wichtigen Bereichen eines Unternehmens Kontakt haben. Um effiziente Problemlösungsansätze durch unterschiedliche Meinungen und Sichtweisen erarbeiten zu können, müssen alle betroffenen Berufsgruppen an einen Tisch geholt werden. Erst durch gemeinsame, interdisziplinäre Gespräche können die Ziele und die damit verbundenen Aufgaben im Detail aufeinander abgestimmt werden.

Betroffene werden zu Beteiligten gemacht, das ist der Grundgedanke des Netzwerks Controlling. Controlling-Aufgaben sind von jeder Führungskraft eines Unternehmens wahrzunehmen, in Form von „Self-Controlling"[257] oder in Form der beschriebenen kooperativen Zusammenarbeit durch Nutzung von Synergieeffekten – dem Netzwerk Controlling. Durch dieses Netzwerk entsteht ein einzigartiger Informations- und Wissensaustausch zwischen Ex-

257 Vgl. Eschenbach 1995, S. 51

perten der Abteilung Controlling und Experten der Abteilung für medizinische, therapeutische und diagnostische Gesundheitsberufe.

5.3.5   Leistungsdokumentation

Leistungskennzahlen (Leistungsdokumentation im nicht bettenführenden und stationären Bereich) sind sowohl für den Controller als auch für die Leistungserbringer der jeweiligen Fachdisziplin von großer Bedeutung. Zur Abbildung des Leistungsgeschehens in einer Krankenanstalt werden die dokumentierten Leistungen herangezogen. Diese Zahlen werden nicht nur zur Leistungsplanung, oder zur Darstellung des aktuellen Leistungsgeschehens, sondern auch als Grundlage für Personalbedarfsberechnungen herangezogen. Eine lückenlose Leistungsdokumentation im nicht bettenführenden sowie im bettenführenden Bereich ist wichtig für

- eine höhere Leistungs- und Kostentransparenz
- die langfristige Eindämmung von Kostensteigerungen
- die Reduktion unnötiger Mehrfachleistungen
- ein österreichweit einheitliches, einfaches Instrumentarium für gesundheitspolitische Planungs- und Steuerungsmaßnahmen.

Das Bewusstsein einer ordnungsgemäßen Dokumentation ist daher essenziell für jede Art von Leistungsdatenanalysen (z. B. Personalbedarf der MTD).

Aktuell erfolgt die Leistungsdokumentation im nicht bettenführenden Bereich nach dem im jeweiligen Bundesland gültigen Katalog. Im Gegensatz zum Stationärbereich existiert für den nicht bettenführenden Versorgungsbereich derzeit keine bundesweit einheitlich geregelte Diagnosen- und Leistungsdokumentation. Ein Datenvergleich ist daher kaum möglich. Die Dokumentation der erbrachten Leistungen nach einem auf Kostenkalkulationen aufbauenden Katalog im nicht bettenführenden Bereich dient folgenden Zwecken:

- Erfassung der tatsächlichen Häufigkeit der Leistungen (Abbildung des Leistungsspektrums)
- Basis zur innerbetrieblichen Leistungsverrechnung (Belastung der anfordernden Stelle und Entlastung der erbringenden Stelle)
- Verrechnungsbasis für Selbstzahler, für Patienten anderer Krankenanstalten oder externe Einsender
- Datenbasis für die Entwicklung eines neuen „österreichweiten Leistungskataloges": Ziel ist es, diesen neuen Leistungskatalog sowohl im spitalsambulanten als auch im niedergelassenen Bereich einzusetzen, aber auch die „neue" ambulante Datenbasis zur Leistungsangebotsplanung und zur Planung bzw. Verbesserung des Ressourceneinsatzes im nicht bettenführenden Bereich zu nutzen. Durch diese Weiterentwicklung des ambulan-

ten Leistungskataloges soll die Erstellung der Basis für Einführung eines ambulanten LKF-Modells, gleich dem stationären LKF-Modell (Abrechnung nach LKF- Punkten), erreicht werden.[258] Im anglo-amerikanischen Raum werden beispielsweise unterschiedliche Leistungen anhand des gesamten Ressourcenaufwandes (Personal, Zeit, Aufwand in Bezug auf Durchführung und Befundung, Patientenbetreuung) unterschiedlich gewichtet. Dadurch werden Leistungen auch unabhängig von der zahlenmäßigen Erfassung mess- und vergleichbar.

Diese stetige Weiterentwicklung neuer Dokumentations- und Leistungsabrechnungsmodelle zur Darstellung der spezifischen Leistungsgeschehen (ambulant und stationär) ist mit einer Vielzahl von technischen und organisatorischen Infrastrukturänderungen verbunden und betrifft alle Berufsgruppen eines Krankenhauses. Das Ziel einer lückenlosen Leistungsdokumentation und eines hohen Dokumentationsstandards ist nur durch Einbeziehung aller Berufsgruppen in den Neuerungsprozess möglich. Jede Berufsgruppe sollte eigenständig durch „Self-Controlling" ihre Leistungsdaten auf Plausibilität überprüfen, um im Falle von Abweichungen rasch Gegenmaßnahmen treffen zu können.

Personalbedarfsanalyse im Rahmen des Netzwerk Controlling

Ein essenzielles Thema der Expertengruppe Netzwerk Controlling im AKH Wien stellt die Personalbedarfsanalyse aufgrund der Frequenzen und der kalkulierten Personalbindezeiten der erbrachten Leistungen laut Ambulanzselbstzahlerkatalog (ASK) bzw. MEL dar.

Um eine realistische Personalbedarfsberechnung durchzuführen, einigte man sich in der Expertengruppe auf Maßnahmen zur Optimierung der Personalbedarfsanalyse (siehe Abb. 46):

- Überprüfung der bestehenden Kalkulationen auf Richtigkeit (Personalbindezeiten)
- Neukalkulation von Leistungen (Überprüfung des Leistungsspektrums auf Vollständigkeit)
- Durchführung von Arbeitszeitanalysen (Vergleich der Leistungszeit in der ASK-Kalkulation mit der tatsächlichen Personalzeit laut Tätigkeitsanalyse)
- Berücksichtigung von Qualitätsmesszeiten, Zeiten für Hygienemaßnahmen, Zeiten für administrative Tätigkeiten nach einer Untersuchung („Rüstzeiten")
- Berücksichtigung des Gleichzeitigkeitsfaktors (Arbeit für einen Mitarbeiter, Arbeit für gleichzeitig zwei Mitarbeiter)

258 Vereinbarung gemäß Art 15a-B-VG über die Organisation und Finanzierung des Gesundheitswesen – Jahrgang 2008, 12.Abschnitt Dokumentation, Artikel 37, Sicherstellung und Weiterentwicklung der Dokumentation

Für die aktuellen Personalbedarfsanalysen wurden folgende Vorgangsweisen festgelegt:

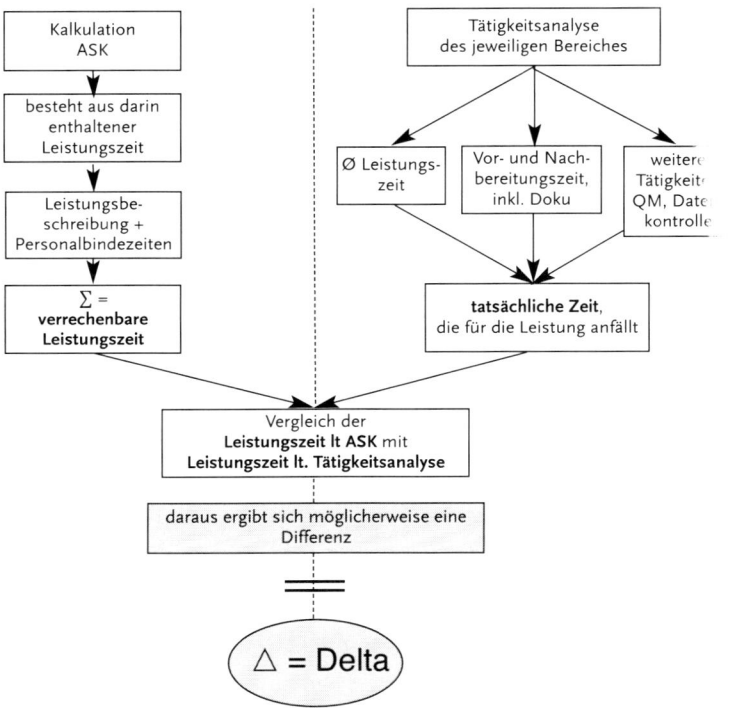

Personalbedarfsanalyse

Eine vollständige Bedarfsanalyse umfasst die **Analyse der jeweiligen ASK-Kalkulation** und eine **Tätigkeitsanalyse** der zu erbringenden Leistung. Steht keine ASK-Kalkulation zur Verfügung oder sind die in den Kalkulationen enthaltenen Zeilen unplausibel, ist als Basis für die Personalbedarfsberechnung nur die Tätigkeitsanalyse heranzuziehen.

ABB. 46: PERSONALBEDARFSBERECHNUNG NEU[259]

259 Eigene Darstellung (Eigenschink/Reich)

Die Evaluierung der aktuellen Personalbindezeiten bedarf der Mitarbeit jedes einzelnen Fachexperten der Abteilung Medizinische, therapeutische und diagnostische Gesundheitsberufe (AMT). Die Koordination und Beratung bei der Umsetzung der Personalbedarfsanalyse Neu wird interdisziplinär durchgeführt und ist als Kooperationsleistung mit der Abteilung Controlling im Netzwerk Controlling zu bewerten.

Mit Hilfe der durchgeführten Personalbedarfsanalyse ist eine effizientere Aufteilung, aber auch Umverteilung von Planposten auf die einzelnen Fachbereiche möglich. Ist ein Mehr- oder Minderpersonalbedarf evaluiert und begründet, können die Ressourcen dementsprechend umverteilt werden. Entsteht durch Gravidität, Pensionierung oder Fluktuation eine Personallücke, wird die Personalbedarfsanalyse des jeweiligen Bereiches herangezogen, um entweder den frei gewordenen Planposten nachzubesetzen oder den Planposten einem Bereich zuzuordnen, der personell unterbesetzt ist. Eine aktuelle Auswertung der bereits durchgeführten Personalbedarfsanalysen Neu im MTD-Bereich zeigt beispielsweise folgendes Ergebnis:

OAss-Bereiche	Anzahl Unter-bereiche je OAss	keine Bereichs-analyse		durchgeführte Bereichs-analysen		Ist-Personal-besetzung in % zu Stichtag
		absolut	%	absolut	%	
1	36	10	28%	26	72%	105%
2	67	17	25%	50	75%	94%
3	16	8	50%	8	50%	85%
4	47	20	43%	27	57%	97%
5	3	0	0%	3	100%	94%
6	14	4	29%	10	71%	89%
7	20	12	60%	8	40%	99%
8	17	6	35%	11	65%	94%
Gesamt-bereich AMT	220	77	35%	143	65%	91%

Legende:
OAss   Oberassistent
ABB. 47:   BEREICHSANALYSEN MTD-BEREICH[260]

Jedem Bereich ist eine bestimmte Anzahl an Mitarbeitern unterschiedlicher Berufsgruppen (z. B. Bereich 1: Biomedizinische Analytiker, Dipl. med.-techn. Fachkräfte, Radiologietechnologen, OP-Gehilfen, Physiker, Techniker, Desinfektions-, Anstaltsgehilfen) zugeordnet. Jeder OAss. hat einen definierten Kompetenz- und Verantwortungsbereich. Das aktuelle Ergebnis der in 143 von 220 Unterbereichen durchgeführten Bedarfsanalysen zeigt, dass durchschnittlich 91% der Planposten je Bereich besetzt sind. Die Summenbetrach-

260 Vgl. AKH Bereichsanalysen des MTD-Bereiches (31.3.2009)

tung greift zu kurz, da die Situation in den einzelnen Bereichen unterschiedlich ist.

Folgende Maßnahmen können aus oben stehender Tabelle abgeleitet werden:

a) Durchführung der 35% fehlenden Bereichsanalysen (absolut 77)
b) Abzug von Stellen im Zuständigkeitsbereich 1, sobald durch Fluktuation oder Pensionierung Stellen frei werden, bis die Ist-Personalbesetzung auf 100% reduziert ist.
c) Zuteilung von Plan-Stellen bzw. Beantragung von neuen Plan-Stellen für die Zuständigkeitsbereiche 2 bis 8, sodass eine Ist-Personalbesetzung von 100% erreicht wird. Der Schwerpunkt wird dabei auf die Bereiche 3 und 6 zu legen sein. Besonders im Bereich 3 werden die noch durchzuführenden Analysen und der Vergleich mit der Leistungsdokumentation weitere Informationen über den genauen Bedarf liefern.

Die Ergebnisse der Unterbereichsanalysen werden von der AMT zur Entscheidungsfindung für Planpostenbesetzungen bzw. Personalumschichtungen herangezogen. Die transparenten Ergebnisse der Analysen werden für Anpassungen des Personalbedarfs an die evaluierte Arbeitssituation genutzt. Die Stellenbeschreibungen der Mitarbeiter werden neu adaptiert. Ein weiterer Vorteil der Personalbedarfsanalyse ist die Evaluierung der tatsächlichen Personalbindezeiten inklusive Vor- und Nachrüstzeiten. Diese Zeiten können für Verbesserungen im Arbeitsablauf, aber auch als Datenbasis für Betriebszeitenänderungen herangezogen werden.

Weiters wird die Plausibilität der kalkulierten Personalbindezeiten je erbrachter Leistung geprüft. Leistung bzw. Leistungserbringung, gesehen als Prozess, werden ständig weiter entwickelt, wodurch sich die Personalbindezeiten ändern. Ist eine Leistung im Vergleich der kalkulierten Personalbindezeiten mit jenen der Personalbedarfsanalyse zu hoch oder zu niedrig bewertet, besteht Handlungsbedarf. Die Unterschiede sind eindeutig aufzuzeigen, um durch Neu- oder Nachkalkulation der Leistungen eine adäquate Leistungsabrechnung zu erzielen und den Personaleinsatz adäquat abzubilden. Da die bestehenden Leistungskalkulationen die Personalbindezeiten aller an der Leistungserbringung beteiligten Berufsgruppen enthalten, kann die Methodik des Personalbindezeitenvergleichs (tatsächliche vs. kalkulierte Personalbindungszeiten) auch auf alle anderen Berufsgruppen ausgeweitet werden. Die Analyseergebnisse werden auch herangezogen, um den adäquaten Arbeitsaufwand eines Bereiches zu ermitteln. Sie dienen als fundierte Grundlage, um festgestellte Fehlzeiten zu reduzieren.

Die Leistungs- und Personalentwicklung in den klinischen Bereichen, für die die Radiologie Leistungen erbringt, darf hier nicht außer Acht gelassen werden. Veränderungen in der Leistungs- und Personalstruktur dieser Bereiche (z. B. Orthopädie, Chirurgie) müssen sich auch in der Radiologie nieder-schlagen, um das Funktionieren der betrieblichen Abläufe sicherzustellen.[261]

Bedarfsanalysen sind ein wichtiges Werkzeug, um Ansatzpunkte für Maß-nahmen bei allen an einer Leistung beteiligten Berufsgruppen zu erkennen und auch eine Möglichkeit, gut funktionierende „interdisziplinäre" Bereiche zu identifizieren und deren Erfahrungswerte positiv zu nutzen. Der Nutzen dieser Vorgehensweise spiegelt sich in der Patienten- und Mitarbeiterzufrie-denheit wider.

Beispiel: Universitätsklinik für Radiodiagnostik

Im Radiologietechnologen-(RT)-Bereich der Universitätsklinik für Radiodiag-nostik wurden bereits vor Etablierung der beschriebenen Methode die Perso-nalbedarfsanalysen genutzt, um Schwachstellen im Organisationsablauf zu erkennen und Optimierungen vorzunehmen. Die Daten der homogenisierten Leistungserfassung werden für die „RT-Struktur Neu" zur Evaluierung heran-gezogen und mit den Ergebnissen aus der Personalbedarfsanalyse vergli-chen. Wesentlich für die Umstrukturierungen war der fachspezifische Aspekt. Das Ziel der Datenhomogenisierung besteht darin, für zukünftige unterneh-merische Entscheidungen eine gesicherte Datenbasis zur Verfügung zu haben. Aus Sicht der Klinik ist dies eine Investition in die Zukunft.

Vor der Umstrukturierung nutzte jede Klinische Abteilung der Univer-sitätsklinik für Radiodiagnostik die Großgeräte (MR, CT) an bestimmten, fest-gelegten Wochentagen und Nächten mit dem ihr zugeordneter MTD-Per-sonal. Daraus resultierten sowohl eine unterschiedliche und heterogene Auslastung bzw. Bindung der Großgerätekapazität als auch ein von den An-sprüchen der jeweiligen klinischen Abteilung abhängiges Ausbildungsniveau der Radiologietechnologen. Eine modalitätenzentrierte, optimale Nutzung der Personalressourcen war somit nur bedingt möglich.

Ausgangspunkt für die Umstrukturierung war eine durch die Leiter der kli-nischen Abteilungen getroffene Übereinkunft, die Nutzung der einzelnen Großgeräte bedarfsorientiert zwischen den Abteilungen aufzuteilen. Zur Ver-besserung der Auslastung wurden daher alle an den Großgeräten arbeiten-den RT der drei Klinischen Abteilungen für Radiodiagnostik in übergeordne-ten RT-Pools für MR und CT zusammengefasst. Vorteil dieser RT-Pools ist die Nutzung der Personalressourcen für alle Klinischen Abteilungen der Radiodi-agnostik, ein einheitliches Schulungsniveau der RT und die Möglichkeit, die Untersuchungsmodalitäten für alle Fachdisziplinen Tag und Nacht anbieten zu können. Somit wurde durch gezielte Maßnahmen sowohl eine Steigerung der Leistungszahlen und Großgeräteauslastung bewirkt, als auch eine Ver-minderung der Stehzeiten und eine flexiblere, fächerübergreifende Nutzung der Personalressourcen erreicht.

261 Royal College of Radiologists 1999, S. 23

MR-Pool	MR-Geräte	Auslastung in % des Gerätes	Anzahl des zugeteilten Personals bei Vollauslastung in %	Zuteilung des Personals auf Grund der Auslastung in %
100 % Personal	A	100	20	20,0
	B	107	20	21,4
	C	99	20	19,8
	D	90	20	18,0
	E	87	20	17,4

ABB. 48: BEISPIEL – PERSONALPOOL MR[262]

Im dargestellten Beispiel werden 5 MR-Geräte durch Personal, das in einem Pool zusammengefasst ist, betrieben. Diesem Personalpool stehen 100% Planstellen zur Verfügung. Bei Vollauslastung aller 5 MR-Geräte stehen für jedes Gerät aus dem Personalpool 20% Planstellen zur Verfügung. Verschieden lange Betriebszeiten der Geräte werden bei der vereinfachten Betrachtungsweise außer Acht gelassen. Eine Berücksichtigung kann über Gewichtungsfaktoren erfolgen. In der Praxis ist die Situation weit komplexer, da je nach Anforderung auch stundenweise Personal zugeteilt werden muss. Eine genaue Planung unter Berücksichtigung der Qualifikationen des Personals ist hier unerlässlich.

Ergibt sich – wie unter B – eine Überschreitung der 100%-igen Auslastung (z. B. längere Betriebszeiten aufgrund stärkeren Patientenaufkommens), erfolgt der entsprechende Personalausgleich durch Zuteilung von 21,4% der Planstellen.

Ergibt sich – wie in D und E – eine Unterschreitung der 100%-igen Auslastung (z. B. dadurch, dass medizinische Notwendigkeiten Zuteilungen von Patienten zu Geräten mit unterschiedlichem Leistungsvermögen erfordern), erfolgt entsprechende Reduzierung der Personalzuteilung auf 18 bzw. 17,4%.

In der Kostenrechnung ist die Universitätsklinik für Radiodiagnostik in der folgenden Struktur abgebildet:
- Klin. Abt. f. Allgemeine Radiologie und Kinderradiologie
- Klin. Abt. f. Kardiovaskuläre und Interventionelle Radiologie
- Klin. Abt. f. Neuroradiologie und Muskuloskeletale Radiologie

Für die Kostensammlung dienen weitere Kostenstellen, die einer Abteilung „Univ. Klinik für Radiodiagnostik Allgemein" zugeordnet sind. Voraussetzungen für das Funktionieren des integrierten Rechnungswesens sind die Admi-

262 Eigene Darstellung

nistration der Patienten und die Erfassung der Leistung direkt bei der Erbringung durch die Radiodiagnostik. Hinter diesem organisierten Ablauf steht ein sehr komplexes Projekt des Medizinisch-technischen Dienstes der Universitätsklinik für Radiodiagnostik, in dem unter Einbindung des Controller-Bereiches/Kostenrechnung und des für die Wartung des EDV-Betriebssystems zuständigen Lieferanten die Leistungsdatenerfassung mittels sogenannter „Leistungsbäume" spezifiziert und die Leistungsdatenerfassung klinikweit homogenisiert wurden. Abb. 49 zeigt einen Auszug des Leistungsbaumes für die Modalität „Magnetresonanz". Die Zuordnung erfolgt nach:

- Körperregion (z. B. Schädel)
- Verästelung Subbereich A (z. B. Gehirnschädel)
- Verästelung Subbereich B.

Jede unter Verästelung A bzw. B abgebildete Untersuchung ist im EDV-System mit einem monetären Wert hinterlegt, der mittels Codierung nach dem ASK- und/oder MEL-Katalog abgebildet wird. Die Codierung wird einmal jährlich auf ihre Aktualität geprüft. Quittiert nun der Radiologietechnologe die tatsächlich erbrachte Leistung, wird im Hintergrund der mit der Leistung verknüpfte Code zur Leistungsverrechnung im integrierten Rechnungswesen weitergeleitet. Da für jede zu erbringende Leistung gleichzeitig die entsprechende Personalbindungsdauer ermittelt und im Rahmen der Leistungsverrechnung elektronisch mit dokumentiert wird, errechnet nun das EDV-System gleichzeitig die tatsächliche Personalbindungszeit (d. h. Personalaufwand/Untersuchung).

Beispiel einer Codierung:[263]

- ASK 2436 Magnetresonanz 1. Sequenz – [4.1.1.][264] – verrechnet werden alle berechneten Sequenzen mit Ausnahme der Suchersequenzen,
- ASK 2437 (Magnetresonanz, jede weitere Sequenz) – [4.1.2.],
- ASK 2438 (Verabreichung eines Kontrastmittels für Magnetresonanz) – [4.1.3.],
- MEL-Code: ZA030 MR-Kopf und Hals; ZA040 MR-Angiografie Kopf und Hals.[265]

Mittels dieser modalitätenzentrierten Leistungsbäume werden so die grundlegenden Daten für die innerbetriebliche Leistungsverrechnung (leistungserbringende und -anfordernde Kostenstelle, z. B. MR und Station, an der der Patient aufgenommen ist) erfasst. Für die Erfassung der Leistung ist ein bewerteter (mit Kalkulationen hinterlegter) Leistungskatalog Voraussetzung.

---

263 Vgl. www.wien.gv.at/recht/landesrecht-wien/landesgesetzblatt/jahrgang/2009
264 Die in [...] dargestellte Nummerierung entspricht der originalen Bezugsgröße aus dem oben genannten Landesgesetzblatt
265 Vgl. www.bmgfj.gv.at/ Katalog der Medizinischen Einzelleistungen

(1) Modalität	(2) Zuordnung nach Körperregion	(3) Verästelung Subbereich A	(4) Verästelung Subbereich B	Leistung
Magnetresonanz	Schädel	Gehirnschädel Gesichtsschädel Schläfenbein		Verknüpfung mit ASK- und/oder MEL-
	Hals	Hals Schluckakt		Code *)
	Wirbelsäule	HWS HWS + BWS BWS BWS + LWS LWS Kreuzbein Gesamte Wirbelsäule		
	Thorax	Plexus obere Thoraxapertur Gesamter Thorax Herz		
	Mamma	Mamma Mamma Biopsie Mamma Markierung		
	Abdomen	oberes Abdomen Leber / Bauchspeicheldrüse	Leber Bauchspeicheldrüse MRCP	
		Niere	Niere / Nebenniere Urographie	
		Darmtrakt	Enteroclysma Colon	
		Becken Prostata	Prostata Endorektal	
		gesamtes Abdomen		
	Extremitäten	Achsel obere Extremitäten untere Extremitäten Oberarm Unterarm Oberschenkel Unterschenkel Fuß Hand diverse		
	Gelenke	Kiefergelenk Schulter Ellbogen Hand SIG Hüfte Knie Sprunggelenk Fuss diverses		
	Gefäße	Cranial Carotis Subclavia Aorta	Gesamtaorta Thorakal Abdominal	
		Herz Leber Niere Becken-Bein Becken Oberschenkel Unterschenkel obere Extremitäten sonstige Gefäße		
	Fetal	Gesamt Gehirn Corpus		
	Ganzkörper MR Biopsie RFA Aethanol			

ABB. 49: AUSZUG AUS DEM LEISTUNGSBAUM „MAGNETRESONANZ"[266]

266 Eigene Darstellung (OAss. Wagner)

Zusätzlich ist zu gewährleisten, dass die MEL für die Dokumentation nach dem LKF-Modell zum parallel laufenden stationären Fall gebucht wird.

Der Output dieses enormen Arbeitsaufwandes, des beschriebenen Leistungserfassungs- und Leistungsverrechnungssystems, durch Gegenüberstellung der kalkulierten Personalbindezeiten mit jenen der Arbeitszeitanalyse wird zukünftig Einfluss auf die Personalplanung und einer ökonomischeren Ressourceneinsatz (Personaleinsatz) haben.

5.3.6 Weiterentwicklung und Zusammenfassung

Um nicht nur kurz- und mittelfristigen, sondern auch den langfristigen Entwicklungen Rechnung zu tragen, wird im Netzwerk Controlling besonderes Augenmerk auf die strategische Ressourcenplanung (Leistungsplanung) gelegt. Durch Steigerung der Profitabilität mittels gestärkter Kosten- und Erlösverantwortung der Mitarbeiter der Gesundheitsberufe soll ein effizienter Ressourceneinsatz sichergestellt werden. Der Aufbau des Netzwerks Controlling ist ein großer Schritt in diese Richtung. Er soll die Controlling-Arbeit noch tiefer in der gesamten Organisation verankern, eine schnellere Reaktionsfähigkeit auf Veränderungen sicherstellen und Innovationen ermöglichen.

5.4   Pharmazeutisches Controlling

Elfriede Dolinar

Der Controller-Bereich eines Krankenhauses wird durch die Mitarbeit der hauseigenen Krankenhausapotheke[267] maßgeblich unterstützt und vice versa. Die so entstehende Controlling-Tätigkeit ist Gegenstand der folgenden Ausführungen. Pharmazeutisches Controlling ist eine der Aufgaben der Krankenhausapotheke.[268] Da diese nicht nur für die Beschaffung von Arzneimitteln, sondern auch von diversen Medizinprodukten und sonstigen krankenhausspezifischen Waren zuständig ist, umfasst Pharmazeutisches Controlling weit mehr als das im Krankenanstalten- und Kurgesetz genannte Arzneimittelcontrolling.[269]

Mit der Beschaffung eng verbunden ist das Einkaufscontrolling. Die Gründung von Einkaufsgemeinschaften hat zum Ziel, durch Bündelung von Volumina die Marktmacht zu stärken und so bessere Konditionen zu erzielen. Pharmazeutisches Controlling bzw. Arzneimittelcontrolling im engeren Sinne findet des Weiteren im Krankenhaus in verschiedenen Bereichen und Ausprägungen statt, z. B. durch die Mitarbeit der Krankenhausapotheke in diversen Kommissionen. Diese sind entweder gesetzlich vorgeschrieben, wie z. B. die Arzneimittelkommission, oder auf freiwilliger Basis etabliert, entweder nur für das eigene Krankenhaus oder rechtsträgerübergreifend.

Krankenhausapotheker werden seitens des Controller-Bereiches zu Zielvereinbarungsgesprächen mit Primarärzten beigezogen. Anhand des vom Controller-Bereich zur Verfügung gestellten Berichtswesens kann die Apotheke Vorschläge zum alternativen Einsatz von Arzneimitteln und Medizinprodukten machen.

5.4.1   Beispiel einer Anstaltsapotheke

Die Anstaltsapotheke des Allgemeinen Krankenhauses der Stadt Wien – Universitätskliniken ist die größte Krankenhausapotheke Österreichs. Sie ist seit 1998 zertifiziert nach ISO 9001:2000 und organisatorisch eine Abteilung der Ärztlichen Direktion. Der Versorgungsauftrag umfasst nicht nur Arzneimittel, sondern auch Verbandstoffe, Nahtmaterial, Desinfektionsmittel, Diagnostika/Reagenzien, Nährmittel und Implantate. In Summe stehen Budgetmittel von ca.110 Millionen Euro (2009) zur Verfügung, wobei ca. 60% auf Arzneimittel und 20% auf Implantate entfallen. Die pharmazeutische Dienstleistung umfasst neben der Beschaffung die Herstellung von Arzneimitteln im

---

267 Die Begriffe Apotheke, Anstaltsapotheke und Krankenhausapotheke werden synonym verwendet.
268 § 41 Apothekenbetriebsordnung 2005
269 § 19a Krankenanstalten- und Kuranstaltengesetz

Chargenmaßstab, von patientenbezogenen applikationsfertigen Einzelzubereitungen wie Zytostatika, Virustatika, monoklonalen Ant körpern etc. Eine weitere wichtige Aufgabe ist die pharmazeutische Betreuung, d. h. Arzneimittelinformation und Klinische Pharmazie.

5.4.2   Rolle der Krankenhausapotheke im Controlling-Prozess

Laut einer Umfrage sind 42,6% der Leiter von Krankenhausapotheken in Krankenanstalten, die durch die Gesundheitsfonds finanziert werden, in den Controlling-Prozess eingebunden.[270] Als Datenbasis wird ein Artikelkatalog erstellt, der zwecks Vergleichbarkeit möglichst nach internationalen Kriterien aufgebaut sein soll. Der Artikelkatalog ist Teil der Materialwirtschaft und als solcher in das EDV-System der Krankenanstalt (z. B. SAP ERP) zu integrieren. Im Arzneimittelbereich empfiehlt es sich, vorzugsweise als Klassifizierung nach Indikationsgruppen oder Warengruppen das Anatomisch-Therapeutisch-Chemische Klassifikationssystem (ATC) nach der WHO zu verwenden. In der ATC-Klassifikation werden Wirkstoffe entsprechend dem Organ oder Organsystem, auf das sie einwirken, und nach ihren chemischen, pharmakologischen und therapeutischen Eigenschaften in verschiedene Gruppen eingeteilt.[271] Den Wirkstoffen wird eine definierte Tagesdosis (DDD) zugeordnet. Die DDD ist die angenommene mittlere tägliche Erhaltungsdosis für die Hauptindikation eines Wirkstoffes bei Erwachsenen. Durch die Anwendung des ATC-Codes können Auswertungen bis auf Wirkstoffebene durchgeführt werden. Um eine elektronische Preiswartung zu ermöglichen, wurde bei Arzneimitteln die Pharmazentralnummer im Artikelstamm vermerkt. Bei Diagnostika und Implantaten wurde seitens der Apotheke eine Bezeichnung gewählt, bei der im Namen des Produktes der Hersteller mittels eines Kürzels sowie die Herstellerteilenummer (Fremdartikelnummer) ersichtlich ist. Verbrauchsauswertungen z. B. für Antibiotika sind anhand der DDD möglich.

Um schon bei der Anforderung steuernd eingreifen zu können, werden im Artikelstamm Substitutionsmaterialien hinterlegt. Bei Anforderung eines Arzneimittels, das nicht gelistet ist, wird dafür automatisch ein anderes mit gleichem Wirkstoff oder ein wirkähnliches gleichwertiges Arzneimittel vorgeschlagen. Die Integration von Materialwirtschaft, Finanzbuchhaltung und Kostenrechnung sowie die Abbildung der oben beschriebenen Anforderungen erfordern neben einer ausgezeichneten Projektorganisation auch die laufende enge Zusammenarbeit zwischen Apotheke und Controller-Bereich und hoch qualifizierte und engagierte Mitarbeiter sowie die Detailkenntnis der Unternehmensorganisation und der Abläufe.

270 ICV 2008
271 Vgl. http://www.whocc.no/atcddd/

5.4.3 Zielvereinbarungen

Zielvereinbarungen sind verbindliche Absprachen zwischen der Krankenhausleitung und den Anwendern, üblicherweise den Primarärzten, für einen festgelegten Zeitraum (in der Regel ein Jahr) über zu erreichende Wirkungen bzw. Ergebnisse (Outcome) und/oder über die zu erbringenden Leistungen (Output) und die hierzu bereitgestellten Ressourcen, über Berichtswesen und Controlling sowie das Verfahren bei Abweichungen.

Im Rahmen des Controlling-Prozesses werden mit den medizinischen Fachbereichen (Kliniken bzw. Klinischen Abteilungen) jährliche Zielvereinbarungsgespräche geführt. In diesen wird gemeinsam der Leistungsumfang für bestimmte Therapieformen bzw. der Einsatz von besonders teuren Arzneimitteln und Implantaten festgelegt. Wenn zur Beurteilung pharmazeutisches Fachwissen notwendig ist, wird die Anstaltsapotheke in die Gespräche eingebunden. Auf jeden Fall sind die Ergebnisse der Zielvereinbarungen der Apotheke zu übermitteln.

5.4.4 Berichtswesen

Unter dem Begriff betriebliches Berichtswesen (auch Reporting) versteht man die Einrichtungen, Mittel und Maßnahmen eines Unternehmens zur Erarbeitung, Weiterleitung, Verarbeitung und Speicherung von Informationen über den Betrieb und seine Umwelt in Form von Berichten.

Um die Informationen zeitnah verwenden zu können, empfiehlt sich ein monatliches Berichtswesen (z. B. Plan-/Ist-Vergleich bei Kosten- und Leistungsdaten). Anhand des Plan-/Ist-Vergleichs wird z. B. der Wert des aufgewendeten Verbrauchsmaterials dem Planwert gegenübergestellt, eingeschränkt auf Verbrauchskostenarten. Relevante Leistungsdaten wie Anzahl der Aufnahmen, Anzahl der Belagstage der systemisierten bzw. gesperrten Betten und die durchschnittliche Auslastung werden ausgewertet.

Bei Überschreitungen des Plans kann die Apotheke anhand des Plan-/Ist-Vergleichs weitere Auswertungen auf Ebene der Warengruppen oder auf Artikelebene durchführen. Damit besteht die Möglichkeit die Kostentreiber ausfindig zu machen. Die Monatsberichte werden einerseits seitens der Apotheke zur Vorbereitung der Arzneimittelkommissionssitzungen bzw. Implantatekommissionen als auch für „Verbrauchsgespräche" im Zuge der Stationskontrollen verwendet.

Die Apotheke muss entsprechend der Apothekenbetriebsordnung (ABO) jährliche Stationskontrollen durchführen.[272] Diese werden auch dazu genützt, um mit der ärztlichen und pflegerischen Stationsleitung die Verbrauchsent-

---

272 Vgl. ABO 2005 Abs. 2 Z2; Überprüfung von Arzneimittelvorräten in den Abteilungen und sonstigen Organisationseinheiten

wicklung zu besprechen, die Gründe für Steigerungen zu erfragen und Verbesserungspotenziale oder Alternativen aufzuzeigen. Damit erhält der Controller-Bereich wertvolle Unterstützung.

5.4.5   Apotheke als Einkaufsorganisation

Das Ziel des operativen Einkaufscontrollings ist die Sicherstellung der Versorgung aller Bedarfsträger. Dazu gehört die Kenntnis darüber, welche Indikationsgruppen bzw. Warengruppen den stärksten Verbrauch aufweisen. Dies geschieht durch Verbrauchsauswertungen wie die ABC-Analyse.

Zur Lieferantenauswahl oder Verbesserung der Lieferantenqualität werden Lieferantenbewertungen herangezogen. In diesen werden verschiedene Qualitätskriterien wie z. B. Reklamationsbearbeitung, Lieferdauer, Einhaltung von Lieferfristen, Referenzen, Hilfestellung und Information, Qualität der Rechnungen, Anzahl der eingeleiteten Verbesserungsmaßnahmen, Vorhaltung von Notfalllagern und die angebotenen Preise beurteilt und in Kategorien eingeteilt. Es sollte sichergestellt werden, dass bei schlecht beurteilten Lieferanten nicht eingekauft wird. Ziel der Lieferantenbewertung ist es jedenfalls, durch gemeinsam gesetzte Verbesserungsmaßnahmen die Lieferantenqualität zu steigern.

Lieferanten werden nach der ABC-Analyse in A1-, A2-, B- und C-Lieferanten eingeteilt. A steht für jene, die am stärksten am Umsatz beteiligt sind, und C für jene, die am wenigsten beteiligt sind. C- Lieferanten werden üblicherweise ausgeschieden. Da im Krankenhaus aber viele Monopolprodukte eingesetzt werden, dürfen Monopolprodukte bei C-Lieferanten eingekauft werden.

Entsprechend dem Bundesvergabegesetz und den Landesvergabegesetzen sind Arzneimittel und Medizinprodukte ab einem bestimmtem Einkaufsvolumen auszuschreiben.

In den österreichischen Krankenhäusern kaufen Apotheken die Arzneimittel in den meisten Fällen direkt beim Hersteller oder Depositeur ein. In Österreich waren 2008 ca. 13.200 Arzneispezialitäten für die Anwendung am Menschen zugelassen. In der Arzneimittelliste eines Krankenhauses sind durchschnittlich 800 bis 1000 verschiedene Wirkstoffe gelistet, wobei bezogen auf einen Rechtsträger aufgrund des Einkaufsvolumens eine unterschiedliche Anzahl an Produkten einem Vergabeverfahren zu unterziehen sind. Ausschreibungen sind mit einem großen personellen und zeitlichen Aufwand verbunden. Obwohl Vergabeverfahren gesetzlich auch im Arzneimittelbereich vorgeschrieben sind, werden Ausschreibungen in diesem Bereich sehr kontroversiell diskutiert und noch nicht flächendeckend umgesetzt. Meistens werden nach wie vor Angebote durch die Apotheke eingeholt, also Direktvergaben durchgeführt.

Als Einstieg bei Ausschreibungen empfiehlt es sich, mit der Ausschreibung von wirkstoffidenten Arzneimitteln zu beginnen, da die Leistungsbeschreibung einfacher zu erstellen ist als bei wirkungsähnlichen Arzneimitteln. Als Einzelkonditionen kommen Sonderpreise, Naturalrabatte und Rechnungsrabatte zum Tragen. Darüber hinaus werden von den Lieferfirmen auch Jahresboni, bezogen auf den Gesamtumsatz oder auf Teilumsätze, als Konditionen gewährt. Um sicherstellen zu können, dass die angebotenen Preise verglichen und Entscheidungen für den Produkteinsatz getroffen werden, ist es empfehlenswert, alle weiteren Schritte entsprechend zu dokumentieren. Eine einfache Lösung zur Dokumentation bietet ein selbst erstelltes, den eigenen Bedürfnissen entsprechendes Formblatt. Auf diesem werden z. B. die getätigten Preisvergleiche, die Entscheidungsfindung und das Entscheidungsergebnis, die Nachbearbeitung wie z. B. die Eingabe ins Warenwirtschaftssystem und die Enderledigung dokumentiert.

Im AKH werden z. B. Ausschreibungen entweder durch das Apothekeneinkaufsgremium des Wiener Krankenanstaltenverbundes oder in wenigen Fällen durch die Anstaltsapotheke selbst durchgeführt. Hierbei wird die Apotheke durch die Wirtschaftsabteilung bei der Erstellung der Ausschreibungsunterlagen unterstützt. Ausschreibungen für Diagnostika sind meist in die Ausschreibung von Analysegeräten inkludiert. Hierbei unterstützt die Apotheke die Wirtschaftsabteilung bei der Berechnung der Ausschreibungsergebnisse. Grundsätzlich ist die Apothekenleitung für die Durchführung sämtlicher Verhandlungen zuständig. Da das Einkaufsvolumen sehr hoch ist, wurde diese Befugnis auch an die Leiter der Bestellabteilung Diagnostika und der Isotopenapotheke, einem der Apothekenleitung unterstellten Radiopharmazeuten, delegiert.

Prinzipiell werden mindestens drei Angebote zu einem Produkt eingeholt, meist schriftlich, in dringenden Fällen auch mündlich. Die Angebotseinholung wird jedenfalls schriftlich dokumentiert. Bei mündlichen Preisgesprächen wird möglichst das Vieraugenprinzip eingehalten. Der beigezogene Mitarbeiter ist zumeist aus dem fachlich zuständigen Bereich. Bei verrechnungstechnischen Angelegenheiten wird der Leiter des Verrechnungsbüros beigezogen. Die Isotopenapotheke und die Bestellabteilung Diagnostika können zusätzlich bei angekündigten Preisänderungen oder Änderungen von Daueraufträgen Ansprechpartner der betroffenen Kostenstellen zur Verhandlung beiziehen. Zwecks Nachvollziehbarkeit ist jedes Firmengespräch zu dokumentieren und vom Gesprächspartner gegenzuzeichnen. Ohne Aufforderung durch die Apotheke einlangende schriftliche Angebote werden ebenfalls protokolliert und eingescannt. Zwecks Preisvergleichs werden, sofern möglich, mindestens zwei weitere Angebote eingeholt. Auf Preisänderungen, die eine gravierende Auswirkung auf das Budget haben, sowohl nach oben als auch nach unten, kann durch die dadurch erzeugte Transparenz rasch reagiert werden.

5.4.6   Arzneimittelkommission

Eine Arzneimittelkommission (AMK) ist ein mit Fachleuten besetztes Gremium, das Empfehlungen in der Anwendung von Arzneimitteln gibt und festlegt, welche Arzneimittel in der Klinik durch die Krankenhausapotheke vorgehalten und durch Ärzte routinemäßig verordnet werden sollen. In vielen Krankenhäusern wurden schon um das Jahr 1990 Arzneimittelkommissionen eingerichtet, bevor sie in Österreich 2002 im Arzneimittelgesetz verankert wurden. Entsprechend den österreichischen gesetzlichen Grundlagen hat die Arzneimittelkommission insbesondere die Aufgabe, eine Liste der Arzneimittel, die in der Krankenanstalt Anwendung finden (Arzneimittelliste, AML), zu erstellen, diese zu adaptieren und Richtlinien über die Beschaffung von Arzneimitteln und den Umgang mit Arzneimitteln zu entwickeln.[273] Darüber hinaus kann der Träger der Krankenanstalt die Arzneimittelkommission mit weiteren Aufgaben betrauen, insbesondere mit regelmäßigem Arzneimittel-Controlling.

Bei der Erarbeitung von Richtlinien über die Beschaffung und den Umgang mit Arzneimitteln ist auch auf die Zweckmäßigkeit und Wirtschaftlichkeit Bedacht zu nehmen. Die Überarbeitung der Arzneimittelliste erfolgt in regelmäßigen Abständen. Um sicherstellen zu können, dass im Umgang mit Arzneimitteln ein breiter Konsens im Krankenhaus erzielt wird, müssen die Sitzungen der Arzneimittelkommission sorgfältig von Apothekern, die vorzugsweise mit Arzneimittelinformation betraut sind, fachlich und inhaltlich vorbereitet werden. Mittels Literaturrecherchen in medizinischen und pharmazeutischen Datenbanken werden Studienergebnisse erhoben und bewertet. Die jeweiligen Teillisten werden nach fachlichen und ökonomischen Kriterien sowie nach Materialbewegungen (Verbrauch) analysiert. Als Grundlage für die Erarbeitung der Arzneimittelliste werden Verbrauchsauswertungen nach Indikationsgruppen durchgeführt. Der Vorsitz der AMK sollte beim Ärztlichen Direktor angesiedelt sein. Die Geschäftsführung kann an die Apothekenleitung delegiert werden. Die Anwender in den medizinschen Fachbereichen haben Arzneimittelbeauftragte Mitglieder zu nominieren.

Die Aufnahme von Arzneimitteln erfolgt in die Arzneimittelliste grundsätzlich nach

* Zulassung neuer Produkte
* Beobachtung der Anforderungen von patientenbezogenen Anforderungen und Sonderanforderungen
* Marktbeobachtung und Ersatzvorschlägen
* Überarbeitung einer Indikationsgruppe bzw. Warengruppe

Antragsteller ist in jedem Fall eine Klinik oder Klinische Abteilung. Neue Arzneimittel werden ebenfalls nach wissenschaftlichen, ökonomischen und pra-

---

273 Vgl. § 19a Krankenanstalten- und Kuranstaltengesetz

xisrelevanten Kriterien (Evidence-based Medicine) fachlich bewertet, wobei auch nationale und besonders internationale Guidelines berücksichtigt werden.

Zur ökonomischen Bewertung werden Tagestherapiekosten oder Zykluskosten gegenübergestellt. Bei Gleichwertigkeit der Arzneimittel wird das kostengünstigere in die Arzneimittelliste aufgenommen. Über die geplanten Streichungen von Arzneimitteln aus der AML oder eventuell sich ergebende Neuaufnahmen wird seitens der vorbereitenden Apotheker mit den Arzneimittelbeauftragten der Kliniken ein Gespräch auf Grundlage der Ergebnisse der Teillistenbearbeitung geführt und das Ergebnis protokolliert. Auf jeden Fall ist in enger Zusammenarbeit mit dem Controller-Bereich die Rückkoppelung zu den Zielvereinbarungen und zur Kosten- und Leistungsplanung sicherzustellen.

Arzneimittel, die zu wenig Evidenz aufweisen oder nur eingeschränkt in bestimmten Fachgebieten angewendet werden, können nur patientenbezogen unter Angabe einer fachlichen Begründung durch bestimmte Ärzte (sog. Primararztanforderung) angefordert werden. Hier ist eine Schnittstelle zur Kostenträgerrechnung (Fallkostenrechnung) gegeben, da die Informationen nur bei der Anforderung bzw. patientenbezogenen Buchung generiert werden können. Die Apotheke liefert hierzu einen wertvollen organisatorischen und systemgestaltenden Beitrag.

Um zu verhindern, dass Entscheidungen der Arzneimittelkommission abgelehnt werden, kann ein negativ bewerteter Antrag erst wieder nach einem Jahr behandelt werden. Jedenfalls muss der Antragsteller in der Sitzung anwesend sein. Eine weitere Aufgabe der AMK ist die Erstellung von Therapieleitlinien, die ebenfalls eine sichere und ökonomische Arzneimitteltherapie ermöglichen sollen. Die Protokolle der Sitzungen sind allen Mitarbeitern über das Intranet zugänglich. Zusätzlich wird ein Kurzprotokoll an alle Stationen elektronisch ausgesendet. Diese Therapieleitlinien sind dann z. B. mit den geltenden Fallpauschalen im LKF-Modell zu vergleichen. Gegebenenfalls führen diese Vergleich zu Neukalkulationen von Leistungen und Einreichungen beim zuständigen Bundesministerium.

5.4.7 Implantatekommission

Ähnlich den Arzneimittelkommissionen wurden in vielen Krankenhäusern Medizinproduktekommissionen oder Einmalartikelkommissionen eingerichtet. Da viele Krankenhausapotheken nicht nur für den Einkauf von Arzneimitteln, sondern auch für Medizinprodukte wie Verbandstoffe, Nahtmaterial, Implantate und Einmalmaterial verantwortlich sind, sind Apotheker auch in diesen Kommissionen tätig. Als bisher einzige Apotheke in Österreich ist die Anstaltsapotheke des AKH zuständig für den Einkauf von Implantaten. Nach

Übernahme dieser Aufgabe von der Wirtschaftsabteilung wurde ähnlich der Arzneimittelkommission 2007 die erste und einzige Implantatekommission (IMK) Österreichs gegründet.

Die Kommission hat die Aufgabe, den Ärztlichen Direktor in Fragen des Implantatewesens unter besonderer Berücksichtigung der Qualitätssicherung und der Kosteneffizienz zu beraten. Die Beratung und die darauf folgende Empfehlung der IMK erfolgt auf Grundlagen des Medizinproduktegesetzes und der internationalen Literatur gemäß der Evidence-based Medicine. Dieser Aufgabe kommt die Kommission durch die Erstellung einer Implantateliste nach. Gemeinsam mit den Anwendern werden Empfehlungen über den Einsatz von in Verwendung befindlichen Implantaten abgegeben.

Da die Entwicklung speziell bei Implantaten sehr rasch voranschreitet und viele neue Produkte auf den Markt kommen, ist es notwendig eine Vorgangsweise zu definieren, die es einerseits ermöglicht, rasch auf Innovationen zu reagieren, andererseits aber das Ausufern des Budgets verhindert. Dies geschieht, indem Testläufe durchgeführt werden. Darunter wird der probeweise Einsatz eines CE-gekennzeichneten Implantates verstanden, das neu zum Einsatz kommen soll. Klinische Prüfungen fallen nicht unter diesen Begriff. Entsprechend den Planwerten werden ca. 20% des Budgets für Testläufe zur Verfügung gestellt. Jedenfalls darf bei einem Testlauf das Produkt nicht mehr kosten als das kostengünstigste verwendete vergleichbare Implantat. Bei der Antragstellung auf Durchführung eines Testlaufs werden vom Antragsteller Evaluierungskriterien definiert. Anhand von Gewichtung, Bepunktung und Vergleich mit bereits in Verwendung befindlichen Implantaten wird objektiv das Ergebnis von Testläufen bewertet und ökonomischen Kriterien gegenübergestellt. Bei entsprechend positivem Preis-Leistungs-Verhältnis wird seitens der IMK eine Empfehlung für die Aufnahme in die Implantateliste abgegeben, wobei wenn möglich ein anderes Produkt aus der Liste gestrichen werden soll.

Im Zuge der Befassung mit der Implantateproblematik hat die Leistungsdokumentation im bettenführenden und nicht bettenführenden Bereich hohe Priorität. Bei Neuaufnahme eines Implantats in die Implantateliste ist zu untersuchen, welche Leistungen mit diesem Implantat in Verbindung stehen und ob z. B. das LKF-Modell eine adäquate Abbildung der erbrachten Leistung bietet. Seitens des Controller-Bereiches werden in der IMK Empfehlungen zur ordnungsgemäßen Leistungserfassung abgegeben bzw. wird die Erlösseite betrachtet. Priorität hat die aus medizinischer Sicht richtige Dokumentation. Wenn erforderlich, wird die Beantragung der Neuaufnahme der Leistung als Medizinische Einzelleistung (MEL) in den Leistungskatalog seitens der IMK empfohlen.

Die Kommission setzt sich neben dem Ärztlichen Direktor als Vorsitzendem und der geschäftsführenden Apothekenleitung aus je einem Apotheker, der das Fachgebiet Implantate betreut, einem Mitarbeiter der Abteilung Medizinökonomie, dem Controller-Bereich, der Pflegedirektion und einem Arzt der Klinischen Abteilung für Krankenhaushygiene zusammen. Aus jedem medizinischen Fachbereich wurde ein Implantatebeauftragter Mitglied der Kommission. In Deutschland und den USA gibt es beispielsweise die Funktion des Reimbursement Managers[274], der von Lieferantenseite die Krankenanstalt berät und (weil er sein Produkt absetzen möchte) versucht bei Kalkulation und Leistungseinreichung zu unterstützen. Hier ist darauf zu achten, dass der jeweilige medizinische Fachbereich die Entwicklung gezielt in die richtige Richtung lenkt, damit das Angebot von medizinischen Leistungen nicht vom Hersteller, sondern von medizinischer Seite getrieben und beeinflusst wird.

5.4.8   Fachkommissionen, Apothekeneinkaufsgremium

Der Wiener Krankenanstaltenverbund beispielsweise hat sich die unternehmensweite Sicherung des Produktcontrollings zum Ziel gesetzt. Das Apothekeneinkaufsgremium (AEG) wurde vor vielen Jahren mit dem Ziel gegründet, Einkaufsvolumina zu bündeln und für die Apotheken des Wiener Krankenanstaltenverbundes einheitliche Preise zu erzielen.

Vor einiger Zeit wurden seitens des Wiener Krankenanstaltenverbundes Fachkommissionen zu verschiedenen Fachbereichen wie z. B. Onkologie, Interventionelle Kardiologie, Orthopädie, Augenheilkunde und Gynäkologie eingerichtet. In diesen Fachkommissionen sind Fachspezialisten aus den Wiener Spitälern, Apotheker, Vertreter aus dem Geschäftsbereich Wirtschaft und in einigen auch der Controller des AKH vertreten. Den Vorsitz hat ein Primararzt inne, die Geschäftsführung liegt beim Bereich Pharmazie und Medizinökonomie der Generaldirektion.

Ziele sind u. a. die Entwicklung und Umsetzung einheitlicher Strategien zu Behandlungsmethoden und Therapien sowie das Aufzeigen und Realisieren möglicher Einsparungspotenziale. Durch Standardisierung bzw. Optimierung der verwendeten Produktpaletten werden der Wettbewerb verschärft, die Preise reduziert bzw. die Kosten optimiert, gleichzeitig aber die geforderte Qualität gesichert. Als Grundlage für die Steuerung in den Krankenanstalten dienen gemeinsam aufgebaute Kosten- und Verbrauchsanalysen.

5.4.9   Apotheke und Patientenversorgung/Logistik

Die Patientenversorgung erfolgt bei allen Produkten, die die Apotheke beschafft, mit Ausnahme der Implantate, zentral aus der Apotheke. Die Lagerführung ist nach dem First in-First out-Prinzip organisiert. Als Messgröße für

---

274 Vgl. www.homedicon.de/erstattungs-marketing.html

das Beschaffungscontrolling werden die absolute Höhe des Lagerwerts und die durchschnittliche Lagerreichweite herangezogen. Für die Versorgung mit Implantaten wurden dezentrale Lagerbereiche geschaffen. Die Lagerhaltung erfolgt bestandsgeführt. Durch die patientenbezogene Ausbuchung ist die gesetzlich geforderte Rückverfolgbarkeit der Produkte vom Erzeuger bis zum Patienten sichergestellt. Die Ausbuchung erfolgt auf die jeweilige OP-Kostenstelle des klinischen Bereiches mit Fallbezug, sodass die Produkte und damit die Kosten direkt der leistungserbringenden Stelle zugeordnet werden (z. B. Intraokularlinsen zur Augenheilkunde). An diesen Kostenstellen finden auch die Kostenplanung und der laufende Plan-/Ist-Vergleich statt.

5.4.10 Patientenbezogene Versorgung

Zunehmend ist es notwendig, den Einsatz bestimmter Arzneimittel einzuschränken, sei es aufgrund der hohen Kosten oder der eingeschränkten Verfügbarkeit auf dem Markt. Anhand des Beispiels von Antimykotika und Antibiotika soll aufgezeigt werden, wie die Anstaltsapotheke und der Infektionsdienst (Konsiliarärzte der Klinischen Abteilung für Infektionen und Chemotherapie) in Zusammenarbeit mit dem Controller-Bereich steuernd in den Verbrauch bestimmter Arzneimittelgruppen eingreifen und somit die Kosten drastisch senken können.

Der Verbrauch für bestimmte Antimykotika und Antibiotika stieg unverhältnismäßig an. Zuerst wurde gemeinsam mit dem Controlling, beteiligten Ärzten und dem Infektionsdienst folgende möglicherweise auf ein halbes Jahr befristete Vorgangsweise erarbeitet: Die Anforderung von bestimmten teuren Antibiotika und Antimykotika erfolgt patientenbezogen, wenn möglich unter Beibringung des Antibiogramms und Angabe der Diagnose und Indikation an die Apotheke. Die Apotheke leitet die Anforderung inklusive Begleitunterlagen an den konsiliarischen Infektionsdienst weiter. Dieser bestätigt entweder die Verordnung oder gibt eine Empfehlung für eine alternative Therapie ab. Sollte der verordnende Arzt mit der Empfehlung des Infektionsdienstes nicht einverstanden sein, muss er dies schriftlich festhalten und seine Entscheidung begründen. Die Abgabe durch die Apotheke erfolgt dann patientenbezogen für maximal fünf Tage, wobei jede Packung mit Patientenkleber versehen wird. Nicht verbrauchte Packungen müssen an die Apotheke zurückgeschickt werden.

Bei der Evaluierung stellte sich heraus, dass es je nach Arzneimittel nur in ca. 3 bis 7% der Fälle zu einer Intervention (Ablehnung oder Alternativvorschlag) des Infektionsdienstes kam. Durch gezieltere Indikationsstellung und Auswahl des richtigen Arzneimittels durch die therapierenden Ärzte konnten 2008 die Steigerung der Kosten für Antibiotika verhindert und die Ausgaben für Antimykotika um rund 40% gegenüber dem Vorjahr gesenkt werden. Trotz anfänglicher Proteste mancher Ärzte wurde diese Vorgangsweise nach Evaluierung beibehalten und erfolgreich auf andere Produkte ausgedehnt. Dem erhöhten Administrationsaufwand der Apotheke und dem verstärkten Einsatz des Infektionsdienstes stehen Einsparungen in der Höhe von rund 3,8 Millionen Euro gegenüber.

5.4.11 Patientenbezogene Herstellung

Zu Beginn der 90er-Jahre wurde in Österreich begonnen, applikationsfertige Zubereitungen zentral in der Apotheke unter aseptischen Bedingungen herzustellen. Dies erfolgte einerseits aus Gründen der Mitarbeitersicherheit, anderseits aus ökonomischen Gründen. Durch die Bündelung der Herstellung konnte der Inhalt von angestochenen Injektionsflaschen voll ausgenützt und musste nicht weggeworfen werden. Dieser Trend hat sich in den darauffolgenden Jahren auch auf andere Produkte ausgeweitet. Heute wird in vielen Apotheken ein zentrales Service angeboten; so werden z. B. diverse Virustatika, monoklonale Antikörper etc. patientenbezogen hergestellt.

Am Beispiel des Einsatzes von Ranibizumab® zur Therapie der neovaskulären (feuchten) altersabhängigen Makuladegeneration (AMD), das in Form einer intravitrealen Injektion in den Glaskörper verabreicht wird, soll gezeigt werden, wie durch interdisziplinäre Zusammenarbeit ein Maximum an Einsparungsmöglichkeit erzielt werden kann.

Seit Zulassung von Lucentis® wurde, um die Kosten zu minimieren, das Medikament unter aseptischen Bedingungen durch die Apotheke portioniert und vorrätig gehalten. Um die Kosten weiter senken zu können, wurde nach Möglichkeiten gesucht, die Ausbeute weiter zu erhöhen. Durch Umstellung der chargenmäßigen Herstellung auf tägliche patientenbezogene Zubereitung unter aseptischen Bedingungen bei Verwendung spezieller Einmalspritzen mit fix aufgesetzter Nadel können nun mindestens doppelt so viele Fertigspritzen hergestellt werden.

Um den Einsparungseffekt voll ausnützen zu können, wurde seitens der Augenklinik und der Apotheke der Versorgungsprozess mit Ranibizumab® abgestimmt und dargelegt. Durch ein sehr gut funktionierendes Patientenmanagement der Augenklinik und intensive Kommunikation mit der Apotheke können die Kosten für die Therapie der AMD bei gleich bleibendem Patientenaufkommen deutlich gesenkt werden. Tatsächlich wurden die Kosten im Beobachtungszeitraum Jänner bis August 2008 gegenüber dem Vorjahr halbiert, die Anzahl der Applikationen hingegen verdreifacht. Den reduzierten Arzneimittelkosten pro Therapietag auf der Universitätsklinik für Augenheilkunde von ca. 4.000,– Euro standen Personalkosten der Apotheke von Kosten ca. 70,– Euro gegenüber.

5.4.12 Zusammenfassung

Die tägliche Praxis in Apotheken in Gesundheitseinrichtungen ze gt, dass die intensive Zusammenarbeit zwischen Controller-Bereich und Apotheke zu einer Verbesserung der Kostensituation, der Abläufe und damit der Patientenversorgung führen. Der Apothekenbereich wird in die Absatzseite der Gesundheitseinrichtung (Leistungserbringung und -verrechnung), der Controller-Bereich in die Einkaufs- und Logistikseite eingebunden. Beide Bereiche profitieren vom Fachwissen zum Wohle eines gemeinsamen Ganzen. Dies geschieht im Rahmen von Abstimmungsgesprächen, wobei der Apothekenbereich in das regelmäßige Berichtswesen eingebunden bzw. selbst Teil des Berichtswesen ist.

6 Controlling und Qualität

6.1 Controlling und Qualitätsmanagement mit Fokus Patientensicherheit

Charlotte Staudinger

Im Rahmen dieses Kapitels werden die Themenschwerpunkte Patientensicherheit, Qualitätssicherung und die Bedeutung des medizinischen Controllings – sowohl des strategischen als auch des operativen Controllings – behandelt. Weiters wird das Zusammenspiel von medizinischer Qualitätssicherung und Controlling beleuchtet.

6.1.1 Patientensicherheit

Patientensicherheit bedeutet das Vermeiden, die Verhütung und Verbesserung von unerwünschten Ergebnissen oder Schäden durch Maßnahmen der Gesundheitsversorgung. Solche Ereignisse umfassen Behandlungsfehler, „Abweichungen", „Zwischenfälle" oder Unfälle.[275] Sicherheit entwickelt sich aus der Wechselbeziehung zwischen unterschiedlichen Komponenten eines Systems und ist nicht einfach Teil einer Person, eines Apparats oder einer Abteilung. Die Weiterentwicklung bzw. Optimierung der Patientensicherheit ist abhängig von dem erreichten Bewusstsein über die Entstehung von Sicherheit infolge des Zusammenwirkens der einzelnen Bestandteile des Systems. Patientensicherheit ist ein Teil der Qualität des Gesundheitswesens. Wer Patientensicherheit stärkt, erhöht die Qualität von Behandlungen in Gesundheitseinrichtungen. Ein geeignetes Werkzeug, um das zu erreichen, ist das Controlling. Strategisches und operatives Controlling sind nicht zuletzt im Hinblick auf einen optimierten Mitteleinsatz die Instrumente der Zukunft für die im Gesundheitswesen tätigen Betriebswirtschafter.[276]

Grundsätzlich birgt jede Behandlung das Risiko, ein unerwünschtes Ergebnis zu erzielen. Das unerwünschte Ergebnis kann unterschiedliche Ursachen haben. Es kann in der unvorhersehbaren Natur der Erkrankung liegen, es kann zu Arzneimittelinteraktionen oder Komplikationen kommen, die bei einer bestimmten Behandlung auftreten können, es kann Nebenreaktionen zur Behandlung geben und es gibt auch Fehler. Die Aufgabe von Health Professionals ist es zu erheben, wo Interventionsmöglichkeiten bestehen, d. h. wo steuernd eingegriffen werden muss, um das Ergebnis beeinflussen zu können. Die Bandbreite der Interventionen reicht von einer Änderung im Organisationsablauf bis hin zu Vermeidung von menschlichem Versagen.

---

275 Vgl. Holzer/Thomeczek/Hauke/Conen/Hochreutener 2005, S. 171f
276 Vgl. www.aktionsbuendnis-patientensicherheit.de/apsside/07-07-25-CIRS-Handlungsempfehlung.pdf

Einer Studie des Hauptverbandes der österreichischen Sozialversicherungsträger zufolge wurden bei 2% aller Krankenhausaufenthalte in Österreich zwischen 2001 und 2006 unerwünschte Ereignisse dokumentiert. In diesen Jahren entstanden nach Berechnung der Autoren (Wildbacher, Endel) 1,2 Milliarden Euro an Kosten durch Krankenhausaufenthalte, die mit unerwünschten Ereignissen als Haupt- oder Zusatzdiagnose verbunden sind. Studien verschiedener Länder berichten von Raten zwischen 2,9 und 16,6% dokumentierter unerwünschter Ereignisse aus Spitalsdaten. Schätzungen zufolge sind 37% bis 51% der unerwünschten Ereignisse potenziell vermeidbar, das wären in Österreich zwischen 19.000 und 25.000 Fälle pro Jahr.[277]

Vom Sachverständigenrat[278] zur Begutachtung der Entwicklung im Gesundheitswesen in Deutschland (2007) wurden folgende Zahlen erhoben:
- Behandlungsfehler: etwa 1%
- Todesfälle: etwa 0,1%
- Nosokomiale Infektionen kommen bei 3–5% aller Patienten vor
- arzneimittelbedingte unerwünschte Ereignisse treten bei 0,17–6,5% aller Patienten auf.[279]

Die häufigste Methode zur Erfassung unerwünschter Ereignisse bzw. Beinahe-Fehler[280] ist die retrospektive Auswertung von Informationen, wie beispielsweise ein **Critical Incident Reporting System** (Fehlerberichtssystem mit dem Ziel der Erhöhung der Patientensicherheit durch eine Verbesserung der internen Abläufe und unter Einhaltung der Anonymität des Meldenden). Eine Vertrauenskultur ist dafür unbedingt notwendig; die Unternehmensleitung muss den Mitarbeitern klar darlegen, dass die Kenntnis der Ereignisse Vorrang vor einer Sanktionierung hat. Das vordringlichste Ziel des Managements für die Einführung eines Erfassungssystems über kritische Vorfälle ist das zeitnahe Erkennen von Qualitätsdefiziten, um sie sofort nach erstmaligem Auftreten abstellen zu können.

Die Rolle des Controllings innerhalb eines Incident Reporting-Systems ist beispielsweise durch die Information über die Inanspruchnahme definiert. Häufungen einzelner Meldungen zu einem Themenkreis (z. B. Medikationsfehler) können als Grundlage für eine systematische Analyse des jeweiligen Bereichs einer Organisationseinheit herangezogen werden. Speziell in „high risk"-Abteilungen des Gesundheitswesens (z.B. Intensiveinheiten, chirurgische Fächer) wird in den letzten Jahren vermehrt CIRS als Maßnahme zur Qualitätssicherung eingeführt.

277 Vgl. www.hauptverband.at/portal/index.html?ctrl:cmd=render&ctrl:windcw=hvbportal.
     channel_content.cmsWindow&p_menuid=67266&p_tabid=2&p_pubid=138398
278 SVR 2007
279 Vgl. Schrappe 2005a, S. 478ff
280 Vgl. Holzer/Thomeczek/Hauke/Conen/Hochreutener 2005, S. 165

6.1.2   Qualitätssicherung, Methodik

Qualität im Gesundheitswesen bedeutet patienten- und bedarfsgerechte, an der Lebensqualität orientierte, fachlich qualifizierte, aber auch wirtschaftliche medizinische Versorgung mit dem Ziel, die Wahrscheinlichkeit erwünschter Behandlungsergebnisse bei Individuen und in der Gesamtbevölkerung zu erhöhen. Ein zentrales Ziel von Qualitätsmanagement (d. h. Qualitätssicherung und Qualitätsverbesserung) der medizinischen Tätigkeit ist eine bedarfsgerechte und wirtschaftliche Patientenversorgung auf hohem Niveau.[281]

Der Einsatz von anerkannten Methoden der Qualitätsbewertung – sowohl von Selbstbewertung als auch von Fremdbewertung – ist ein Schritt hin zu systematischer und zielgerichteter Qualitätsarbeit. Das Wissen darum, wie gut Qualitätsarbeit und Qualität in einer Organisation verankert sind, und Aussagen darüber, in welchen Bereichen es Defizite gibt, sind Basis für die Durchführung von Qualitätsverbesserungsmaßnahmen.

Verfahren/Instrumente

Die bekanntesten allgemein anerkannten Verfahren bzw. Instrumente, die anforderungsspezifisch eingesetzt werden können, sind das EFQM-Modell der European Foundation für Quality Management, die ISO-Normenreihe 9000 in ihrer revidierten Fassung, die Joint Commission International Accreditation und die Zertifizierung nach KTQ (Kooperation für Transparenz und Qualität im Gesundheitswesen).

Für das rechtzeitige Erkennen und in weiterer Folge die Vermeidung von Fehlern innerhalb medizinischer Behandlungsabläufe wurden in einigen Gesundheitseinrichtungen bereits freiwillige Berichtssysteme (z. B. CIRS) eingeführt. Weitere Beispiele für erfolgreich eingesetzte Instrumente zur Fehlerminimierung innerhalb des Integrierten Klinischen Risk Managements (IKRM) sind die Etablierung einer Erfahrungsdrehscheibe, das Abhalten von periodischen Risikokonferenzen, die Auswertung von Krankenakten bzw. des Behandlungsfehlerregisters. IKRM in seiner Gesamtheit ist heute nicht mehr aus dem Gesundheitssektor wegzudenken. In diesem systematischen Prozess wird durch Erkennen, Analysieren und fortlaufende Minimierung der Risiken im medizinischen Alltag die Sicherheit von Patienten und Mitarbeitern erhöht.

Im Gesundheitswesen sind in den letzten Jahren vermehrt sogenannte Risk Manager eingesetzt worden, um innerhalb der Betriebsorganisation potenzielle Risiken in Strukturen und Prozessen zu identifizieren, zu bewerten und dann gemeinsam mit den Betroffenen Präventionsmaßnahmen auszuarbeiten und umzusetzen. Das Controlling muss bei der gezielten Analyse an-

---

281 Vgl. http://de.wikipedia.org/wiki/Qualit%C3%A4tssicherung_in_der_Medizin

erkannter Fehler oder ähnlicher Parameter (z. B. definierte Beinahe-Fehler) ansetzen. Risk Manager können damit Aussagen zum Vergleich ihrer Organisationseinheiten verbessern.

6.1.3 Medizinisches Controlling

6.1.3.1 Strategisches Controlling

Das medizinische Controlling hat in den letzten Jahren eine steigende Bedeutung erlangt. Die Auswirkungen auf betriebswirtschaftliche Ergebnisse der Organisation sind spätestens seit Einführung der Leistungsorientierten Krankenanstaltenfinanzierung deutlich geworden. Controlling unterstützt die Leitung, indem es Transparenz in das Leistungsgeschehen des Diagnose- und Behandlungsprozesses bringt. So führt beispielsweise eine genaue Aufbereitung der medizinischen Dokumentation unter Einbeziehung qualitativer Faktoren dazu, dass neue Behandlungsformen ausreichend finanziert in das medizinisch-pflegerische Tagesgeschehen integriert werden können.

Innerhalb des medizinischen Controllings kann auch eine Trend- und Strukturanalyse mit dem Fokus auf Patientensicherheit als Werkzeug verwendet werden. Damit kann festgestellt werden, ob die Ursachen und Tendenzen, die Fehler im Behandlungsablauf begünstigen, in der Organisation mehr oder weniger vorhanden sind. Die Selbstanalyse eines abgegrenzten Systems wird zuerst einmal ohne Gefahr für das eigene Image eine Bewertung des organisatorischen Umfeldes vornehmen. Die Strukturanalyse kann einen Hinweis auf Schwachstellen geben, die Fehlerkultur in einem Unternehmen kann dadurch verbessert werden. Die Optimierung der medizinischen Versorgung unter gleichzeitigem Aufzeigen von Möglichkeiten zur Effizienzsteigerung einer Organisationseinheit dienen als Entscheidungsgrundlage für die bedarfsgerechte Erfüllung des Versorgungsauftrages zum betriebswirtschaftlich bestmöglichen Preis.

Nur durch ein leistungsfähiges Controlling und das damit vorhandene Berichtswesen können der hohe medizinische Qualitätsstandard der Gesundheitseinrichtungen sowie bestmögliche Effizienz und Effektivität auf Basis einer qualitativ aussagefähigen Planung erzielt werden. Mit strategisch aufbereitetem Zahlenmaterial und Informationen, die etwa den Krankenhausbetrieb realitätsgetreu abbilden, sind die Voraussetzungen für die betriebswirtschaftliche Zukunft der Organisationseinheit gewährleistet.

Der medizinische Fortschritt beispielsweise bei der ärztlich vertretbaren Liegezeit, die sich aufgrund der leistungsorientierten Finanzierung in den letzten Jahren deutlich hin zur diagnosebezogenen optimalen Liegezeit verändert hat, verlangt von den im Gesundheitsberuf Tätigen eine neue Positionierung. Tagesklinische Einrichtungen, Wochenkliniken und Belagsstationen sind das Resultat betriebswirtschaftlicher Überlegungen. Innerhalb der verschiedenen Leistungsbereiche wird im Sinne des Portfolio-Managements und anhand von Controlling-Daten beobachtet, welche Leistungsschwerpunkte gesetzt werden können bzw. müssen. Die strategische Positionierung der Gesundheitseinrichtung und der Träger, die diese Einrichtungen führen, um die regionale Versorgung sicherzustellen und um auch Spezialisierungen zuzulassen, kann nur erfolgen, indem ein effizientes strategisches Controlling ein enges Monitoring der vorhandenen Daten durchführt. So können beispielsweise durch das strategische Controlling die Auswirkungen von stationären Aufnahmen und unterschiedlichen Verweildauern auf Kosten- und Erlös-Konsequenzen frühzeitig deutlich gemacht werden. Durch Steuerungsmaßnahmen der Abteilungsleitung, wie beispielsweise die Einführung von wochen- oder tagesklinischen Einrichtungen, kann sowohl der strategischen Positionierung der Abteilung innerhalb der Fachrichtung in der Region als auch der finanziell optimalen Abgeltung der Leistung Rechnung getragen werden. Die Kausalitäten zwischen einzelnen Indikatoren können nur anhand eines permanenten begleitenden strategischen Controllings tagaktuell dargestellt werden.

6.1.3.2 Operatives Controlling

Das operative Controlling in der Medizin konzentriert sich auf quantifizierte Größen als Grundlage für den Steuerungsprozess. Derzeit findet ein Wandel statt, weg von der ausschließlichen Erhebung von medizinischen und pflegerischen Daten aus der Vergangenheit hin zur Prognose von Einflussfaktoren auf die Erbringung medizinischer Leistungen zu einem betriebswirtschaftlich akzeptablen Kostensatz. Damit gewinnt auch die Sicht auf die Patientensicherheit an Bedeutung.

Wesentliche Werkzeuge eines funktionierenden operativen Controllings in Gesundheitseinrichtungen sind die Kostenstellenrechnung (bzw. angestrebt die Kostenträgerrechnung), die Planung und Budgeterstellung und das laufende Berichtswesen. Als Beispiel für einen konkreten Parameter im medizinischen Controlling, um Qualität und etwaige Qualitätsprobleme in einer Gesundheitseinrichtung transparent und erkennbar zu machen, ist die Anzahl der Dekubitalgeschwüre in einer Einrichtung zu nennen. Für das Wundliegen (Dekubitus) gibt es seit Jahren Längsschnitterhebungen im internationalen Raum, da Dekubitalgeschwüre lange Zeit als Gradmesser der Pflegequalität gewertet worden sind. Aus der Dokumentation von Erfassung und Behandlung der Diagnose wurden Maßnahmenkataloge für den richtigen Umgang erstellt. Unter Bedachtnahme auf die mit der Leistung verbundenen Ausgaben wurden medizinische und pflegerische Empfehlungen unter kostengünstigen Aspekten für den Umgang mit der Diagnose ausgearbeitet. Nach mehreren Jahren des beobachteten kontrollierten Einsatzes der Planvorgaben wurden Richtlinien darüber ausgearbeitet, welche Maßnahmen bei welcher

Indikation zu treffen sind. Durch das gezielte Beobachten von Patienten bei der Aufnahme kann nunmehr geplant werden, welche Risikopatienten in Zukunft spezielle Liegebehelfe bekommen müssen, um ein Wundliegen zu vermeiden. Für die Erkennung einer Dekubitus-Gefährdung wird häufig die modifizierte Norton-Skala herangezogen, in der beispielsweise das Alter der Patienten, die Bereitschaft zur Kooperation, der Hautzustand oder die Beweglichkeit eingestuft werden. Den einzelnen Kategorien kann jeweils ein Punktewert zugeordnet werden, die Summe zeigt das erhobene Dekubitusrisiko an.[282]

Der in der Krankenhausleitung angesiedelte Bereich des Controllings gibt den medizinischen Abteilungen Budgetvorgaben und Aufnahmezahlen vor; die Kosten pro Aufnahme werden als Steuerungsparameter bei den Zielvereinbarungsgesprächen zwischen Trägern und Häusern herangezogen. Weitere Parameter, die Verwendung finden, sind

- Aufnahmezahlen
- Liegedauer
- Ambulanzfrequenz
- Operationszahlen
- Abteilungsbudget
- Erwirtschaftete LKF-Punkte der Abteilung
- Kennzahlen pro Patient, wie beispielsweise medizinische Ausgaben als variable Kosten

Schnittstellen zwischen den Abteilungen werden auch seitens des abteilungseigenen Controllings erhoben und beobachtet, um als Qualitätsindikator zum Aufenthalt eines Patienten im Krankenhaus herangezogen zu werden. Als Beispiel dafür sei die „Turn-around-Zeit" einzelner Abteilungen eines Krankenhauses und des Labors genannt. Die Zeit zwischen Blutabnahme, Dokumentation, Einsenden an das Labor und retourniertem Befund sollte durch das abteilungseigene Controlling laufend beobachtet und dokumentiert werden.

Die Ergebnisqualitätsmessung dient der Überprüfung der Behandlungsqualität. So findet beispielsweise die Liegedauerauswertung unter einer besonderen Diagnose als Messwert für das medizinische Controlling Anwendung. Geplante oder ungeplante Aufnahmen unter bestimmten Diagnosen können zu neuen Parametern führen, die es innerhalb des medizinischen operativen Controllings zu beobachten gilt. Beispielsweise kann die Rate der ungeplanten Wiederaufnahmen nach Entlassung aus dem Krankenhaus als Qualitätsindikator für die Leistungserbringung einer Organisationseinheit herangezogen werden.

282 Vgl. Hellmann/Rößlein 2007, S. 31f

6.1.4 Zusammenspiel von medizinischer Qualitätssicherung und Controlling

Ziel des Zusammenwirkens von medizinischer Qualitätssicherung und Controlling ist die Verbesserung der Qualität und die Verbesserung der betriebswirtschaftlichen Ergebnisse. Risikocontrolling (auch: risikoorientiertes Controlling) ist ein recht neues betriebswirtschaftliches Themengebiet, das an der Schnittstelle von Risikomanagement und Controlling zu verorten ist.[283] Durch den Einsatz von Risikoberichtssystemen kann die relative Bedeutung von einzelnen Risiken innerhalb eines Gesundheitsbereiches erhoben und durch eine Risikobewertung quantifiziert werden. Ein Schritt in diese Richtung ist der Einsatz von Fehlerberichtssystemen, in denen auch „Beinahe-Fehler" erhoben werden.

Medizinische Qualitätsindikatoren (= Klinische Messgrößen) messen Eigenschaften der Gesundheitsversorgung (z. B. von Strukturen, Prozessen und Ergebnissen), die im Rahmen des Qualitätsmanagements bewertet werden sollen.[284]

Konkrete Beispiele zur Patientensicherheit, die durch das Zusammenspiel von medizinischer Qualitätssicherung und Controlling erhöht werden kann, sind

- Verringerung des Infektionsrisikos (Hygienestandards) in der Gesundheitseinrichtung
  Beispiel für eine mögliche Kennzahl: device-assoziierte Pneumonie pro Beatmungstag (z. B. erfasst durch IC-Doc[285])
- gelebte Sturzprävention
  Beispiel für eine mögliche Kennzahl: Stürze pro Pflegetag
- Vermeidung von Wundliegen
  Beispiel für eine mögliche Kennzahl: Dekubitus-Gefährdungs-Rate an einem Stichtag
- Sicherung der Transfusionsmedizin
  Beispiel für eine mögliche Kennzahl: Transfusionszwischenfälle pro durchgeführter Transfusion

Es wird in Zukunft vermehrt auch die Pflicht der Health Professionals sein, das Zusammenspiel zwischen betriebswirtschaftlichen Aspekten und neuen Behandlungspfaden zu beachten. Der Zusammenhang zwischen „gelebter" Qualität und medizinischem Controlling muss gefördert werden, die Analyse neuer Methoden und Diagnoseverfahren mit ihren betriebswirtschaftlichen

---

283 Vgl. Diederichs 2004
284 Vgl. Ärztliches Zentrum für Qualität in der Medizin 2006
285 Vgl. www.buell-informatik.at/de/icdoc.aspx, Dokumentationssystem ICdoc®, Erfassung von Scores, QM-relevanten Daten in der Intensivmedizin

Auswirkungen muss in die Routinetätigkeit übernommen werden. Obsolete Methoden müssen konsequent aus dem Behandlungsrepertoire der medizinischen Gemeinschaft gestrichen werden, Guidelines und Standards in der Medizin müssen gemäß betriebswirtschaftlich geprüften Kriterien als State of the Art eingeführt werden. So werden derzeit beispielsweise in Deutschland allgemein zugängliche „Nationale Versorgungsleitlinien" ausgearbeitet. Der Patient kann sich darüber informieren, welche evidenzbasierten ärztlichen Entscheidungshilfen für die strukturierte medizinische Versorgung derzeit State of the Art sind.[286]

Medizinisches Controlling wird verstärkt für ein gezieltes Benchmarking herangezogen werden müssen, sowohl in der Qualitätsarbeit als auch in Belangen der Patientensicherheit als Hilfsmittel zur Definition von medizinischen Standards unter betriebswirtschaftlichen Aspekten, und nicht zuletzt als Unterstützung der Leitungen von Gesundheitseinrichtungen, indem es Transparenz in das Leistungsgeschehen des Gesundheitsbetriebes bringt.

Durch gemeinsame, standardisierte Qualitätsarbeit, die integrativer Bestandteil des medizinischen Controllings ist, wird sichergestellt, dass Kostenreduzierung trotz Qualitätssicherung möglich ist. Durch die fachgerechte Aufbereitung von Daten wird eine Erhöhung der Qualität ebenso möglich wie eine Senkung der Betriebskosten. Das wird eine der zukünftigen Herausforderungen innerhalb des Gesundheitswesens sein.

In den letzten Jahren wurden auch in den Gesundheitseinrichtungen vermehrt Kompetenzzentren eingerichtet, die als beispielgebendes Zusammenwirken zwischen Controlling und den Gesundheitsberufen angesehen werden können. Die medizinisch-pflegerische Qualitätsarbeit wird durch Kennzahlen transparent gemacht (z. B. durch den Zusammenhang zwischen Untersuchungsfrequenz und Komplikationsrate, Rückfalls- bzw. Heilungsquote) und mit ökonomischen Parametern (z. B. Personaleinsatzplanung, Geräteauslastung, Kosten für Medikamente und Heilbehelfe) verknüpft.

Die Controlling-Systeme sind meist noch stark vergangenheitsorientiert. Oftmals werden sie erst für das Krisenmanagement herangezogen. Ein Wandel hin zu echtem operativen Controlling mit prospektiver Führungsunterstützung ist jedoch bereits erkennbar.

---

286 Vgl. www.versorgungsleitlinien.de/themen

6.2   Personal- und Qualitätscontrolling
Guido Offermanns

6.2.1   Ausgangssituation

Um tatsächlich Fortschritte in der Steuerungsfähigkeit eines Krankenhauses zu erzielen, muss sich das Controlling auch den Ergebnissen der Leistungser-bringung, hervorgehend aus den Primär- oder Kernprozessen (Pflege, Be-handlung, Therapie), annehmen. Dabei reichen eine reine Erfassung der Leis-tungen (Output) und die Konzentration auf die Steuerung von Sekundär- und Tertiärprozessen nicht mehr aus. Traditionell werden beim Leistungs- und Fi-nanz-Controlling die erbrachten Leistungen der einzelnen Abteilungen der Gesundheitseinrichtungen erfasst. Primär beurteilt werden dabei die Pro-duktivität, die Kosten, die Angemessenheit der Leistungen in Bezug zur Diag-nose und die beanspruchten Ressourcen für die Leistungserbringung. Routi-nemäßig eingesetzt werden heute fast durchgehend Finanzplanungen, Budgetierungen und Instrumente der Kosten- und Leistungsrechnung. Ein elementarer Controlling-Bestandteil – und dies wird für jede Gesundheitsein-richtung immer wichtiger – ist das Qualitäts-Controlling der Ergebnisse der Leistungsprozesse. Werden Probleme in diesem Bereich bekannt, reagieren die Öffentlichkeit und die direkt betroffenen Anspruchsgruppen zunehmend empfindlich und aufmerksam. Auch publik gewordene Behandlungsfehler er-halten immer mehr mediale Aufmerksamkeit. Ein bisher wenig beachteter Be-reich, der jedoch mehr und mehr zum Schlüsselfaktor wird, ist das Personal-Controlling, auf das im Folgenden näher eingegangen werden soll.

6.2.2   Controlling und Qualität der Leistungen gehören zusammen

Der Controller muss zunehmend auch in bisher eher fremde Bereiche hinein-wirken, z. B. in die Qualitätsentwicklung des einzelnen Krankenhauses. Im Krankenhaus war dies bislang eher unüblich, da sich die Health Professionals eine Einmischung in ihre ureigensten Bereiche verbeten haben. Nun werden aber kritische Stimmen laut, die nach Informationen über die Qualität der an-gebotenen Leistungen fragen. Aus den Reformen der letzten Jahre resultierte die verpflichtende Einführung eines internen Qualitätsmanagements in den Einrichtungen des Gesundheitswesens, umgesetzt und unterstützt durch un-terschiedliche Qualitätsmodelle insbesondere im stationären Bereich (u. a. ISO, KTQ®, EFQM). Die Auswahl des jeweiligen Modells bleibt dem Kran-kenhaus bisher selbst überlassen und wird vom Gesetzgeber nicht vorge-schrieben.[287]

---

287 Vgl. Offermanns 2005, S. 341; vgl. Gesundheitsqualitätsgesetz (GQG) 2004

Einerseits müssen der Gesetzgeber und die verantwortlichen Länder entsprechende Rahmenbedingungen für das interne Qualitätsmanagement schaffen (*Makro-Ebene*), andererseits müssen die Krankenhäuser das Thema Qualität in den Mittelpunkt der Strategieentwicklung rücken (*Meso-Ebene*). Nur dann wird eine messbare Qualitätssteigerung in der Behandlung, Therapie und Pflege der Patienten realisiert werden können (*Mikro-Ebene*). Unstrittig ist die Tatsache, dass es in Zukunft nicht mehr ausreichen wird, lediglich gute Qualität zu erbringen, man wird diese gegenüber einem erweiterten Kreis von Anspruchsgruppen auch darlegen müssen (u. a. Patienten, Länder, Kassen, Träger, Gesetzgeber etc.).[288] Unter dem Aspekt der integrierten Versorgung sowie den neuen Steuerungsinstrumenten (u. a. Evidence-based Medicine, Leitlinien, Klinische Pfade, Disease-Management-Programme) werden detaillierte Informationen über Leistungen und Qualität der jeweiligen Partner auch zum Aufbau von Kooperationen notwendig. Aufgabe des Controllings muss es nun sein, die gesamte Qualitätsentwicklung, aber beispielsweise auch die Entscheidung für ein Qualitätsmodell kritisch zu begleiten und zu hinterfragen. Auf Jahre hinaus werden hier wichtige Weichenstellungen getroffen, die häufig nicht ausreichend auf ihre möglichen Auswirkungen hin geprüft werden.

Auch für das Controlling erscheinen die verschiedenen Qualitätsmodelle zum Aufbau eines internen Qualitätsmanagements aufgrund mangelnder Transparenz oft problematisch.[289] Bei der Auswahl eines Modells ist der Fokus einerseits auf eine integrierte Sichtweise zu legen, welche die Entwicklung der gesamten Organisation im Blickpunkt hat, andererseits ist auf die mögliche Integration neuer Steuerungsinstrumente zu achten, welche die Ergebnis- und Prozessorientierung (Effektivität und Effizienz) der Krankenhäuser zu steigern vermögen. Mit der Wahl eines entsprechenden Modells wird darüber entschieden, inwieweit die Krankenhausleitung auch Einblick in die tatsächlichen Leistungsprozesse und die daraus resultierenden Ergebnisse erlangt. Zudem können über normale Controlling-Informationen hinausgehende Steuerungsinformationen z.B. über Patientenzufriedenheit sowie über Kosten und ökonomische, soziale und gesellschaftliche Wirkungen der Behandlungen gewonnen werden.

6.2.3   Neue Sichtweise auf das Personal ist notwendig

Entscheidend für den Erfolg eines Qualitätsmanagements ist die Fähigkeit des Krankenhauses, herkömmliche Muster, insbesondere im Umgang mit dem Personal, zu durchbrechen. Die Hinwendung zum Qualitätsmanage-

---

288 Vgl. Offermanns 2008, S. 288
289 Vgl. Selbmann 2008, S. 13

ment als zentralem Veränderungsansatz bedingt auch die Einführung von modernen Personalmanagement- und Führungstechniken. In diesem Veränderungsprozess kann dem Controller als „Innovator" eine entscheidende Rolle zukommen. Die Einführung eines modern ausgerichteten Personalmanagements ist hierbei als zentraler Ansatz zu nennen und stellt einen Schlüsselfaktor zur tatsächlichen Verbesserung der Ergebnisse dar. Oft werden die neuen Personalmanagement-Instrumente von Health Professionals eher wenig angenommen. Ein häufiger Grund dafür ist, dass die Instrumente nicht in ein schlüssiges Management- und Controlling-Konzept eingebettet sind. Hier ist besonders auf die Passung zur Strategie und den daraus abgeleiteten operativen Zielen zu achten. So werden die neuen Konzepte von den Health Professionals häufig missverstanden und als Einschränkung ihrer professionellen Autonomie gesehen. Das Controlling hat nun die Aufgabe, durch einzelne Projekte die Organisation weiter zu entwickeln, hin zu einer patienten- und mitarbeiterorientierten Organisation. Dabei geht es nicht nur um Schlagworte, sondern primär darum, tatsächliche Verbesserungen bei den Kernprozessen zu erzielen und so den Nachweis zu erbringen, dass die Einführung neuer Steuerungsinstrumente sowohl Vorteile für die gesamte Organisation als auch für die Health Professionals selbst bringt. Hier sind sicherlich *„hard facts"* über Controlling gefragt, jedoch auch soziale und insbesondere kommunikative Kompetenzen. Die angestoßenen Projekte müssen eng begleitet und zur Umsetzung gebracht werden, unter Einbeziehung der betroffenen Personen (u. a. Patienten, Angehörige, niedergelassene Ärzte, Selbsthilfegruppen).

Das Controlling darf sich nicht lediglich auf die Abbildung des Outputs fokussieren, sondern muss sicherstellen, dass die eigentlichen Ziele der Organisation für deren Bezugsgruppen erreicht werden, auch weil z. B. die Patienten die Qualität der Leistungen nur sehr eingeschränkt beurteilen können (Vertrauensqualität von Patienten zu den Health Professionals statt Entscheidungs- und Erfahrungsqualität in der Konsum- und Dienstleistungsbranche). Hier liegt also eine besondere Verantwortung bei den Health Professionals. Ein Krankenhaus sollte folgende Dinge gegenüber den Patienten darlegen können:[290]

- *Ergebnisqualität* (Wie gut ist – im Einzelfall und insgesamt – das Behandlungsergebnis?), bezogen auf alle behandelten Fälle im gesamten Berichtszeitraum, im Zeitverlauf, bezogen auf die eigene Planung und im Vergleich mit Dritten
- *Prozessqualität* (Wie zuverlässig sind geplante/reale Prozesse darauf ausgerichtet?), bezogen auf alle der Ergebniserzielung in der Krankenbehandlung dienenden Prozesse einschließlich des Umgangs mit Pannen und Fehlern in der kontinuierlichen Verbesserung

290 Vgl. Offermanns 2008, S. 291

- *Strukturqualität* (Wie sicher sind die vorhandenen Strukturen und sind diese auch verfügbar?), bezogen auf die für Ergebniserzielung in der Krankenbehandlung erforderlichen Strukturen und deren weitere Kosten-Nutzen-Optimierung.

Entscheidend für die Darstellung dieser Punkte ist, ob die Organisation für das Personal die Voraussetzungen schafft, gute Ergebnisse überhaupt erbringen zu können. Zentrales Thema dabei ist die Einführung von mitarbeiterorientierten Führungsinstrumenten zur Veränderung der bisher eher hierarchisch und bürokratisch geprägten Organisation im Kontext eines modernen Personalmanagements.

Die Ergebnisse in den einzelnen Controlling-Bereichen lassen sich nur durch eine Verhaltensänderung des Personals wirklich beeinflussen, nämlich in der konkreten Situation zwischen Patienten und Health Professionals. Personal-Controlling ist damit weit mehr als das bloße Erstellen von Statistiken und das Verwalten von Personaldaten und unterstützt Verhaltensänderungen auf der Grundlage eines positiven Menschenbildes. Es umfasst das Management des gesamten Personalbereichs unter Verwendung geeigneter Instrumente und Methoden und stellt die Planung, Kontrolle, Analyse und Steuerung aller Aktivitäten des Personals im Krankenhaus sicher. Es ist damit ein klassisches Führungsinstrument zur Unterstützung des Personals aller Professionen. Das Personal-Controlling schafft Transparenz und dient der Früherkennung von Fehlentwicklungen im Bereich der Unternehmenssteuerung. Es wirkt nicht sanktionierend im Hinblick auf vergangene Fehlleistungen, sondern zukunftsorientiert und pro-aktiv. Leitgedanke dabei ist die kontinuierliche Verbesserung der Ergebnisse der Organisation.

Eine weitere zentrale Aufgabe des Personal-Controllings ist die Begleitung der strategischen Planung. Bisher unterstellte man, dass es für den Controller ausreicht, lediglich eine systematische Hinterfragung der vorliegenden Pläne vorzunehmen. Aus dieser Sichtweise abgeleitet wurde das Personal in der strategischen Planung von Krankenhäusern weitgehend ignoriert und wenig bis gar nicht einbezogen. Dies hat dazu geführt, dass anspruchsvoll entwickelte Strategien in der Umsetzungsphase oft scheiterten, da die Unternehmensstrategie keine adäquate Personal- bzw. Umsetzungsstrategie einschloss. Strategisches Personal-Controlling heißt, in Anknüpfung an die allgemeine Definition des strategischen Controllings interne und externe Ausgangslagen ständig zu beobachten und sicherzustellen, dass personalrelevante Informationen von allen Managementebenen (normativ, strategisch, operativ) bereits in den ersten Phasen der Strategieentwicklung mit in den Planungsprozess einfließen. Daneben müssen die Strategieumsetzung begleitet und dem Management Abweichungen vom angestrebten Soll-Zustand oder dem geplanten Weg dorthin angezeigt werden. Außerdem werden Programme, Projekte, Führungsinstrumente und Aktivitäten konsequent auf deren Auswirkungen auf die operative Ebene, d. h. auf die Leistungserbringung durch das Personal, überprüft und gegebenenfalls zügig angepasst.

Die Ergebnisse der Leistungsprozesse werden dem Personal-Controlling zugänglich gemacht, worauf durch die spezifischen Kenntnisse z. B. über Personalstruktur, spezielle Arbeitsumstände etc. eine maßgebliche Beeinflussung der Leistung stattfinden kann. Es kann sich hier zum Beispiel um die Einführung oder Optimierung von Personalplanungsmethoden für verschiedene Professionen handeln. Ohne die Einbeziehung des Personals in den Prozess der Personalplanung sind befriedigende Lösungen quasi unmöglich. Eventuell auftretende Widerstände oder strukturelle Hindernisse werden von dem Personal-Controlling erfasst, korrigiert und in Abstimmung mit dem betroffenen Personal beseitigt. Im Mittelpunkt steht dabei auch die Reduktion der Varietät der ärztlichen Entscheidungen, da dieses Verhalten sowohl Auswirkungen auf die Kosten als auch auf die Qualität der Leistungserbringung hat. Zu nennen sind hier die Unterstützung der Einführung neuer Steuerungsinstrumente wie Evidence-based Medicine, Leitlinien und Klinischer Pfade. In wechselseitiger Zusammenarbeit kann das Personal-Controlling das Personal bei seiner Aufgabe unterstützen, fördern und Vorschläge zur Qualitätsverbesserung unterbreiten, wobei verstärktes Augenmerk auf die Auswirkungen aller Management-Entscheidungen auf das Personal gelegt werden muss, z. B. welche Auswirkungen Unternehmensentscheide auf die Qualität der Leistungen haben. Kernbotschaft muss dabei immer sein, dass die neuen Instrumente keine Einschränkung für die Health Professionals bedeuten („Kochbuchmedizin"), sondern eine Unterstützung bei der Diagnostik, Pflege und Therapie darstellen, welche die Nachvollziehbarkeit der Prozesse fördern soll. Die Letztentscheidung über Behandlungen treffen weiterhin die Health Professionals, wobei zukünftig auch andere Perspektiven in die Entscheidung miteinbezogen werden müssen. Diese neue Art der Kultur der Zusammenarbeit wird zu einer besseren Qualität der Leistungen führen. Ein wichtiger Schritt zur Beförderung dieser neuen Kultur ist der Weg hin zu einem Personalmanagement, zugeschnitten auf die spezielle Situation der Health Professionals.

6.2.4 Personalmanagement statt Personalverwaltung

In amerikanischen Krankenhäusern wurde der Nachweis erbracht, dass bereits eine Delegation von Verantwortung an interdisziplinäre Arbeitsgruppen zu verbesserten Behandlungsergebnissen führt, was an einer sinkenden Mortalitäts-, Komplikations- und Infektionsrate erkennbar wird.[291] Besonders ein-

---

291 Vgl. West/Borrill 2002, S. 1299

drücklich nachgewiesen wurden diese Zusammenhänge in sensiblen Bereichen wie dem Operationssaal oder der Intensivpflegestation. Auch konnte ein positiver Zusammenhang von interdisziplinärer Teamarbeit und erfolgreichen Initiativen zur Verbesserung der Patientenversorgung in Krankenhäusern nachgewiesen werden. Diese Untersuchungen zeigen auch, dass es möglich ist, die Effektivität und Effizienz der Krankenhäuser, bezogen auf konkrete gesundheitliche Outcomes, durch den gezielten Einsatz von Techniken des Personalmanagements zu verbessern. Konkrete Maßnahmen, insbesondere in Phasen organisatorischen Wandels, sind hier z. B. Fort- und Weiterbildung, Mitarbeitergespräche mit Zielvereinbarungen oder die Förderung von Teams und Teamarbeit. Diese Möglichkeiten zur Steigerung der Outcomes im Krankenhaus zeigen, wie dringlich ein professionelles Personalmanagement auch in den Krankenhäusern ist. Allerdings findet man heute noch kaum systematische Forschung auf diesem Gebiet. Die vor allem in öffentlichen Krankenhäusern noch immer stark von der Medizin dominierten Strukturen und Kulturen verhindern oft eine Übernahme moderner Instrumente des Personalmanagements. Die Beibehaltung des alten Hierarchie- und Regelgefüges (Professionen, Laufbahnmuster, Status, Ressourcen, Macht, konservatives Führungsverhalten mit den alten „3K": Kommandieren, Kontrollieren, Korrigieren) prägen die Situation im Krankenhaus noch immer. Problematisch in Bezug auf die geforderte Leistungserstellung in interdisziplinären Teams sind die strukturell festgelegten Verantwortlichkeiten und die unterschiedlichen, weitgehend an die einzelnen Professionen gebundenen Entscheidungs- und Handlungsrationalitäten, die eine Zielharmonisierung erschweren.[292] Gemeinsame Entscheidungen über Behandlungs- und Betreuungsstrategien, z. B. die Einführung von für alle Professionen verbindlichen neuen Steuerungsinstrumenten und damit über die Verwendung der knapper zur Verfügung stehenden Ressourcen, sind oft nur beschränkt möglich. Die Ergebnisse von interdisziplinären Arbeitsgruppen zu diesem oder ähnlichen Themen scheitern daher oft an der Umsetzung der erarbeiteten Ergebnisse an bestehenden professionellen Hierarchien.

Bis jetzt administrieren die Personalabteilungen den „Kostenfaktor Personal" und realisieren als auftragnehmender Dienstleister der obersten Führungsebenen oft Personalreduktionsprogramme. Personalarbeit wird im Krankenhaus somit primär auf die Personalbedarfsermittlung sowie die Personalverwaltung reduziert. Dagegen steht die Philosophie des Human-Resources-Managements, welches das Personal nicht als Kostenfaktor wahrnimmt, sondern „Sinnschaffung", „Identifikation" und „Motivation" als entscheidende Erfolgsfaktoren begreift, die es zu aktivieren und zu pflegen gilt.

---

292 Vgl. Güntert/Offermanns 2002a, S. 147

Die veränderten Aufgaben erfordern nun eine völlige Neuausrichtung des Personalmanagements. Nicht nur stehen die Krankenhäuser immer mehr im Wettbewerb um Patienten, sondern auch um qualifizierte Mitarbeiterinnen und Mitarbeiter. Diese Situation erfordert einerseits eine hohe Leistungsqualität in einem ausgeglichenen Kosten-Nutzen-Verhältnis, andererseits aber auch eine hohe Attraktivität des Arbeitsplatzes. Ein befriedigendes Gehalt bzw. ein sicherer Arbeitsplatz alleine dürften dazu nicht ausreichen. Es bedarf vielmehr einer berufsübergreifenden Konzeption von Zielbildung, Problemlösung und Teamarbeit. Die Unterschiedlichkeit der Menschen im Krankenhaus muss anerkannt und deren Individualität allgemein unterstützt werden. Der Weg hin zu einem modernen Qualitätsmanagement setzt die Einführung neuer Konzepte zur Personalführung quasi voraus. Einen Überblick über das alte und das notwendige neue Rollenverständnis im Personalmanagement zeigt Abb. 50:

Lediglich vereinzelt kann man bereits neue Instrumente des Personalmanagements beobachten. Zum Beispiel gibt es in Zusammenhang mit Qualitätsmanagement zahlreiche Befragungen zur Mitarbeiterzufriedenheit in der Krankenhauspraxis. Erfahrungen in der Praxis zeigen, dass Befragungen alleine nicht ausreichen, vielmehr müssen Führungskonzepte und Führungspraxis berufsgruppen- und hierarchieübergreifend entwickelt und mit Leben gefüllt werden. Dies zielt auf das Verhältnis der Mitarbeiter zu ihren direkten Vorgesetzten ab und schließt die Frage nach einem Führungsstil und Führungsverhalten in Krankenhäusern ein. Das Personalmanagement muss einen Schwerpunkt auf die Anpassung der vorhandenen an die veränderten fachlichen und überfachlichen Anforderungen legen. Dabei steht die Problemlösungs- und Methodenkompetenz in Verbindung mit der Fähigkeit, zielführend zu kommunizieren, im Mittelpunkt. Die Entwicklung sogenannter *Soft Skills* muss in Personalentwicklungskonzepten entsprechende Berücksichtigung finden.[293]

Aber auch Zielvereinbarungen, Mitarbeitergespräche, Assessment-Center, Bewertungs- und Anreizsysteme, leistungsorientierte Vergütung, Führen im Entscheidungsprozess, Konferenztechnik, Führungstechniken sowie Steuerung von Führungsverhalten sind Teil eines umfassenden Personalmanagements. Konstruktive Fehlerkultur, fallabschließende Verantwortung etc. sind vielfach noch nicht Bestandteil der Kultur der Organisation Krankenhaus. Die Bedeutung der weichen Faktoren im Personalmanagement, wie die Beeinflussung von Unternehmenskulturen, wird noch zu gering eingeschätzt, obwohl hier der Schlüssel zur erfolgreichen interdisziplinären Teamarbeit liegt.

Die Aufgabe des Controllings ist es nun darauf einzuwirken, dass die oben beschriebenen Veränderungen vorangetrieben werden. Es besteht sonst

293 Vgl. Offermanns 2006, S. 36; vgl. Güntert/Offermanns 2001

| Personalmanagement in Gesundheitseinrichtungen ||
Altes Rollenverständnis	Neues Rollenverständnis
Verwaltung • reaktive Verwaltung des Personals • separierende und lediglich operative Teilsicht/keine Implementierungs- und Weiterentwicklungsaktivitäten • unreflektiertes Ausführen von Linienentscheidungen • Anbieter standardisierter Problemlösungen ohne Umsetzungshilfen • eindimensionale Fachkompetenz/ mangelnde Akzeptanz der Personalfachkräfte • Personalfunktion als Managementfunktion nicht/unzureichend anerkannt	**Management** • aktive Mitgestaltung der Unternehmenspolitik • operative, strategische und normative Gesamtsicht des Unternehmens • gemeinsam mit der Linie erarbeitete Personalentscheide • Erarbeitung von individuellen Problemlösungen und aktive Begleitung der Umsetzungsprozesse • ganzheitliche Koordinations- und Beratungskompetenz • gleichberechtigte Integration der Managementfunktion in die Unternehmensführung
Bewahrung • passiv-reagierende Vollzugsfunktion • Erhaltung des Bestehenden und Bewährten • Regeltreue, starres Reagieren • Konfliktvermeidung • Misserfolgsvermeidung, Sicherheitsdenken, Kalkulierbarkeit • Starre Strukturen und Hierarchien	**Veränderung/Wandel** • aktive Interaktion mit anderen Unternehmensbereichen • Suche nach innovativen und kreativen Lösungen für Personalfragen • Flexibles Agieren, Improvisation • offenes Ansprechen von Konflikten • Risikobereitschaft, Umgehen mit Unsicherheit, Wandel als Chance • fließende Prozesse und Netzwerke
Distanz • Unnahbarkeit, Unzugänglichkeit • Hierarchiedenken, Statusbetonung • Einsatz von Taktik, Politik • Misstrauensorganisation	**Nähe** • Einfühlung, Sensibilität für Bedürfnisse • Betonung der Gleichberechtigung, Partnerschaft • Offenheit, Fairness • Vertrauensorganisation
Kostenorientierung • Mensch als Kostenfaktor/Mittel zum Zweck • primäre Orientierung an ökonomischer Zieldimension • das Ziel ist Kosteneinsparung • Ausüben von Druck, Blockierung von Potenzialen und Energien	**Entfaltungsorientierung** • Mensch als Träger der Unternehmenspotenziale und Erfolgsfaktor • Ausgleich zwischen ökonomischer und sozialer Zieldimension • das Ziel ist Entfaltung • Erzeugung einer Sogwirkung, Freisetzung von potenziellen Energien

ABB. 50: NEUES PERSONALMANAGEMENT FÜR GESUNDHEITSEINRICHTUNGEN[294]

294 Vgl. Offermanns 2005; vgl. Oertig 1995

die Gefahr, dass viele eigentlich gute und sinnvolle Initiativen nicht umgesetzt werden können. Letztendlich kann dies sogar zu einer Existenzgefährdung des Krankenhauses führen. Ein Konzept, welches die entscheidende Rolle der Mitarbeiter sowie eine klare Prozessorientierung mit Blick auf die Behandlungsergebnisse in Gesundheitseinrichtungen betont, ist das Total Quality Management (TQM) als Managementphilosophie. In Kombination mit einem modernen Personalmanagement sowie einem geeigneten Qualitätsmodell können hier für ein Krankenhaus wesentliche Fortschritte erzielt werden, gerade auch mit Blick auf die für das Controlling wichtigen Leistungs- und Qualitätsindikatoren.

6.2.5 Qualitätsmanagement ist der Schlüssel für nachhaltige Veränderungen in Gesundheitseinrichtungen

Qualität muss im Mittelpunkt des Veränderungsprozesses stehen. Ein Total Quality Management kann hier nachweislich unterstützen. Das Konzept bleibt in der Praxis jedoch oft eher abstrakt, auch weil die Führung das Thema Qualität nicht wirklich in den Mittelpunkt der Organisationsentwicklung rückt. Total Quality Management, im deutschen Sprachraum auch als umfassendes Qualitätsmanagement bezeichnet, ist eine in Japan und den USA entwickelte Unternehmensphilosophie, die sich mit zeitlicher Verzögerung auch im Gesundheitswesen zunehmender Beachtung erfreut. TQM wird definiert als eine auf der Mitwirkung aller ihrer Mitglieder beruhende Führungsmethode einer Organisation, welche Qualität in den Mittelpunkt stellt und durch Zufriedenstellung der Kunden auf langfristigen Erfolg sowie auf Nutzen für die Mitglieder der Organisation und für die Gesellschaft ausgerichtet ist.[295] Man spricht dann auch von einer themenzentrierten Organisationsentwicklung, die gerade für Krankenhäuser geeignet ist, da es die Entwicklung der Organisation für die Patienten und Mitarbeiter in den Blickpunkt rückt und somit einen Kontrapunkt zur bisher gelebten Kultur einer Expertenorganisation darstellt. Hinter TQM steht eine anspruchsvolle Unternehmensphilosophie, die sich durch folgende fünf Punkte charakterisieren lässt:[296]

- primäre Ausrichtung auf die Kunden und Mitarbeiter, jedoch angemessene Berücksichtigung aller Anspruchsgruppen,
- das Wissen der Mitarbeiter besser nützen, die verfügbaren Wissensquellen anzapfen und diese Anstrengungen verbinden mit individuellem und organisationalem Lernen,
- ständige Verbesserungen – sowohl kontinuierlich in kleinen Schritten als auch radikal in größeren Sprüngen,

295 Vgl. Zink 2004; vgl. Kelly 2003; vgl. Kelly/Johnson 2006; vgl. McLaughlin/Kaluzny 2006, S. 41
296 Vgl. Seghezzi 2003, S. 253

- Qualitätsverantwortung jedes Einzelnen, allein und im Team,
- Arbeiten in Prozessen.

Wenn TQM seine Wirkung tatsächlich entfalten will, müssen im Krankenhaus gewisse Voraussetzungen geschaffen werden, damit eine kontinuierliche Verbesserung der Prozesse stattfinden kann:[297]

- Verpflichtung zur Umsetzung einer kontinuierlichen Verbesserung: Kontinuierliche Verbesserung kann nur gelingen, wenn das Personal in den Prozess einbezogen wird. Unter den veränderten Rahmenbedingungen bedeutet dies bessere Behandlungsergebnisse mit kürzeren Verweildauern zu geringeren Kosten durch verstärkte Zusammenarbeit und effiziente Kommunikation durch Akzeptanz der TQM-Philosophie.
- Vertrautheit mit der TQM-Philosophie: Die Mitarbeiter müssen konkretes Wissen über TQM, seine Werkzeuge sowie „Soft Skill"-Techniken (z. B. Moderation, Verhandlung, Konfliktmanagement) besitzen. Die Schulungen müssen berufsgruppen- und hierarchieübergreifend stattfinden. Es muss klar werden, dass TQM eine strategische Neuausrichtung bedeutet. Schlechte Vermittlung der Inhalte von TQM kann den Prozess stark behindern oder zum Scheitern bringen.
- Kennzahlen für Kosten von Qualität: Für die Mitarbeiter sollten zielgerichtet Informationen über die Kosten in ihrem Bereich geliefert werden. Dazu gehören auch interne (z. B. Verschwendung von Ressourcen) und externe Fehlerkosten (z. B. Patientenbeschwerden in Verbindung mit Gerichtsprozessen). Das Bewusstsein von Kosten kann das Verhalten der Mitarbeiter wesentlich beeinflussen.
- Mitarbeiterbeteiligung: freiwilliger Transfer von Verantwortung an die Mitarbeiter. Das Schlagwort hierzu – *„Empowerment"* – bedeutet, die Verantwortung für die Prozesse und deren Weiterentwicklung an die Mitarbeiter zu delegieren. Zwischen TQM und dem Empowerment der Mitarbeiter besteht ein synergetischer Effekt, da z. B. die Verantwortung für Prozesse der Behandlung im Sinne von Klinischen Pfaden Mitarbeiter erfordert, die tatsächlich für die Prozesse verantwortlich sind und diese kontinuierlich weiterentwickeln (*„process owner"*).
- Systeme der Ergebnismessung[298]: Um TQM zu implementieren, muss eine Abkehr von an Aktivitäten orientierten Bewertungssystemen (Output) zu ergebnisorientierten Bewertungssystemen erfolgen (Outcome). Dabei geht es konkret sowohl um die Erfassung der Ergebnisqualität der Behandlung als auch um die Bewertung von Soft Skills durch Selbstbewer-

297 Vgl. Nelson/Batalden 2007, S. 3; vgl. Gaucher/Coffee 2000, S. 25; vgl. Huq/Martin 2000, S. 82
298 Vgl. Walburg 2006, S. 7

tungen, durch die wiederum Ansätze für Verbesserungen identifiziert werden.[299]

- Fähigkeit zur Problemlösung: Die Mitarbeiter müssen ein identifiziertes Problem selbst lösen oder andere Mitarbeiter hinzuziehen. Sie müssen in der Lage sein, Daten zu sammeln und auszuwerten sowie eigene Lösungen zu generieren.
- Beseitigung von Barrieren für Konsenslösungen: Die Strukturen im Krankenhaus mit seinen Subkulturen durch die Professionalisierung verhindern oft, dass wichtige Entscheidungen getroffen, akzeptiert und somit in der Praxis, etwa in einzelnen Abteilungen, befolgt werden.

Mittlerweile liegen viele Berichte und teilweise auch Evaluationen vor, die zeigen, dass der TQM-Ansatz für das Gesundheitswesen besonders geeignet ist. Eine Studie hat nachgewiesen, dass ein funktionsfähiges Qualitätsmanagementsystem unter Fallpauschalen-Bedingungen mit TQM auch zu niedrigeren Behandlungskosten und infolge dessen zu besseren finanziellen Ergebnissen führt.[300] Zusätzlich konnte nachgewiesen werden, dass moderne Personalmanagementtechniken besonders dazu geeignet sind, die Ziele von TQM zu fördern, insbesondere um den Kulturwandel im jeweiligen Krankenhaus zu unterstützen. Einige Krankenhäuser, die Probleme bei der Einführung hatten, starteten zu viele Projekte auf einmal, setzten keine Prioritäten bzw. planten die Aktivitäten nicht ausreichend (vgl. PDCA-Zyklus). In Bezug auf das Krankenhaus wurden in einer Studie Erfolgsfaktoren für eine erfolgreiche Einführung von TQM herausgefunden. Im Mittelpunkt stand dabei das Personal.[301] Als *Conditio sine qua non* für den Erfolg von TQM wird die Verhaltensänderung des Personals gesehen, da die Umsetzung der Philosophie insbesondere einer Veränderung der Kulturen im Krankenhaus bedarf. Gerade die Unternehmenskultur beeinflusst die Mitarbeiter, indem sie bestimmt, welches Verhalten akzeptiert ist, wie Probleme gelöst werden, wie mit Konflikten umgegangen wird und in welcher Form die Aufgaben erledigt werden müssen. Die Führung des Krankenhauses muss sicherstellen, dass nur noch der TQM-Kultur gefolgt wird. Der Wandel der Kultur im Krankenhaus ist dabei das entscheidende Hindernis zur Umsetzung von TQM. Folgende Erfolgsfaktoren wurden in der Studie in Bezug auf die TQM-Einführung identifiziert:[302]

- In den TQM-Prozess müssen alle Führungskräfte einbezogen werden. Mögliche Barrieren und Hindernisse werden beseitigt. Die Führungskräfte machen TQM als strategische Neuausrichtung bekannt. Partialinteressen

---

299 Vgl. Gaucher/Coffee 2000, S. 68
300 Vgl. Weech-Maldonado/Neff/Mor 2003, S. 201
301 Vgl. Huq/Martin 2000, S. 80
302 Vgl. Aron/Neuhauser 2002, S. 1; vgl. Huq/Martin 2000, S. 91

insbesondere der Primarärzte müssen sich einordnen. Finanzielle Anreize bzw. finanzielle Sanktionsmöglichkeiten werden aufgezeigt (z. B. über die interne Budgetierung).

- Die Implementierungsstrategie muss die TQM-Kultur entsprechend vermitteln und den Fokus auf die Mitarbeiterbeteiligung legen. In der Organisation muss ein Konsens über die Ausgangssituation und ihre Probleme hergestellt werden. Ziele müssen benannt und für alle verbindlich gemacht werden.

- Die Krankenhäuser treffen klare Zielvereinbarungen mit den Mitarbeitern und schaffen eine lernfreundliche Atmosphäre. Das Verständnis für die krankenhausinternen Prozesse mit ihren Zusammenhängen muss gestärkt werden. Prozesse der Leistungserbringung müssen standardisiert werden, um unnütze Tätigkeiten zu reduzieren und die Abläufe zu optimieren. Eine Beschreibung des Ist-Zustandes reicht hier nicht aus.

- Günstig ist es, zu Beginn auf die wichtigsten Patientenprozesse zu fokussieren (z. B. auf die zehn häufigsten kodierten Fallpauschalen oder kritische Prozesse mit einer hohen Fehlerhäufigkeit in der Vergangenheit) mit Blick auf die Outcomes, also den Ergebnissen der jeweiligen Prozesse. Erfolge in diesen den Health Professionals nahen Bereichen können am ehesten die Kultur im Krankenhaus in Richtung TQM verändern. Die ersten TQM-Projekte müssen eng begleitet werden, um ein Gelingen zu gewährleisten. Gelingen sie, hat dies Signalwirkung für das ganze Krankenhaus.

- Die oberste Führungsebene des Krankenhauses muss die benötigten Ressourcen für die TQM-Projekte zur Verfügung stellen. Die Mitarbeiter müssen die Erlaubnis haben, sich in der Qualitätsarbeit zu engagieren. Zusätzlich müssen Anreizsysteme geschaffen werden, die nicht notwendigerweise finanzieller Natur sind. Die in den Projektgruppen arbeitenden Mitarbeiter müssen uneingeschränkt unterstützt werden.

6.2.6 Controlling und Qualitätsmodelle

Zur Integration der einzelnen Qualitätsinitiativen sinnvoll sind Qualitätsmodelle, deren Einführung nun auch zunehmend von den Bezugsgruppen der Krankenhäuser eingefordert wird. Zusätzlich können die Modelle als Bezugsrahmen zur Weiterentwicklung der Organisation im Sinne eines ganzheitlichen Managements und Controllings dienen. Der Controller berät die Führung bei der Auswahl des richtigen Qualitätsmodells (für die jeweilige Situation des Krankenhauses) und unterstützt bei der Zielfestlegung. Dabei ist eine Abstimmung mit den grundlegenden Unternehmenszielen vorzunehmen. Basierend auf den obigen Annahmen ist der Anspruch zu stellen, dass im Verfahren die Ergebnisqualität des Hauses abgebildet werden kann. Dazu gehört auch die Förderung und Bewertung der Führungsqualität, ein zentrales Thema in Veränderungsprozessen im Gesundheitswesen.

Sowohl das aus Deutschland stammende krankenhausspezifische KTQ®-Verfahren als auch das weitaus bekanntere Modell der ISO-Normen der Internationalen Organisation für Normung werden nun häufig von Krankenhäusern als Qualitätsmodelle ausgewählt. Bei beiden Verfahren handelt es sich um klassische Zertifizierungsmodelle. Kritisch angemerkt werden muss, dass bei diesen beiden Zertifizierungen weder die Ergebnisqualität (u. a. Besserung oder Heilung von Erkrankungen, Patientenzufriedenheit) von medizinischen Dienstleistungen gemessen wird, noch die tatsächliche Beherrschung der Prozesse bzw. die Prozessqualität.[303] Einem Krankenhaus wird somit lediglich die „Qualitätsfähigkeit" bescheinigt, d. h. die theoretische Eignung, definierte Qualitätsanforderungen zu erfüllen. Ein weiterer erheblicher Nachteil besteht in der Philosophie der Verfahren, welche davon ausgehen, dass man Qualität von außen in die Krankenhäuser „hineinprüfen" und „hineinkontrollieren" kann. Dies aber widerspricht allen in der Vergangenheit erlangten Erkenntnissen und Erfahrungen zur Qualitätssicherung und Qualitätsverbesserung in allen Wirtschaftsbereichen, also auch in der Gesundheits- und Krankenhauswirtschaft. Eine geeignete Qualitätskultur lässt sich weder durch Anordnung noch durch Kontrolle oder Prüfung erzielen, sondern einzig und allein durch eine darauf abzielende Befähigung und Motivation der Führungskräfte und Mitarbeiter der Einrichtung. Audits der prüfenden Stelle vor Ort, die stark durch Kontrollkomponenten geprägt sind, können defensives Verhalten der Mitarbeiter eher noch fördern. Über die zukünftige Relevanz der im Jahr 2007 modifizierten ISO-9000-Norm im Gesundheitswesen wird die mögliche Fähigkeit des Verfahrens entscheiden, auch Ergebniskomponenten geeignet abzubilden. Kernproblem ist sicher auch, dass gerade dieses Verfahren der bisherigen Arbeitskultur der Health Professionals am wenigsten entgegenkommt und als Einschränkung der Therapiefreiheit sowie als grundsätzliche Einschränkung der Kreativität empfunden wird. Entscheidend für Anspruchsgruppen und insbesondere Patienten ist es, festzustellen, was das jeweilige Zertifikat eigentlich bestätigt und welche Bereiche der Organisation eigentlich betroffen sind. Oft nutzen die Krankenhäuser die Zertifizierung als eine Art „Ablassbrief", der dann weitere Fragen nach der Ergebnisqualität ausschließt, auch wenn das gewählte Verfahren gar keine Informationen über Ergebnisqualität liefert. Ein Zertifikat allein hilft wenig, da Qualitätsverbesserung niemals für sich allein stehen kann, sondern immer gleichzeitig Organisations- und Personalentwicklung bedeutet. Ein sinnvoll gewählter Ansatz internen Qualitätsmanagements erfüllt im Wesentlichen beide Anforderungen. Eine Verbesserung der Qualität von Leistungen (Effektivität und Effizienz)

---

303 Vgl. Offermanns 2008a, S. 144

kann sich nicht einseitig auf Strukturen und Prozesse konzentrieren, sondern muss gleichzeitig eine Veränderung der Kulturen im Krankenhaus erreichen – sie ist der Schlüssel zur Verbesserung der Ergebnisse. Daher muss jedes Krankenhaus zunächst einmal prüfen, welche Ziele es konkret mit welchem Qualitätsmodell erreichen will.

Eine mögliche Alternative zu den beschriebenen Zertifizierungsverfahren ist das EFQM-Modell. Zur strukturierten Einführung von TQM in einem Krankenhaus ist die Durchführung einer sogenannten EFQM-Selbstbewertung ein möglicher Weg. Die EFQM (European Foundation for Quality Management) wurde im Jahr 1988 von 14 europäischen Firmen in Form einer Stiftung gegründet.[304] Ziel war es, europäischen Organisationen durch TQM eine führende Position im Wettbewerb mit anderen Anbietern zu ermöglichen. Der Ansatz ist allgemein gehalten, um den mit dem Verfahren arbeitenden Organisationen den größtmöglichen Spielraum für interne Verbesserungen zu lassen, und ist daher nicht krankenhausspezifisch. Allerdings kann der Kriterienkatalog an die Sprache und Kultur der Health Professionals angepasst werden. Hier liegen bereits für zahlreiche Bereiche im Gesundheitswesen Erfahrungen vor. Grundlage des Verfahrens sind Selbstbewertungen, die nun auch vermehrt Anwendung im Gesundheitswesen finden. Die Mitarbeiter des ganzen Krankenhauses oder einzelner Organisations- und Funktionsbereiche erarbeiten die Inhalte und den Stand eines vordefinierten Kriterienkatalogs und fertigen einen Ergebnisbericht als Ist-Analyse an. Das anzufertigende Gutachten, gespiegelt an den einzelnen Kriterien, gibt Auskunft über Stärken und Verbesserungsbereiche der Gesundheitseinrichtung. In einem gemeinsamen Workshop werden Verbesserungsprojekte ausgewählt und deren Umsetzung geplant. Durch eine Wiederholung der Selbstbewertung in einem ein- oder zweijährigen Zyklus wird die Entwicklung in Bezug auf Qualität transparent und messbar. Werden Verbesserungspotenziale benannt und konkret umgesetzt, wird ein kontinuierlicher Verbesserungsprozess in Gang gesetzt werden. Die Ergebnisse des Gutachtens und die daraus resultierenden Veränderungen können gegenüber den unterschiedlichen Anspruchsgruppen transparent gemacht und in unterschiedlicher Art und Weise auch zum Marketing genutzt werden. Grundsätzlich stellt sich aber immer wieder die Frage, wie Qualitätsveränderungen geeignet abgebildet werden können.

6.2.7 Proaktives Personal- und Qualitätscontrolling durch den PDCA-Zyklus

Der PDCA-Zyklus, auch „Deming- oder Shewhart-Zyklus"[305] genannt, ist ein bewährtes Instrument zur proaktiven Qualitätsentwicklung. Die oben be-

304 Vgl. Zink 2004; vgl. Brandt 2001
305 Vgl. McLaughlin/Kaluzny 2006, S. 21

schriebenen Qualitätsmodelle wie das deutsche KTQ®-Verfahren nutzen den Zyklus zur retrospektiven Qualitätsüberprüfung, sodass der eigentliche Sinn des PDCA-Zyklus als prospektiv wirkendes Steuerungsinstrument völlig verloren geht. Eigentlicher Sinn ist, Qualitätsverbesserungen erst in kleinen Bereichen zu pilotieren (z. B. die Einführung eines neuen Prozesses für eine bestimmte Behandlungsart), aus diesen Erfahrungen zu lernen und bei gelungener Umsetzung das Verfahren auf weitere Bereiche auszudehnen.[306] Die „Check"- und „Act"-Phasen erlauben dann immer wieder die Anpassung an die jeweiligen Bedingungen vor Ort, also in der jeweiligen Abteilung oder Station der Einrichtung. Oft scheitern Projekte ja gerade daran, dass sie kritiklos auf alle Bereiche im Krankenhaus angewendet werden, ohne dass Effektivität und Effizienz nur im Ansatz überprüft werden. Die Einführung von Qualitätsverbesserungen in kleinen Bereichen erlaubt es auch, Erfolge sichtbar zu machen und Multiplikatoren für Veränderungen in den anderen Bereichen zu gewinnen. Schritt für Schritt kann so ein kontinuierlicher Verbesserungsprozess in Gang kommen, wenn sowohl der Ist-Zustand als auch die Verbesserung standardisiert und dokumentiert sind. Grundsätzlich sieht der eigentliche PDCA-Zyklus wie folgt aus:[307]

- *Plan*: „Versuchsaufbau" und Planen des Wandels. Nach Erarbeitung erfolgt die Festlegung und Vereinbarung der neuen Vorgehensweise – samt Messgrößen und Zielmarken bezüglich der angestrebten Verbesserung.
- *Do*: Erproben der neuen Vorgehensweise einschließlich Vornahme der entsprechenden Messungen in einem definierten Bereich, z. B. einer Station oder Abteilung des Hauses.
- *Check*: Auswertung der Ergebnisse aus der *Do*-Phase. Die einzelnen Meilensteine des Projektes werden sorgfältig begleitet und die Projektfortschritte gemessen.
- *Act*: Verbindlichmachen der Veränderung (Standardisieren) oder Anstoßen von Korrekturen für den erneuten Durchlauf des Kreislaufes; ggf. Benchmarking als strukturiertes Vergleichen mit Best Practice (= Benchmark) bezogen auf erfolgswirksame Parameter mit dem Ziel, noch besser zu werden. Dabei geht es nicht um den Vergleich von Kennzahlen (Betriebsvergleich), sondern um das Offenlegen von Prozessen gegenüber dem Benchmarking-Partner (sicher kein direkter Mitbewerber) (siehe Abb. 51).

Wenn die Ziele erreicht sind, wird die neue Vorgehensweise nach und nach auf andere Bereiche des Krankenhauses ausgerollt und auf die spezifische Vor-Ort-Situation angepasst. Dies erlaubt dann dem Krankenhaus den Ein-

306 Vgl. Ransom/Joshi/Nash 2005, S. 67
307 Vgl. Nelson/Batalden 2007, S. 271; vgl. McLaughlin/Kaluzny 2006, S. 21; vgl. Hildebrand 2005, S. 94

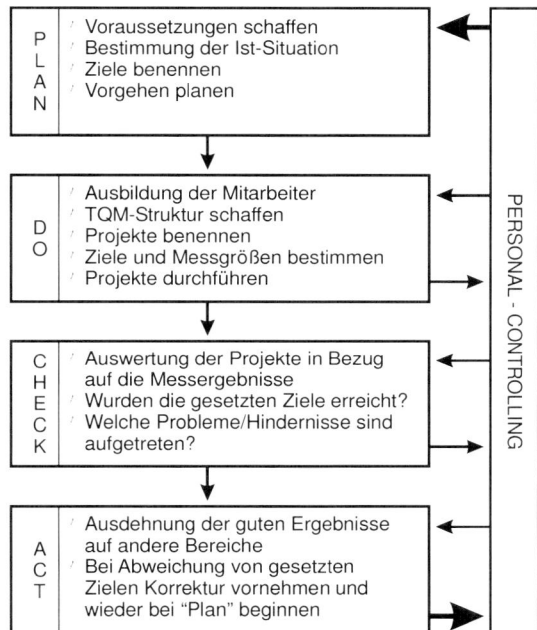

ABB. 51:   DER PDCA-ZYKLUS UND PERSONAL-CONTROLLING[308]

stieg in einen kontinuierlichen Verbesserungsprozess mit einer strukturierten Abbildung der durch die Verbesserungsprojekte erzielten Ergebnisse, die dann in den einzelnen Qualitätsmodellen abgebildet und dargestellt werden können. Das Personal-Controlling begleitet die einzelnen Phasen, wertet die einzelnen Projektschritte aus und liefert ständig für das Projekt relevante Informationen (vgl. Abb. 51).

6.2.8   Zusammenfassung

Wie oben ausgeführt, sind alle zur Wahl stehenden Qualitätsmodelle daraufhin zu überprüfen, ob sie dazu geeignet sind, auch Ergebnisqualität abbilden. Dies muss ein entscheidendes Kriterium des Controllings sein, da ohne Ergebnismessung ein Einfluss auf die Prozesse der Leistungserbringung quasi nicht möglich ist. Wenn man sich für ein Qualitätsmodell entscheidet, welches nicht implizit Ergebnisse misst und abbildet, muss das Controlling dafür Sorge tragen, dass entsprechende Indikatoren zusätzlich gemessen werden, primär mit Blick auf die Kernprozesse. Zentral erscheint auch die

308 Vgl. Nelson/Batalden 2007, S. 271

Messung und Bewertung der Zufriedenheit des Personals. Dabei ist darauf zu achten, dass auch Frühwarnindikatoren entsprechend erfasst werden (u. a. Fluktuationsraten, Krankenstände, Beschwerden beim Betriebsrat oder bei Gleichbehandlungsstellen, Teilnahme an Verbesserungsaktivitäten oder sozialen Veranstaltungen wie Betriebsfesten oder Betriebssport). Im Kern geht es um die Umsetzung geeigneter Strategien zur Schaffung prozessorientierter Strukturen in Verbindung mit einer kontinuierlichen Verbesserung aller ablaufenden Prozesse. Nicht zu vernachlässigen ist die Veränderung der Kultur im Krankenhaus durch die Schaffung einer mitarbeiterorientierten Führungskultur sowie die Verankerung einer konsequenten Ergebnisorientierung in allen Bereichen. Organisationsentwicklung durch Qualitätsmanagement bedeutet auch immer Personalentwicklung, wobei dieser Ansatz nur dann zu wirklicher Veränderung führen kann, wenn seine Philosophie akzeptiert wird und Qualitätsverbesserung integraler Bestandteil des täglichen Handelns aller Mitarbeiter wird. Die Begleitung dieses Wandels wird in den nächsten Jahren eine zentrale Controlling-Aufgabe sein.

6.3   Risikomanagement und Controlling

Hans Ooms, Thomas Kehl

6.3.1   Warum Risikomanagement im Gesundheitswesen?

Im Schweizerischen Gesundheitswesen waren bislang öffentliche bzw. öffentlich subventionierte Spitäler oder Kliniken existenziell gesicherte Institutionen. Leistungsauftrag und Staatsbeiträge sicherten die Position auf dem Markt. Mit der Liberalisierung des Gesundheitsmarktes sehen sich die erwähnten Institutionen mit marktwirtschaftlichen Prinzipien konfrontiert. Risiken bestehen nicht mehr allein auf der medizinischen, sondern zunehmend auch auf der betriebswirtschaftlichen Ebene. Die meisten Kliniken und Spitäler arbeiten im medizinischen Bereich heute mit einem CIRS (Critical Incidence Reporting System), um mögliche medizinische Risiken frühzeitig zu erkennen und ihnen zu begegnen, um damit die „Fehlerquote" möglichst gering zu halten.[309]

Das Bedürfnis der Führungspersonen, die Betriebsrisiken zu kennen und sie gleichzeitig steuern und kontrollieren zu können, wächst. Es wird notwendig, eine gesamtheitliche Überprüfung der Risiken auf Unternehmensebene (Enterprise-Risikomanagement) durchzuführen. Dieses Risikomanagement wird heute sowohl vom Gesetzgeber als auch von den Kostenträgern in den Spitälern verlangt. In diesem Kapitel wird der Aufbau eines unternehmensweiten Risikomanagementsystems beschrieben.[310]

6.3.2   Was ist Enterprise-Risikomanagement?

Risikomanagement ist eine klare Führungsaufgabe und muss von der gesamten Unternehmensleitung wahrgenommen werden. Es muss flächendeckend in der Gesamtstrategie eines jeden Unternehmens enthalten sein. Ziel eines Risikomanagements ist die Identifikation und Bewertung der Risiken sowie der Umgang mit möglichen Ereignissen, welche das Gesamtunternehmen beeinflussen, schädigen oder gefährden können. Es ist Aufgabe der Führungskräfte, den Umgang mit Risiken zu steuern und festzulegen, wie viel Unsicherheit sie zulassen. Unsicherheit umfasst sowohl Risiken als auch Chancen und damit die Möglichkeit, Werte zu vernichten oder zu vermehren. Das unternehmensweite Risikomanagement ermöglicht es daher Führungskräften, wirksam mit

---

309 Vgl. Denk/Exner-Merkelt 2005; vgl. Gleissner/Lienhard/Stroeder 2004; vgl. Gleissner 2003; vgl. Lombriser/Abplanalp 2004; vgl. McKinsey&Company/Merbecks/Stegemann/Frommeyer 2004; vgl. Münzel/Jenny 2005; vgl. Schwaiger 2006

310 Die Autoren verzichten auf die Beschreibung des Aufbaus eines klinischen Risikomanagement, zeigen aber als Beispiel, wie die Zürcher Höhenkliniken ihr Risikomanagement in den Unternehmensführungsprozess eingebaut haben.

Unsicherheiten und den damit einhergehenden Risiken und Chancen umzuge-
hen und hierbei ihre Fähigkeit zur Wertschöpfung zu stärken.

Die Definition von Enterprise-Risikomanagement ist wie folgt formuliert:

„Unternehmensweites Risikomanagement ist ein Prozess, ausgeführt
durch Überwachungs- und Leitungsorgane, Führungskräfte und Mitarbeiter
einer Organisation, angewandt bei der Strategiefestlegung sowie innerhalb
der Gesamtorganisation gestaltet, um die die Organisation beeinflussenden,
möglichen Ereignisse zu erkennen, und um hinreichende Sicherheit bezüglich des Erreichens der Ziele der Organisation zu gewährleisten."[311]

6.3.3   Aufbau eines Risikomanagements in der Unternehmung

Das Committee of Sponsoring Organizations of the Treadway Commission
(COSO) hat ein Rahmenwerk – in Form eines Würfels – für Führungskräfte
entwickelt, welches zum Ziel hat, das unternehmensweite Risikomanagement
einer Organisation bewerten und verbessern zu können. Es ist darauf ausgerichtet, die strategischen und betrieblichen Ziele in einer Organisation erreichen zu können.

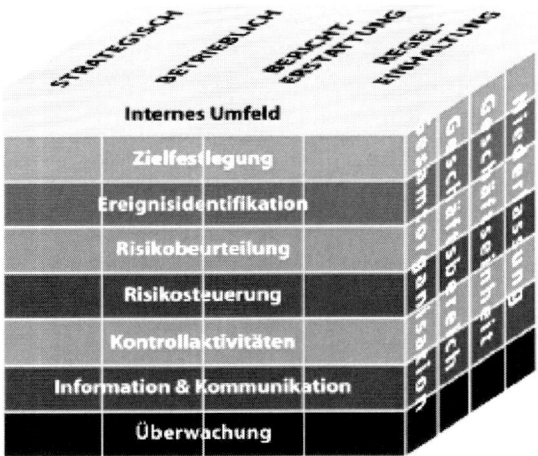

ABB. 52:   DER COSO-WÜRFEL[312]

Der COSO-Würfel umfasst folgende Themen:
Die Oberseite:
Ein Enterprise Risk Management unterstützt die Erreichung der Unterneh-
mensziele in vier unterschiedlichen Kategorien:

311   Vgl. COSO 2004
312   Vgl. COSO 2004

- Strategisch – Unternehmensziele abgestimmt auf die Mission
- Operativ – gezielter Umgang mit Ressourcen im Betrieb
- Reporting – Zuverlässige Berichterstattung
- Compliance – Einhaltung der Rahmenbedingungen

Die Ziele, die dazu dienen die Mission zu erreichen, werden jeweils auf die Kategorien der Organisation heruntergebrochen.

Die Vorderseite:
- Internes Umfeld
  Sie beschreibt die Kultur einer Unternehmung. Dieses innerbetriebliche Umfeld prägt die Strategie, die Zielfindung und die Einstellung zum Risiko in einem Unternehmen.
- Zielfestlegung
  Wenn die (Unternehmens-)Ziele festgelegt werden, muss sichergestellt sein, dass die gewählten Ziele die Vision der Organisation tragen. Die Auswirkung von Ereignissen steht in Bezug zu den Unternehmenszielen und Planung. Gleichzeitig muss im Betrieb bekannt sein, wie viel Risiko ein Unternehmen eingehen will. Dies wird durch das Topmanagement festgelegt.
- Ereignisidentifikation
  Hier geht es um die Beschreibung der Auswirkungen von internen und externen Ereignissen auf das Erreichen der Unternehmensziele.
- Risikobeurteilung
  Die identifizierten Risiken werden auf ihre Eintrittswahrscheinlichkeit und die Höhe der Zielabweichung (Schadensausmaß) untersucht, damit eine Grundlage für die Risikosteuerung erstellt werden kann.
- Risikosteuerung
  Die Risikobegegnungsstrategien werden im Kapitel „Risikosteuerung" festgelegt. Die Führungskräfte definieren, wie mit den einzelnen Risiken umgegangen wird (z. B. Verminderung oder Begrenzung der Risiken).
- Kontrollaktivitäten
  Es handelt sich bei den Kontrollaktivitäten um die Festlegung der Vorschriften und Verfahren, die sicherstellen, dass Maßnahmen der Risikoreduktion tatsächlich festgelegt und umgesetzt werden.
- Information/Kommunikation
  Die Organisation stellt eine wirksame Kommunikation sicher, damit die Mitarbeiter ihre Verantwortung bewusst wahrnehmen können.
- Überwachung
  Die Überwachung beschreibt die Prüfungsmaßnahmen des Risikomanagement-Prozesses und der implementierten Kontrollen.

Die rechte Seite:
Diese Seite des COSO-Würfels bildet die Struktur der Unternehmung ab (Einheiten der Organisation). Hierdurch wird es möglich, das Risikomanagement aus verschiedenen Blickwinkeln der Unternehmung zu betrachten.
Folgende organisatorische Ebenen werden berücksichtigt:
• Gesamtsicht
• Divisionsebene
• Business Units
• Niederlassungsebene

COSO hält in ihrem Management Summary fest, dass das Funktionieren des Risikomanagements einer Organisation durch Vorhandensein und Wirksamkeit der acht Komponenten der Vorderseite des COSO-Würfels bestimmt wird. Hier dürfen keine Schwachstellen gegeben sein. Gleichzeitig dürfen keine Risiken außerhalb der Risikobereitschaft definiert werden, da sonst die Ziele des Managements nicht erfüllt werden können und die Organisation nicht nach den Vorstellungen des Topmanagements geführt wird. Falls das unternehmensweite Risikomanagement in allen Kategorien als funktionsfähig erachtet wird, haben die Führungskräfte ausreichend Sicherheit, dass sie die strategischen und betrieblichen Ziele erreichen, die Berichterstattung der Organisation zuverlässig ist und dass geltende Gesetze und Vorschriften eingehalten werden.
Alle Mitarbeiter in einer Organisation tragen einen Teil der Verantwortung für das Risikomanagement. Der CEO trägt aber die Hauptverantwortung und sollte deswegen die übergeordnete Zuständigkeit haben. Andere Führungskräfte stützen die Risikomanagementphilosophie der Organisation, fördern das Einhalten der Risikobereitschaft und steuern aktiv Risiken in ihrem Verantwortungsbereich.

6.3.4 Der Risikomanagementprozess

Das Risikomanagement soll gemäß seiner Definition sicherstellen, dass die sich ständig verändernde Risikosituation auf allen Ebenen der Organisation erfasst und in regelmäßigen Abständen bewertet wird. Die möglichen Ereignisse, welche im Falle ihres Eintretens die Organisation beeinflussen, sollten erkannt und die nötigen Maßnahmen durch die verantwortlichen Personen eingeleitet werden. Der Prozess unterstützt somit die Organisation darin, die gesetzten Ziele zu erreichen und Störungen zu vermeiden. Diese Abläufe lassen sich in einem Prozess darstellen (vgl. Abb. 53). Die einzelnen Prozessphasen müssen durchlaufen werden.

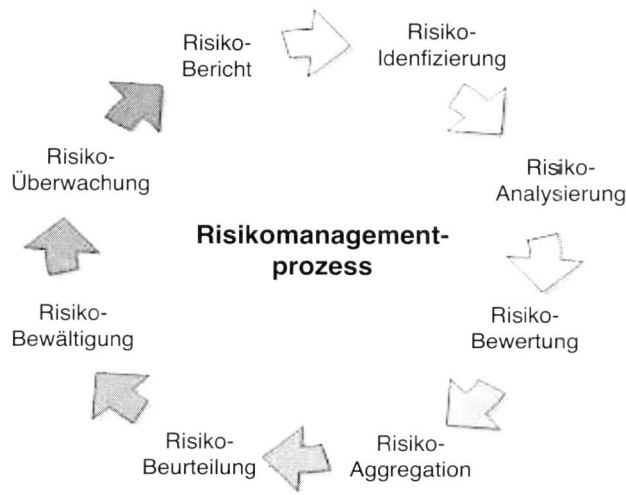

Risiko-
Berícht

Risiko-
Idenfizierung

Risiko-
Überwachung

Risiko-
Analysierung

**Risikomanagement-
prozess**

Risiko-
Bewältigung

Risiko-
Bewertung

Risiko-
Beurteilung

Risiko-
Aggregation

ABB. 53:   DER RISIKOMANAGEMENTPROZESS[313]

Risiko-Identifikation

Aufgabe der Risikoidentifikation ist die Aufdeckung möglicher Gefahrenpotenziale, d. h. die Beschreibung der auf ein Unternehmen einwirkenden Störungen. Hierzu ist es erforderlich, alle relevanten Risiken systematisch zu erfassen. Die Analyse kann auf verschiedene Arten erfolgen. Wichtig dabei ist,
dass die Unternehmung nicht nur mittels Analyse vorhandener Statistiken,
d. h. retrospektiv beurteilt wird, sondern auch mögliche oder wahrscheinliche
zukünftige Ereignisse antizipiert. Weiterhin sollten in der Analyse nicht aus-
geschöpfte Potenziale erkannt und in die Strategie aufgenommen werden. Es
gibt verschiedene Techniken die Datenanalyse durchzuführen: Top-Down,
Bottom-up, individuell oder in einem Workshop. Es ist dem Management
überlassen, hier den für die Unternehmung richtigen Ansatz zu wählen. Das
Ergebnis der Risikoidentifikation ist eine Sammlung aktueller, zukünftiger, po-
tenzieller und theoretisch denkbarer Risiken. Die Identifikation von Risiken ist
keine einmalige Aufgabe, sondern erfolgt kontinuierlich. Sie wird anhand der
vordefinierten Risikofelder des Unternehmens durchgeführt.

Risikoanalyse und -bewertung

Die durch die Risiken ausgelösten Gefahrenpotenziale sind zu ermitteln.
Dazu müssen die Ursachen-Wirkungs-Zusammenhänge einer Risikoposition
analysiert werden. Unter Berücksichtigung der bereits getroffenen Maßnahmen zur Risikobewältigung ist zu beurteilen, ob wesentliche oder sogar

313 Eigene Darstellung

existenzgefährdende Risiken bestehen. Dabei ist sowohl die Eintrittswahrscheinlichkeit (Intensität) als auch die Höhe des drohenden Schadens (Qualitätsdimension) zu bewerten. Eine exakte Quantifizierung von Risiken ist oft schwierig und mit erheblichen Unsicherheiten behaftet. Es sollte jedoch versucht werden, zumindest annähernd das Gefahrenpotenzial abzuschätzen.

Risikoaggregation

Die Risikoaggregation hat zum Ziel, cie Risikopositionen des Unternehmens insgesamt zu ermitteln. Unternehmen sind einer Vielzahl von Risiken ausgesetzt, weshalb der Gesamtrisikoumfang durch die Aggregation der Einzelrisiken bestimmt wird. Mit der Risikoaggregation werden die Wechselwirkungen der Einzelrisiken erfasst, das heißt, das sich Einzelrisiken gegenseitig beeinflussen können und in der Risikobewertung somit höher ausfallen können.

Risikobewältigung

Im Anschluss an die Risikobewertung und -aggregation ist zu entscheiden, welche Risiken unmittelbaren Handlungsbedarf auslösen und entsprechende Maßnahmen nach sich ziehen. In Abhängigkeit von der Risikopolitik und vom jeweiligen Risiko sind folgende Maßnahmen zu ergreifen:

Risikovermeidung
Risikovermeidung bedeutet, dass das Unternehmen auf die risikobehaftete Aktivität gänzlich verzichtet. Das Risiko entsteht somit nicht.

Risikoverminderung
Die Risikominderung soll die Wahrscheinlichkeit des Risikoeintritts verringern. Durch geeignete Maßnahmen wird die Häufigkeit z. B. eines Schadens vermindert.

Risikobegrenzung
Maßnahmen begrenzen das Ausmaß eines möglichen Schadens.

Risikoüberwälzung
Bei der Risikoüberwälzung wird das Risiko auf ein anderes Unternehmen, oft auf Versicherungsunternehmen oder Subunternehmer, übertragen.

Risikokompensation
Das Unternehmen trägt das Risiko bzw. den nicht sinnvoll reduzierbaren „Rest" selbst. Zur Absicherungen dienen z. B. entsprechende Rückstellungen, Liquiditätsreserven und Eigenkapital.

Risikoüberwachung, Berichtswesen

Die Risikoverantwortlichen (Verantwortliche für Risikofelder und wichtige Einzelrisiken) haben dem Risikocontrolling regelmäßig über die durch das Risikomanagementsystem erfassten Risiken zu berichten. Dies erfolgt

- für die Risikofelder mittels periodischer Überwachungsmeldungen,
- für die Einzelrisiken mittels Risikoberichten.

Über das beschriebene formale Berichtssystem hinaus besteht die Pflicht, bei Notwendigkeit direkt und sofort zu berichten. Eine solche „Sofortberichterstattung" ist zum Beispiel bei neu auftretenden, wichtigen oder gar existenzgefährdenden Risiken, bei einer drastischen Änderung der Risikoeinschätzung bekannter Risiken oder bei bedeutenden, tatsächlich eingetretenen Schäden zwingend.

6.3.5 Risikomanagement und ihr Controlling

Das Risikocontrolling erfolgt im COSO-Würfel auf verschiedenen Ebenen. Auf der Ebene der Controllingaktivitäten werden in der Unternehmung verschiedene Tätigkeiten durchgeführt. Es handelt sich hierbei um organisatorische Maßnahmen, welche für das gesamte Unternehmen überprüft werden, verschiedene Managementkontrollen oder die Durchführung von verschiedenen manuellen Kontrollen in den einzelnen Arbeitsschritten. Das Risikomanagement kennt eine laufende und eine periodische Überwachung. Die Überprüfung der Einhaltung der organisatorischen Regelungen und die regelmäßige Berichterstattung in einer Geschäftsleitungssitzung sind einige Möglichkeiten, die Entwicklungen in der Risikosituation laufend zu überwachen. Die Umsetzung von Vorgaben oder die Berichterstattung an den Verwaltungsrat sind Beispiele für die periodische Berichterstattung. Sie unterstützen die Überwachung der Risiken, identifizieren potenzielle Probleme im Frühstadium und ermöglichen damit eine zeitnahe Maßnahmenplanung. Damit diese Überwachung aktiv gemanagt werden kann, sind sehr viele, individuelle Frühwarnsysteme in elektronischer Form entwickelt worden.

6.3.6 Risikobewältigung im Spital

Die Risikobewältigung und das damit verbundene Controlling spielen in den Führungsprozessen eine wichtige Rolle. Damit die Unternehmensleitung auf das sich stets verändernde interne und externe Umfeld reagieren kann, ist das Frühwarnsystem ein wichtiges Hilfsmittel. Die Zürcher Höhenkliniken Wald und Davos haben die nötigen Controlling-Instrumente in einem elektronischen Frühwarnsystem in einer Balanced Scorecard (BSC) integriert (siehe Abb. 54).

Das Cockpit ist nach den einzelnen BSC-Perspektiven mit einem Ampelsystem ausgestattet und auf EFQM ausgerichtet. Die Kennzahler sind über aktive Hyperlinks mit den relevanten Daten und Auswertungen verknüpft. So kann der Benutzer die Daten in verschiedenen Detaillierungsgraden offen

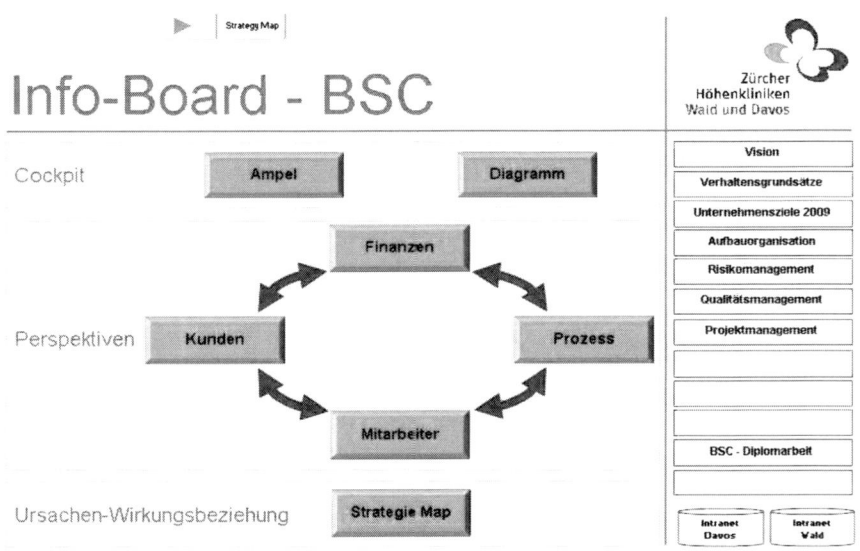

ABB. 54: INFO-BOARD – BSC[314]

und direkt abrufen. Das Controlling kann auf verschiedenen Führungsebenen direkt durchgeführt werden. Da auch das Risikomanagement im Führungsprozess fest verankert ist, fließen die Resultate der einzelnen Analysen über die BSC direkt in die strategische Unternehmensführung ein. Die vereinbarten Ziele und die definierten Maßnahmen werden quartalsweise überprüft und Korrekturmaßnahmen gegebenenfalls zeitnah eingeleitet.

Die Darstellung der 15 Kennzahlen in einem übersichtlichen Ampelsystem bildet so ein breit abgestütztes Frühwarnsystem für die Unternehmung (siehe Abb. 55).

314 Eigene Darstellung

◄	◄◄	►►	Strategy Map		Ampel

Ziel nicht erreicht (< 90%)
auf Zielkurs, kleinere Abweichungen (90 - 95%)
Ziel erreicht oder übertroffen (>95%)

Cockpit-Ampel

Kenn-zahl	1. Finanzen	Trend	Zieler-reichung
○	1.1 Kostendeckungsgrad	↗	
○	1.2 Anteil Zusatzversicherte	↗	
○	1.3 Abweichung vom Globalbudget	→	
○	1.4 Bettenauslastung	↗	

Kenn-zahl	2. Kunden	Trend	Zieler-reichung
○	2.1 Patientenzufriedenheit	↗	
○	2.2 Referenzzentrum	↗	
○	2.3 Fach-/Gastgeberkompetenz	↗	

Kenn-zahl	3. Prozesse	Trend	Zieler-reichung
○	3.1 Prozesserfüllungsgrad	↗	
○	3.2 Reha-Zielerreichung	in Arbeit	
○	3.3 Entlassungsmanagement	→	

Kenn-zahl	4. Potentiale / Mitarbeiter	Trend	Zieler-reichung
○	4.1 Innovation	→	
○	4.2 Fluktuation	↘	
○	4.3 Absenzen	↘	
○	4.4 Information	↗	
○	4.5 Vorbild	↗	

ABB. 55:   COCKPIT-AMPEL[315]

Das Ziel erreicht oder übertroffen (GRÜN) wurde bei:

1.1 Kostendeckungsgrad, 1.2 Anteil Zusatzversicherte, 1.3 Abweichung vom Globalbudget, 1.4 Bettenauslastung, 2.1 Patientenzufriedenheit, 2.2 Referenzzentrum, 3.1 Prozesserfüllungsgrad, 3.3 Entlassungsmanagement, 4.2 Fluktuation, 4.3 Absenzen, 4.4 Information

Auf Zielkurs (GELB) befindet sich:

4.5 Vorbild

Das Ziel wurde nicht erreicht (ROT) bei:

2.3 Fach-/Gastgeberkompetenz, 4.1 Innovation

315 Eigene Darstellung

7 Controlling und Strategie

7.1 Controlling durch benchmarkingunterstützte Leistungsplanung

Robert Mischak, Martin Holluger, Peter Matousek

7.1.1 Leistungsplanung im Gesundheitswesen

Der Begriff Leistungsplanung wird zur Beschreibung der strategischen Planung des Angebots an medizinischen Leistungen verwendet. „Leistungsplanung" gilt damit auch als Synonym für andere Begriffe, z. B. Planung, Gesundheitsstrukturplanung, Angebotsplanung. Die Leistungsplanung umfasst eine qualitative und eine quantitative Komponente, wobei die qualitative Komponente alle Angaben zur Art der medizinischen, pflegerischen und sonstigen Leistung und zur regionalen Verteilung beschreibt, während die quantitative Komponente die geplante Anzahl der Leistungen beinhaltet. Der Begriff enthält damit in diesem Zusammenhang nicht die Kostenplanung.

7.1.1.1 Leistungsplanung in Österreich – Österreichischer Strukturplan Gesundheit

Das österreichische Bundesministerium für Gesundheit definiert als Ziel für die Planung im Gesundheitswesen „eine gemeinsame Planung, Steuerung und Finanzierung durch die Systempartner auf Bundes- wie auf Landesebene – bei quantitativ ausreichender, qualitätsbasierter, am Versorgungsauftrag orientierter flächendeckender, regional gleichmäßig verteilter Leistungserbringung."[316] Der Bund versucht über Budgets, Behandlungsschwerpunkte und Bettenkapazitäten den Bedarf und die Erbringung von Leistungen im Gesundheitsbereich zu regulieren und zu koordinieren.

In Österreich fungiert derzeit der *Österreichische Strukturplan Gesundheit 2008* (kurz ÖSG 2008) als zentrales Produkt dieser planerischen Tätigkeit. In diesen zentralen Plan ist auch der Großgeräteplan eingearbeitet. Laut Bundesministerium für Gesundheit ist der ÖSG 2008 „eine konsequente Weiterentwicklung des ÖSG 2006 und ist als Leistungsangebotsplan mit einem Planungshorizont 2010 konzipiert".[317] Er ist die verbindliche Grundlage für die Planung der österreichischen Gesundheitsversorgungsstruktur. Der Plan liefert Aussagen zur aktuellen und zur zukünftigen Versorgungssituation in den akutstationären sowie in den verschiedenen nicht akutstationären Versorgungsbereichen, detailliert nach Regionen und Fachrichtungen.[318] In diesem Rahmen wird nur der akutstationäre Versorgungsbereich betrachtet.

316 BMFG 2006, S. 1
317 BMGFJ 2008, S. III
318 Vgl. BMGFJ 2008, S. 18

Der Gesundheitsstrukturplanung kommt eine Doppelfunktion zu: Zum einen gilt sie als Instrument, mit dem der konkrete Bedarf an medizinischen Leistungen festgelegt wird, zum anderen bestimmt sie, welche Einrichtungen zur bedarfsgerechten Versorgung der Bevölkerung notwendig sind und somit von der öffentlichen Hand gefördert werden.[319]

Im Folgenden sei ein kurzer Abriss über die Entwicklung der Gesundheitsstrukturplanung in Österreich dargestellt.

7.1.1.2   Entwicklung der Gesundheitsstrukturplanung in Österreich

Ausgehend von einer bundeseinheitlichen (unverbindlichen) Planung der Krankenanstalten sind folgende Stationen auf dem Weg zu einer gesamtheitlichen Gesundheitsstrukturplanung bis ins Jahr 2009 durch aufen worden:[320]

In den 1970er- und 1980er-Jahren gab es erste unverbindliche Krankenanstaltenpläne, jedoch ohne die Steuerung und Umsetzung von notwendigen Strukturveränderungen hinreichend abgestimmt zu haben.

In den 1990er-Jahren wurde der Österreichische Krankenanstalten- und Großgeräteplan (ÖKAP/GGP) für rund 150 über die neun Landesgesundheitsfonds finanzierten Krankenanstalten entwickelt. Wesentlicher Inhalt des ÖKAP waren die Festlegung von Krankenhausstandorten mit Vorgabe der maximalen Bettenzahlen sowie die Fachrichtungsstruktur der einzelnen Krankenhäuser und die maximalen Bettenzahlen je Fachrichtung auf Bundeslandebene. Zugleich wurden erstmals zur Qualitätssicherung Abteilungsgrößen und Erreichbarkeitsrichtwerte festgelegt.

Da das Bett jedoch sowohl als Maß für eine umfassende Versorgung als auch für die Kostenverursachung – und damit als Planungsgröße – zunehmend an Bedeutung verlor, beschlossen Bund und Länder für die Jahre 2001 bis 2004 die Planung auf alle Sektoren, Ebenen und Teilbereiche des Gesundheitswesens auszudehnen sowie mit Qualitätsstandards zu verknüpfen.

Schließlich erfolgte mit Beschluss des Gesundheitsreformgesetzes 2005[321] der Paradigmenwechsel auf eine einheitliche Rahmenplanung, welche methodisch auf einer Leistungsangebotsplanung basiert. Diese Planung umfasst erstmals das gesamte Gesundheitswesen inklusive aller Nahtstellen.

Die Bundesgesundheitskommission hatte im Dezember 2005 die erste Fassung und im Juni 2006 die bislang gültige Fassung (ÖSG 2006) beschlossen. Anfang März 2009 wurde nunmehr ein revidierter und ergänzter ÖSG 2008 festgelegt.[322] Der ÖSG 2008 enthält ein neues Kapitel über Zielvorstellungen, Planungsgrundsätze und Methoden für den ambulanten Bereich

---

319 Vgl. Szabados 2009, S. 89f
320 Vgl. BMFG 2006, S1ff
321 Vgl. BGBl. I Nr. 179/2004
322 Vgl. BMFG 2009: Planung

sowie neue Kapitel zu Leistungsangebotsplanung und Qualitätskriterien. Generell wurden sämtliche Ist-Daten auf den Stand 2006/2007 aktualisiert. Der Planungshorizont (das Jahr 2010) und die Planungsaussagen sind im Wesentlichen unverändert geblieben.

7.1.1.3 Leistungsplanung auf Bundesebene

Die wesentlichen Bestandteile der Leistungsplanung sind im ÖSG zusammengefasst:

Die **Planungsmatrix** ist nach den 32 Versorgungsregionen, den neun Bundesländern und den vier Versorgungszonen gegliedert und beinhaltet Indikatoren zur Beschreibung der Versorgungssituation.[323] Ergänzt wird die Darstellung in der *Versorgungsmatrix*, welche auf diesen regionalen Ebenen Richtwerte für die Anzahl der stationären Aufenthalte in den Akut-Krankenanstalten für rund 450 MHG (Medizinische Einzelleistungs-/Hauptdiagnosegruppen im Sinne des LKF-Systems) festlegt.[324]

In der **Leistungsmatrix** werden für ausgewählte medizinische Einzelleistungen (MEL)[325] Qualitätskriterien (Mindestversorgungsstruktur, Krankenanstalten-Typ, intensivmedizinische Versorgung, Ausstattung mit MR/CT und Möglichkeit der histopathologischen Befundung) sowie Mindestfrequenzen definiert, die im Falle der Erbringung der jeweiligen MEL von der betreffenden Krankenanstalt sicherzustellen sind.[326]

Ergänzt wird der ÖSG durch den Großgeräteplan, welcher die Anzahl medizinisch-technischer Großgeräte in Fonds-Krankenanstalten unter Berücksichtigung der Geräteausstattung von „Nicht-Fonds-Krankenanstalten" und des extramuralen Sektors enthält.[327] Der ÖSG enthält noch eine Reihe weiterer wichtiger Inhalte, wie z. B. die Betten-kapazitätsplanung pro Fachrichtung oder die Erreichbarkeitsrichtwerte. Bei der Erarbeitung des ÖSG kommt dem Österreichischen Bundesinstitut für Gesundheitswesen (ÖBIG) als Geschäftsbereich der Gesundheit Österreich GmbH (gög) eine tragende Rolle zu. Das ÖBIG erstellt die Grundlagen für die Steuerung des Gesundheitswesens im Auftrag des Bundes und der Bundesgesundheitsagentur.[328] Darüber hinaus werden Forschungs- und Planungsarbeiten durchgeführt, deren Ergebnisse möglicherweise ebenfalls als strategische Rahmenvorgaben für die Leistungsplanung in den ÖSG eingearbeitet werden. In dieser Rolle übernimmt also das ÖBIG die erste „strategische Controlling- und Planungsfunktion" auf Bundesebene. Eine wesentliche Datengrundlage bilden dabei die

323 Vgl. BMGF 2006: ÖSG 2006, S. 18
324 Vgl. BMGF 2006: ÖSG 2006, S. 18
325 Vgl. BMFGJ 2009: LKF Leistungskatalog, S. 5
326 Vgl. BMGF 2006: ÖSG 2006, S. 88
327 Vgl. BMGF 2006: ÖSG, S. 90
328 Vgl. Gesundheit Österreich GmbH 2009: www.goeg.at/de/OEBIG-Aufgaben.html

von den Krankenhäusern über die Träger und Länderfonds an das ÖBIG gelie-
ferten Leistungsdaten der Krankenhäuser (LKF-Daten), die dort entsprechend
ausgewertet und verarbeitet werden.

7.1.1.4 Leistungsplanung und Umsetzung auf Landesebene

In Hinblick auf den Föderalismus sind die bundeseinheitlichen Planungsvor-
gaben auf die Länder herunterzubrechen und von diesen im Sinne der Aus-
führungsgesetzgebung auch umzusetzen. Hierbei kommt den Ländern größere Gestaltungsfreiheit für Detailplanungen auf regionaler Ebene zu.
Insbesondere soll der integrative Ansatz des ÖSG Leistungsverlagerungen
zwischen den verschiedenen Sektoren des Gesundheitssystems ermöglichen.[329]

Nach den Bestimmungen der Art. 15a B-VG Vereinbarung über die Finanzierung und Organisation des Gesundheitswesens und den grundsatzgesetz-
lichen Regelungen sind für die Länder die Gesundheitsfonds (Land, Gemeinden, Sozialversicherung und weitere Vertreter), über welche ja maßgeblich
die Finanzierung des Gesundheitswesen – unter besonderer Berücksichtigung der länderspezifischen Ausgestaltung (LKF-Steuerungsbereich) – abgewickelt wird, planungsverantwortlich. Das Ergebnis der länderspezifischen
Planung resultiert in neun *Regionalen Strukturplänen Gesundheit* (RSG). Diese
wiederum dienen den Trägerorganisationen der Krankenanstalten als Umset-
zungsvorgaben für die Planung auf Ebene der einzelnen Krankenanstalten.
Zur Sicherstellung einer abgestimmten überregionalen länderübergreifenden
Planung sind darüber hinaus für vier Zonen sogenannte Zonenkonferenzen
eingerichtet.[330]

Die operative Durchführung dieser „Planungsverantwortung" der Länder-
fonds wird in den meisten Fällen an externe Experten bzw. an die nächste
Ebene in der Planungshierarchie – an die Trägerorganisationen – weiter delegiert, wie die folgenden Beispiele zeigen. Aus der Sicht eines durchgängigen
Controlling-Kreislaufs mit den vier Aktivitätenbereichen *Plan – Do – Check –
Act* kommt dieser Planungsstufe auf Länderebene aber eine zentrale Bedeutung zu. Hier müssen die strategischen Vorgaben des ÖSG auf die jeweiligen
Leistungserbringer unter Beachtung der finanziellen und regionalen Rahmenbedingungen heruntergebrochen werden. Um Zielkonflikte in der Planung,
aber auch die Probleme bei der späteren Budgetierung und im Budget-Um-
setzungs-Controlling für die Krankenhäuser frühzeitig zu beseitigen, wäre ein
enger Einbezug der operativen Controller der Trägerorganisationen und bei
Bedarf auch der Krankenhäuser bereits in dieser Planungsphase sehr wichtig,
was in der Praxis aber meist nur dort der Fall ist, wo die Planung sowieso

---

329 Vgl. BMFG 2006: ÖSG – der neue Weg, S. 5
330 Vgl. BMGF 2006: ÖSG – der neue Weg, S. 7

vom Eigentümer erstellt wird. Die Herausforderung für das operative Controlling in dieser planungsunterstützenden Funktion besteht darin, durch bestmögliche Transparenz in den Kosten-, Leistungs- und Mengendaten Pla-
nungsvarianten zu erarbeiten und die Auswirkungen von Entscheidungen der
verantwortlichen Parteien exakt zu kalkulieren und verständlich darzustellen.

Neben der Unterstützung durch Krankenhausträger und die Controller vor
Ort in den einzelnen Krankenhäusern benötigt das Controlling auf Landesebene auch direkte Informationen über das unmittelbare Leistungsgeschehen
in den einzelnen Organisationseinheiten und daher den „einfachen" Zugang
zu den handelnden Personen. Es genügt nicht, die von den Trägern an die
Landesgesundheitsfonds übermittelten Leistungsdaten der Krankenhäuser
im DIAG herauszunehmen und zusammenzufassen. Die eigentliche Qualität
zeigt sich erst dann, wenn diese Daten „medizinisch" überprüft und mit den
Leistungserbringern analysiert worden sind. Erst danach kann mit modernen
Instrumenten der Kosten- und Leistungsrechnung (z. B. fallbezogene Kostenrechnung, innerbetriebliche Leistungsverrechnung, Benchmarking) mit entsprechender Tool-Unterstützung die wirtschaftliche Bedeutung erfasst
werden. Als Voraussetzung für eine erfolgreiche Arbeit ist daher sowohl medizinisches als auch ökonomisches Wissen sowie langjährige Erfahrung über
das Funktionieren des „Systems Gesundheitswesen" notwendig. Am Beispiel
des Burgenländischen Gesundheitsfonds wird der diesbezügliche Planungsprozess erläutert und diskutiert.

7.1.2 Leistungsplanung des stationären Bereichs aus Sicht des Burgenländischen Gesundheitsfonds

7.1.2.1 Vorgaben für die Leistungsplanung

Um den intramuralen Bereich planen zu können, müssen vom operativen
Controlling viele Informationen über aktuelle Trends in der Medizin, den
Stand der medizinischen Versorgung, den Gesundheitszustand der Bevölkerung bis hin zu soziodemografischen Faktoren über die zu versorgende Population gesammelt und miteinander verknüpft werden.

Aufbauend auf dieser Datenlage wäre es sinnvoll, für den definierten Planungszeitraum gesundheitspolitische Ziele festzulegen. Daran wären sowohl
die intra- als auch die extramuralen medizinischen Leistungen und Schwerpunkte auszurichten.

Im intramuralen Bereich drückt sich diese Strukturplanung u. a. in der
Bettenplanung aus. Dabei muss für jede Fachrichtung auf die Einhaltung
einer definierten Sollauslastung, der erforderlichen Mindestbettenanzahl je
Fachrichtung und der Grenzen der Bettenmesszifferintervalle pro 1.000 Ein-
wohner gemäß dem *Österreichischen Strukturplan Gesundheit* (ÖSG) geachtet
werden.

7.1.2.2 Leistungsplanungsprozess und Organisation

Im Gesundheitswesen stellt die Ausarbeitung und Umsetzung der strategischen Leistungsplanung eine regionalpolitische Aufgabe der einzelnen Bundesländer dar. Damit eine aufeinander abgestimmte und über Bundesländergrenzen hinausgehende, koordinierte Leistungs- bzw. Kapazitätsplanung durchgeführt werden kann, sind die Planungs- und Steuerungsaufgaben auf Ebene der einzelnen Ländergesundheitsfonds anzusiedeln. In diesen Plattformen werden die zur Verfügung stehenden finanziellen Mittel auf die einzelnen Leistungserbringer aufgeteilt. Frei nach dem Motto „Wer zahlt, schafft an" können somit auf dieser Ebene Planungsentscheidungen vorgegeben werden. Da auf Landesfondsebene die Zielsetzungen (wer bietet wo welche Leistungen an), unter Einhaltung der im ÖSG definierten Strukturqualitätskriterien, als Rahmenbedingungen für die Krankenhausträger definiert werden, haben diese Gremien auch die zentrale Verantwortung bei der Steuerung des Leistungsangebotes. Derzeit ist es jedoch so, dass auf Länderebene von den politisch verantwortlichen Personen des Gesundheitswesens die Erarbeitung von Planungszielen betreffend den stationären Bereich oft auf externe Experten und Institutionen übertragen wird.

Da im Idealfall „Experten" nach Fach- und Sachwissen und unabhängig von den lokalen, realpolitischen Zwängen planen, können die Planungsergebnisse die entsprechende Landespolitik rasch in ein Dilemma bringen. Daher stellt sich zu Beginn die Frage, welche Experten mit der Planung beauftragt werden sollen.

Wird diese Aufgabe an „medizinische Experten" übertragen, könnte angezweifelt werden, ob die Ergebnisse wirklich alle Möglichkeiten einer Leistungsabstimmung und Ressourceneinsparung darstellen. Schnell erscheint das Einzelinteresse eines Abteilungsvorstandes oder Ärztlichen Direktors vorrangig gegenüber dem Allgemeininteresse einer abgestimmten und abgestuften Versorgung. Wird als Endergebnis der Planung noch ein hoher Bedarf an Investitionen ausgewiesen, entsteht leicht der Eindruck, dass das Planungsergebnis ein „Wunschkonzert" der Ärzteschaft darstellt. Die Vergangenheit hat leider gezeigt, dass häufig auf diesem Weg lediglich Leistungserweiterungen zustande gekommen sind.

Werden hingegen „Wirtschaftsexperten" beauftragt, so erscheinen die Planungsergebnisse oft ökonomisch zu radikal, insbesondere entstehen Konflikte bezüglich Standort- und Personalgarantien von Krankenhäusern. Zusätzlich werden diese von ökonomischen Überlegungen geprägten Ergebnisse dann von den betroffenen medizinischen „Autoritäten" abgelehnt, womit auch dieser Planungsansatz zum Scheitern verurteilt ist.

Damit die medizinische und ökonomische Balance gewährleistet ist und die politisch Verantwortlichen von Beginn an in die Arbeiten und als letzte Instanz unmittelbar in die Entscheidungsprozesse eingebunden sind, wurde von der Landesregierung der „Burgenländische Gesundheitsfonds" (BUR-GEF) mit der Aufgabe der Erstellung eines Regionalen Strukturplans Gesundheit (RSG) beauftragt.

Es ist selbstverständlich, dass die Verantwortlichen im Gesundheitsfonds Daten und Fakten als Entscheidungsgrundlage benötigen. Diese Aufgabe – nämlich den Entscheidungsträgern jene neutrale Unterstützung in der Frage nach der optimalen Allokation der vorhandenen Mittel für die bestmögliche Patientenversorgung zu geben – kommt dem operativen Controlling zu.

Da in den Gesundheitsplattformen alle verantwortlichen Akteure des Gesundheitswesens vertreten sind, ist klar, dass man bei der Planung oftmals vielfältigen Interessen der Beteiligten gegenübersteht. Um eine hohe Ergebnisakzeptanz zu erreichen, wurde vom Controlling des BURGEF ein integrativer und mehrschichtiger Ansatz gewählt. Es wurde sowohl die Kernkompetenz eines Controllings (Aufbereitung von Zahlen, Daten und Fakten und deren Analyse) durchgeführt, als auch aktiv die Verantwortung für den Planungsprozess inklusive der Umsetzung unter Einbindung aller Leistungserbringer übernommen.

Letztendlich umfasst die Leistungsplanung die Planung des medizinischen Leistungsangebots, eine Erreichbarkeitsplanung und das Resultat eines errechneten und kalkulierten Bettenbedarfs (Berücksichtigung der infrastrukturellen Gegebenheiten) vor dem Hintergrund der politischen Zielsetzungen. Die Vorgangsweise wird nachfolgend konkretisiert:

7.1.2.3 Planung des Leistungsangebots

Die Kernkompetenz für diese Aufgabe hat sicherlich die ärztliche Berufsgruppe. Die medizinischen Experten (Direktoren, Abteilungsvorstände etc.) sind als Ratgeber und Informationsträger unabkömmlich. Es sollte jedoch streng darauf geachtet werden, dass im intramuralen Bereich die unmittelbaren Leistungserbringer *nicht* auch gleichzeitig die verantwortlichen Leistungsplaner sind. In der Praxis hat sich bewährt, dass die Verantwortung der Planung des Leistungsangebots ausschließlich von Ärzten in Zusammenarbeit mit den politisch Verantwortlichen getragen werden soll, die nicht gleichzeitig die Interessen einer Fachgruppe, des Krankenhauses oder einer Abteilung vertreten. Damit kann vermieden werden, dass Individualinteressen in den Vordergrund gestellt werden und unter dem „Deckmantel" eines für die Gesundheitsplanung verantwortlichen Gremiums (z. B. Landessanitätsrat, Regionaler Strukturplan Gesundheit) direkt und unmittelbar Einfluss auf die politisch verantwortlichen Personen ausgeübt wird.

Bei den Überlegungen zur Leistungsplanung muss das Controlling auch allgemeine Zahlen und Berichte zum Gesundheitswesen einbringen. So werden zum Beispiel in der Statistik Austria Angaben über Geburtenzahlen, den Anteil der über 60-Jährigen an der Gesamtpopulation, das Gewicht der stellungspflichtigen Jugendlichen, Todesursachen uvm. angeführt. Weiters stehen Ländergesundheitsberichte zur Verfügung und auch in diversen Fach- und Informationsjournalen sind immer wieder interessante Details oder Studienergebnisse über den Gesundheitszustand der Bevölkerung zu lesen. Folgende Fakten können als Beispiele dienen: Aussagen über den Raucheranteil von Jugendlichen im Bundesländervergleich, die Anzahl von adipösen Kindern oder Statistiken über bestimmte Tumorfallzahlen. Fügt man all diese Detailinformationen zusammen, ergibt sich ein erstes Bild einer zukünftig erforderlichen Leistungsangebotsplanung.

Unter Berücksichtigung aller erwähnten Umstände und vorhandenen Informationen über die medizinischen Entwicklungen sind anschließend folgende Fragen für jeden medizinischen Fachbereich zu beantworten:

- Wer erbringt welche Leistungen und wie viele davon?
- Wie viele Leistungen werden im Bundesland insgesamt erbracht und wie werden sich diese entwickeln?
- Sind aufgrund von soziodemografischen oder anderen regionalen Besonderheiten neue Leistungsangebote notwendig?
- Unter welchen Rahmenbedingungen (ÖSG) dürfen diese Leistungen erbracht werden?
- Welche und wie viele Leistungen sollen sinnvollerweise an welchem Standort erbracht werden?
- Wer darf welche Leistungen nicht anbieten?
- Welche Organisationseinheiten und Strukturen ergeben sich daraus?

Um genauere Informationen über die Entwicklungen und speziellen Trends der einzelnen medizinischen Fachbereiche zu den obigen Fragen zu erhalten, wurde vom Controlling des BURGEF an mehreren Tagen eine trägerübergreifende Ärztekonferenz organisiert und moderiert. Von jeder im Burgenland vorhandenen Fachrichtung wurden der Abteilungsleiter und der erste Oberarzt eingeladen. Ziel war es, dass sich Fachexperten mit ihren fachverwandten Kollegen zu den Fragen und den erhobenen Daten austauschen und Stellung nehmen bzw. die zukünftige Entwicklung ihrer Leistungsbereiche aufzeigen.

Während der Veranstaltung präsentierte das Controlling den Ärzten die Entwicklungszahlen der letzten Jahre sowohl ihrer Abteilungen als auch im Vergleich zu den anderen fachgleichen Abteilungen und zum Bundesdurchschnitt (Auslastung, Belagsdauer, Entlassungen, 0-Tages-Aufenthalte, Wiederaufnahmeraten, Akutbettendichte, Krankenhaushäufigkeit, etc.) zur Diskussionsgrundlage.

Gleichzeitig wurde als weitere Orientierungshilfe in bestimmten Fachbereichen der vom Controlling ermittelte Eigenleistungsquotient (Vergleich

Leistungen im Burgenland an Burgenländern/Leistungen an Burgenländern in anderen Bundesländern) und der Migrationssaldo (einströmende Patienten von Wien, Niederösterreich und Steiermark /nach Wien, Niederösterreich, Steiermark, übrige Länder ausströmende burgenländische Patienten) anhand von ausgewählten HDG- bzw. MEL-Gruppen zur Diskussion gestellt.

Bereits im Vorfeld erhielten alle Teilnehmer vom Controlling Unterlagen über die Anzahl der geleisteten Diagnosen und Fälle pro Abteilung im Vergleich untereinander sowie die Gegenüberstellung dieser Zahlen mit den dazugehörenden Strukturqualitätskriterien (Mindestfallzahlen, Infrastruktur ...) gemäß dem aktuellen ÖSG.

Vor dem Hintergrund der ÖSG-Strukturqualitätskriterien und aufgrund der vorhandenen Entwicklungs- und Fallzahlen ergaben sich interessante und aufschlussreiche Diskussionen. Am Ende jedes Tages wurden die Ausblicke und Einschätzungen der Ärzte zur zukünftigen Entwicklung ihrer Fachbereiche in schriftlicher Form kurz zusammengefasst und von allen Teilnehmern unterschrieben. Positiv zu erwähnen ist, dass auch die Rechtsträgervertreter der beiden Krankenanstaltenträger des Burgenlandes während der gesamten Zeit anwesend waren und teilweise sehr rege an der Diskussion teilnahmen.

Die Tatsache, dass es im Rahmen dieser Veranstaltung im chirurgischen Bereich zu träger- und standortübergreifenden Bestimmungen zur Durchführung von bestimmten Leistungen (wer macht was und wer macht was nicht) gekommen ist, hat gezeigt, dass durch Argumentationen auf Basis transparenter und nachvollziehbarer Daten medizinische Leistungsabstimmungen möglich sind.

Damit dies nicht nur ein einmaliger Effekt war, sondern etwas, worauf in Zukunft – auch für andere Fachbereiche – aufgebaut werden kann, sollten sich in der Folge sowohl ein Berichtswesen mit Soll/Ist-Vergleichen als auch die Abhaltung derartiger Konferenzen in regelmäßigen Abständen etablieren.

7.1.2.4   Erreichbarkeitsplanung

Der ÖSG beinhaltet eine Tabelle, in der für fast alle Fachbereiche der Medizin Zeitgrenzen angeführt sind, ab denen für 90% der Bevölkerung die jeweilige medizinische Versorgung im intramuralen Bereich erreichbar sein muss (Mindesterreichbarkeit).

Das Österreichische Bundesinstitut Gesundheit (ÖBIG) erstellte auf Anfrage des BURGEF für die das Burgenland betreffenden medizinischen Fachrichtungen grafische Aufbereitungen der aktuellen Erreichbarkeitsfristen.

Vom ÖBIG werden aufgrund der Erreichbarkeit im Straßen-Individualverkehr in einem Spinnendiagramm die Gemeinden bezüglich der konkreten Fachrichtung auf den jeweils nächstgelegenen Krankenhausstandort zugeordnet. Bei der Interpretation der Ergebnisse ist zu beachten, dass immer vom Grundprinzip der offenen Bundesländergrenzen ausgegangen werden soll.

7.1.2.5 Planung der Bettenkapazitäten

Für die Berechnung der optimalen Bettenkapazitäten wurden zwei unterschiedliche Rechenmethoden entwickelt: Das eine Rechenmodell hat die Planungsmatrix (Fallbezogenes Modell), das andere Modell die Versorgungsmatrix (Leistungsbezogenes Modell) des ÖSG 2006 als Ausgangslage. In der Planungsmatrix ist die Anzahl der im Jahr 2010 zu erwartenden quellbezogenen stationären Aufenthalte, in der Versorgungsmatrix die für das Jahr 2010 zu erwartenden quellbezogenen Leistungen pro MHG dargestellt.

Für beide Rechenmodelle bestand die Vorgabe darin, eine zielbezogene Bettenberechnung für die vorhandenen Fachrichtungen am jeweiligen Krankenhausstandort durchzuführen.

Dafür wurden aus der Datenbank DIAG des Bundesministeriums für Gesundheit die für das jeweilige Modell benötigten Datensätze für jede Versorgungsregion sowohl quellen- als auch zielbezogen ermittelt.

In weiteren, teilweise komplizierten Rechenschritten wurden die ermittelten Werte auf eine idealisierte Bettenanzahl pro Abteilung und Standort heruntergebrochen.

Da die beiden Rechenmodelle zu einem akzeptablen, plausiblen und teilweise fast gleichen Ergebnis kamen, dienten sie als Ausgangslage für die weitere Planung.

7.1.2.6 Problemfelder im Zusammenhang mit dem ÖSG

Mit der Einführung des ÖSG hat ein Paradigmenwechsel stattgefunden. Anstelle der früheren, reinen Bettenplanung ist der Ansatz einer Leistungsplanung verwirklicht worden. Jedoch wird derzeit durch die im ÖSG für das Jahr 2010 hochgerechneten Zahlen eine quellenbezogene Leistungsplanung vorgegeben.

Dadurch finden inländische Gastpatienten keine dezidierte Berücksichtigung. Diese sind aber für die Planung einer zielorientierten Bettenkapazität eines Krankenhauses einer speziellen Region notwendig. Da es für die Umsetzung zwischen quellbezogener Leistungsplanung auf Bundesebene und zielorientierter (Struktur-)Bettenplanung auf Landesebene keine verbindliche, bundesweite Anleitung gibt, wird es, bedingt durch den österreichischen Föderalismus, neun verschiedene Ansätze und Varianten geben.

Hinzu kommt, dass alle Daten betreffend Diagnose- und Leistungszahlen aus dem LKF-System genommen werden. Da kein elektronisch bundesweit abrufbares, einheitliches und ausreichend detailliertes medizinisches Dokumentationssystem besteht, wird auf die kodierten LKF-„Daten" des Abrechnungsmodells zugegriffen.

Auch ist die Tatsache, dass primär der jeweilige Gesundheitsfonds die Anerkennung von Referenzzentren durchführt, nicht befriedigend. Da hierzu höchst detaillierte Beurteilungen von fachspezifischen medizinischen Behandlungen nötig sind, können Anerkennungen („Zertifizierungen") nur vor Ort durch die Expertise der jeweiligen Fachgesellschaft erfolgen.

Außerdem ist nicht geklärt, ob die im ÖSG festgelegten Mindestfrequenzen und andere Strukturqualitätskriterien verbindlich sind und welche Konsequenzen dies hat.

Weiters ist abzuklären, welche Aufgabe die Landessanitätsabteilungen im Rahmen der Anerkennung und Bewilligungen von Leistungsplanungen im intra- und extramuralen Bereich haben und inwieweit die Landeskrankenanstaltenpläne durch die jeweiligen RSG abgelöst werden können.

7.1.2.7 Herausforderung für die Leistungsplanung

Durch die quellbezogene Leistungsplanung (die inländischen Gastpatienten nicht berücksichtigt) und die zielorientierte Mittelzuteilung der Finanzierung werden Leistungsabstimmungen zwischen den Ländern immer notwendiger. Die verbindlich abzuhaltenden Zonenkonferenzen sollen in Zukunft die dafür geeigneten Plattformen bilden.

Nachdem die ursprüngliche Bettenplanung von der (quellbezogenen) Leistungsplanung abgelöst worden ist, muss der nächste konsequente Schritt eine bundesweit einheitliche, transparente und zielbezogene Kapazitätsplanung sein.

Damit verknüpft müssen die Fragen der Kompetenz geklärt werden:

- Wer finanziert?
- Wer plant?
- Wer setzt um?

7.1.3 Leistungsplanung des stationären Bereichs am Beispiel der Steiermärkischen Krankenanstaltengesellschaft (KAGes)

Die nächste Ebene des Leistungsplanungsprozesses ist die Planung des Krankenhausrechtsträgers, welcher sich ausgehend von den bundeseinheitlichen Vorgaben des ÖSG in seiner Planung auf die Vorgaben des RSG im jeweiligen Bundesland zu beziehen hat.

Der „Medizinische Struktur- und Angebotsplan" (MSAP) der KAGes bildet den zentralen Gesamtplan aller medizinischen Leistungen und Bettenkapazitäten der Krankenanstalten der KAGes ab und beantwortet somit die Frage: „In wie viel Betten und wo oder an welchen tagesklinischen Behandlungsplätzen soll die Betreuung der betroffenen Patienten geplant werden?" Er wird für einen Planungszeitraum von vier Jahren erstellt und ist die Grundlage für die weitere Detailplanung auf Ebene der einzelnen Krankenanstalt.[331]

---

331 Vgl. KAGes 2007, S. 6ff

7.1.3.1 Vorgaben für die Leistungsplanung

Die mit dem aktuell gültigen MSAP 2010 verfolgten strategischen Ziele der KAGes bilden die Hauptvorgaben für die Planung und stellen den „Nutzen für den Patienten" in den Vordergrund:[332]

- optimaler Zugang zu den Versorgungsleistungen (regionale Vorhaltung, quantitativ ausreichend)
- optimale Qualität der Versorgungsleistungen (Annehmbarkeit)
- optimale Effizienz hinsichtlich Kosten der Leistungserstellung (Leistbarkeit)

Zur Erreichung der Planungsziele wurden folgende Planungsgrundsätze als Orientierung für die Detailplanung aufgestellt:

- Schwerpunkt- und Zentrumsbildung zur Sicherstellung der erforderlichen kritischen Größe (Fallzahlen) nach Patienten-/Leistungsgruppen
- Übernahme der regionalen Versorgungsfunktion durch die Standardkrankenanstalten (stationäres Patientenmanagement, Zuweisung/Übernahme an die/von den Schwerpunkt- oder Zentrumsstandorte/n)
- Integration der Versorgungsprozesse durch enge Vernetzung der stationären Krankenversorgungsangebote mit anderen Versorgungsdienstleistern
- Betriebswirtschaftliche Planungsprinzipien für die Krankenanstalten- und Abteilungsstruktur hinsichtlich Abteilungsmindestgrößen und Auslastung
- Verstärkte Etablierung spezifischer Versorgungsstrukturen (Tagesklinik, 5-Tages-Stationen) mit hohem Standardisierungsgrad und Servicecharakter zur Entlastung der stationären Versorgung
- Versorgung von Kindern und Jugendlichen auf ihre speziellen Bedürfnisse ausgerichtet

7.1.3.2 Leistungsplanungsprozess und Organisation

Der aktuelle MSAP wurde auf der Grundlage des ÖSG 2006 erarbeitet. Der Planungsprozess wurde bereits Ende 2004 unter Einbindung medizinischer Fachexperten und Führungskräfte der Landeskrankenhäuser mit der Abstimmung der Strukturplanungsmaßnahmen zur Restrukturierung des Leistungsangebots der KAGes und der Restrukturierungsnotwendigkeiten für die betreffenden Krankenanstalten begonnen. Anfang 2005 wurde ein externer Berater mit der Erstellung der Struktur- und Angebotsplanung beauftragt. Der daraufhin 2006 vorgelegte „Vorschlag für den Struktur- und Angebotsplan der KAGes" wurde auf Basis des ÖSG 2006 überarbeitet und bis März 2007 größtenteils abgeschlossen. Die Revision des MSAP erfolgt im 3-Jahres-Rhythmus.

---

332 Vgl. KAGes 2007, S. 22f

Der MSAP beinhaltet quantitative und qualitative Vorgaben zur medizinischen Leistungsversorgung in der Steiermark für die weiteren Detailplanungen auf Ebene der Krankenanstalten[353] durch das operative Controlling. Hier lässt der Planungsprozess eine Lücke erkennen, da der Einbezug des operativen Controllings erst sehr spät und nach Festlegung der Leistungsplanung erfolgte.

7.1.3.3 Planung des Leistungsangebots und der Erreichbarkeit

Die qualitativen bzw. inhaltlichen Vorgaben für die medizinische Leistungsversorgung umfassen Vorgaben hinsichtlich Arbeitsteilung, Organisation, Vorgehen bei Sonderfächern oder Patientengruppen und werden in die Versorgungsmodelle eingearbeitet. Die „spezifischen Versorgungsmodelle" werden in Form einer Matrix für standardmäßig bettenführende Einheiten, Referenzzentren, spezielle Versorgungseinrichtungen im Normalpflegebereich sowie besondere medizinische Leistungsbereiche (z. B. Schlafmedizin, Schmerztherapie) erarbeitet. Dabei erfolgt eine regionale Abstufung der Versorgung (Regionalversorgung, überregionale Schwerpunkte, zentrale Versorgung) sowie eine funktionale Abstufung entsprechend dem Bedarf der Bevölkerung (24-Stunden-Notfall, stationär/elektiv, Tagesklinik, Ambulanz).[334]

Die Plausibilisierung der Versorgungsmodelle erfolgt unter qualitativen Gesichtspunkten mit regionalen bzw. überregionalen Experten sowie – zu einigen Themen – in regionalen Gruppen.

7.1.3.4 Planung der Bettenkapazitäten

Die quantitativen Vorgaben sind in der Strukturplanung zur Bettenkalkulation für die einzelnen Standorte dokumentiert. Für die Festlegung der Bettenkapazitäten wird wie folgt vorgegangen:

- Festlegung der Planannahmen (z. B. Tagesklinikpotenzial)
- Zentrale Kalkulation des Bettenbedarfs auf Basis der Ebenen
  - Verweildauer (Anpassung der tatsächlichen Verweildauer an den österreichischen Mittelwert sowie weitere Reduktion um tagesklinische Potenziale)
  - Krankenhaushäufigkeit (Annäherung an österreichische Vergleichswerte)
  - Auslastung (Ermittlung der Planbetten nach kalkulierten Belagstagen in Beziehung zu Normwerten für Auslastung)
  - Bevölkerungsentwicklung

---

333 Vgl. KAGes 2007, S. 37ff
334 Vgl. KAGes 2007, S. 140

Die Abstimmung und Plausibilisierung erfolgt im Einzelfall aufgrund der spezifischen Angebotssituation der jeweiligen Abteilungen.

Die Vorgaben des MSAP werden in standortbezogenen Detailplanungen für Personal- und Materialeinsatz für Operations-, Ambulanz-, Endoskopie- und Therapieräume in Form von jährlichen Budgets durch das operative Controlling konkretisiert. Dabei werden die Gesamtvorgaben gegebenenfalls nochmals hinsichtlich organisatorisch/betriebswirtschaftlich sinnvoller Überlegungen (z. B. optimale Stationsgröße, Interdisziplinäre bzw. 5-Tages-Stationen und Tageskliniken) angepasst, ohne die Zielvorgaben und Planungsgrundsätze zu verletzen.

7.1.4   Benchmarking als Unterstützung des Leistungsplanungsprozesses

7.1.4.1   Nutzen von Benchmarking in der Leistungsplanung

Unterschiedliche Interessen der Krankenhausverwaltung und der Trägerorganisationen als Eigentümer führen zwangsweise zu Zielkonflikten. Diese treten auf unterschiedlichen Ebenen auf, denn die Vorgaben der öffentlichen Gesundheitsplanung werden durch die Krankenanstaltenträger auf konkrete Krankenhäuser und – innerhalb derer – auf Abteilungen, Institute, Ambulanzen etc. für verschiedene medizinische Fächer unter Berücksichtigung der Aufgaben der Pflege heruntergebrochen.

In diesem komplexen Umfeld ist es daher hilfreich, Instrumente zur Objektivierung der Sachverhalte, Steigerung der Transparenz und Identifikation von „best practices" einzusetzen. Ein dafür bewährtes Instrument ist das „Benchmarking", das frei übersetzt „Lernen von den Besten" bedeutet, im Sinne des *Krankenhausbetriebsvergleiches*[335]. Der *benchmark* ist dabei (idealerweise) eine Kennzahl, mittels derer die Performance verschiedener Krankenhäuser bzw. sonstiger Organisationseinheiten innerhalb eines Krankenhauses verglichen werden kann.[336] Die Richtwerte werden dabei entweder aus aggregierten Statistiken[337] oder vergleichbaren Krankenanstalten abgeleitet. Der wesentliche Nutzen von Benchmarks in der Leistungsplanung liegt im Aufzeigen von konkreten betriebswirtschaftlich sinnvollen Optimierungsmöglichkeiten in den Krankenanstalten.[338]

---

335   Vgl. Jakob 2001, S. 73
336   Vgl. Müller 2000, S. 15
337   Dieser Ansatz wird auch im MSAP der KAGes verwendet, indem z. B. als Zielwert für die Verweildauer ein um 5% reduzierter SOLL-Wert unter dem österreichischen altersstandardisierten Benchmark angesetzt wird. Weitere Benchmarks werden zu Krankenhaushäufigkeit, Auslastung und Tagesklinik-Anteil eingesetzt; Vgl. KAGes 2007, S. 145
338   Vgl. Jakob 2001, S. 77

7.1.4.2 Methodische Aspekte

Das methodische Grundprinzip ist einfach: Die untersuchten Organisationseinheiten müssen mittels Kennzahlen dargestellt und in eine Rangliste gebracht werden. Die Herausforderungen bestehen darin, einerseits aussagekräftige Kennzahlen (für die es auch entsprechende Datenquellen geben muss) zu formulieren und andererseits die Organisationseinheiten unter Berücksichtigung der verschiedenen Kosten- und Leistungsstrukturen sowie sonstiger Rahmenbedingungen vergleichbar zu machen.

Rohe (statistisch unadjustierte) Vergleiche bergen die Gefahr der Willkür und können zu falschen Aussagen verleiten. Deswegen ist es erforderlich, die Störvariablen zu kennen und in geeigneter Weise statistisch zu kontrollieren. In der Epidemiologie sind hierfür eine Reihe von Verfahren bekannt: z. B. Standardisierung, Stratifizierung, multivariate Analysen. Letztlich lautet die Aufgabe, die Krankenhäuser auf Grundlage statistisch adjustierter Kennzahlen zu vergleichen.

Spielt man diese Grundgedanken am Beispiel der Verweildauer als einem möglichen Maß für die Effizienz von Abteilungen durch, bedeutet dies; die Abteilung mit der geringsten Verweildauer (der größten Effizienz) zu finden. Eine der wichtigsten Störvariablen im Vergleich von Abteilungen ist der Fall-Mix. Das heißt, die Kennzahl Verweildauer muss zumindest nach dem Fall-Mix kontrolliert werden. Natürlich sind weitere Einflussgrößen wie Geschlecht, Alter, soziale Schicht oder auch Einkommen als Störvariablen in Betracht zu ziehen. In der praktischen Anwendung sind allerdings die Restriktion durch nicht verfügbare Daten bzw. unzureichende Datenqualität sowie die gegenseitige Abhängigkeit der Variablen zu beachten.

Erst adjustierte Vergleiche sind valide Startpunkte für weitere Überlegungen. Auffälligkeiten bzw. große Abweichungen zum Benchmark können nun im Planungsprozess, der im Wesentlichen in einer Planungsvereinbarung zwischen verschiedenen Beteiligten resultiert, zur Orientierung dienen. Erst wenn alle oder zumindest die wichtigsten Zweifel über die Methode ausgeräumt sind, sollten sich die an der Planung beteiligten Parteien mit Fragen der Prozess- und Organisationsoptimierung beschäftigen.

7.1.4.3 Praktische Aspekte

Mit der Einführung des LKF-Systems im Jahr 1997 in Österreich sowie den vorangehenden Anstrengungen der Gesundheitspolitik (Kostenrechnungsverordnung, Diagnosendokumentation nach ICD ...) wurde erstmals eine österreichweit etablierte, einheitliche und vergleichbare Datenbasis für den stationären Sektor geschaffen. Die diesbezüglichen Inhalte sind im Wesentlichen auch legistisch im Bundesgesetz über die Dokumentation im Gesundheitswesen zusammengefasst und in den einschlägigen Verordnungen spezifiziert.

Da die Krankenanstalten diese Daten verpflichtend zu erfassen und zu melden haben, macht es auch Sinn, mit der gleichen Datenbasis hausinterne Planung zu betreiben. Kernstück dieser Daten ist das Minimum Basic Data Set (MBDS). Jede Krankenanstalt verfügt über eine adäquate EDV-Abbildung (oftmals auch in Form von Datawarehouse-Lösungen) dieser Datenstrukturen, sodass einer weiteren Bearbeitung durch die Controlling- und Planungsabteilungen nichts im Wege steht.

Auf Basis der standardisierten, vergleichbaren LKF-Daten sowie auch aufgrund der identifizierbaren Optimierungspotenziale eignet sich der medizinische Leistungsbereich im ersten Ansatz auch besser für Benchmarking-Zwecke[339] als reine Kosten-Benchmarks (verschiedene Ansätze zur internen Leistungsverrechnung, fehlende fallbezogene Kosten) – obwohl dem Aspekt der Kostenkontrolle von Benchmarks hohe Bedeutung zugemessen wird.[340] In der Regel wird man sich hier mit z. B. ABC-Analysen zur Identifikation von Leistungsmodulen behelfen können.

Österreichweite Benchmarks können leicht aus dem LKF-System gewonnen werden. Zudem sind trotz einiger Systembrüche mehrjährige Zeitreihen verfügbar. Mit gewisser Genauigkeit können „LKF-Benchmarks" auch mit internationalen Zahlen abgestimmt werden.

7.1.5   Das Controlling in der Leistungsplanung

Versucht man den Begriff „Controlling" im Prozess der medizinischen Leistungsplanung einzuordnen, dann wäre der Bundesebene (ÖSG) und auf Länderebene (RSG) das „strategische Controlling" und der Ebene der Träger/ Eigentümer und einzelnen Krankenhäuser das „operative Controlling" zuzuordnen. Die Aufgaben des „strategischen Controllings" werden dabei meist von Expertengremien, Medizinern und politischen Entscheidungsträgern übernommen.

Die Aufgabe des operativen Controllings im Leistungsplanungsprozess ist vorwiegend die Übersetzung der festgelegten qualitativen und quantitativen Größen auf die Ebene der einzelnen Krankenhäuser. Dabei werden die Mengendaten ergänzt um die Kosten- und Erlössicht. Aus diesem Prozess heraus kann das operative Controlling jedoch wichtige Steuerungsinformationen generieren, die einen früheren Einbezug des Controllers in die Leistungsplanung rechtfertigt.

Idealerweise sollte auf Krankenhaus-Ebene der Deckungsbeitrag pro Abteilung als zentrale wirtschaftliche Zielvorgabe und als Steuerungs-Kennzahl im Controlling eingesetzt werden, um die Sicherstellung einer wirtschaftlichen Betriebsführung („Effizienz") zu erreichen. Der Deckungsbeitrag ist

339 Vgl. Jakob 2001, S. 102
340 Vgl. Müller 2000, S. 42

dabei jene Erlösgröße, die nach Summierung aller stationären, ambulanten und sonstigen Erlöse und nach Abzug aller direkten Personal- und Sachkosten der medizinischen Leistungserbringung (z. B. Stationen, Ambulanz, OP, Labor) verbleibt, um die restlichen Strukturkosten der nicht medizinischen Bereiche eines Krankenhauses (z. B. Wäscherei, Küche, Schulen) abzudecken. Auf Trägerebene sind weiters die Strukturkosten der übergeordneten Service- und Managementbereiche abzudecken, d. h. auch das jeweilige Krankenhaus hat seinen Deckungsbeitrag „abzuliefern".

Der durchschnittliche Deckungsbeitrag pro Abteilung sollte größer Null sein. Ein negativer Deckungsbeitrag würde bedeuten, dass mit den Erlösen nicht einmal die direkten Kosten der Fälle abgedeckt werden, d. h. das Krankenhaus bzw. der Träger „zahlt etwas für die Behandlung dazu". Zur Detaillierung der Deckungsbeitrags-Kennzahl und Identifikation der Treibergrößen sind weitere Kennzahlen sinnvoll. Hierzu können absolute Kennzahlen wie Anzahl der Fälle, Belagstage, LKF-Punkte und relative Kennzahlen wie Bettenauslastung, Belagsdauer, Fall-Mix verwendet werden.

7.1.6   Ausblick

Die Rolle des Controllers im Gesundheitswesen hat derzeit noch nicht die Bedeutung, wie man sie etwa aus klassisch „gewinnorientierten" Unternehmen kennt. Dies kommt u. a. auch darin zum Ausdruck, dass die Einflussnahme der Controller im Leistungsplanungsprozess – insbesondere auf der strategischen Ebene – gering ist. In Hinblick auf die Erreichung der Ziele wäre es wünschenswert und sinnvoll, diejenigen, die die Zielerreichungsabweichungen zu erkennen und Maßnahmen einzuleiten haben, auch frühzeitig in den (iterativen) Prozess der Leistungsplanung einzubinden. Dazu bedarf es allerdings auch konsistenter und realisierbarer Ziele im Gesundheitswesen, deren Existenz man bei Analyse aktueller gesundheitspolitischer Entscheidungen bezweifeln darf. Gerade die methodische Expertise der Controller in der Zielformulierung sowie im Operationalisieren der Ziele über Kennzahlen und Indikatoren könnte hier zu wesentlichen Prozessverbesserungen führen.

Methodisch bleiben für die Zukunft Verbesserungen der Leistungsplanung im Datenangebot (ELGA, verbesserte Erfassung des ambulanten Bereiches u.a.) abzuwarten. Die Finanzierungsprobleme des Gesundheitswesens werden voraussichtlich die Verzahnung von intramuralen und extramuralen Leistungen sowie die Einbeziehung der weiteren Nahtstellen forcieren.

Wesentlich stärker werden auch epidemiologische Daten in die Leistungsplanung einbezogen werden müssen, um dem Anspruch einer bedarfsorientierten Versorgungsplanung gerecht zu werden. Ebenso wichtig – aber wahrscheinlich noch schwieriger – wird es sein, Ergebnisqualität (Outcome) in den Planungen zu berücksichtigen.

7.2 Strategische Prozesspositionierung
Heimo Losbichler

7.2.1 Warum strategische Prozesspositionierung?

Es ist schwierig, einen validen Vergleichsmaßstab für die Leistungsfähigkeit von Gesundheitssystemen zu finden. Dennoch muss sich das österreichische Gesundheitssystem im internationalen Vergleich den Vorwurf eines sehr guten, aber zu teuren Systems gefallen lassen. Platz 1 im Health Consumer Index 2007 vor Holland und Frankreich, allerdings bei einem Kostenanteil von über 10% des Bruttoinlandsprodukts, bestätigt dies.[341]

Im Spannungsfeld zwischen steigendem Bedarf an medizinischen Leistungen und einem immer enger werdenden finanziellen Korsett stehen Gesundheitseinrichtungen vor einer langfristigen Herausforderung: Höhere medizinische Leistung, die leistbar bleibt.

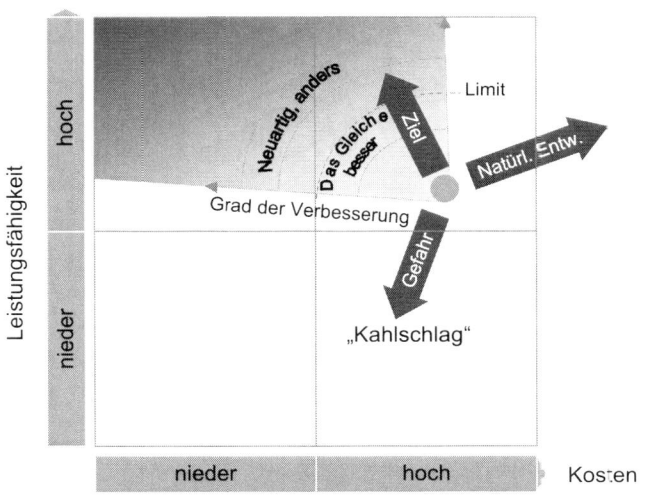

ABB. 56:   HAUSFORDERUNGEN FÜR GESUNDHEITSEINRICHTUNGEN[342]

Angesichts dieser Herausforderungen gibt es in Gesundheitseinrichtungen verstärkte Anstrengungen, die Qualität und Effizienz der Prozesse zu erhöhen. International bedienen sich Gesundheitseinrichtungen dabei zusehends der Erfolgsprinzipien und Methoden industrieller Spitzenunternehmen. Beispiele sind das Pilotprojekt der Herz- und Gefäßchirurgie der Uniklinik Frei-

341 Vgl. Euro Health Consumer Index 2007
342 Eigene Darstellung

burg mit Porsche und McKinsey[343] oder die erfolgreiche Anwendung der Prinzipien des Toyota-Produktionssystems an US-amerikanischen Kliniken zur Reduktion der Infektionsrate.[344] Um den drohenden Kahlschlag im Gesundheitswesen zu vermeiden, wird es für Gesundheitseinrichtungen jedoch nicht ausreichen, das Gleiche einfach etwas besser als bisher zu tun. Vielmehr sind substanzielle Veränderungen unter Berücksichtigung des Versorgungsauftrags nötig, d. h. es gilt, die eigene Position im Netzwerk des Gesundheitssystems grundlegend zu überdenken und die medizinische Leistungserbringung anders, auf neuartige, effektivere Weise zu verrichten. Ein Schlüsselelement ist dabei die strategische Konzentration auf Kernkompetenzen: es gilt Leistungsschwerpunkte zu definieren und durch die Nutzung von Synergien „weniger besser und effizienter zu tun" (wenn nicht transmural, dann zumindest innerhalb eines Trägers). Die Konzentration auf Schwerpunkte ermöglicht

- höhere Fallzahlen
- den Aufbau von Erfahrung und Expertise
- die Vermeidung von Fehlern
- kontinuierliche Verbesserung
- eine höhere Geräteauslastung und das Abflachen der Kostensteigerungen und damit den Aufbau von *Centers of Excellence*.

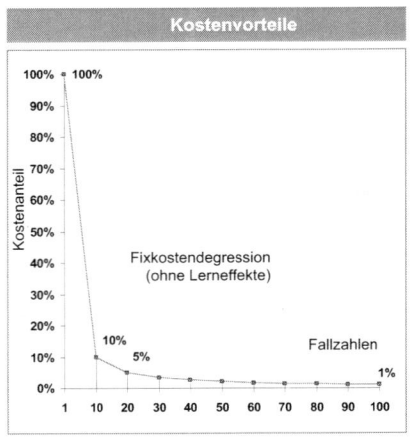 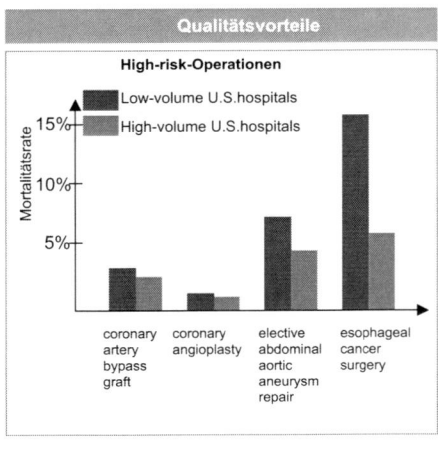

ABB. 57: Vorteile der Konzentration auf Kernkompetenzen[345]

Für Gesundheitseinrichtungen bedeutet dies, das Leistungsportfolio auf definierte strategische Kernkompetenzen zu konzentrieren und in weiterer Folge die Abläufe und Prozesse strategiekonform zu gestalten und zu optimieren.

343 Vgl. Kröher/Student 2005, S. 152ff
344 Vgl. Spear 2006, S. 48ff
345 J.D. Birkmeyer, 2004, S. 64

7.2.2 Das Konzept der strategischen Prozesspositionierung im Überblick

Den angeführten Herausforderungen haben sich nicht nur Manager, sondern auch Controller zu stellen. Beide müssen diese methodisch begleiten. Das Konzept der strategischen Prozesspositionierung ist ein integratives Controllingmodell, das versucht, Gesundheitseinrichtungen von der Strategieentwicklung bis zur operativen Prozessoptimierung durchgängig zu unterstützen. Dabei wurde industrielle *Leading Practice* an die spezifischen Gegebenheiten des Gesundheitswesens angepasst. Im Rahmen der strategischen Prozesspositionierung wird sowohl definiert, *welche* Leistungen in Zukunft angeboten werden sollen, als auch die Art und Weise, *wie* diese Leistungen angeboten werden:

1. „**Die richtigen Dinge tun**" – Neustrukturierung des Leistungsportfolios
2. „**Die Dinge richtig tun**" – strategiekonforme Prozessoptimierung

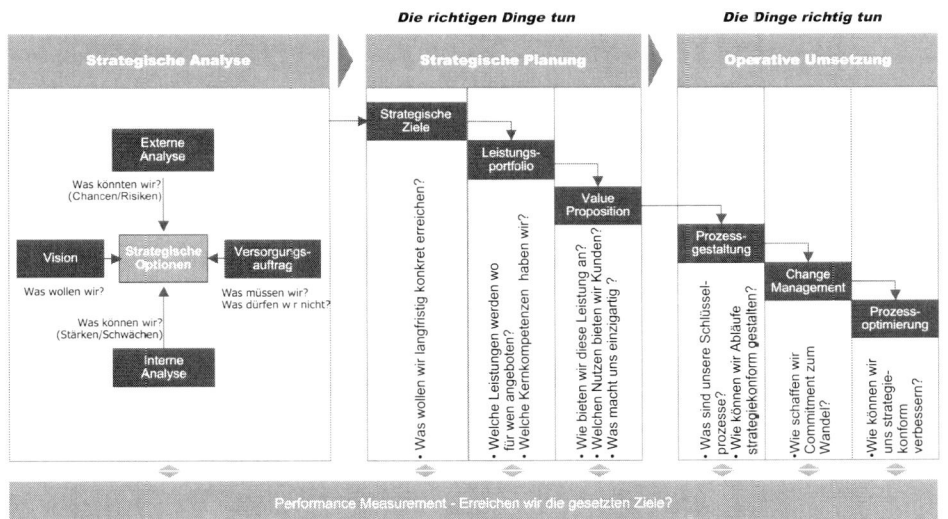

ABB. 58: VORGEHENSKONZEPT DER STRATEGISCHEN PROZESSPOSITIONIERUNG[346]

Die erste Phase der strategischen Analyse und Planung beinhaltet die Ermittlung strategischer Handlungsoptionen, die Definition strategischer Ziele und die daraus abgeleitete Strukturierung des Leistungsportfolios, d. h. es wird festgelegt, welche Kompetenzen aufgebaut und welche Leistungen in Zukunft bedarfsgerecht an welcher Stelle und in welcher Intensität angeboten werden. Zudem wird die *Value Proposition*, d. h. das Leistungsversprechen an die Kunden und damit die strategische Position definiert.

346 Eigene Darstellung

Die strategische Planung ist jedoch nur so gut wie ihre **operative Umsetzung**. In der zweiten Phase steht daher die strategiekonforme, d. h. an den strategischen Zielen und der Value Proposition ausgerichtete Gestaltung von Prozessen im Zentrum. Um die Lücke zwischen der Formulierung der Unternehmensstrategie und ihrer operativen Umsetzung zu schließen, bedarf es strategiekonformer Prozessstrukturen und Steuerungsgrößen. Zudem sind die kulturellen Voraussetzungen zu schaffen, die diesen Veränderungsprozess der Neupositionierung und ständigen Verbesserung ermöglichen. Nachfolgend werden jene Bereiche der Methodik vorgestellt, die für die strategiekonforme Prozesspositionierung entscheidend sind.

7.2.3 Strategische Planung

Es gibt kritische Stimmen, die meinen, dass Strategien angesichts politischer Willkür im Gesundheitswesen schon obsolet sind, noch bevor sie erstellt werden. Doch *gerade deshalb* ist die strategische Planung für Gesundheitseinrichtungen eine entscheidende Erfolgsvoraussetzung. Nur durch die bewusste Auseinandersetzung mit möglichen Umfeldveränderungen gelingt es, Chancen und Risiken zu erkennen und schon heute die richtigen Schritte für den Erfolg von morgen zu setzen. Die strategische Planung und die Festlegung langfristiger Ziele schafft Orientierung und bündelt die Kräfte aller Beteiligten. Gleichzeitig ermöglicht es die bewusste Beschäftigung mit potenziellen Umfeldentwicklungen, in Szenarien zu denken und auch einen „Plan B" in der Schublade zu haben, auf den im Bedarfsfall umgeschwenkt werden kann. In der Praxis gibt es viele methodische Ansätze für die strategische Planung. Das nachfolgend vorgestellte Modell zeichnet sich durch einen einfachen, umsetzungsorientierten Zugang aus.

7.2.3.1 Strategische Analyse und Ermittlung der strategischen Optionen

Basis jeder strategischen Planung ist eine fundierte Analyse des internen und externen Umfelds, in dem sich eine Organisation befindet. Sie ist die Grundlage, aus der die Entscheidungsträger ihren strategischen Handlungsspielraum und strategische Optionen für die Gesamtorganisation ableiten können. Die in der Praxis gängige SWOT-Analyse (*Strengths, Weaknesses, Opportunities, Threats*) basiert auf den primär rationalen Faktoren des *Könnens* (Stärken) und *Sollens* (Chancen). Dies greift jedoch vielfach zu kurz. Strategien sind primär eine Willensentscheidung, d. h. das in der Unternehmensvision verankerte *Wollen*. Dieses emotionale Wollen ist dem rationalen Sollen und Können gegenüberzustellen. Einrichtungen im Gesundheitswesen haben darüber hinaus noch verstärkt regulative Rahmenbedingungen sowohl im Sinne des *Müssens* (Versorgungsauftrag) als auch des *nicht Dürfen*s (rechtliche Einschränkungen) zu beachten. Aus der Analyse und Gegenüberstellung dieser vier Bereiche lassen sich strategische Optionen ableiten, aus denen die konkreten strategischen Ziele fixiert werden. Für die praktische Umsetzung sind folgende Analyse und Planungsschritte empfehlenswert, die in einem möglichst interdisziplinären Team durchgeführt werden sollen:

1. Identifikation wesentlicher Trends und Veränderungen im Umfeld der Gesundheitseinrichtung
2. Selektion der wichtigsten Trends bzw. Veränderungen. Dazu werden die identifizierten Trends bezüglich ihrer Eintrittswahrscheinlichkeit und Auswirkung bewertet und auf wenige, maßgebliche Entwicklungen reduziert.
3. Ableitung der Chancen und Risiken aus den wichtigsten Umfeldveränderungen.
4. Analyse der Stärken und Schwächen eines Unternehmens. Dies kann entweder auf Basis der internen Einschätzung oder auch auf Basis von Fakten wie z. B. Kundenfeedback, Qualitäts-Reviews oder externem Benchmarking erfolgen.
5. Entwicklung strategischer Optionen im Rahmen der SWOT-Analyse. Dabei liegt der Fokus auf jenen Optionen, die aus der Konzentration von Stärken auf Chancen entstehen. Gleichzeitig sind diese Optionen bezüglich Vision und Versorgungsauftrag zu bewerten.
6. Auswahl weniger, erfolgversprechender Optionen und damit Festlegung der strategischen Stoßrichtungen und Zielsetzungen (siehe Abb. 59).

7.2.3.2 Definition des Leistungsportfolios

Ausgehend von der Weichenstellung durch die Festlegung der strategischen Stoßrichtungen und Zielsetzungen auf Gesamtebene, gilt es nun, das zukünftige Leistungsspektrum zu konkretisieren, d. h. festzulegen, in welchen Leistungsbereichen/Geschäftsfeldern die Organisation in welcher Stärke für welche Kunden tätig sein will. Es gilt hier wieder der Grundsatz der Konzentration auf Kernkompetenzen, d. h. sich auf jene Leistungen zu konzentrieren, in denen die Organisation hohe Kompetenz aufweist und gleichzeitig attraktive, externe Rahmenbedingungen erwarten kann. Im Spannungsverhältnis zwischen Versorgungsauftrag und Marktwirtschaft ist dabei die Attraktivität der Leistungsbereiche ihrer Notwendigkeit aus dem Versorgungsauftrag gegenüberzustellen. Zur Positionierung der Leistungsbereiche (LB) sind für die beiden Achsen Detailkriterien zu finden und zu bewerten. Die Antworten auf die Fragen „Was macht einen Leistungsbereich attraktiv?" bzw. „Was verstehen wir unter Kompetenz?" sind üblicherweise Ergebnis heftiger, aber besonders wertvoller strategischer Diskussionen. Die relevanten Kriterien sind entsprechend der Unternehmens- und Umfeldsituation zu selektieren und zu gewichten. Die einzelnen Kriterien werden mit Punkten bewertet und mit der Gewichtung multipliziert. Abschließend werden die Leistungsbereiche in der

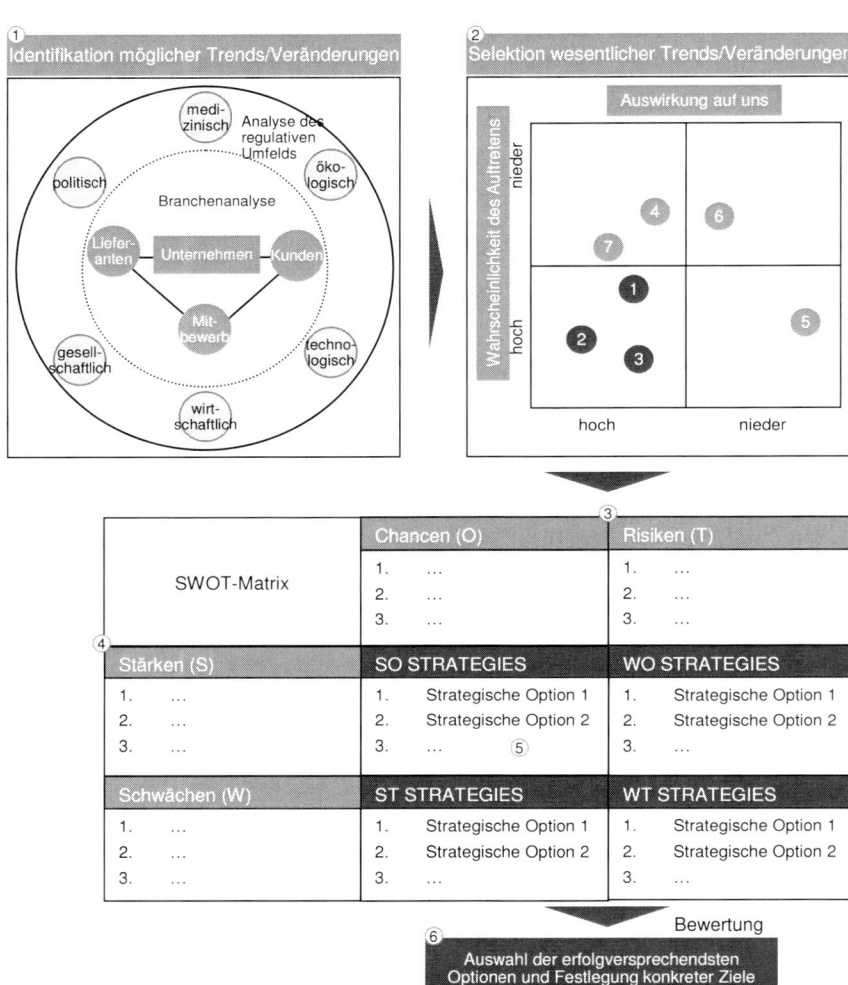

Abb. 59: Sechs Schritte zur Definition der strategischen Stossrichtung und Gesamtziele[347]

Portfolio-Matrix positioniert, wobei die Kreisgröße den angestrebten Anteil am Leistungsvolumen der Organisationseinheit darstellt und Basis für die langfristige Ressourcenplanung ist.

347 Eigene Darstellung

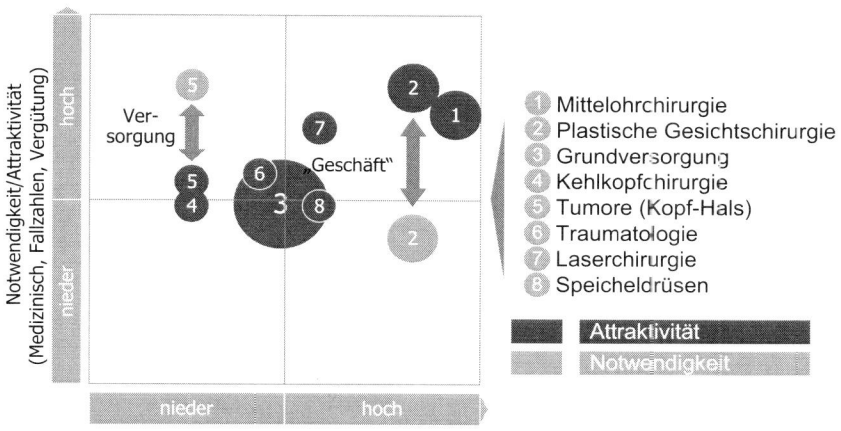

ABB. 60: NEUSTRUKTURIERUNG DES LEISTUNGSPORTFOLIOS MIT HILFE DER PORTFOLIO-MATRIX[348]

Attraktivität	Gewicht	Punktebewertung: 0-100							
Kriterien	in %	LB1	LB2	LB3	LB4	LB5	LB6	LB7	LB8
Marktwachstum/-größe	40%								
Vergütung	30%								
Anzahl der Mitbewerber	20%								
Prestige	10%								
Gesamtbewertung der Attraktivität	100%								

Notwendigkeit	Gewicht	Punktebewertung: 0-100							
Kriterien	in %	LB1	LB2	LB3	LB4	LB5	LB6	LB7	LB8
Versorgungsauftrag	40%								
Marktwachstum/-größe	30%								
Austrittskosten	30%								
Gesamtbewertung der Attraktivität	100%								

Kompetenz	Gewicht	Punktebewertung: 0-100							
Kriterien	in %	LB1	LB2	LB3	LB4	LB5	LB6	LB7	LB8
Know-how	40%								
Anzahl Ärzte	30%								
Moderne Infrastruktur	20%								
Kostengünstige Prozesse	10%								
Gesamtbewertung der Kompetenz	100%								

Anteil am Leistungsaufkommen in%		

In großen Organisationen ist dieser Schritt möglicherweise top-down auf mehreren Ebenen zu wiederholen (z. B. von der Träger-Ebene über das einzel-

348 Eigene Darstellung

ne Krankenhaus hin zur einzelnen Abteilung). Dabei gilt es unter Berücksichtigung des verbleibenden Freiheitsgrades aus den strategischen Stoßrichtungen zu definieren, welche Leistungsbereiche forciert, welche geschlossen oder zurückgenommen werden bzw. welche Kompetenzen aufzubauen sind.

7.2.3.3 Definition der Value Proposition

In den vorangegangenen Schritten wurde das „Was" definiert, d. h. welche Leistungen in Zukunft in welcher Stärke angeboten werden. Angesichts zusehends anspruchsvollerer und mobilerer Patienten, die abseits der Notfallsversorgung selektiv zwischen den Anbietern wählen, und zunehmend marktwirtschaftlicher Elemente im Gesundheitssystem (Wahlärzte, Kampf um Sonderklasse-Patienten etc.), gilt es im Folgeschritt das kundenorientierte „Wie" zu bestimmen. Das Alleinstellungsmerkmal muss erfüllt sein (USP), um für Patienten entsprechend attraktiv zu sein und damit eine entsprechende Auslastung und Wirtschaftlichkeit bzw. angestrebte Zusatzeinnahmen zu sichern. Dieser Schritt ist von folgenden Kernfragen geprägt:

* Welchen speziellen Kundennutzen wollen wir bieten?
* Warum sollen Patienten Leistungen bei uns und nicht bei anderen in Anspruch nehmen?
* In welchen Bereichen wollen wir besser sein als andere Anbieter?
* Was macht uns einzigartig?

Alleinstellungsmerkmale und damit Wettbewerbsvorteile werden primär durch den Besitz von Kundennutzen stiftenden, einzigartigen, nicht imitierbaren und substituierbaren Ressourcen erzielt. Es ist nicht realistisch zu glauben, dass man in allen für den Patienten relevanten Kriterien führend sein kann. Es gilt vielmehr aus der Vielzahl der Differenzierungsmöglichkeiten ein klares *Leistungsversprechen (Value Proposition)* bzw. ein Alleinstellungsmerkmal herauszuarbeiten, worauf alle Prozessgestaltungs- und Prozessverbesserungsmaßnahmen auszurichten sind. Johnson et al zeigen dies am Beispiel des National Jewish Health in Denver.[349] Zur Erarbeitung der Value Proposition hat sich in der Praxis das Konzept von Treacy und Wiersema als nützlich erwiesen.[350] Diese schlagen drei Grundkategorien von Leistungsversprechen vor, von denen sich die Organisation auf eine mit ganzer Kraft zu konzentrieren hat, ohne den nötigen Mindeststandard in den anderen Kategorien zu unterschreiten:

1. **Produktführerschaft** steht dabei für die beste medizinische Versorgung (Verweildauer, postoperative Komplikationsrate, pflegerische Betreuung, innovative Operationsmethoden wie z. B. unsichtbare Brackets etc.).

349 Vgl. Johnson/Christensen/Kagermann 2008, S. 55
350 Vgl. Treacy/Wiersema 1995

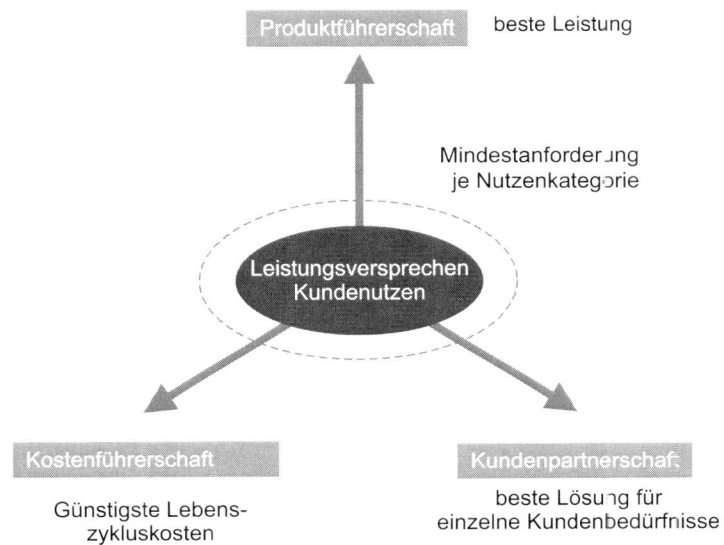

ABB. 61:   KATEGORIEN DER VALUE PROPOSITION[351]

2. **Kundenpartnerschaft** steht für die kundenindividuell maßgeschneiderte medizinische Versorgung (Terminvereinbarung, Sonderwünsche in den „Hotelleistungen", Patienteneinbindung, Wahlmöglichkeit alternativer Behandlungsformen wie z. B. ambulant, Tagesklinik, stationär etc.).

3. **Kostenführerschaft** steht hingegen für eine ordentliche, medizinische Versorgung zu niedrigen Kosten, respektive günstigen Preisen (interessant speziell bei Selbstbehalten, Wahlärzten, Zahnregulierungen, plastischer Chirurgie, LASEK etc.).

Sowohl für die erfolgreiche Profilbildung auf dem Markt als auch für die klare Orientierung der in der Organisation handelnden Mitarbeiter ist es besser, wenn sich die Organisation über alle Geschäftsfelder hinweg auf eine durchgängige Value Proposition festlegt.

7.2.4   Operative Umsetzung in den Geschäftsprozessen

Jede strategische Planung ist nur so gut wie ihre operative Umsetzung. Damit das angestrebte Leistungsversprechen kein leeres Versprechen bleibt, gilt es, die operativen Abläufe und Prozesse auf diese Value Proposition auszurichten und mit Hilfe strategiekonformer Prozesssteuerungsgrößen kontinuierlich zu verbessern. Die Verknüpfung der strategischen Positionierung und der

351 Eigene Darstellung

operativen Prozesssteuerung ist das Kernelement der strategischen Prozesspositionierung.

7.2.4.1 Strategiekonforme Prozessgestaltung

Die Verknüpfung strategischer Ziele und ihrer operativen Umsetzung war *das* Verkaufsargument der Balanced Scorecard.[352] In der Praxis haben sich dabei jedoch zwei Kernprobleme herauskristallisiert.

1. Die Value Proposition wird in die BSC häufig nur ungenügend eingearbeitet.
2. Die „Flughöhe" der BSC ist in der Prozessperspektive meist zu hoch, weshalb die operative Prozessevaluierung und -steuerung erst recht wieder losgelöst von der Strategie und der BSC betrieben wird.

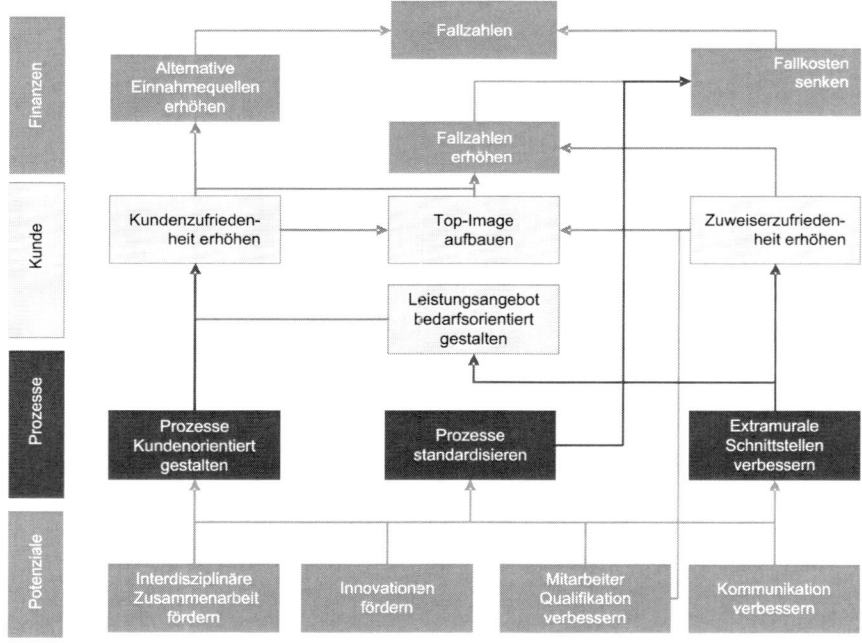

ABB. 62:   STRATEGY MAP EINER TYPISCHEN BALANCED SCORECARD[353]

Die Ziele und Kennzahlen in der Prozessperspektive der Balanced Scorecard werden vielfach, wie auch in Abbildung 62, als Generalziele für praktisch alle Prozesse definiert. Nur sehr selten erfolgt eine Zuordnung auf konkrete Pro-

352 Vgl. Kaplan/Norton 1997
353 Eigene Darstellung

zesse – häufig auch, weil dem Unternehmen ein Geschäftsprozess-Modell mit entsprechenden Prozessverantwortlichen fehlt.

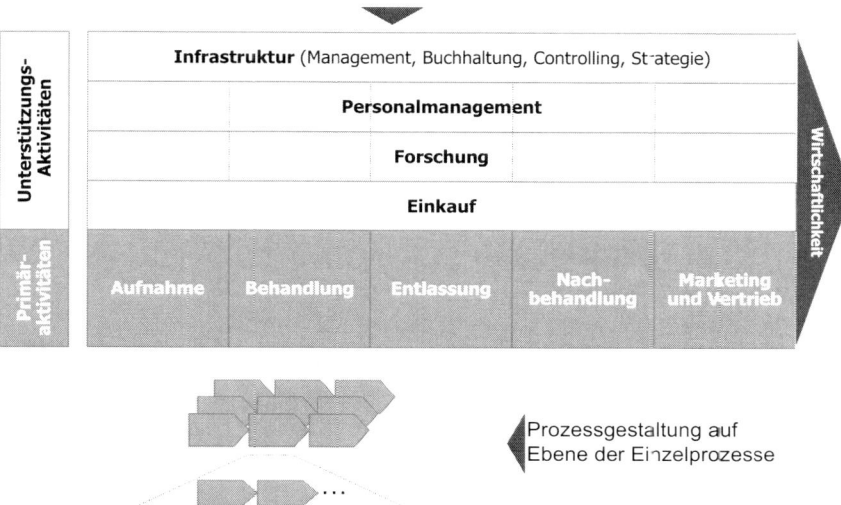

ABB. 63: INTEGRIERTES PROZESSMANAGEMENT VOM PROZESSMODELL ZUR OPTIMIERUNG VON EINZELPROZESSEN[354]

Der Schlüssel zur strategischen Prozesspositionierung und damit zur Erreichung der strategischen Ziele liegt in der sauberen Ableitung strategiekonformer Prozessstrukturen und operativer Prozesskenngrößer : *structure follows process follows strategy*. Dabei gilt es Schlüsselprozesse zu identifizieren und deren Ressourcenausstattung im Sinne eines Target Costing an der Value Proposition auszurichten.

7.2.4.2 Change Management

Eine konsequent an der Unternehmensstrategie ausgerichtete prozessorientierte Organisation stellt viele Unternehmen vor die Herausforderung, bestehende Strukturen aufzubrechen, gewohnte Verhaltensweisen der Mitarbeiter zu verändern und einen Kulturwandel herbeizuführen. Gerade an diesem Punkt scheitern die meisten Organisationen. Häufig werden die Ängste und Befürchtungen der Mitarbeiter unterschätzt, was letztlich zu massivem Änderungswiderstand, fehlendem Commitment und dem Versanden der Projekte führen kann. In dieser Phase ist die Kommunikation Schlüsselfaktor, da für die Mitarbeiter das „Know-why" noch viel wichtiger ist als das „Know-how".

354 Eigene Darstellung in Anlehnung an Porters Wertekette

Für die erfolgreiche Umsetzung des Change-Prozesses sei auf die acht Schritte von Kotter verwiesen.[355]

7.2.4.3 Prozessoptimierung

Sofern es der Organisation gelungen ist, an der Strategie ausgerichtete Prozessstrukturen in Gang zu setzen, gilt es im letzten Schritt die Prozesse laufend zu verbessern und zu optimieren. Prozesskenngrößen dienen zur laufenden Standortbestimmung und Verbesserung (*you get what you measure*).

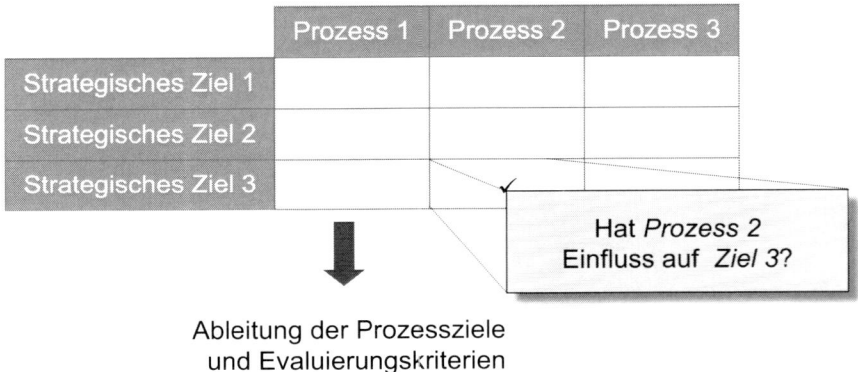

ABB. 64: STRATEGIE-PROZESS-IMPACT-MATRIX[356]

Es ist dabei unerlässlich, die Verbesserungsbestrebungen an der Strategie auszurichten. Dazu ist es notwendig, den grundsätzlichen Zusammenhang zwischen Prozessen und strategischen Zielen zu kennen, d. h. die Frage beantworten zu können, welcher Prozess welches strategische Ziel beeinflusst. Dies kann mit Hilfe einer einfachen Strategie-Prozess-Impact-Matrix dargestellt werden (Abb. 64). Für eine strategiekonforme Prozessoptimierung gilt es für jeden einzelnen Prozess zu definieren, wie sich die strategischen Ziele und die angestrebte Value Proposition im Prozess niederschlagen und wie der Beitrag des Prozesses zu den strategischen Zielen gemessen werden kann. Dies betrifft sowohl die Auswahl der Kenngrößen an sich, als auch die Vorgabe der Zielwerte. Was heißt z. B. Produktführerschaft beim Roten Kreuz für den Prozess der Transportdurchführung? Die Ziel- und Messgrößen werden im Rahmen der Methode in drei große Gruppen unterteilt:

1. **Strukturelle Messgrößen** zur Verbesserung der grundsätzlichen Prozessgestalt. Beispiele sind die Anzahl der Prozessschritte, Anzahl der IT-Syste-

---

355 Vgl. Kotter/Cohen 2002
356 Eigene Darstellung

me, Anzahl der involvierten Abteilungen und Mitarbeiter, Verhältnis Aktiv-
zu Passivzeit, Anzahl der Dokumente und Ablagen etc.

2. **Outcome-Messgrößen** zur Evaluierung der Prozessleistung. Dabei hat es
sich gerade in Hinblick auf das angestrebte Leistungsversprechen als vorteilhaft erwiesen, zwischen medizinischen *hard facts* und vom Patienten
subjektiv empfundenen *soft facts* über die erbrachte Leistung zu unterscheiden.

3. **Finanzielle Messgrößen** zur Analyse der Wirtschaftlichkeit. Beispiele sind
Prozesskosten, Abgang je LKF-Punkt etc.

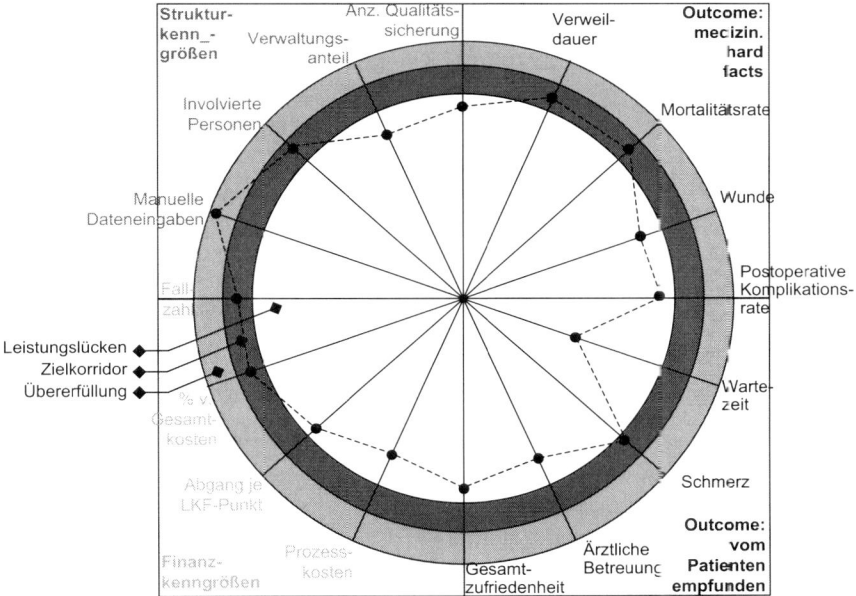

ABB. 65:   STRATEGIEKONFORMES PROZESSRADAR JE PROZESS[357]

7.2.5   Die Rolle des Controllers bei der strategischen Prozesspositionierung

Mit dem Rollenwandel der Controller vom Zahlenlieferanten zum Manage-
mentpartner hat sich ihr Aufgabenspektrum, aber auch die Erwartungshaltung an sie in den letzten Jahren deutlich verändert. Gute Controller können
sich heute nicht mit der Aufbereitung der Zahlen für das Management begnü-
gen. Im Sinne des Leitbilds der International Group of Controlling (IGC) „gestalten und begleiten Controller den Management-Prozess der Zielfindung,
Planung und Steuerung und tragen damit Mitverantwortung für die Zielerrei-

357 Eigene Darstellung

chung"[358]. Gute Controller sind heute vielmehr der positive Unruheherd. Sie zeigen unermüdlich Entwicklungs- und Verbesserungsmöglichkeiten auf und nehmen dabei eine eigenständige, beratende Position ein. Aus diesem Rollenverständnis heraus sind sie die Triebkräfte, in deren Händen die Prozessverantwortung und methodische Aufbereitung der strategischen Prozesspositionierung liegen. Es liegt an ihnen, Chancen und Verbesserungspotenziale zahlenmäßig fundiert aufzuzeigen und damit Initiativen zur strategischen Prozesspositionierung in Gang zu bringen. Im Rahmen der Strategieentwicklung haben sie kritische Fragen aufzuwerfen und die Konsequenzen möglicher strategischer Optionen zu quantifizieren. In gleicher Weise haben sie die Effizienz verschiedener Prozesspositionierungen zu beurteilen und für die laufende Erfolgsmessung KPIs (Key Performance Indicators, Kennzahlen) und ein aussagekräftiges Reporting zur Verfügung zu stellen. Durch diese Tätigkeiten schaffen Controller Transparenz und geben der Unternehmensleitung die nötige Sicherheit bei ihren Entscheidungen. Das gezeigte Aufgabenspektrum macht jedoch auch die gestiegenen Anforderungen an Controller deutlich. Gute Controller verstehen nicht nur die Kosten, sondern vor allem auch das „Geschäft". Sie kennen nicht nur die Kennzahlen, sondern auch die vorgelagerten Prozesse und Maßnahmen. Nur so können sie ihre neue Rolle und die in sie gesetzten Erwartungen als Partner des Managements erfüllen.

7.2.6 Zusammenfassung

Das Konzept der strategischen Prozesspositionierung ist ein integratives Controlling-Modell, das versucht, Gesundheitseinrichtungen von der Strategieentwicklung bis zur operativen Prozessoptimierung durchgängig zu unterstützen. Für eine erfolgreiche Implementierung dieses Grundgedankens sei auf die Augentagesklinik für Kataraktchirurgie der Universitäts-Augenklinik Wien verwiesen.[359] Die hier nur auszugsweise vorgestellte Methodik versucht, die bekannten Schwächen klassischer Balanced Scorecards durch die stringente Verknüpfung der strategischen Planung mit dem Prozessmanagement und dem Performance Measurement zu beseitigen.

---

358 www.igc-controlling.org/DE/_leitbild/leitbild.php
359 Vgl. Menapace/Reich/Schmelzenbart/Schmidt-Erfurth 2008, S. 36ff

7.3   Prozessmanagement und Controlling

Elisabeth Harrer, Magdalena Huber, Manfred Pferzinger

7.3.1   Prozessmanagement

Um in der Zukunft zu bestehen, sind Gesundheitseinrichtungen gefordert, die Bestimmungsgrößen einer neuen, dynamischen Umwelt zu erkennen sowie den ständig steigenden Anforderungen gerecht zu werden. Für die geänderten Rahmenbedingungen sind verschiedene, zum Teil voneinander abhängige Faktoren wie beispielsweise der medizinische Fortschritt, der gesellschaftliche Wertewandel sowie eine Öffnung der Märkte verantwortlich. Das Ausmaß der Anpassungsfähigkeit der Strukturen an die veränderten Rahmenbedingungen und Prozesse sowie eine Orientierung an den Kundenbedürfnissen wird ausschlaggebend für das Überleben in einem zunehmend marktwirtschaftlich und wettbewerbsorientierten Umfeld sein. Um langfristig konkurrenzfähig sein zu können, ist es für die Akteure im Gesundheitswesen unabdingbar, höhere Qualität bei gleichzeitig sinkenden Kosten in kürzerer Zeit zu erbringen. Effektivität und Effizienz werden daher die Zukunft von Gesundheitseinrichtungen entscheiden.[360]

Traditionelle Organisations- und Führungsstrukturen von Gesundheitsorganisationen sind nur eingeschränkt geeignet, um auf die beschriebenen Herausforderungen angemessen zu reagieren. Die historisch gewachsene und durch Spezialisierung, Hierarchisierung und Aufgabenvielfalt geprägte funktionale Gliederungsform bringt erhebliche Nachteile mit sich, die sich besonders aus der Aufgliederung logisch zusammenhängender Abläufe auf verschiedene Organisationseinheiten ergeben.[361] Dies resultiert in mangelhafter Kundenorientierung, Ineffizienzen und Inflexibilität. Prozessmanagement ist ein praktikabler Ansatz, um die fragmentierten Versorgungsaufgaben wieder zu Abläufen zusammenzuführen und so *„den Wettbewerbsfaktoren Zeit, Kosten und Qualität in Ausrichtung auf die Kunden besser gerecht werden zu können."*[362]

7.3.1.1   Ziele und Nutzen eines Prozessmanagementsystems

Ein Wechsel von einer rein funktional orientierten Aufbauorganisation hin zu einem prozessorientierten Management führt unter anderem zu[363]

• Überwindung von Schnittstellen und einer bessere Abstimmung zwischen den an der medizinischen Leistungserstellung beteiligten Funktionen

---

360 Vgl. Hauke, 2004, S. 122; vgl. Ziegenbein 2001, S. 74
361 Vgl. Eckhardt, 2006, S. 13ff
362 Greulich/Thiele/Thiex-Kreye 1997, S. 15
363 Vgl. Ziegenbein 2001, S. 123ff

- Verbesserung der medizinisch-pflegerischen Behandlungsqualität aufgrund einer Verringerung des Koordinations- bzw. administrativen Aufwands
- Zielorientiertem Controlling aufgrund verursachungsgerechter Zurechnung von Kosten
- Handlungssicherheit bei den Mitarbeitern aufgrund von standardisierten Abläufen und der erzeugten Transparenz

Oberste Zielsetzung von Prozessmanagementsystemen ist das Erreichen eines beherrschten Prozesses, verbunden mit der kontinuierlichen Prozessverbesserung zur Maximierung des Kundennutzens.[364] Prozesse zu „managen" bedeutet zum einen, Zielsetzungen (z. B. Reduktion der Wartezeiten in der Ambulanz) in einem immer höheren Ausmaß zu erfüllen, andererseits aber auch mögliche unternehmerischen Krisen rechtzeitig und richtig entgegenzuwirken bzw. ihnen vorzubeugen.[365]

7.3.1.2 Grundlagen und Begriffsbestimmungen

Um die Begrifflichkeiten Prozess, Klinischer Pfad und Prozessmanagement besser voneinander abgrenzen zu können, werden diese in der Folge näher beschrieben.

7.3.1.2.1 Prozess

Der ursprünglich aus dem Lateinischen stammende Begriff Prozess bedeutet „Vorgang" und steht sowohl umgangssprachlich als auch im wissenschaftlichen Sprachgebrauch für „Geschehen mit einer zeitlichen Dimension."[366] Allgemein lassen sich Prozesse als „eine zeitlich-logische Verkettung von Tätigkeiten, die zielorientiert einen oder mehrere Inputs in ein Ergebnis (Output) transformieren, das einen Wert für den Kunden hat"[367] bezeichnen. Die Bestimmungselemente, über die ein Prozess einerseits beschrieben, andererseits von Vorgänger- und Nachfolgeprozessen abgegrenzt werden kann, sind Prozesszweck, Input (Auslöser oder Trigger), Output (Outcome), Prozessablauf (Prozessschritte), Ressourcen zur Durchführung des Prozesses (z. B. qualifizierte Mitarbeiter, Maschinen), Prozessziel (inkl. dazugehörige Messgröße) sowie Prozessverantwortung (Prozessverantwortlicher und Prozessteam).

---

364 Vgl. Binner 1997, S. 6–2
365 Vgl. Wagner/Patzak 2007, S. 53f
366 Greiling/Hofstetter 2002, S. 15
367 Ziegenbein 2001, S. 49

7.3.1.2.2 Klinischer Pfad

„Medizinische Leitlinien und Klinische Pfade können als Facetten von Prozessen im Umfeld von Gesundheitseinrichtungen verstanden werden."[368] Der Klinische Pfad beschreibt dabei allerdings einen standardisierten Behandlungsprozess für klinisch definierte Patientengruppen mit bestimmten Ein- und Ausschlusskriterien einer oder mehrerer Institutionen. Auf Grundlage von evidenzbasierter Medizin und Pflege, Leitlinien, Richtlinien und gesetzlichen Vorgaben sowie Standards erstellt, optimiert er die Prozess- und Ergebnisqualität der Behandlung und Betreuung.

7.3.1.2.3 Prozessmanagement

Zapp definiert Prozessmanagement als „ein zielorientiertes Gestalten und Lenken von Prozessen im soziotechnischen Unternehmen mit personen- und sachbezogener Komponente zur Optimierung der unternehmerischen Wertschöpfungskette."[369]

Laut Becker und Kahn dient Prozessmanagement „der Planung, Steuerung und Kontrolle von inner- und überbetrieblichen Prozessen, wobei sowohl Kern- als auch Supportprozesse Gegenstand des Prozessmanagements sind."[370] Bezogen auf das Gesundheitswesen bedeutet dies, dass sich Prozessmanagement im Sinne einer integrierten Versorgung auch sektorenübergreifend mit der Planung, Steuerung und Kontrolle der Prozesse beschäftigt. Um die bestmögliche Versorgung des Patienten sicherstellen zu können, ist eine Minimierung der Schnittstellen anhand der Versorgungskette von besonderer Bedeutung.[371]

7.3.1.3 Rollen im Prozessmanagement

Um den Anforderungen der Aufgaben im Prozessmanagement gerecht zu werden, sind einerseits eine multiprofessionelle und interdisziplinäre Vorgehensweise und andererseits die Schaffung eines gemeinsamen Verständnisses für die beteiligten Rollen von besonderer Bedeutung.[372] Eine laufende Kommunikation mit den Mitarbeitern, die den Experten- und Umsetzungspool einer Organisation darstellen, ist ein wesentlicher Erfolgsfaktor.[373] Die zentrale Rolle im Prozessmanagement nimmt ein interdisziplinäres Prozessteam unter der Führung eines Prozessverantwortlichen ein.[374] In Tab. 2 sind die wesentlichen Rollen im Prozessmanagement beschrieben.

368 Huber 2008, S. 39
369 Zapp 2002, S. 34
370 Becker/Kahn 2005, S. 8
371 Vgl. Güntert 2004, S. 100ff
372 Vgl. Pferzinger/Steiner 2006, S. 32
373 Vgl. Pferzinger/Krenmayr 2008, S. 13
374 Vgl. Gareis 2006, S. 68

Rolle	Hauptaufgaben/Verantwortlichkeiten/Kompetenzen
Prozess-manager	• Aufbau und kontinuierliche Verbesserung des Prozess-managementsystems • Vereinbarung der Konventionen im Prozessmanagement • Sicherstellung einer einheitlichen Prozessdokumentation • Aufbau und Betrieb des Prozessreportings
Prozess-verantwort-licher	• Entscheidungsrecht bzgl. der laufenden Zusammensetzung des Prozessteams • Koordination und Einberufung von regelmäßigen internen Treffen des Prozessteams • Verantwortung für die Steuerung und Optimierung des Prozesses, die kontinuierliche Prozessverbesserung, Reporting und Berichterstattung zur Prozesszielerreichung
Prozessteam-mitglied	• Beisteuerung von spezifischem Fachwissen • Mitarbeit bei der Festlegung von Maßnahmen zur Prozess-optimierung • Aktives Einbringen von Vorschlägen und Verbesserungs-möglichkeiten
Prozesscoach	• Begleitung und Unterstützung des Prozessteams bei der Umsetzung der Prozessmanagementmethodik • Anregung von Vorschlägen und Verbesserungsmöglichkeiten für die Prozesse

Tab. 2: Rollen im Prozessmanagement[375]

7.3.2 Der Process Life Cycle

Der in Abb. 66 dargestellte Process Life Cycle beschreibt die Schritte im Kreislauf des Prozessmanagementsystems in Form von Phasen und Phasenübergängen.

Nachstehend sind die einzelnen Phasen bzw. Übergänge kurz erläutert.

7.3.2.1 Prozesslandkarte

Eine unternehmensspezifisch gestaltete Prozesslandkarte gibt eine grafische Übersicht über alle Prozesse inklusive der Nahtstellen zu anderen Prozessen innerhalb und außerhalb einer Leistungsstelle und eines Unternehmens.[376] Sie stellt den Zusammenhang und die Interaktion der in einer Organisation vorhandenen Prozesse dar und erfüllt so die Funktion eines Inhaltsverzeich-

375 Vgl. Wagner/Patzak 2007, S. 91ff
376 Vgl. Huber 2006, S. 12

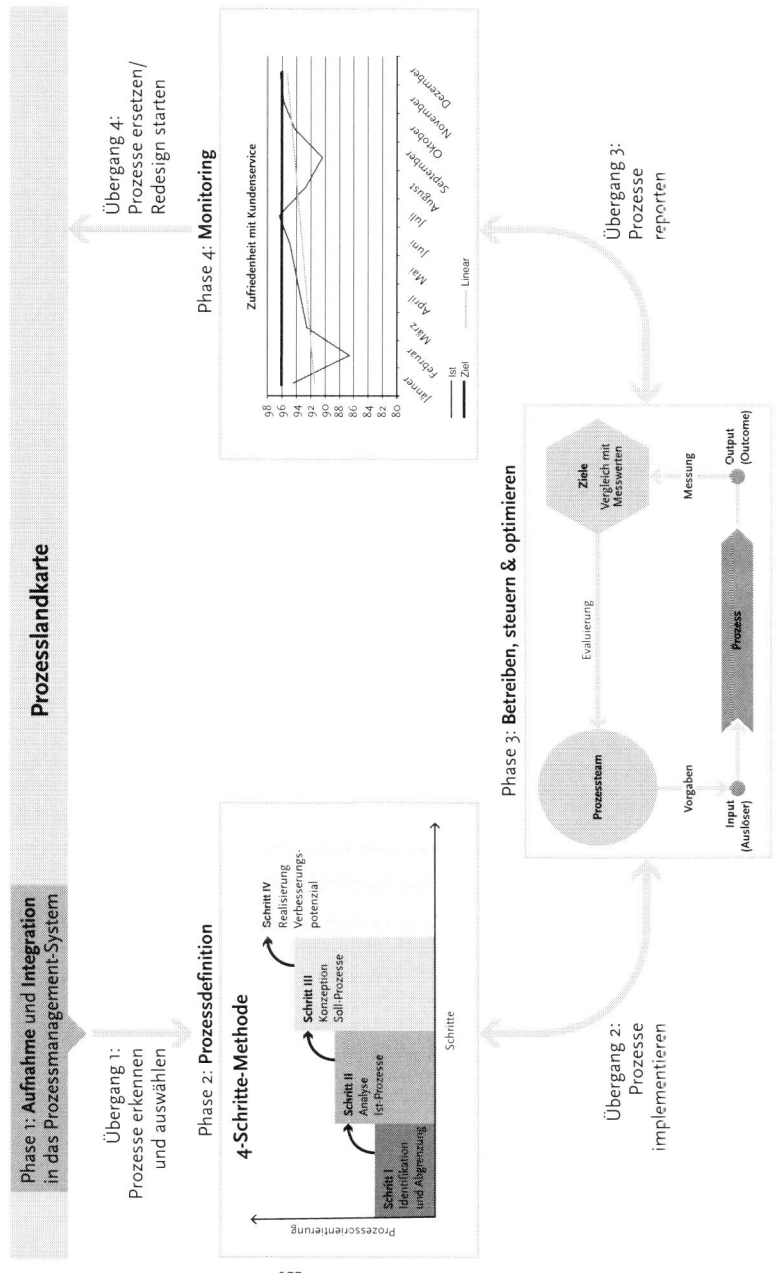

ABB. 66:   Process Life Cycle[377]

377   Wagner/Patzak 2007, S. 84

nisses des Prozessmanagementsystems in bildlicher Form. Demnach bildet die Prozesslandkarte den Ausgangspunkt beim Aufbau eines Prozessmanagementsystems.

7.3.2.1.1 Prozesswürdigkeit

Bevor ein Prozess in den Kreislauf des Process Life Cycles aufgenommen wird, muss die Frage der Prozesswürdigkeit geklärt werden. Es wird geprüft, ob dessen Aufnahme in ein Managementsystem sinnvoll ist. Kriterien hierfür können im Prozess gebundene Ressourcen, Anzahl der Schnittstellen, strategische Relevanz, fach- bzw. organisationsübergreifende Zusammenarbeit oder das vorhandene Risikopotenzial sein.

7.3.2.1.2 Prozesskategorien

Eine Identifikation und Zuordnung der Prozesse zu den in Tab. 3 dargestellten vier Prozesskategorien stellt hierfür den ersten Schritt dar.

Prozesskategorie	Beschreibung	Beispiele aus Gesundheitseinrichtungen
Management-prozesse	• Dienen der strategischen Ausrichtung der Organisation • Umfassen Planungs-, Steuerung- und Kontrollaufgaben • Bilden den strukturellen Rahmen	Strategie entwickeln
Geschäftsprozesse (Kern- oder Schlüssel-prozesse)	• Repräsentieren die Kernkompetenz des Unternehmens • Dienen der Erfüllung der obersten Ziele (Geschäftsziele) der Unternehmung • Sind fundamentale, direkt wertschöpfende Aktivitäten, die sich am Unternehmenszweck bzw. Kundenwunsch orientieren	Bewohner therapieren
Unterstützende Prozesse (Supportprozesse)	• Unterstützen andere Prozesse, um eine reibungslose Leistungserbringung zu gewährleisten • Bilden die Grundlage für die Leistungserbringung • „Beliefern" die Geschäftsprozesse mit Leistungen • Sind nur indirekt wertschöpfend	Diagnostik durchführen (z. B. Röntgen- oder Laboruntersuchung)

Prozesskategorie	Beschreibung	Beispiele aus Gesundheitseinrichtungen
Mess-, Analyse- und Verbesserungsprozesse	• Dienen der Messung, Überwachung und kontinuierlichen Verbesserung des Unternehmens, der Prozesse und der Produkte bzw. Dienstleistungen	KTQ-Zertifizierung durchführen

Tab. 3: Beschreibung der Prozesskategorien[378]

7.3.2.1.3 Prozessarten

Auch in Einrichtungen des Gesundheitswesens lassen sich die Prozesse entsprechend ihrem Beitrag zur Wertschöpfung kategorisieren. Es können somit direkt wertschöpfende von indirekt wertschöpfenden und nicht wertschöpfenden Prozessen unterschieden werden. Nachstehend sind Beispiele dafür aus dem intramuralen Bereich angeführt.[379]

Kategorie	Beschreibung
Direkt wertschöpfend	Der Prozess der Bewohner-/Klienten- bzw. Patientenbehandlung. Er ist der Schlüsselprozess und steht im Zentrum der organisationalen und führungstechnischen Betrachtung. Kernkompetenz eines Krankenhauses ist die Krankenversorgung. In einem Universitätsklinikum stellen Forschung und Lehre zusätzliche Kompetenzen dar.[380]
Indirekt wertschöpfend	Alle Prozesse, die unmittelbar oder mittelbar zur Leistungserbringung benötigt werden. Hierbei handelt es sich um Abläufe im patientenfernen Bereich auf Supportprozessniveau (Wäscherei, Küche, Materiallogistik etc.), die indirekt zur Leistungserbringung am Patienten beitragen.[381]
Nicht wertschöpfend	Die übrigen Prozesse, die einen Aufwand verursachen, jedoch keinen Beitrag zur Leistungserbringung erfüllen. Sie sind überflüssig, aber meist in rein funktional orientierten Organisationsformen – wie es Einrichtungen im Gesundheitswesen oft sind – hinter tradierten Strukturen verborgen.[382]

Tab. 4: Kategorisierung der Prozesse in Gesundheitseinrichtungen

378 Vgl. Wagner/Patzak 2007, S. 72f; vgl. Binner 1997, S. 1-11ff; vgl. Ziegenbein 2001, S. 51f; vgl. Huber 2006, S. 14
379 Vgl. Ziegenbein 2001, S. 117f
380 Vgl. Ziegenbein 2001, S. 117f; vgl. Steckel/Grebner 2006, S. 176f
381 Vgl. Huber/Pferzinger 2007, S. 16
382 Vgl. Ziegenbein 2001, S. 117f

Da auch die indirekt wertschöpfenden Prozesse zur zielorientierten Abwicklung der Versorgung beitragen, stehen sie ebenfalls im Fokus des Prozessmanagements. Eine entsprechende Optimierung der Prozesse kann also durch Beeinflussung eines Supportprozesses ebenso gelingen wie durch die Überarbeitung eines Kernprozesses. Ein Optimum wird letztendlich durch die Bearbeitung aller Ebenen unter Berücksichtigung der hierfür relevanten Nahtstellen erreicht.

7.3.2.2 Phasen des Process Life Cycles

Sollte die Prozesswürdigkeit vorhanden sein, wird der neue Prozess in das Prozessmanagementsystem eingeführt. Dies bedeutet einerseits, dass dieser von den bereits bestehenden Prozessen eindeutig abgegrenzt, andererseits, dass sein Einfluss auf die anderen Prozesse geprüft wird. Der Fokus liegt in dieser Phase 1 („Aufnahme und Integration in das Prozessmanagementsystem") bei der Kopplung des Prozesses mit den Unternehmenszielen und der Priorisierung sowie der Integration in bereits vorhandene Prozesse. In der Phase 2 („Prozessdefinition") wird die Definition des Prozesses in vollem Umfang anhand der in folgender Abbildung dargestellten 4-Schritte-Methode durchgeführt:

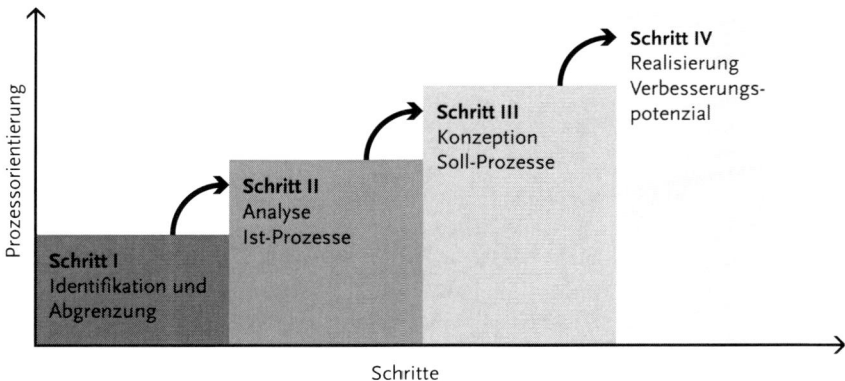

ABB. 67:   PROZESSDEFINITION MITTELS 4-SCHRITTE-METHODE[383]

Nachdem der Prozess dementsprechend definiert und freigegeben wurde, wird er in der Phase 3 („Betreiben, steuern & optimieren") implementiert. Der Prozessverantwortliche trägt die Verantwortung dafür, dass die Ausführung anhand der Prozessbeschreibung und den festgelegten Zielen erfolgt und greift im Bedarf steuernd ein (siehe Abb. 68). Sollten weitere Verbesse-

383 Wagner/Patzak 2007, S. 87

rungspotenziale, welche eine Änderung erforderlich machen, erkannt werden, so kann dies zu einer erneuten Anwendung der 4-Schritte-Methodik führen.

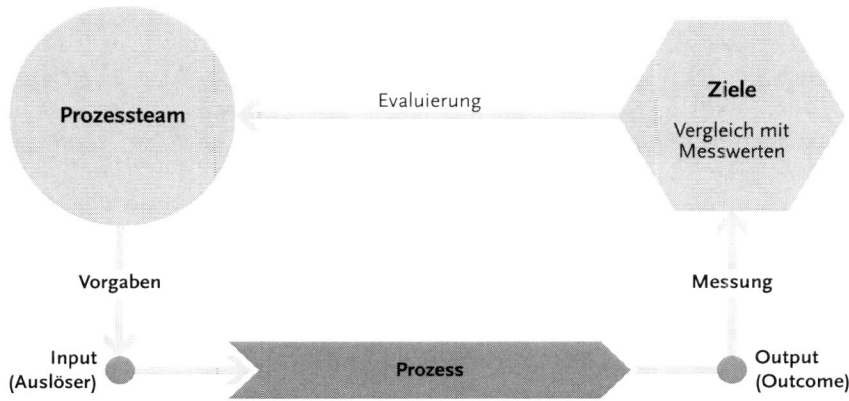

ABB. 68: PROZESSE BETREIBEN, STEUERN UND OPTIMIEREN[384]

Wie in Abb. 68 ersichtlich, ist die Erreichung der Ziele während der Prozessausführung im Sinne einer kontinuierlichen Verbesserung regelmäßig zu evaluieren. Um strategische Überlegungen in Betrachtung und Entscheidungen einfließen zu lassen, ist für die Ergebnisdarstellung darüber hinaus ein übergeordnetes Prozessmonitoring und -reporting zu etablieren. Unter Prozessmonitoring wird dabei „der Abgleich sowie die Steuerung des Zusammenwirkens der verschiedenen Prozessziele sowie mögliche Änderungen oder Adaptierungen von Zielen und Zielwerten sowie die Entscheidung zu Maßnahmen"[385] verstanden. Möglichkeiten zur Informationsgewinnung stellen beispielsweise Prozessaudits, -assessments oder -begehungen dar. An dieser Stelle sind Übergänge zu den verschiedenen Phasen des Life Cycles möglich. Kleinere Veränderungen im Prozess (z. B. Zusammenfassen von mehreren Arbeitsschritten) werden laufend durchgeführt, wohingegen bei größerem Veränderungsbedarf eine Überarbeitung der Prozessdefinition sinnvoll ist.

Bei tiefgreifenden Veränderungen, wie es beispielsweise beim Outsourcing eines Prozesses (in Alten- und Pflegeheimen z. B. Wäscherei oder Küche) bzw. dessen Stilllegung der Fall ist, hat dieser das Ende seines Lebenszyklus erreicht. Es findet ein Übergang zur ersten Phase statt, da dies meist Auswirkungen auf andere Prozesse nach sich zieht. Es ist wesentlich, die Auswirkungen an den Prozessschnittstellen zu prüfen, im Bedarfsfall Anpassungen durchzuführen und abschließend die Prozesslandkarte zu adaptieren.

384 Nach Wagner/Patzak 2007, S. 88
385 Wagner/Patzak 2007, S. 89

7.3.3 Prozesscontrolling

Hauptziele des Prozessmanagements sind die Steigerung der Effektivität und der Effizienz. Voraussetzung dafür ist eine auf die Geschäftsstrategie und die Kundenbedürfnisse ausgerichtete Gestaltung der Geschäftsprozesse sowie deren zielgerichtete Steuerung.[386] Da dies Planung, Kontrolle, Koordination sowie eine ausreichende Informationsversorgung (Berichtswesen) voraussetzt, kann das Prozesscontrolling als Basis für eine erfolgreiche Prozessgestaltung gesehen werden.

Das Prozesscontrolling liefert für die Zielplanung, Zielerreichung, Leistungskontrolle, Koordination, Verbesserung und Optimierung der Geschäftsprozesse benötigten Informationen und hat demnach die Aufgabe, Transparenz über das Potenzial und die Leistung der Geschäftsprozesse herzustellen. Neben der Prozessstrukturtransparenz ist die Prozessleistungstransparenz Voraussetzung für die Leistungssteigerung und Optimierung von Geschäftsprozessen. Die bereits erläuterten Phasen 3 („Betreiben, steuern & optimieren") und 4 („Monitoring") des Process Life Cycles beschäftigen sich genau mit diesen Aspekten. In nachstehender Tab. 5 sind wesentliche Begriffe der Prozesssteuerung angeführt und erläutert.

Begriff	Definition
Planung	Zielplanung und Maßnahmenplanung sind als Vorgabe bzw. als Eingangsgröße in den eigentlichen Regelkreis zu sehen, damit aber notwendigerweise Bestandteil des Regelsystems.
Steuerung	Umfasst alle Maßnahmen zur Umsetzung einer zielorientierten Planung. Es geht um das Einwirken auf einen Realisierungsprozess, d. h. um das Vorgeben, Auslösen und Verantworten von Anordnungen und Maßnahmen.
Controlling	Ist etwa synonym mit dem umgangssprachlichen Steuern zu verstehen. Dabei ist zu beachten, dass aus organisatorischer Sicht der Controller nicht die Anordnungskompetenz im Managementprozess besitzt, also eigentlich vor allem die Funktion des Monitorings verbunden mit einer Hilfestellung zum Prozessmanager ausübt.
Überwachung	Umfasst die Erfassung und Auswertung der Auswirkungen der Steuerung, also das Erfassen des jeweiligen Ist-Zustandes samt Bewertung desselben im Sinne eines Vergleiches mit den angestrebten Planungswerten.
Reporting	Ist der zentrale Bestandteil des Monitorings, die datenmäßige Auswertung der Ergebnisse des Prozessmonitorings und Weitergabe an das Prozessmanagement.

TAB. 5: BEGRIFFE DER PROZESSSTEUERUNG[387]

386 Vgl. Schmelzer/Sesselmann 2006, S. 229ff
387 Wagner/Patzak 2007, S. 175

Während sich das strategische Prozesscontrolling mit dem Aufbau von Erfolgspotenzialen beschäftigt, liegt der Fokus beim operativen Prozesscontrolling in der Nutzung der Erfolgspotenziale durch die Geschäftsprozesse. Strategisches und operatives Prozesscontrolling stehen dabei in enger Verbindung zum strategischen und operativen Controlling der jeweiligen Geschäftseinheit. Die Ziele sowie die Programme und Maßnahmen dieser vier Controlling-Felder sind aufeinander abzustimmen.

7.3.3.1 Leistungsparameter (Key Performance Indicators)

Das Controlling eines Prozesses erfolgt mittels Prozesskennzahlen bzw. Leistungsparametern, welche Auskunft über Stand und Entwicklung der Leistung von Geschäftsprozessen geben. Da die Prozessleistung zu einem großen Teil anhand der Erfüllung der Kundenbedürfnisse beurteilt wird, steht eine Minimierung oder Maximierung der Performancegrößen nicht im Vordergrund. Der Fokus liegt vielmehr auf der „conformance to customer requirements", d. h. der Übereinstimmung mit vom Kunden definierten Anforderungen.[388] Demnach ist der wichtigste Parameter zur Beurteilung der Prozesseffektivität die Kundenzufriedenheit. Bei der Beurteilung der Prozesseffizienz spielen die Parameter Durchlaufzeit, Termintreue, Qualität und Kosten eine bedeutende Rolle. Diese fünf Leistungsparameter werden als Key Performance Indicators bezeichnet. Basierend darauf sollte in jedem Geschäftsprozess die Prozessleistung gemessen werden.[389]

Eine integrierte Betrachtung und Steuerung der fünf Key Performance Indicators ist von besonderer Bedeutung, da sich diese gegenseitig beeinflussen. So können beispielsweise Restrukturierungen, die sich ausschließlich auf einen Parameter konzentrieren, negative Auswirkungen für die anderen nach sich ziehen. Verkürzte Durchlaufzeiten führen zu geringeren Prozesskosten, wohingegen eine beispielsweise durch Wartezeiten verursachte längere Durchlaufzeit die Patientenzufriedenheit verringert. Erst eine Zusammenführung der Parameter ermöglicht eine im Sinne der Kundenorientierung effektive Prozessorganisation. Im Folgenden werden die Key Performance Indicators kurz erläutert.

7.3.3.1.1 *Kundenzufriedenheit*

Es wird geprüft, wie zufrieden die externen bzw. internen Kunden mit dem Prozessergebnis sind. Ein Beispiel für die externe Kundenzufriedenheit ist die Beurteilung der Speisenversorgung des Bewohners, Klienten oder Patienten. Die Zufriedenheit des OP-Teams mit der Leistungserbringung der Sterilisation etwa kann exemplarisch für die interne Kundenzufriedenheit angeführt

---

388 Vgl. Gaitanides 2007, S. 205f
389 Vgl. Schmelzer/Sesselmann 2006, S. 242

werden. Die richtige Kenntnis und Definition der Kundenanforderungen ist Voraussetzung für eine zufriedenstellende Umsetzung. Kundenzufriedenheit kann direkt (z. B. periodische Kundenbefragungen) oder indirekt (z. B. Berechnung von Fehlerraten) gemessen werden.

7.3.3.1.2 Durchlaufzeit

Kürzere Prozesszeiten wirken sich positiv auf Effektivität und Effizienz aus. Gemessen wird die Zeitspanne vom Prozessbeginn bis zu jenem Zeitpunkt, an dem das geforderte Ergebnis für den Kunden oder für nachfolgende Prozesse verfügbar ist. Die Durchlaufzeit setzt sich aus Durchführungszeit (bestehend aus Ausführungs- und Rüstzeit) sowie Liege- und Transferzeiten zusammen. Die Durchführungszeit einer OP besteht beispielsweise aus der Schnitt-Naht-Zeit (=Ausführungszeit) und der Vorbereitung von Instrumentarium, Saal und Patienten (=Rüstzeit). Die Liegezeit ist jene Zeit, in der ein Vorgang unbearbeitet in einem Prozess verweilt, und ist somit nicht wertschöpfend. Die Transferzeit gibt jene Zeit an, in der ein Prozessergebnis von einem Lieferanten an den Kunden übergeben wird.

7.3.3.1.3 Termintreue

Hier wird einerseits gemessen, wie schnell die Kundenwünsche befriedigt werden und andererseits, wie verlässlich vereinbarte Termine (z. B. abgesetzte Operationen) eingehalten werden. Mangelhafte Termintreue kann als Zeichen für eine unzureichende Terminplanung, Überlastung oder unzureichende Effizienz des Geschäftsprozesses interpretiert werden.

7.3.3.1.4 Prozessqualität

Hohe Prozessqualität lässt sich nur dann erreichen, wenn die Prozesse beherrscht werden. Dies ist dann der Fall, wenn Fehler von vornherein vermieden werden. Ob das Ergebnis des Prozesses den im Vorfeld bestimmten Anforderungen entspricht, ist demnach davon abhängig, wie viele Fehler oder Abweichungen im Prozess toleriert werden.[390]

7.3.3.1.5 Prozesskosten

Es wird der gesamte Ressourceneinsatz betrachtet, der für die Erbringung der Prozessleistung benötigt wird. Beispiele hierfür sind Gebäudekosten, Gehalts- und Gehaltsnebenkosten sowie Kosten für Informationstechnologie. Die Kosten stehen in unmittelbarem Zusammenhang mit der Zeit, da sie unter anderem aus der monetären Bewertung der Zeit resultieren.[391]

390 Vgl. Gaitanides 2007, S. 205f
391 Vgl. Bartz 2006, S. 19

Ein Dienstleistungsbereich wie das Gesundheitswesen charakterisiert sich durch die hohen Anteile an Gemeinkosten.[392] Die Prozesskostenrechnung wird der Forderung einer verursachungsgemäßen Zurechnung der Kosten gerecht und unterstützt das prozessuale Vorgehen, indem eine Verbindung zwischen Prozessleistungen, Ressourcenverbrauch und wirtschaftlichem Ergebnis hergestellt wird. Darüber hinaus dient sie als Analyseinstrument zur Ermittlung von Einsparungspotenzialen im Gemeinkostenanteil.[393]

7.3.3.2 Funktion des Prozesscontrollings

Die Funktion des Prozesscontrollings besteht im Wesentlichen aus der Unterstützung des Prozessmanagements bei der Prozessplanung und -kontrolle sowie dem Bereitstellen prozessrelevanter Informationen.

7.3.3.2.1 *Aufgaben des Prozesscontrollings*

In nachstehender Abbildung sind die Aufgaben des Prozesscontrolling, welche sich aus seiner Funktion ableiten lassen, grafisch dargestellt.

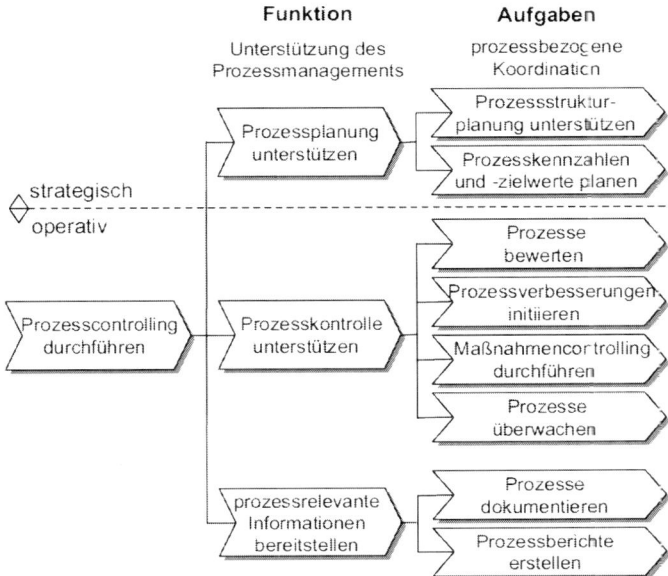

ABB. 69:   Funktion und Aufgaben des Prozesscontrolling bei der Unterstützung des Prozessmanagements[394]

392 Vgl. Födermayr/Stiebellehner 2006, S. 23
393 Födermayr/Stiebellehner 2006, S. 23
394 Gerboth 2001, S. 44

Das Ergebnis der operativen Prozessplanung umfasst die Definition der Leistungsparameter (Key Performance Indicators), des Messsystems und der Messgrößen sowie der jeweiligen Prozessziele. Bei der operativen Prozesskontrolle werden mittels laufender oder periodischer Kontrollen die Zielerreichung der Geschäftsprozesse durch frühzeitiges Erkennen und Korrigieren von Zielabweichungen gesichert sowie die prozessrelevanten Informationen bereitgestellt. Den Schwerpunkt der Informationsversorgung bilden Prozessberichte (Prozess-Cockpit-Charts), die für jeden Geschäftsprozess erstellt werden. Sie geben Auskunft über das aktuelle Leistungsniveau des Prozesses sowie die Entwicklung der Leistungsdaten und stellen somit das wichtigste Steuerungsinstrument dar.

7.3.3.2.2 *Prozesscontrolling als Voraussetzung für erfolgreiche Prozessgestaltung*

Prozesscontrolling hat die Aufgabe, Transparenz über das Potenzial und die Leistung der Geschäftsprozesse herzustellen und somit letztendlich den Prozesserfolg sicherzustellen. Da die Prozessleistungstransparenz neben der Prozessstrukturtransparenz Voraussetzung für die Leistungssteigerung und Optimierung von Geschäftsprozessen ist, kann das Geschäftsprozessmanagement bei einem unzulänglichen Prozesscontrolling seine Wirkung nicht

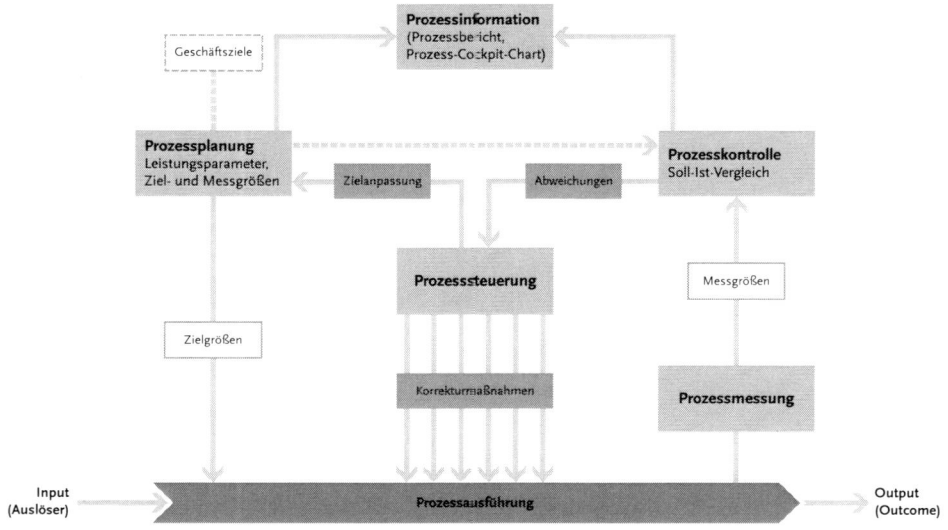

ABB. 70: Einfluss von Prozesscontrolling auf eine erfolgreiche Prozessgestaltung[396]

395 Vgl. Pferzinger/Steiner 2006, S. 32
396 Vgl. Schmelzer/Sesselmann 2006, S. 231

entfalten. Prozesse bzw. die Prozesslandkarte werden daher laufend evaluiert und auf Abweichungen zu Sollvorgaben untersucht.[395] Je nach Größe und Komplexität der Geschäftsprozesse werden für das Prozesscontrolling eigene Prozesscontroller eingesetzt. In nachstehender Abbildung ist der Einfluss von Prozesscontrolling auf die erfolgreiche Prozessgestaltung grafisch dargestellt (siehe Abb. 70).

Prozessmanagement und Prozesscontrolling sind jedoch nicht nur als formale Methoden zu sehen. Eine Organisation muss seine Mitarbeiter davon überzeugen, dass eine Betrachtung der Prozesse auf diese konstruktive Art und Weise zur Nachhaltigkeit führt. Nur so können die wesentlichen Vorteile von Prozessmanagement genutzt werden. Echtes Prozessmanagement ist nicht nur die Umsetzung einzelner Optimierungsprojekte, sondern eine kontinuierliche Aufgabe der strukturellen Organisationsentwicklung.[397]

397 Vgl. Pferzinger/Krenmayr 2008, S. 13

7.4 Balanced Scorecard

Peter Csukovits, Martin Reich, Christoph Zielinski

Die Balanced Scorecard als Instrument der Strategieentwicklung und -verfolgung in Gesundheitseinrichtungen wird am Beispiel des AKH Wien dargestellt. Die Strategieentwicklung ist eine der überlebenswichtige Aufgabenstellungen jedes Unternehmens. Dabei sind die Umfeldbedi ungen, in denen das Unternehmen operiert, von besonderer Bedeutung. Ein htungen des Gesundheitswesens sind in einem sehr dynamischen Umfe 398 tätig, welches sich nicht nur durch politische Einflussfaktoren, sondern a h durch den Fortschritt der Medizin und Medizintechnik, die sich daraus e gebende Kostendynamik in der Medizin, sozio-demografische Entwicklungen sowie die Strukturreform der sozialen Sicherung ergibt. Die Etablierung ei er auf Basis eines Führungsprozesses erarbeiteten Unternehmensstrategie u d das dafür vorhandene Instrumentarium zur Strategieentwicklung und -umsetzung werden in diesen Ausführungen dargestellt. Die Rolle des Controller-Bereiches und der Tätigkeit Controlling (gemeinsame Tätigkeit von Management und Controller-Bereich) werden erläutert.

7.4.1 Führungsprozess

Die dynamischen Umfeldbedingungen fordern zur Etablierung einer Balanced Scorecard (BSC) die Entwicklung eines dynamischen Strategieentwicklungs- und Strategieverfolgungssystems. Die BSC wird als Instrument zur Übersetzung der Unternehmensstrategie in operative Maßnahmen, die mit Kennzahlen versehen und gemessen werden, verstanden.399 Im Sinne eines Best Practice-Ansatzes wurden die Lösungen der Industrie betrachtet und in dem Strategiemodell eines weltführenden, österreichischen Handyplattenherstellers ein sehr effizientes Strategiemodell gefunden. Dieses Unternehmen hat neben Weltmarktpreisentwicklungen insbesondere die sehr kurzen Produktzyklen und die eingeschränkten Lieferanten von speziellen elektronischen Bauteilen zu berücksichtigen. Daher ist die festgelegte Strategie in sehr kurzer Periode laufend auf Aktualität und Anpassungsbedarf zu überprüfen, um den Bestand des Unternehmens zu sichern.

Das Modell des Unternehmens wurde hinsichtlich seiner Anwendbarkeit auf ein Unternehmen im Gesundheitswesen analysiert und die unterschiedlichen Fristen insbesondere in Bezug auf die strategiebegleitenden Prozesse wurden berücksichtigt. Zielsetzung des Strategiemodells ist es, einen Führungskreislauf zu etablieren, der eine periodische Prüfung der Strategie auf

---

398 Vgl. Bihr/Hekking/Krauskopf 2001, S. V
399 Vgl. Gehringer/Michel 2000, S. 14

Konformität zu den jeweils wirksamen Umfeldbedingungen einerseits und die Umsetzung bzw. den Status der Umsetzung der festgelegten Strategie andererseits berücksichtigt. Unter Einbeziehung von quartalsweisen themenbezogenen Schwerpunktbetrachtungen für Risikomanagement, Qualitätsmanagement und Finanzmanagement ergibt sich folgende Darstellung des Führungsprozesses:

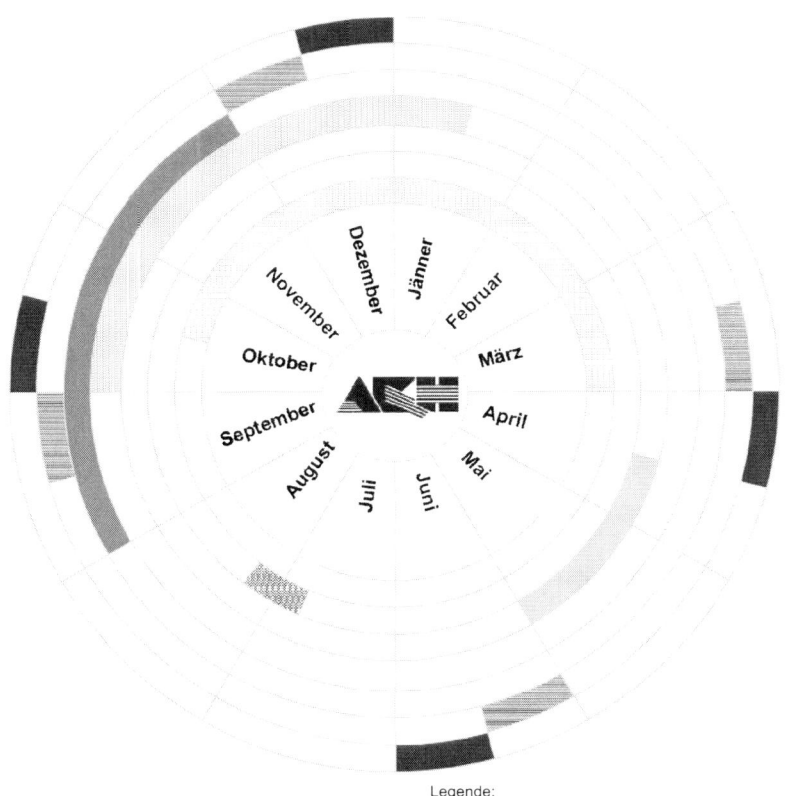

ABB. 71:   FÜHRUNGSKREIS DES AKH WIEN[400]

Legende:
Zielvereinbarungen

Präsentation und Commitment mit 1. und 2. Führungsebene

Konkretisierung von strategischen Projekten

Budgetierung

Ressourcen- und Investitionsplanung

Vorlauf Reporting

Strategie-Review
März: Strategie-Review
Juni: Risiko-Review
Oktober: QM-Review

400 Eigene Darstellung

Der Führungskreis berücksichtigt ein quartalsweise durchzuführendes Strategiereview, wobei der Themenschwerpunkt Strategie nach einer entsprechenden Strategie-Meeting-Vorbereitungsphase unter Einbindung der Abteilungs- und Stabsstellen-Leitungen der Direktionen am Anfang des 2. Quartals vorgesehen ist. Im Rahmen der Vorbereitungsphase wird eine Bewertung des Einflusses der strategierelevanten Umfeldbedingungen unter Anwendung eines eigens dafür entwickelten Modells (Strategic Factor Scoring) durchgeführt und werden strategierelevante Grundlagen gesammelt, verdichtet und interpretiert.

Nach Durchführung des eigentlichen Strategie-Meetings unter Führung des Leiters des Unternehmens sowie der Mitglieder der Kollegialen Führung erfolgt die Konkretisierung der festgelegten strategischen Projekte zur Strategieerreichung unter Anwendung der Committed To Excellence (C2E)-Systematik[401], um die Messbarkeit der Projektumsetzung sowie deren Wirksamkeit sicherzustellen. Die Kollegiale Führung umfasst neben Ärztlichem Direktor, Direktor des Pflegedienstes, Verwaltungsdirektor und Technischem Direktor auch den Vizerektor für klinische Angelegenheiten der Medizinischen Universität Wien (MUW) und den Leiter der Abteilung Controlling des AKH Wien. Ergänzend wurde eine Strategiegruppe mit Vertretern der MUW etabliert, die die Transparenz der strategischen Überlegungen sicherstellt und die Weiterentwicklung der abgestimmten Strategie betreibt. In diese Gruppe wurden seitens der MUW Vertreter der klinischen Bereiche entsendet. Der gesamte Führungsprozess berücksichtigt auch den hausweiten Controlling-Prozess der klinischen Bereiche[402] und wird durch das Berichtswesen ergänzt. Aus dem Controlling-Prozess selbst werden Kennzahlen zur Strategieevaluierung generiert. Die Strategieevaluierung liefert Ziele, Projekte und Maßnahmen für den laufenden Controlling-Prozess.

Ein wesentlicher Schritt ist nach einem weiteren Strategiereview mit der Freigabe der strategischen Projekte durch die Führung, der Präsentation der festgelegten Strategie und der Herstellung des Commitments mit der 1. und 2. Führungsebene erreicht. Für ein allgemeines Verständnis der festgelegten Strategie ist auf eine einfache, möglichst unmissverständliche Formulierung zu achten. Die Kommunikation an dieser Stelle des Prozesses ist ein kritischer Erfolgsfaktor.[403] Zur Veröffentlichung sollten alle medialen Möglichkeiten wie Intranet und Mitarbeiter-Zeitung genutzt werden, um die allgemeine Kenntnis über die festgelegte Strategie bei den Mitarbeitern zu erreichen. Der Controller-Bereich fungiert in seiner Rolle als Vertreter der obersten Leitung gegenüber den klinischen Bereichen als weiterer Kommunikator der Unter-

401 Vgl. http://www.qualityaustria.com/index.php?id=468 „Validierung für Committed to Excellence (Anerkennung durch die EFQM)"
402 Vgl. Reich 2002, S. 273ff; vgl. Klausner 2005, S. 47ff
403 Vgl. Schermann/Volic 2009, S. 3 und S. 129

nehmensstrategie, die über die Zielvereinbarungen und die darin enthaltenen Kosten, Leistungs- und Auslastungsziele sowie Ziele der Dokumentationsqualität auf die kleinste Einheit (Kostenstelle, z. B. Station) heruntergebrochen werden. Die Zielerreichung wird mittels Plan-/Ist-Vergleich monatlich gemessen.

Aus der festgelegten Strategie sind weiters die Ressourcen- und Investitionsplanung sowie die Budgetplanung abzuleiten, um die Umsetzung der Strategie sicherzustellen. Hier finden die Abstimmungen mit den bottom-up-generierten Informationen aus den klinischen Bereichen statt. Der Controller-Bereich hat hier eine Doppelrolle und muss gleichzeitig mit den klinischen Bereichen und mit der obersten Leitung kommunizieren. Im Rahmen der quartalsweisen Strategiereviews werden im Jahreszyklus auch die Themen des Risk-, Qualitäts- und Finanzmanagements jeweils einmal schwerpunktorientiert behandelt. In jedem Strategiereview werden diese Unternehmensaspekte jedoch in Form eines Abweichungsberichtswesens betrachtet und allfällige Korrekturmaßnahmen abgeleitet. Thema jedes Strategiereviews ist auch die Statusfeststellung der Strategieentwicklung und -umsetzung anhand des Balanced Scorecard-Modells.

7.4.2   Die Balanced Scorecard

Die BSC ist als kennzahlenorientiertes Strategieentwicklungs- und Strategieverfolgungsinstrumentarium zu betrachten, das von der Grundthese ausgeht, dass eine Strategie nur dann erfolgreich umgesetzt werden kann, wenn sie in den Dimensionen
*   Kundenerwartung
*   Finanzen
*   Prozesse und
*   Lernen und Entwickeln

in ihrer Umsetzung gleichartig wächst. Das BSC-Modell der Technischen Direktion, welches als Grundmodell für das AKH Wien herangezogen wurde, berücksichtigt den zusätzlichen Aspekt der Organisationsentwicklung. Dieser Dimension werden insbesondere die strategischen Projekte zugeordnet, soferne sie nicht einer der oben genannten Dimensionen zuordenbar sind. Das Modell ist ein Beispiel dafür, dass die BSC ein unternehmensspezifisches Instrument ist und die jeweils eigene Handschrift trägt.[404]

Die BSC wird gleichzeitig für das Berichtswesen zur Führung genutzt und ermöglicht es, den Beitrag der vereinbarten Maßnahmen für die Umsetzung der Strategie zu messen und damit interpretierbar zu machen. So kann der jeweilige Stand der Umsetzung der festgelegten Strategie einfach dargestellt

404 Vgl. Friedag/Schmidt 2000a, S. 247

werden. Durch Interpretation der Ergebnisse lassen sich Korrekturmaßnahmen ableiten, die eine ausgewogene Umsetzung der festgelegten Strategie unter Berücksichtigung der Ziel- und Ergebnisbindung an die definierten Zeitachsen sicherstellen.

Die BSC bringt den Mehrjährigkeitsaspekt in den unternehmensweiten Controlling-Prozess ein. Das durch die BSC etablierte strategische Controlling ist mit dem operativen Controlling zu verzahnen. Das Idealbild des Controllings würde überhaupt zunächst die Existenz eines strategischen Controllings und erst danach die abgeleitete Etablierung eines operativen Controllings vorsehen.[405] Dieser Ansatz ist insofern kritisch zu betrachten, als er zwar logisch richtig ist, das strategische Controlling aber für seine Entwicklung von Daten und Informationen, die auch das operative Controlling liefert, abhängig ist. Die Etablierung eines integrierten Rechnungswesens und eines Berichtswesens, das z. B. Zielvereinbarungen abbildet und in Form von Plan-/Ist-Vergleichen monatlich misst, muss als Basis vorausgesetzt werden.

Eine BSC benötigt laufende Pflege und ein periodisches Review der Führung, um erfolgreich eingesetzt zu werden. Daher ist der unbedingte Wille des Managements zum Einsatz dieses Instruments die wichtigste Komponente für den Erfolg.[406]

7.4.3   Die Grundlagen zur BSC

7.4.3.1   Ansatz zur Umsetzung

Am Beispiel der Entwicklung und Einführung der BSC am AKH Wien zeigt sich, dass die komplette Vorbereitung, Entwicklung und Umsetzung der dargestellten Prozesse, Vorgehensweisen und Instrumente als In-house-Leistung umgesetzt werden kann. Als begleitende Maßnahme zur Einführung der BSC empfehlen sich allerdings eigens dafür entwickelte Schulungen mit einem theoretischen Teil und einer praktischen Übung für alle Direktionen. Auf diese Art kann der Informationstransfer gewährleistet werden. Auf den Einsatz eines komplexen EDV-Instrumentariums kann bewusst verzichtet werden. Der Erstellungsprozess soll im Vordergrund stehen, und gerade ein flexibles, selbst entwickeltes EDV-Tool lässt die erforderliche Flexibilität zu. In der Beginnphase soll das gemeinsame Erarbeiten und nicht die EDV-Problematik im Vordergrund stehen. Auch die Moderation und die Gestaltung des Settings für einen zwei- bis dreitägigen Strategieworkshop für die Strategieentwicklung und Erstabbildung in einer BSC können selbstständig erbracht werden. Die zielorientierte Zusammenarbeit von Controller-Bereich, Qualitätsmanagement und Projektleitung ist Grundvoraussetzung für den Erfolg.

405 Vgl. Mayer 1999, S. 19
406 Vgl. Elbling/Kreuzer 1994, S. 16

7.4.3.2 Input-Faktoren für die Strategieentwicklung und BSC

Eine vernetzte Datenbasis aus dem Controlling-Informationssystem und dem Qualitätsmanagement im Sinne eines integrierten Managementsystems kann zum Zeitpunkt des Beginns der BSC-Entwicklung nicht vorausgesetzt werden. Basis ist jedoch ein abgestimmtes gemeinsames Zukunftsbild des Unternehmens.

7.4.3.2.1 *Zukunftsbild*

Das Zukunftsbild stellt einen sehr detailliert beschriebenen Sollzustand des Unternehmens dar, wie er in 10 Jahren erreicht sein sollte. Für dessen Erstellung sind mehrere unternehmensrelevante Komponenten sehr detailliert zu recherchieren, zu analysieren und als Zukunftsperspektiven zu beschreiben:

ABB. 72:   KOMPONENTEN DES ZUKUNFTSBILDES DES AKH WIEN[407]

Dieser Prozess nimmt mehrere Monate in Anspruch. Die Kunst dabei ist es, den Ist-Zustand zu erfassen und abzubilden, die Entwicklungen zu identifizieren und den Grad der Auswirkung auf den Ist-Zustand einzuschätzen. Aus diesen Komponenten wird in einem mehrstufigen Abstimmungsprozess, der bis zur Entscheidung der obersten Leitung geht, das Zukunftsbild fertig gestellt. Der Controller-Bereich ist in diesen Prozess intensiv einzubinden, da

407 Eigene Darstellung

dadurch die Qualität des Prozesses selbst steigt.[408] Der Controller-Bereich begibt sich dabei ebenfalls in eine bis dahin ungewohnte Welt. Er muss die gewohnte Umgebung des Rechnungswesens verlassen. Gedacht wird in Potenzialen, gearbeitet wird mehrheitlich mit qualitativen Größen und auch mit Daten aus dem Umfeld.[409] Dies bedeutet intensive Kommunikation im Controller-Bereich selbst und Etablierung einer neuen Denkweise parallel zum laufenden Betrieb. Das Ressourcenthema betrifft somit auch den Controller-Bereich. Schlüsselpersonen, die möglichst nicht wechseln, werden im operativen Betrieb und für die Erarbeitung der Strategie benötigt. Das Zukunftsbild basiert auf Annahmen, die aufgrund des dynamischen Umfeldes strategisch und operativ relevanten Einflussfaktoren unterliegen. Es empfiehlt sich daher, das Zukunftsbild als Qualitätsdokument einer Weiterentwicklung zu unterwerfen und dieses vor dem Strategiereview mit dem Kernthema Strategie jeweils zu aktualisieren. Zusätzlich ist die Weiterentwicklung des Zukunftsbildes durch das Strategic Factor Scoring zu unterstützen.

7.4.3.2.2 Stärken-Schwächen-Analyse

Als weiterer Inputfaktor empfiehlt es sich, eine Stärken-Schwächen-Chancen-Risiken-Analyse[410] für die Strategieentwicklung durchzuführen und die BSC in Überlagerung mit dem Zukunftsbild des Unternehmens abzubilden.

7.4.4 Vorgangsweise bei der Entwicklung der BSC

Unter Berücksichtigung der beschriebenen Ansätze für die Umsetzung ist ein Strategieworkshop (2–3 Tage) durchzuführen. Dabei empfiehlt sich der Einsatz einer Führungsgruppe und einer Reflexionsgruppe. Beide Gruppen befassen sich mit denselben Aufgabenstellungen. Die Reflexionsgruppe wurde z. B. am AKH mit hoch qualifizierten, zum Teil systemkritischen Mitarbeitern besetzt, um sicherzustellen, dass der Diskussionsprozess in Gang kommt und Punkte hinterfragt werden. Dies setzt einen ausgereiften Führungsprozess und die diesbezügliche Bereitschaft der obersten Leitung voraus. Der straff organisierte Prozess der Strategieentwicklung[411] im Workshop selbst läuft in folgenden Schritten ab:

- Präsentation des Vorgehens und der Grundlagen inklusive Zukunftsbild
- Stärken-, Schwächen-, Chancen- und Risikoanalyse
- Analyse und Erarbeitung der strategierelevanten Aspekte aus dem Zukunftsbild

408 Vgl. Weber/Veit 2008, S. 3
409 Vgl. Mayer 1999, S. 14
410 Vgl. Preis 1995, S. 172f
411 Vgl. Risak 2003, S. 208f

- Bildung von zwei strategischen Sätzen je Aspekt aus dem Zukunftsbild
- Formulierung von jeweils zwei Zielen je strategischem Satz
- Festlegung von jeweils zwei Maßnahmen je Ziel
- Definition von relevanten Kennzahlen je Maßnahme
- Festlegung von Ist-Wert, Zielwert in einem Jahr (<SOLL t1>) und Zielwert in drei Jahren (<SOLL t3>) als Kennzahl für jede Maßnahme
- Gewichtung der Ziele und der Maßnahmen
- Aufstellung der BSC des AKH gewichtet und ungewichtet
- Vorbereitung der weiteren Schritte zur Umsetzung

Für den Controller-Bereich ist die Rolle in der Strategieklausur selbst zu definieren. Es ist festzulegen, ob die Moderatoren-Rolle oder die Rolle in der Führungsgruppe wahrzunehmen ist. Beide Rollen gleichzeitig können nicht erfüllt werden. Eine Entscheidung ist unumgänglich. Je stärker die Prozessorientierung der Controlling-Tätigkeit und damit die Management-Verantwortung dafür in den Vordergrund gestellt werden, desto mehr spricht für die Rolle in der Führungsgruppe.

Auf Basis der Umfeldanalyse, die einen Teil des Zukunftsbildes darstellt, ist im ersten Teil des Strategieworkshops eine Stärken- und Schwächen- sowie die Chancen- und Risiken-Analyse durchzuführen. Aus den drei wichtigsten stärkenden und schwächenden Aspekten ist jeweils ein Ziel abzuleiten. Für jeden Aspekt des Zukunftsbildes sind zwei strategische Sätze abzuleiten. Durch Zusammenfassung dieser strategischen Sätze entsteht die eigentliche Strategie.

Aus den strategischen Sätzen sind in weiterer Folge jeweils maximal zwei Ziele zu definieren, die als Basis für die Maßnahmenableitung heranzuziehen sind. Für jedes Ziel sind maximal zwei Maßnahmen zu identifizieren. Diese sind mit einer Kennzahl zu versehen, die in drei Ausprägungen (Ist-Größe, Zielgröße nach einem Jahr und nach drei Jahren) zu definieren ist.

Besonders bedeutend ist die Definition der Kennzahlen und hier der Bezug zu den jeweiligen Datenquellen sowie die Festlegung, wer dafür zuständig ist und welche Werte die Ausgangsbasis bzw. die Zielgrößen darstellen. Diese Entscheidungen sind neben den Formulierungen der Ziele, Maßnahmen und Kennzahlen in der Klausur zu treffen. Das Setting für diesen Prozess ist bewusst streng und eng gewählt. Dadurch wird zum einen eine Konzentration auf das Wesentliche erreicht und andererseits die BSC in einem bearbeitbaren und pflegbaren Umfang gehalten.

Die Ergebnisse der Führungsgruppe und der Reflexionsgruppe werden nach jedem Bearbeitungsschritt im Plenum vorgestellt, wobei immer nur eine Formulierung als die endgültige verabschiedet wird. Dabei liegt die Entscheidung über die Aufnahme der jeweiligen Formulierung bei der Führungsgruppe. Der sich daraus ergebende Diskussionsprozess nach jedem weiteren Bearbeitungsschritt ist besonders bedeutend. Es geht um das gemeinsame Verständnis für die Formulierung der strategischen Botschaften, aber auch um die schwierige Zielfindung und Maßnahmenableitung (inklusive Messgröße).[412] Interessanterweise hielten sich im Falle des AKH die aufgenommenen Ergebnisse der Führungsgruppe und der Reflexionsgruppe die Waage.

Bei der Kennzahlenfindung ist von Bedeutung, dass diese für die Maßnahme und damit für die Zielerreichung relevant sind. Wichtig ist auch eine sehr präzise Definition, damit diese für alle klar verständlich ist, und eine spätere (Miss-)Interpretation vermieden wird. Dem Controller-Bereich kommt hier die Informationspflicht zu, ob die Kennzahlen z. B. aus den operativen Systemen generiert werden können oder nicht. Im Rahmen der Kennzahlenbildung ist zu prüfen, ob das entwickelte Kennzahlensystem die Strategie auch wirklich abbildet. Von der BSC kommen wieder Entwicklungsprojekte für neue oder andere Kennzahlen, die im operativen Controlling-Prozess umzusetzen sind. Bei Projekten ist der Umsetzungsgrad in %-Schritten mit dem Umsetzungsfortschritt bereits zu definieren, um keine „weiche" Interpretation zuzulassen. Dieser Schritt ist zeitlich unmittelbar nach dem Strategieworkshop im Rahmen der Ableitung der Strategischen Projekte nach dem C2E-Prinzip zu vollziehen. Die Gewichtung der Maßnahmen ist eine Eigenheit des BSC-Modells des AKH Wien, das von der These ausgeht, dass einzelne Maßnahmen mehr zur Strategieerreichung beitragen als andere. Eine differenzierte, ungewichtete Betrachtung der einzelnen Ziele ergibt folgendes Bild (siehe nächste Seite):

Die Gewichtung jeder Maßnahme zur Darstellung des Beitrags zur Zielerreichung ist ebenfalls in der Strategieklausur zu treffen. Die BSC stellt ein individuelles Tool dar, das für das AKH selbst neu ist, sowohl das definierte Ziel- als auch das Kennzahlengefüge betreffend. Die zum Teil schon länger bestehenden Einzelziele werden durch die Berücksichtigung der Wechselwirkungen, die Gewichtung und die systematische Ableitung von Maßnahmen als Vernetzung und Darstellung der strategischen Komponenten in Form einer BSC integriert. Wichtig dabei ist, dass die Untererfüllung der Zielgrößen aus einem Aspekt nicht durch die Übererfüllung eines anderen Aspekts und der damit verbundenen Ziele kompensiert werden kann (siehe Abb. 74).

Die laufende Prüfung der Strategiefestlegung und Strategieevaluierung stellt eine kontinuierliche, dynamische und zielorientierte Weiterentwicklung unter den jeweils aktuellen, dynamischen Rahmenbedingungen sicher.

---

412 Vgl. Friedag/Schmidt 2000b, S. 104f

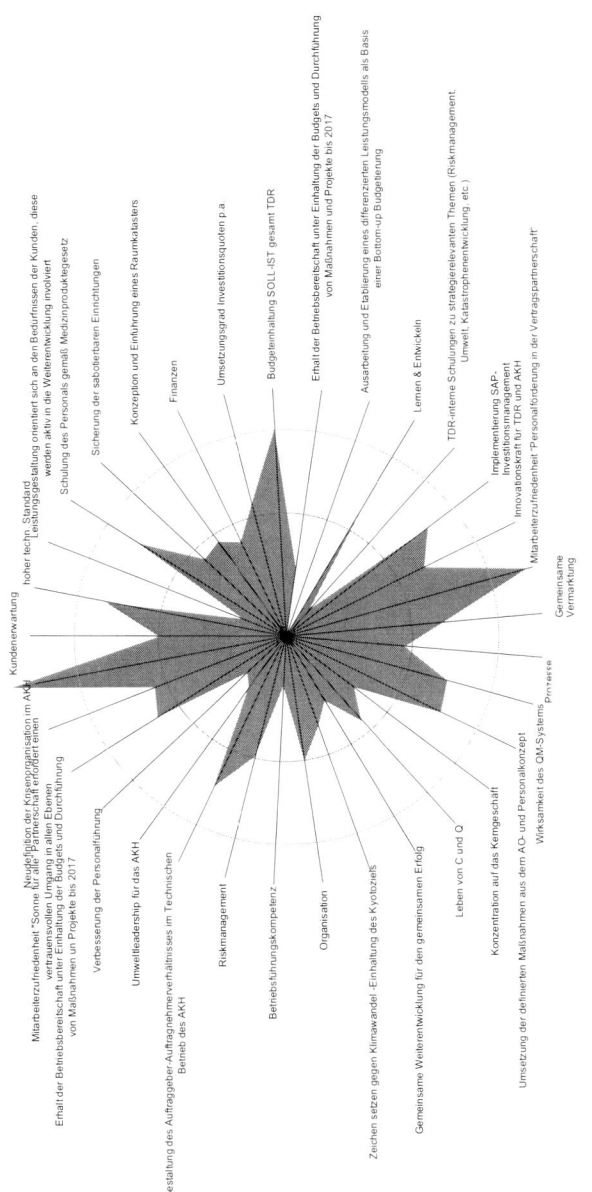

Strategische Ziele

Abb. 73: Differenzierte, ungewichtete Darstellung der Ziele am Beispiel BSC Technische Direktion[413]

413 Eigene Darstellung

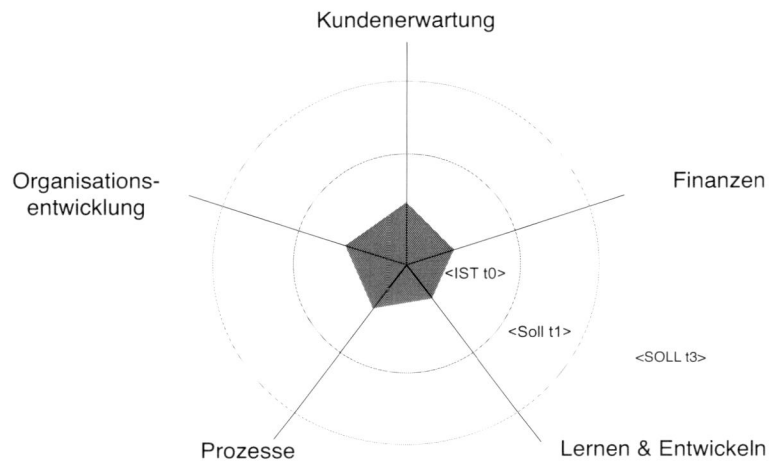

Unternehmensaspekte <t0> bis <t3>

Kundenerwartung

Organisations-
entwicklung

Finanzen

<IST t0>

<Soll t1>

<SOLL t3>

Prozesse

Lernen & Entwickeln

Abb. 74:   BSC des AKH Wien nach dem Strategieworkshop[414]

7.4.4.1 Darstellung von einzelnen Komponenten der BSC

Auf Basis der obigen Ausführungen werden ausgewählte Maßnahmenblätter bzw. Ziele dargestellt. Die Gliederung erfolgt nach den Unternehmensaspekten. Die Zieldefinition ist aus dem jeweiligen strategischen Satz abgeleitet und bildet die Basis für Maßnahmen und Kennzahlen bzw. deren Ausprägungen. Bei jedem Ziel sind verpflichtend Maßnahmen für die Umsetzung zu ergreifen und diese auch zu beschreiben. Die Gewichtung und die für die Messung bzw. Umsetzung verantwortliche Organisationseinheit sind in der Strategieklausur festzulegen.

In den unten angeführten Tabellen sind folgende Spalten enthalten:

Ziel: Zielgröße abgeleitet aus den strategischen Sätzen
Maßnahme: Maßnahme zur Umsetzung der Zielgröße
Vorgabenbeschreibung: Darstellung der Aktivitäten, die bei der Maßnahme ergriffen werden
Kriterium: kurze Einstufung, welches Ergebnis erreicht werden soll
Gewicht: Gewichtung, die in der Strategieklausur vorgenommen wurde – Beitrag zur Strategieumsetzung

414 Eigene Darstellung

Kennzahl:	Größe, an der die Zielerreichung gemessen wird
[]:	Einheit der Kennzahl (z. B. Anzahl, Prozent)
Wer?:	für die Umsetzung verantwortliche Organisationseinheit
<IST t1>:	Ergebnis ein Jahr nach Erarbeitung der BSC
<SOLL t1>:	SOLL ein Jahr nach Erarbeitung der BSC, festgelegt im Strategieworkshop (to)
<SOLL t3>:	SOLL drei Jahre nach Erarbeitung der BSC, festgelegt im Strategieworkshop (to)

7.4.4.1.1 Kundenerwartung

Der Kundenbegriff orientiert sich an den Anspruchsgruppen des Unternehmensumfelds und im Unternehmen selbst (siehe Abb. 75).

Die ausgewählten Ziele betreffen:

Ziel 1 betrifft die Nutzung der vorhandenen Kapazitäten und der Infrastruktur (z. B. bettenführender Bereich); im <IST t1> waren 318 Betten gesperrt, <SOLL t1> als Ziel beträgt 240. <Soll t3> ist noch niedriger und beträgt 198.

Ziel 3 betrifft die Steigerung der Patientenorientierung: Ableitung von KVPs[415] aus Beschwerde- und Befragungsergebnissen. Im <IST t1> wurden 12 erreicht, das <SOLL t1> wurde damit erreicht.

Ziel 4 betrifft die verstärkte gemeinsame Marketing-Orientierung und proaktive Öffentlichkeitsarbeit mit der MUW: Die Messung erfolgt auf Basis der Medienpräsenzen, wobei in der Kennzahl auch die Zählweise festgelegt werden musste. Das Ziel wurde erreicht, für die nächste Strategieklausur ist das <SOLL t3> neu zu definieren.

7.4.4.1.2 Finanzen

Aus dem Zielbündel des Aspekts Finanzen wurde eine für den Controller-Bereich sehr bedeutende Maßnahme, die Umsetzung der Profit-Center-Rechnung, herausgegriffen (siehe Abb. 76).

---

415 KVP: Kontinuierlicher Verbesserungsprozess: Maßnahmenverfolgung im Rahmen des QM-Systems; gezählt werden eigenständige Maßnahmen bzw. Maßnahmengruppen, die sich auf gleichartige Punkte (z. B. medizinische Aufklärung) beziehen.

Maßnahmenblatt Kundenerwartung

Ziel 1	Maßnahmentitel	Vorgabenbeschreibung	Kriterium	Gewicht	Kennzahl	[]	Wer?	<IST t1>	<SOLL t1>	<SOLL t3>
Vollbetrieb der am AKH vorhandenen Infrastruktur (Medizinpark)	Reduktion der Bettensperren durch fehlende Personalressourcen und Flächendeckende Auslastungsanalyse inkl. Ursachen	Analyse der Auslastung auf Basis der systemisierten Betten und Umsetzung ermittelter Erfordernisse zur Betriebshaltung von bisher gesperrten Betten	weniger	25,00	Anzahl der gesperrten Betten pro Jahr (kumuliert mit Hochrechnung; Quelle Bettenbelagsmeldung, zentrale Datenmeldung des jeweiligen Jahres)	Anz.	DCO	318,00	240,00	198,00
Ziel 3	Maßnahmentitel	Vorgabenbeschreibung	Kriterium	Gewicht	Kennzahl		Wer?	<IST t1>	<SOLL t1>	<SOLL t3>
Steigerung der Patientenorientierung und Eingehen auf ihre Bedürfnisse	Ableitung von KVPs aus Beschwerde- und Befragungsergebnissen	Durch die Rückmeldung unserer Kunden erhalten wir die Möglichkeit zur Verbesserung in Richtung Patientenorientierung	mehr	10,00	Anzahl der aus Patientenfeedback bearbeiteten Verbesserungspotentiale in Relation zur Summe des gesamten Feedbacks	%	VPS	12,00	10,00	30,00
Ziel 4	Maßnahmentitel	Vorgabenbeschreibung	Kriterium	Gewicht	Kennzahl		Wer?	<IST t1>	<SOLL t1>	<SOLL t3>
Verstärkter Einsatz von Marketing-Instrumenten auch mit der MUW	Die besonderen Leistungen des AKH werden öffentlich vorgestellt	Proaktive Öffentlichkeitsarbeit von AKH und MUW über besondere Leistungen und Entwicklungen auch für Themen außerhalb des Kerngeschäftes	mehr	10,00	Anzahl der positiven Medienpräsenzen unter Berücksichtigung AKH/MUW auf Grundlage der Analyse des Medienspiegels und Ergänzung um die Anzahl wahrgenommener positiver öffentlicher Auftritte (nicht kumuliert)	Anz.	DiZ	100,00	68,00	94,00

ABB. 75: AUSGEWÄHLTE ZIELE DES ASPEKTS „KUNDENERWARTUNG"[416]

Maßnahmenblatt Finanzen

Ziel 2	Maßnahmentitel	Vorgabenbeschreibung	Kriterium	Gewicht	Kennzahl	[]	Wer?	<IST t1>	<SOLL t1>	<SOLL t3>
Steigerung der Profitabilität (inhaltlich und ökonomischer Gesamtnutzen)	Umsetzung der Profit-Center-Rechnung im SAP R/3	Aufstellung eines Deckungsbeitragsschemas und Zuordnung der relevanten Sachkonten/Kostenarten.	mehr	50,00	Umsetzungsgrad	%	DCO	60,00	60,00	80,00

ABB. 76: AUSGEWÄHLTES ZIEL DES ASPEKTS „FINANZEN"[417]

416 Eigene Darstellung
417 Eigene Darstellung

Diese Maßnahme betrifft das gesamte Unternehmen. Im <IST t1> beträgt der Umsetzungsgrad 60%, das <SOLL t1> beträgt 60%, der Realisierungsgrad hat bis <IST t3> 80% zu betragen. Für die Organisation bedeutet die Profit-Center-Rechnung nicht nur ein komplett neues Berichtswesen, sondern auch die Umstellung auf die Führung nach Deckungsbeitragszielen. Die Umsetzung wird schon jetzt mit Zielvereinbarungen über Kosten und Erlöse betrieben.

7.4.4.1.3 *Lernen & Entwickeln* (siehe Abb. 77)

Qualifiziertes Personal nicht nur anwerben, sondern auch entwickeln und halten bzw. in bestimmten Situationen loslassen zu können, ist unter den gegebenen Rahmenbedingungen die Managementaufgabe (Ziel 2). Die Messung erfolgt z. B. mit der Fluktuationsrate, deren Ermittlung genau definiert wurde. Diese Definition bedeutet genaue Kenntnisse der Struktur (z. B. Alter, Qualifikation) des Personals und der zukünftigen Anforderungen. Die absolute Größe ist daher – unter Setzung von Grenzwerten – vom jeweiligen Unternehmen selbst zu bestimmen. Wird erwartet, dass z. B. aufgrund der Altersstruktur in der nahen Zukunft mit einer Steigerung der Abgänge zu rechnen ist, ist dies auch in der BSC abzubilden. Diese Einschätzung ist in der Strategieklausur vorzunehmen, die Detailarbeit der Vorbereitung und Datenaufbereitung geschieht innerhalb der Personal-Controlling-Arbeit.

Das Potenzial der Mitarbeiter ist weiterzuentwickeln und zu nutzen. Das Mitarbeiterorientierungsgespräch (MOG) ist noch stärker in Richtung Potenzialfindung zu nutzen. Die Schaffung eines „Talente-Pools" für zukünftige Führungs- oder Projektaufgaben war eine der Maßnahmen (Ziel 5). Die Umsetzung bedingt Projektorganisation und umfassende Kommunikation. Die erste Phase ist äußerst komplex, was der Zielerreichungsgrad zeigt.

Die Kompetenz, Informationen mediengerecht weitergeben zu können, ist ein kritischer Erfolgsfaktor. Personen mit diesen Qualifikationen werden in der Direktion als mögliche Ansprechstellen für Interviews geführt (Ziel 6). Die Anzahl dieser Personen soll gesteigert werden, um einen Multiplikatoreffekt zu erreichen. Die Schulungen sind zu organisieren und zu budgetieren.

7.4.4.1.4 *Prozesse*

Die Etablierung hausweiter Prozesse ist eine große Herausforderung und bedarf der Unterstützung durch alle Beteiligten (siehe Abb. 78)

Maßnahmenblatt Lernen&Entwickeln

Ziel 2	Maßnahmentitel	Vorgabenbeschreibung	Kriterium	Gewicht	Kennzahl	[ ]	Wer?	<IST 11>	<SOLL 11>	<SOLL 13>
Sicherstellung der angemessenen Personalausstattung	Qualifiziertes Personal anwerben, entwickeln, halten, loslassen	Die aufwendig beworbenen und entwickelten Mitarbeiter (qualifiziert) sollen möglichst lang gehalten werden, um die Leistungserbringung sicherzustellen; unterer Wert 5%, oberer Grenzwert 9%	mehr	25,00	Fluktuationsrate (Abgänge (ohne Pensionen, Karenzen) zu Gesamtpersonal)	%	DAP	5,73	6,00	6,20
Ziel 5	Maßnahmentitel	Vorgabenbeschreibung	Kriterium	Gewicht	Kennzahl	[ ]	Wer?	<IST 11>	<SOLL 11>	<SOLL 13>
Das Potential unserer Mitarbeiter wird weiterentwickelt und gestärkt	Wir stellen die Zugänglichkeit der erforderlichen Ausbildungen sicher	Verstärkte Zielrichtung des MOGs in Richtung Potentialfindung und Zuführung der Mitarbeiter in einen "Talente-Pool"; Aufnahme dieser Konzeption in die MOG-QM-Vorgaben	mehr	5,00	Anzahl der Mitarbeiter im „Talente-Pool" (nicht kumuliert)	Anzahl	DAP mit Fach-bereichen	6,00	100,00	250,00
Ziel 6	Maßnahmentitel	Vorgabenbeschreibung	Kriterium	Gewicht	Kennzahl	[ ]	Wer?	<IST 11>	<SOLL 11>	<SOLL 13>
Schaffung von wechselseitigem, zielgerichteten Informationsaustausch intern und extern	Schaffung eines Netzwerkes von Mitarbeiter mit Medientraining für die interne und externe Kommunikation in Abstimmung mit der Unternehmensleitung	Erstellung einer Liste mit Mitarbeiter mit Medientraining im Intranet und Aufbau einer laufenden Informationsschiene	mehr	5,00	Umsetzungsgrad	%	DIZ	28	60	100

ABB. 77: AUSGEWÄHLTE ZIELE DES ASPEKTS „LERNEN&ENTWICKELN"418

Maßnahmenblatt Prozesse

Ziel 2	Maßnahmentitel	Vorgabenbeschreibung	Kriterium	Gewicht	Kennzahl	[ ]	Wer?	<IST 11>	<SOLL 11>	<SOLL 13>
Wir priorisieren die erfolgsversprechendsten Handlungslinien, Projekte und Steuerungsinstrumente	Schaffung einer Strategieplattform mit der MUW	Schaffung einer Plattform mit Vertretern der MUW und Vertretern des AKH zur gemeinsamen Strategieabstimmung im Sinne einer Vorläuferorganisation einer gemeinsamen Geschäftsführung	mehr	7,00	Umsetzungsgrad	%	DTU	5,00	30,00	100,00
	Umsetzung der Strategie wird durch Strategiemodell reviewed und gesteuert	Die Wirksamkeit des Strategiemodells des AKH wird auf Grundlage der Gesamtscorecardentwicklung verfolgt	mehr	8,00	Wachstum in % vom Ausgang zum Review der Summe aller Dimensionen (IST: von 0 auf Workshopergebnis)	%	DBE	46,06	57,22	100,00
Ziel 4	Maßnahmentitel	Vorgabenbeschreibung	Kriterium	Gewicht	Kennzahl	[ ]	Wer?	<IST 11>	<SOLL 11>	<SOLL 13>
Flächendeckende Etablierung von QM-System ISO 9001:2000 und Weiterentwicklung	Verpflichtende Einführung der vorgegebenen QM-Modelle	Flächendeckende Einführung des QM-System ISO 9001:2000 und Weiterentwicklung Richtung KTQ und EFQM	mehr	40,00	Umsetzungsgrad	%	DPQ	60,00	40,00	100,00
	Ableitung von "Lebendigkeits-kennzahl" zum Qualitäts-management	Durch einen Überblick über alle im Haus vorhandenen, freigegebenen PBs wird durch Beobachtung der Versionsentwicklung auf die Lebendigkeit des QM geschlossen (Audittthema)	mehr	10,00	Verhältniszahl: Anzahl der Versionsänderungen zu Anzahl der freigegebenen PBs (nicht kumuliert)	%	DPQ	32,00	37,00	50,00

ABB. 78: AUSGEWÄHLTE ZIELE DES ASPEKTS „PROZESSE"419

418 Eigene Darstellung
419 Eigene Darstellung

Der Aspekt „Prozesse" wird sowohl bottom-up als auch top-down bearbeitet. Den Rahmen bietet die Erreichung von Ziel 2 und Ziel 4. Besonders die Erreichung von Ziel 2 mit Maßnahmen wie Schaffung der gemeinsamen Strategieplattform mit der MUW und Entwicklung der Gesamt-BSC ist für die Weiterentwicklung des Unternehmens von entscheidender Bedeutung. Ziel 4 ist mit der Etablierung des QM-Systems nicht erfüllt, es geht um die Weiterentwicklung und um die Messung der Lebendigkeit des Systems (z. B. Anzahl der Versionsänderungen im Verhältnis zur Anzahl der freigegebenen Prozessbeschreibungen [PB]).

7.4.4.1.5 *Organisationsentwicklung*

Die Organisation ist, um im Wettbewerb bestehen und den Anforderungen entsprechen zu können, ständig weiter zu entwickeln. Dies gilt auch für die Datenbasis, die für die Steuerung des Unternehmens verwendet wird und den Controller-Bereich selbst (siehe Abb. 79).

Die Definition der Geschäftsfelder (Ziel 1) geschieht über die Zielvereinbarungen, die im Rahmen des Controlling-Prozesses als zentraler Managementprozess zwischen den klinischen Bereichen und der Leitung des AKH Wien getroffen werden. Es geht um medizinische Schwerpunkte, die die Basis für die Leistungserbringung im Routinebereich sind, aber auch wesentliche Auswirkungen auf Forschung und Lehre haben. Dafür ist die Datenbasis, die Diagnosen- und Leistungsdokumentation, eine wesentliche Grundlage. Die Nebendiagnosenquote ist eine Maßzahl, deren Zielgröße für <SOLL t3> zu revidieren ist, da das <IST t1> bereits deutlich höher ist.

Für den Controller-Bereich ist die Gestaltung des Controlling-Prozesses in Verbindung mit dem QM bzw. im Rahmen des QM-Systems eine der Hauptaufgaben (Ziel 2). Die Gewichtung ist hoch angesetzt, nicht zuletzt um den Zusammenhang mit der Etablierung und Weiterentwicklung des QM-Systems zum Ausdruck zu bringen. Die weitere Hauptaufgabe ist die Messung des Controlling-Prozesses selbst und die daraus resultierenden KVPs. Im Controller-Bereich ist zwischen initiierten KVPs und KVPs im Eigenbereich zu unterscheiden. Wird durch eine vom Controller-Bereich initiierte Nachdokumentation in einem klinischen Bereich die Datenbasis verbessert und ist diese Lösung auch für die Zukunft wirksam, so ist im Controller-Bereich die Initiierung der Maßnahme und im klinischen Bereich die Umsetzung und Sicherstellung der Nachhaltigkeit zu dokumentieren. Diesen Prozess gilt es zu entwickeln und ebenfalls nachhaltig zu gestalten.

Maßnahmenblatt Organisationsentwicklung

Ziel 1	Maßnahmentitel	Vorgabenbeschreibung	Kriterium	Gewicht	Kennzahl	[]	Wer?	IST t1>	<SOLL t1>	<SOLL t3>
Zeitgerechte Definition der Geschäftsfelder zur Sicherstellung der Nachhaltigkeit der Entwicklung des AKH	Optimierung der Leistungs- und Diagnosedatenbasis am AKH	Dokumentation der Leistungen und Diagnosen entsprechen der medizinischen Wirklichkeit	mehr	5,00	Nebendiagnosenquote je Kostenstelle, gemessen in: Anzahl der Nebendiagnosen durch Anzahl der Hauptdiagnosen	Anz.	DCO	1,46	1,10	1,30

Ziel 2	Maßnahmentitel	Vorgabenbeschreibung	Kriterium	Gewicht	Kennzahl	[]	Wer?	IST t1	SOLL t1	SOLL t3
Durch gestärkte Kosten- und Erlösverantwortung und instrumentelle Unterstützung wird ein effizienter Ressourceneinsatz sichergestellt.	Gestaltung eines vertieften Controlling-Prozesses in Verbindung mit QM	Projekt für die Etablierung eines umfassenden, vertieften Controlling-Prozesses unter Berücksichtigung einer gemeinsamen Interpretation der Ergebnisse mit den Q-Zahlen	mehr	25,00	Umsetzungsgrad des Projektes	%	DCO (mit DPQ und FBC)	40,00	60,00	100,00
	Gegenüberstellung PLAN-Genehmigt zur IST-Entwicklung und Interpretation	Durchführung CO-Plan-Ist-Vergleich und Interpretation	mehr	5,00	Anzahl der KVP aus CO-Plan-Ist-Vergleich	Anz.	DCO	10,00	10,00	15,00

ABB. 79: AUSGEWÄHLTE ZIELE DES ASPEKTS ‚ORGANISATIONSENTWICKLUNG"[420]

420 Eigene Darstellung

7.4.5 Strategiereview

Wie erwähnt, sieht der Führungsprozess nicht nur eine quartalsweise Evaluierung der Strategieumsetzung, sondern auch der Strategie selbst vor. Damit die Überprüfung, ob die festgelegte Strategie mit den aktuellen, dynamischen Umfeldbedingungen stimmig ist, nicht gefühlsbetont sondern analytisch erfolgt, wurde ein eigenes Instrument dafür entwickelt, das sogenannte Strategic Factor Scoring (SFS).

Durch das SFS werden die Wirkungsintensitäten von relevanten externen Einflussfaktoren auf den Betrieb und seine Unternehmensstrategie messbar gemacht und deren Veränderungen gegenüber dem letzten quartalsweisen Strategiereview dargestellt.

Damit werden durch eine analytische Methode jene Indikatoren in der Strategiegestaltung identifiziert, die auf eine allfällig notwendige Anpassung der Strategie untersucht werden müssen.

Anhand standardisierter Fragebögen wird die Wirkung institutioneller und wirtschaftlicher Faktoren sowie mittel- und langfristiger Themen auf den Betrieb bewertet und die Gesamtbeurteilung der jeweiligen Faktoren bestimmt. Um den unterschiedlichen Wahrnehmungsperspektiven Rechnung zu tragen, werden die Einzelbeurteilungen unterschiedlich gewichtet.

Das Ergebnis des SFS sowie die berücksichtigten Faktoren stellen sich wie folgt dar:

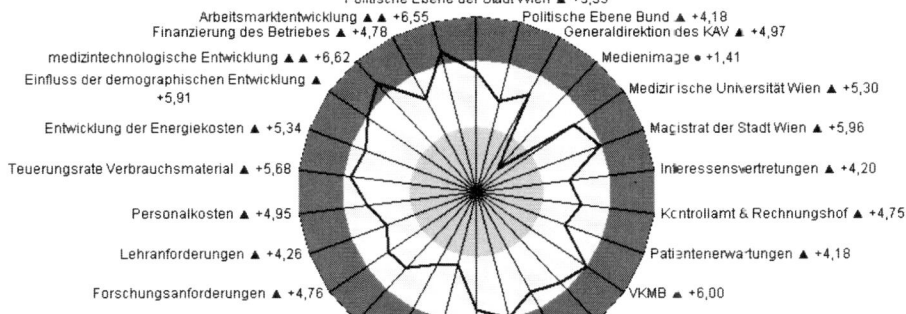

ABB. 80: SFS AM BEISPIEL AKH WIEN[421]

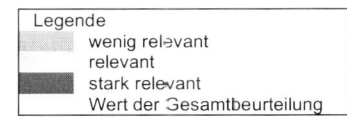

Legende
wenig relevant
relevant
stark relevant
Wert der Gesamtbeurteilung

421 Eigene Darstellung

Weitere Themen mit relevanter mittel- bis langfristiger Wirkung können in die Bewertung aufgenommen werden. Die Themen Sicherheit und Umwelt sind dafür vorgesehen. Die Fragebögen werden 14 Tage vor dem geplanten quartalsweisen Strategiereview ausgesendet und für den jeweiligen Strategiegestaltungs- bzw. -verfolgungsvorgang ausgewertet und interpretiert. Das Ergebnis bildet die Grundlage für die Prüfung der festgelegten Strategie hinsichtlich auf allfällig notwendige Anpassungen, um den ermittelten Entwicklungen entgegenzuwirken. Das Modell gewährleistet eine optimale Abbildung der Ergebnisse und rasche Ableitung der Veränderung und kann u. a. auch für die Darstellung der Lageeinschätzung laut Katastrophenschutzkonzept herangezogen werden.

Die gewichtete Gesamtbeurteilung je Faktor ist auf den jeweiligen Achsen ersichtlich und mit Wirkungskreisen (grün, gelb, rot) unterlegt. Weiters wird als Zusatzinformation der Grad der Veränderung zum letzten Beurteilungszeitpunkt (Strategiereview) durch als Wechsel in den Wirkungskreisen durch Pfeile sowie als numerische Veränderung der Faktoren dargestellt.

Das SFS wird in der Auswertung der Jahresentwicklung sowie für die Weiterentwicklung des Zukunftsbildes als zusätzliche Inputgröße für die BSC berücksichtigt. Besonders bedeutend bei der Umsetzung der Strategie ist die unmittelbare Beteiligung der MUW bis in die klinischen Bereiche, nicht zuletzt, um für die Ausgewogenheit der Ziele, deren Abstimmung und die Plausibilitätsprüfung zu sorgen. Die Umsetzung ist durch die laufende Controlling-Tätigkeit zu unterstützen. Eine weitere tragende Rolle bei der Umsetzung kommt dem Qualitätsmanagement-System mit Instrumenten wie Management-Bewertung, Audits und QM-Dokumenten zu. Für den Controller-Bereich kommt die Aufgabe der Abstimmung hinzu, wobei die Controlling-Tätigkeit und die Tätigkeit des Controller-Bereiches selbst Teil des Qualitätsmanagement-Systems und der BSC sind. Es ist daher notwendig, diese Tätigkeiten auf die jeweilige Strategie des Unternehmens auszurichten. Der Beitrag des Controller-Bereiches zur Strategie-Umsetzung ist damit ebenfalls zu messen.

7.4.6 Zukünftige Entwicklungen

7.4.6.1 Berücksichtigung zusätzlicher Input-Größen für die BSC

In der weiteren Entwicklung der BSC werden zusätzliche Input-Größen aufgenommen. Als Ergebnis der Strategieentwicklung wurden mehrere strategische Projekte definiert, mit dem Ziel einer weiteren Vertiefung des Controlling-Prozesses bzw. der Vernetzung mit Qualitätskennzahlen als integriertes Managementsystem. Die dadurch geschaffene Datenebene ist als wesentliche Input-Größe für die Weiterentwicklung der BSC zu betrachten.

Ein weiterer Ansatz ist die Berücksichtigung von Risk Values aus dem strukturierten Risikomanagement und daraus abgeleiteten Maßnahmen.

Die oben angeführten Aspekte sind als weiterer Entwicklungsschritt der BSC zu sehen, die die Betrachtung des jeweils aktualisierten Zukunftsbildes sowie eine jährlich durchgeführte Stärken-/Schwächen- und Chancen-/Risiken-Analyse ergänzen.

Als weiteres zukunftsorientiertes Betrachtungsmoment in der Entwicklung der BSC kann die Integration einer gemeinsamen B²SC[422] des AKH Wien und der Medizinischen Universität Wien (MUW) bzw. dem Wiener Krankenanstaltenverbund (KAV), der gleichsam die Holding aller Wiener Krankenanstalten einschließlich dem AKH darstellt, gesehen werden.

7.4.6.2 B²SC-Modell

Das B²SC-Modell geht davon aus, dass es im Rahmen des Vertragsverhältnisses zwischen Auftraggeber und Auftragnehmer, aber auch im Rahmen eines Beziehungsverhältnisses wie z. B. dem AKH Wien zur MUW bzw. dem KAV einen Überschneidungsbereich gibt, für den Ziele, Maßnahmen und Kennzahlen gemeinsam definiert werden können.

Diese kernzielbezogenen Aspekte der Scorecard des Auftraggebers und der Scorecard des Auftragnehmers werden überlagert und zu einer Scorecard für den gemeinsamen Bereich zusammengeführt. Entwicklung und Pflege dieser Scorecard erfolgen in einem gemeinsamen Prozess. Dabei ist bedeutsam, dass insbesondere für die Definition des gemeinsamen Bereiches genügend Zeit aufgewendet werden sollte.

Der Querschnittsbereich, der von beiden Vertragspartnern hinsichtlich der gemeinsamen Ziele, Maßnahmen und Kennzahlen in der IST- und SOLL-Dimension der B²SC zu definieren ist, hat eine hohe Ausprägung. Dies kann nicht verwundern, da es sich um die operative Vertragsabwicklung und damit die Erreichung der gemeinsamen Kernziele handelt. Die von den jeweiligen Vertragspartnern selbst zu formulierenden Ziele, Maßnahmen und Kennzahlen sind durch die unterschiedlichen Geschäfts- und Eigentümerinteressen determiniert.

Das B²SC-Modell stellt sich wie folgt dar:

---

422 Vgl. Csukovits/Reich 2008, S. 93 f

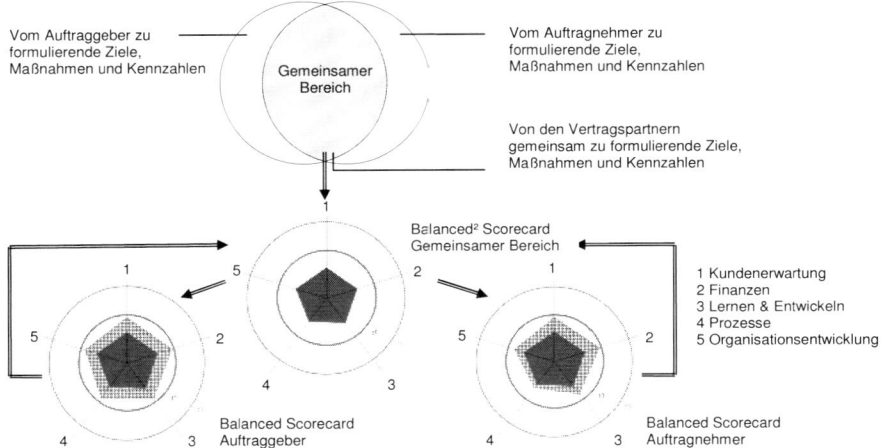

ABB. 81: B²SC-MODELL AM BEISPIEL AUFTRAGGEBER-AUFTRAGNEHMER-VERHÄLTNIS[423]

Der Vorteil des B²SC-Modells wirkt in zweifacher Hinsicht. Zum einen ergibt sich durch die gemeinsame Entwicklung und das gemeinsame Review ein verstärkendes Moment in der Zielerreichung auch dadurch, dass der jeweils andere über den Entwicklungsstand informiert ist und gemeinsam allfällige Korrekturmaßnahmen festgelegt werden. Zum anderen werden die Ergebnisse der B²SC in die Geschäftsscorecard des Auftraggebers und des Auftragnehmers integriert und dadurch auch in ihrer Zielerreichung im jeweils eigenen Wirkungsbereich unterstützt. Das heißt aber auch, dass die gemeinsame Kernzielerreichung für den definierten gemeinsamen Bereich nur durch den Erfolg beider Seiten möglich ist und sich das Verhältnis der Vertragspartnerschaft in der strategischen Gesamtentwicklung eines Vertragsverhältnisses in seinen Kernzielen erstmals transparent und steuerbar darstellt. Aufgrund dieser doppelten Wirkung wurde für das Modell auch die Abkürzung B²SC gewählt.

Das B²SC-Modell ist brachenunabhängig für alle Vertragsverhältnisse anwendbar, bei welchen eine enge Verflechtung der Abläufe und eine gemeinsame Kernzielerreichung gegeben ist. Für das AKH Wien ist mit dem B²SC-Modell die Möglichkeit eröffnet, die Zusammenarbeit mit der MUW zu stärken und innerhalb des KAV die BSC des AKH Wien als Management-Instrument zu integrieren, im Rahmen einer B²SC darzustellen und gemeinsam weiter zu entwickeln.

423 Eigene Darstellung

7.5 Umfeldcontrolling
Perspektive einer Privatklinik
Cornelia Böhm

7.5.1 Strategische Frühaufklärung

Jedes Unternehmen steht vor der schwierigen Aufgabe, der langfristigen Unternehmenserfolg im Sinne einer Zukunftssicherung aktiv zu gestalten und Erfolgspotenziale aufzubauen und zu sichern. Dies setzt voraus, dass das Unternehmensumfeld gezielt beobachtet wird und die Ergebnisse daraus in die Unternehmensziele übernommen werden. Die strategische Frühaufklärung geht noch einen Schritt weiter und versucht, durch die Identifikation und Analyse von schwachen Signalen im Umfeld des Unternehmens Diskontinuitäten, Trends und Veränderungen im Marktumfeld zu erkennen. Das Unternehmen soll dazu befähigt werden, frühzeitig Chancen zu nutzen und auf Gefahren zu reagieren, um bestmögliche Entscheidungen treffen zu können.

Das „Konzept der schwachen Signale" wurde von Igor Ansoff entwickelt. Unter „schwachen Signalen" versteht er Informationen, die hinsichtlich ihrer Auswirkung nicht genau klassifizierbar und höchst unbestimmt und unsicher sind.[424] Schwache Signale dienen in erster Linie dazu, die Aufmerksamkeit für die Diskontinuität zu wecken und durch aktive Prüfung des schwachen Signals zu erkennen, ob es sich zu einem starken Signal bevorstehender Chancen oder Risiken entwickelt. Erst wenn es sich um ein starkes Signal handelt, können konkrete Maßnahmen zur Nutzung einer Chance oder zur Abwendung einer Gefahr ausgearbeitet werden.

Für eine Privatklinik sind folgende Bereiche für die Zukunftssicherung des Unternehmens maßgeblich, die kontinuierlich beobachtet werden müssen:
* Bedürfnisse und Erwartungen von Patienten
* Bedürfnisse und Erwartungen von Belegärzten
* Medizinischer Fortschritt und Bevölkerungsentwicklung
* Gesundheitspolitische Entwicklungen (Beobachtung aller relevanten Institutionen wie Gesundheitsministerium, Sozialministerium, Kammern, Patientenanwaltschaften, Gesundheitsplanung, Privatkrankenanstalten-Finanzierungsfonds (PRIKRAF), Landesfonds, Sozialversicherungsträger, Verbände etc.)
* Entwicklung der privaten Versicherungswirtschaft
* Entwicklung der Pharmaindustrie
* Entwicklung des Arbeitsmarktes
* Entwicklung der gesetzlichen Rahmenbedingungen
* Aktivitäten der umliegenden öffentlichen und privaten Krankenanstalten, der selbstständigen Ambulatorien und der niedergelassenen Ärzte

424 Vgl. Ansoff 1992, S. 370

Schwache Signale in Bezug auf Bedürfnisse und Erwartungen von Patienten und Belegärzten sind in erster Linie aus persönlichen Gesprächen ableitbar und sehr oft daran erkennbar, dass keine konkrete Idee oder Beschwerde formuliert wird, sondern eine vage Äußerung gemacht wird. Diese vage Andeutung sollte sofort im Sinne einer Konkretisierung hinterfragt werden, um Klarheit zu bekommen. Entwicklungen der relevanten Umfeldbereiche können aus Medienberichten und aus Gesprächen mit Persönlichkeiten der einzelnen Bereiche abgeleitet werden.

Essenziell in Bezug auf schwache Signale erscheint jedenfalls, dass sie noch kein Thema sind, über das gesprochen oder geschrieben wird, sondern im Zusammenhang mit anderen Themen als Begleiterscheinung auftreten. In dem Moment, in dem ein Thema als Tagesordnungspunkt auf einer Agenda oder als Überschrift über einem Medienartikel steht, handelt es sich definitiv um kein schwaches Signal mehr. Eine weitere Möglichkeit zur Identifikation schwacher Signale liegt in der Beobachtung internationaler Entwicklungen, anderer Branchen und Zukunftstrends anderer Bereiche und in der Einschätzung der Wahrscheinlichkeit, mit der Trends anderer Branchen auf die eigene Branche übernommen werden bzw. Auswirkungen haben.

Zur Identifikation, ob aus einem schwachen Signal ein starkes Signal wird, gibt es die „passive" Möglichkeit (Abwarten, ob das Signal in einem anderen Zusammenhang nochmals auftaucht) oder die „aktive" Möglichkeit (ständiges Hinterfragen des Signals in anderen Zusammenhängen und Gesprächssituationen). Dabei ist es wesentlich, möglichst immer beide Möglichkeiten wahrzunehmen. Neben der Beobachtung der schwachen Signale gibt das Erkennen von Diskontinuitäten dem Unternehmen auch die Möglichkeit, vorbereitende Maßnahmen zu entwickeln. Die Entscheidung über den Einsatz vorbereitender Maßnahmen wird sehr stark von der Risikobereitschaft der handelnden Personen und dem Grad der zu erwartenden Auswirkungen auf den Unternehmenserfolg abhängen.

7.5.2   Strukturanalyse der Branche „Privatmedizin"

Strategische Überlegungen eines Unternehmens zielen darauf ab, Wettbewerbsstrategien zu formulieren, um den langfristigen Unternehmenserfolg zu sichern. Dazu ist es notwendig, das Unternehmen in Beziehung zu seinem Umfeld zu setzen, da die Branchenstruktur in hohem Maße sowohl die Spielregeln des Wettbewerbes als auch die Strategien, die dem Unternehmen potenziell zur Verfügung stehen, beeinflusst.

Michael E. Porter[425] entwickelte die Branchenstrukturanalyse nach dem Fünf-Kräfte-Modell mit dem Grundgedanken, dass die Attraktivität eines

425 Vgl. Porter 2008, S. 35ff

Marktes vor allem durch die Marktstruktur bestimmt wird. Die Ausprägung der fünf grundlegenden Wettbewerbskräfte bestimmt das Gewinnpotenzial einer Branche, ausgedrückt im langfristigen Ertrag des eingesetzten Kapitals. Je stärker die Bedrohung durch diese fünf Wettbewerbskräfte ist, desto schwieriger ist es für ein Unternehmen, nachhaltige Erfolgspotenziale zu identifizieren und den langfristen Unternehmenserfolg zu sichern. Die Kenntnis der wesentlichen Kräfte einer Branche ermöglicht es dem Unternehmen, eine Position zu finden, vorhandene Chancen zu nutzen, regt zu Standortbestimmungen an und zeigt Möglichkeiten auf, wie die vorhandenen Wettbewerbskräfte zugunsten des Unternehmens zu beeinflussen sird oder wie man sich gegen sie bestmöglich schützt.

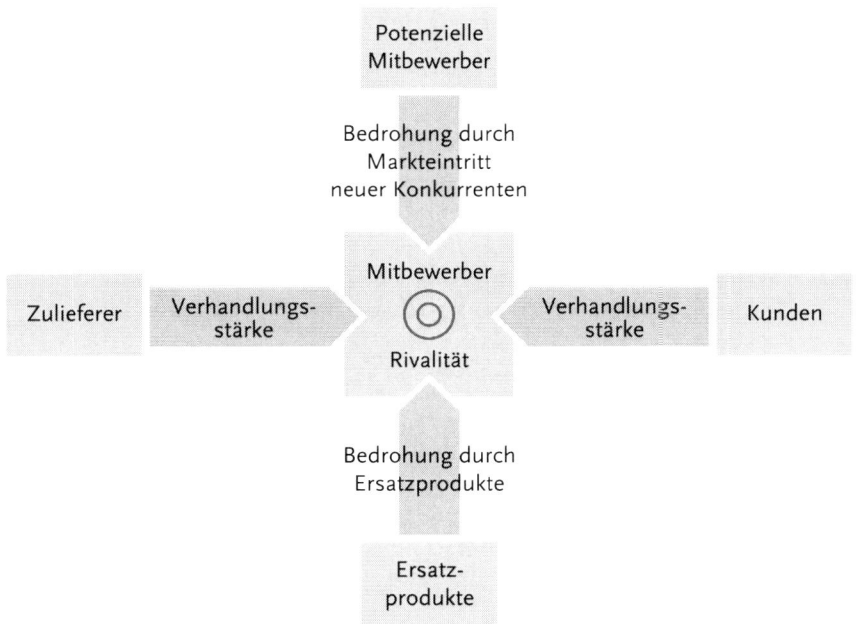

ABB. 82:   Die Triebkräfte des Branchenwettbewerbes[426]

Um eine Branchenanalyse vornehmen zu können, bedarf es zunächst der Definition der Branche. Porter definiert Branche „als eine Gruppe von Unternehmen, die Produkte oder Dienstleistungen herstellen, die sich gegenseitig nahezu ersetzen können"[427].

426 Nach Porter 2008, S. 36
427 Porter 2008, S. 37

Die Gesundheitsversorgung in Österreich bietet der österreichischen Bevölkerung über das Versicherungssystem der Sozialversicherungsträger einen umfassenden Versicherungsschutz für Gesundheitsleistungen, wovon ca. 98,5% der Bevölkerung erfasst sind. Die Patienten haben aufgrund ihres Versicherungsstatus den Anspruch auf Gesundheitsleistungen, die Verrechnung der Leistungen erfolgt direkt zwischen den Leistungserbringern und den Versicherungsträgern bzw. über direkte Finanzierung der Leistungsanbieter aus Steuermitteln. Zusätzlich besteht das System der privaten Krankenversicherungen, die die freie Arztwahl und einen höheren Standard der Hotelkomponente garantieren, die sogenannte „Sonderklasse". Direkte Zahlungen der Patienten an die Leistungserbringer ergeben sich einerseits aus Selbstbehalten und andererseits durch die Inanspruchnahme von „privaten" Gesundheitsleistungen, die nicht über das System der allgemeinen Gesundheitsversorgung durch die Sozialversicherung finanziert sind. Für die nachfolgende Analyse der Branche „Privatmedizin" wurde definiert, dass sie Leistungsanbieter umfasst, deren Leistungen nicht oder nur zum Teil über das Sozialversicherungssystem abgegolten werden. Dies betrifft Kliniken und selbstständige Ambulatorien bzw. Institute, die einen privaten Rechtsträger haben, stationäre, tagesklinische und/oder ambulante Leistungen zur Diagnose und/oder Therapie von Patienten erbringen, die freie Arztwahl gewährleisten und hoch qualifizierte Betreuung und Pflege sowie einen hohen Standard in der Ausstattung (medizinisch-technische Ausstattung, Hotelkomponente) bieten.

7.5.2.1 Brancheninterner Wettbewerb/Rivalität

Die Unternehmen einer Branche sind wechselseitig voneinander abhängig, da jede Wettbewerbsmaßnahme eines Unternehmens häufig zu Vergeltungs- oder Gegenmaßnahmen führt. Bestimmte Wettbewerbsformen, wie z.B. Preiswettbewerb, bergen die Gefahr, dass sich die Rentabilität der gesamten Branche verschlechtert. Hingegen können z.B. Werbeaktivitäten die Gesamtnachfrage erhöhen und zum Vorteil aller Unternehmen der Branche werden.[428]

Die Branche „Privatmedizin" ist charakterisiert durch wenige Unternehmen, die sich ihrer relativen Stärke bewusst sind und kooperativ agieren. Die führenden Unternehmen der Branche sind engagiert in freiwilligen und gesetzlichen Interessenvertretungen und setzen durchaus auch disziplinierende Maßnahmen. Der Kampf um Marktanteile ist nicht sehr ausgeprägt, das Branchenwachstum ist als mittelmäßig zu bezeichnen und Expansionen zielen häufig auf eine Ausweitung des Marktes der „Privatmedizin" auf Kosten des öffentlichen Sektors. Aufgrund der hohen Fixkosten der Privatkliniken gibt es einen starken Druck, die Kapazitäten möglichst stark auszulasten, wodurch verstärkt Werbemaßnahmen (z. B. in Richtung internationaler Patiententourismus) gesetzt werden, die zum Vorteil aller Unternehmen der Branche sind, da die Vorteile der besonderen Leistungen privater Gesundheitsanbieter allgemein bekannt werden. Die Mit- bzw. Wettbewerber vermitteln in Bezug auf Strategie, Herkunft und Persönlichkeiten ein eher homogenes Bild, abgesehen von kurzfristig immer wieder aufflammenden Konflikten über die „Spielregeln" der Branche (Preiswettkampf, Aggressivität von Werbemaßnahmen, Abwerbung von Mitarbeitern und Belegärzten, Gestaltung der Beziehungen zu Vertragspartnern etc.). Negative Auswirkungen auf die Branche entstehen in erster Linie durch hohe Austrittsbarrieren der Unternehmen bzw. einzelner Leistungssparten der Unternehmen, da die aufgebaute Infrastruktur (Gebäude, medizinisch-technische Einrichtungen) nicht gewinnbringend verwertet werden kann und der Personalabbau hohe Kosten verursacht (Abfertigungszahlungen, offene Urlaube etc.). Strategische und emotionale Faktoren verhindern die Konzentration von Kapazitäten bestimmter Leistungsbereiche, die niedrige oder sogar negative Ertragsraten erwirtschaften, und halten die Rentabilität der Branche niedrig (z. B. Geburtshilfeabteilungen mit weniger als einer Geburt pro Tag).

Die ständige Beobachtung und Analyse des Verhaltens der Mitbewerber in der Branche ist eine der wesentlichsten Aufgaben des operativen und strategischen Controllings eines Unternehmens. Während die Zielsetzung im operativen Controlling in erster Linie darauf zielt, auf Verhaltensänderungen eines Mitbewerbers zeitnah reagieren zu können, um Wettbewerbsnachteile zu verhindern, ist im strategischen Controlling ein System zur Analyse der langfristigen Entwicklung der Branche aufzubauen, um für das Unternehmen Wettbewerbsvorteile identifizieren zu können. Wertvolle Instrumente des strategischen Controllings sind hierfür die Analyse des Wettbewerbsumfeldes und die Branchen-Wettbewerbsanalyse.[429]

7.5.2.2 Verhandlungsmacht der Abnehmer

Die Abnehmer beeinflussen die Branche, indem sie auf Kosten der Rentabilität der Branche die Preise drücken, höhere Qualität oder bessere Leistungen verlangen und Wettbewerber gegeneinander ausspielen.[430]

Die Abnehmer der Branche „Privatmedizin" sind die Sozialversicherungsträger, die privaten Krankenversicherungen Österreichs, internationale Versicherungsunternehmen und Patienten, die als Selbstzahler auftreten.

Aufgrund des hohen Anteils am Gesamtumsatz der Unternehmen der „privaten" Medizin sind die Sozialversicherungsträger und die privaten Versi-

429 Vgl. Eschenbach 1995, S. 230ff
430 Vgl. Porter 2008, S. 59ff

cherungen Österreichs, im Rahmen von Zusatzversicherungen zur gesetzlichen Krankenversicherung, die mächtigsten Käufergruppen. Aufgrund des hohen Fixkostenanteils der Unternehmen sind diese gezwungen, ihre Auslastung durch vertragliche Abrechnung zu sichern. Die Sozialversicherungsträger üben ihre Käufermacht in erster Linie durch Preisdruck (Deckelung ihres Kostenbeitrages) und Forderungen nach höherer Qualität (Strukturqualitätskriterien) aus, wobei die politische Einflussnahme hierbei eine besondere Rolle spielt. In den Verhandlungen mit den privaten Krankenversicherungen Österreichs ist ein enorm hoher Druck der Käufermacht durch Preisdiktate, Forderungen nach höherer Qualität (Anforderungsprofil der Hotelkomponente) und nicht immer nachvollziehbare Differenzierungen der Privatkliniken untereinander spürbar. Dem kann nur durch gemeinsames Vorgehen der Unternehmen begegnet werden. Dieser Druck wurde dadurch verstärkt, dass die privaten Versicherungsunternehmen „Rückwärtsintegration" betrieben haben und selbst als Träger von Privatkliniken aufgetreten sind. Versuche der Privatkliniken, im Gegenzug vorwärts zu integrieren und als Versicherer aufzutreten, zeigten bis dato keine nennenswerten Erfolge.

Das völlig gegenteilige Bild zeigt sich bei den „Käufergruppen" internationale Versicherungsunternehmen und Patienten, die als Selbstzahler auftreten. Die Komplexität der angebotenen Leistungen führt dazu, dass es für den Patienten sehr schwierig ist, alternative Leistungsangebote adäquat vergleichen und bewerten zu können. Zu bewerten sind die medizinische Leistung (Art der Behandlung, medizinisch-technische Ausstattung, Qualifikation des behandelnden Arztes, medizinische Versorgung bei Komplikationen und Notfällen etc.), die pflegerische Versorgung (Qualifikation des Pflegepersonals, ganzheitliche Betreuung, Wahrung der Intimsphäre etc.) und die Hotelkomponente (Größe und Ausstattung der Zimmer, Qualität der Küche, Zusatzeinrichtungen der Klinik wie Cafeteria, Garten, Dachterrasse etc.), sodass ein umfassender Kriterienkatalog entsteht, der zu den Preisen in Relation zu setzen ist. Aufgrund des niedrigen Informationsstandes der Patienten über das gesamte Leistungsangebot, des niedrigen Umsatzanteiles und der Unsicherheit, alternative Leistungsanbieter zu finden, kann wenig „Käufermacht" ausgeübt werden. Daher ist die logische Konsequenz, dass die Unternehmen der privaten Medizin verstärkt Maßnahmen zur Ausweitung dieser „Käufergruppen" setzen.

Neben der Erstellung von Analysen zur Unterstützung von Verhandlungen mit Versicherungsträgern (Leistungsdaten der Versicherungswirtschaft, Indexentwicklungen, Zinsentwicklungen etc.) sind im Rahmen des strategischen Controllings auch laufend Analysen über die Erwartungen und das Verhalten der verschiedenen „Abnehmergruppen" zu erstellen (politische Entwicklungen, Marktanteils- und Bilanzanalysen der Versicherungsunternehmen, Entwicklung der Versicherungsprodukte, Bedürfnisse und Erwartungen von Patienten etc.).

7.5.2.3   Verhandlungsmacht der Lieferanten

Mächtige Lieferanten können die Rentabilität einer Branche drücken, indem sie mit höheren Preisen oder niedrigerer Qualität drohen. Die Bedingungen, die Lieferanten Macht verleihen, sind die Spiegelbilder der Käufermacht.[431]

Die für die Branche „private Medizin" wichtigsten Lieferantengruppen sind die pharmazeutische Industrie, die Hersteller medizinischer Geräte und vor allem der Arbeitskräftemarkt. Die pharmazeutische Industrie und die Hersteller medizinischer Geräte stellen sich als funktionierende Märkte mit konkurrierenden Unternehmen dar, wodurch deren Lieferantenmacht eingeschränkt ist. Hohe Lieferantenmacht kann jedoch für bestimmte innovative Produkte zeitbegrenzt ausgeübt werden (Patente). Zur Beschränkung der Lieferantenmacht besteht eine wichtige Controllingaufgabe darin, ein System für eine objektive Qualitätsbewertung von Lieferanten und Dienstleistern bei möglichst geringem administrativem Aufwand aufzubauen. Die Aufbereitung von lieferantenspezifischen Informationen schafft eine Informationsbasis für künftige Auswahlentscheidungen, die zur Minimierung des Aufwandes anhand einer Lieferantenstrukturanalyse (Einteilung der Lieferanten nach Wichtigkeit) erstellt wird.

Der Arbeitskräftemarkt unterliegt je nach Ausbildungsinitiativen gewissen Wellen, in denen es leichter oder schwieriger ist, hoch qualifizierte Arbeitskräfte zu finden. Der Kampf um die besten Arbeitskräfte wird in erster Linie über nicht monetäre Arbeitsbedingungen ausgetragen, da die Gehaltsschemata des öffentlichen Sektors für die Höhe der Gehälter bestimmend sind. Die Gehaltsverhandlungen des öffentlichen Sektors werden von starken Gewerkschaften geführt, wodurch die Höhe der Gehälter mit Angebot und Nachfrage nach Arbeitskräften nicht konform geht. Der mäßige Einfluss der privaten Arbeitgeber auf die Höhe der Gehälter ist ein mitbestimmender Faktor für die niedrige Rentabilität der Branche. Für bestimmte Spezialqualifikationen (z. B. Sonderausbildung für diplomierte Gesundheits- und Krankenpflege-Schwestern im Operationsbereich) ist es zudem seit Jahren schwierig, Arbeitskräfte zu finden, wodurch die Gehaltsbedingungen diktiert werden können. Die zunehmende Mobilität von Arbeitskräften in der Europäischen Union kann jedoch zu einer spürbaren Entlastung dieser Problematik führen. Umfassendes Personalcontrolling bedeutet daher, Kennzahlen über die Struktur des Arbeitskräftemarktes und die arbeitsmarktpolitischen Entwicklungen aufzubauen und diese mit den Personalkennzahlen des Unternehmens zu einem aussagekräftigen Gesamtsystem zu verbinden.

431 Vgl. Porter 2008, S. 62ff

7.5.2.4 Bedrohung durch Ersatzprodukte (Substitution)

Von Ersatzprodukten spricht man, wenn Produkte oder Dienstleistungen anderer Branchen die gleiche Funktion erfüllen wie die Produkte der betrachteten Branche, wodurch die Analyse sehr weit reichend durchgeführt werden muss. Substitute begrenzen die möglichen Gewinne einer Branche, indem sie eine absolute Grenze für die Preise setzen, die eine Branche für ihre Produkte oder Dienstleistungen fordern kann. Das kollektive Handeln einer Branche kann die Position gegenüber Ersatzprodukten entscheidend zum Vorteil für die eigene Branche beeinflussen, z. B. durch umfangreiche und dauerhafte Werbung aller Wettbewerber der Branche.[432]

Ein besonders nahe liegender Bereich, der eine Bedrohung durch Ersatzprodukte darstellen könnte, findet sich in den Sonderklasseabteilungen der öffentlichen Krankenanstalten. Diese stellen jedoch aufgrund der im Eindruck der Patienten praktisch nicht vergleichbaren Hotelkomponente keine ernsthafte Bedrohung dar. Die Pressemeldungen zum Thema „Zweiklassenmedizin" vermitteln zudem ein sehr negatives Bild von Patienten mit Leistungen der privaten Zusatzversicherungen, sodass bei Patienten der Eindruck entsteht, in öffentlichen Krankenhäusern nicht erwünscht zu sein. Substitute, die eine Gefahr darstellen, finden sich in erster Line in Tagesklinikzentren und Gemeinschaftsordinationen des niedergelassenen Bereiches. Bedingt durch den medizinischen Fortschritt können zunehmend bisher stationär erbrachte Leistungen inzwischen ambulant oder tagesklinisch unter wesentlich günstigeren Kostensituationen angeboten werden. Es wird abzuwarten sein, ob die Bedrohung durch Substitute anderer Branchen, die derzeit im niedergelassenen medizinischen Bereich zu beobachten ist (z. B. Verkauf von Brillen und Hörgeräten in Unternehmen der Unterhaltungselektronik), auch für Dienstleistungen der „privaten" Medizin Bedeutung bekommt. Um die Bedrohung durch Ersatzprodukte wahrnehmen zu können, sind vom Controller neben den Analysen der eigenen Branche auch adäquate Analysen fremder Branchen, die potenziell Ersatzprodukte anbieten können, zu erstellen.

7.5.2.5 Bedrohung durch neue Anbieter/Zugangsbeschränkungen

Die Gefahr des Eintritts neuer Konkurrenten in den Markt hängt von den existierenden Eintrittsbarrieren und von den absehbaren Reaktionen der etablierten Wettbewerber ab. Sind die Zugangsbeschränkungen hoch, ist die Gefahr sinkender Preise oder höherer Kosten durch neue Mitbewerber gering.[433]

Während die Eintrittsbarriere „Betriebsgrößenersparnisse" durch den hohen Dienstleistungsanteil in der Behandlung von Patienten als eher niedrig

432 Vgl. Porter 2008, S. 58f
433 Vgl. Porter 2008, S. 39ff

zu beurteilen sind, stellt der enorm hohe Kapitalbedarf für die Herstellung der baulichen Infrastruktur, vor allem im stationären Bereich, eine wesentliche Eintrittsbarriere in der „Privatmedizin" dar. Die Bewertung bekannter „Marken" und der Käuferloyalität ist differenziert zu betrachten. Während Patienten durchaus eine hohe Loyalität zu ihrem behandelnden Arzt und auch zur Privatklinik entwickeln, sind dem Leistungsangebot aufgrund der Einschränkungen des medizinischen Fachgebietes Grenzen gesetzt. Ebenso verhält es sich mit dem Thema der Umstellungskosten. Für den Patienten gibt es so gut wie keine Umstellungskosten beim Wechsel vor einem Arzt zum anderen. Die Entscheidung des Patienten für eine Privatklinik wird jedoch in hohem Maße vom behandelnden Arzt bestimmt. Dieser entscheidet sich in der Regel für eine bestimmte Privatklinik, da es einen zusätzlichen Zeitaufwand bedeutet, seine Belegarzttätigkeit in einer neuen Privatklinik zu organisieren. Wesentliche Wettbewerbsvorteile etablierter Unternehmen in der „Privatmedizin" stellen günstige Standorte, Organisations-Know-how und die hohe Qualität der Dienstleistungen dar. Weiters haben die bestehenden Unternehmen der Branche Möglichkeiten, neue Mitbewerber beim Abschluss von Verträgen mit Sozialversicherungen und privaten Krankenversicherungen zu behindern oder diese zumindest zu verzögern. In diesem Zusammenhang kommt der laufenden Analyse des Wettbewerbsumfeldes im Rahmen des strategischen Controllings besondere Bedeutung zu.

7.5.2.6 Regierungen als Einflussgröße auf die Branchenstruktur

Die wesentlichste Einflussnahme der österreichischen Regierung auf die Branche „Privatmedizin" liegt in der Gesetzgebung, die die Errichtung und den Betrieb von Krankenanstalten und selbstständigen Ambulatorien regelt. Die gesetzlich verankerte Bedarfsprüfung für medizinische Leistungen verhindert den Markteintritt neuer Unternehmen fast zur Gänze und war zuletzt auch Anlass für Kritik der Europäischen Union. Die Finanzierung medizinischer Leistungen wird gekoppelt an Strukturpläne und Strukturqualitätskriterien, wodurch das planwirtschaftliche Element vorrangig ist und man nicht von Marktwirtschaft im Sinne von Ergebnisqualitätskriterien sprechen kann. Auch die selbstständige Ausübung der ärztlichen Tätigkeit ist umfassenden Regulierungen unterworfen und erschwert wesentlich die Intensität des Wettbewerbs.

Eine zusammenfassende Betrachtung der Branche „private Medizin" nach der Strukturanalyse von Porter zeigte ein niedriges Gewinnpotenzial der Branche, ausgedrückt im langfristigen Ertrag des eingesetzten Kapitals. Die Ausführungen zu den fünf grundlegenden Wettbewerbskräften zeigen umfassende Aufgaben des Controllings in der Analyse des Wettbewerbes, denen oftmals zu wenig Beachtung beigemessen wird, da in erster Linie Controllingaufgaben zur Analyse des eigenen Unternehmens wahrgenommen werden.

7.5.3 Analyse des Privatklinikmarktes

Die Analyse des Marktes aus Sicht des Unternehmens und das Aufzeigen von Instrumenten zur Standortbestimmung im Markt soll anhand der strategischen Controlling-Instrumente Marktstrukturierung, Konkurrenzanalyse und Portfolioanalyse beispielhaft dargestellt werden.

7.5.3.1 Marktstrukturierung

Um eine Standortbestimmung des eigenen Unternehmens durchführen und für einen Vergleich die besten Konkurrenzunternehmen definieren zu können, ist eine wesentliche Controlling-Aufgabe die Strukturierung des Marktes. Es sind die Zahl der Konkurrenzanbieter, ihr Verhalten auf dem Markt, ihre angebotenen Produkte und Dienstleistungen und die räumliche Abgrenzung zu definieren. Für die nachfolgende Analyse wurde definiert, dass der Markt Kliniken im Raum Wien umfasst, die stationäre und/oder tagesklinische Leistungen zur Diagnose und/oder Therapie von Patienten erbringen, einen privaten Rechtsträger haben, als Belegspital geführt werden, keine allgemeine Gebührenklasse anbieten, die freie Arztwahl gewährleisten und hoch qualifizierte Betreuung und Pflege sowie einen hohen Standard in der Ausstattung (medizinisch-technische Ausstattung, Hotelkomponente) bieten.

7.5.3.2 Konkurrenzanalyse (Benchmarking)

Die Beobachtung der Mitbewerber gewinnt im strategischen Controlling zunehmend an Bedeutung, wobei es in vielen Branchen heute üblich ist, bilaterale Beziehungen zum gegenseitigen Nutzen aufzubauen oder sogar eine Vereinbarung über Datenaustausch zu treffen. Benchmarking beabsichtigt einen Vergleich des eigenen Unternehmens mit dem „Klassenbesten" der Mitbewerber und stellt darüber hinaus auch Vergleiche mit branchenfremden Unternehmen an. Benchmarking ist ein Prozess, der Methoden und Abläufe betrieblicher Funktionen mit einem oder mehreren anderen Unternehmen vergleicht.[434] Zur Erreichung eines wertvollen Ergebnisses kommt der Auswahl der in Frage kommenden Benchmarking-Partner besondere Bedeutung zu. Nach der Kontaktaufnahme und der Entscheidung für den Prozess erfolgt die gemeinsame Festlegung des Ablaufes. Benchmarkingprozesse werden in der Regel von den Controlling-Abteilungen initiiert und gestaltet und in der Umsetzung begleitet. Da für einen sinnvollen Vergleich wichtige Kennzahlen und Daten benötigt werden, ist eine Controlling-Organisation des eigenen Unternehmens Grundvoraussetzung, um einen Benchmarking-Prozess beginnen zu können. Der Austausch der Daten erfolgt zumeist anhand eines gemeinsam erarbeiteten Fragenkataloges und stellt nicht selten den Beginn

---

434 Vgl. Eschenbach 1995, S. 318 und S. 413

einer langjährigen, partnerschaftlichen Beziehung dar. Für eine Privatklinik im Raum Wien wäre daher ein Mitbewerber, der über eine hohe Auslastung verfügt und ein ähnliches medizinisches Leistungsspektrum anbietet, der ideale Benchmarking-Partner.

7.5.3.3 Portfolioanalyse

Die Portfolioanalyse ist eines der am häufigsten eingesetzten Controlling-Instrumente und dient der gesamtunternehmensbezogenen Beurteilung einzelner Geschäftsbereiche eines Unternehmens mit ihren Ertragsaussichten sowie Chancen und Risiken. Man bedient sich einer Matrixdarstellung, in der jedes Geschäftsfeld anhand der Marktchancen und des Investitionsrisikos einerseits und der eigenen Wettbewerbsstärken andererseits positioniert wird. Portfoliomodelle zeichnen sich durch ihre Einfachheit, Anschaulichkeit, Aussagekraft und ihren hohen Kommunikationswert aus; die Nachteile liegen in einer simplifizierenden Darstellung. Die Interpretation der einzelnen Geschäftsbereiche im Portfolio ermöglicht die Ableitung sogenannter Normstrategien, die zu einer Veränderung des Gesamtportfolios führen sollen. Unterschieden wird zwischen Leistungsausbau- und Leistungserhaltungsstrategie, Leistungsminimierungs- und Leistungsabbaustrategie bzw. Leistungsdifferenzierungsstrategie.[435] Nachfolgend wird beispielhaft eine Portfolioanalyse für eine Privatklinik dargestellt, wobei im ersten Schritt die Definition der Portfolioachsen erfolgt:

„Marktattraktivität"
- Größe der Zielgruppe (Anzahl Belegärzte, Anzahl Hauptbelegärzte, Anzahl Patienten, Anzahl Diagnosen, Anzahl Verpflegstage)
- Rentabilität der Leistungen (Höhe Deckungsbeitrag, Verweildauer)
- Kapazität der Konkurrenz (Umliegende Privatkliniken bewertet nach Bettenanzahl, Schwerpunkten, Personalsituation, finanziellen Potenzialen)
- Bedarfsstruktur (Zunahme/Abnahme der medizinischen Leistungen)
- Standort der Privatklinik (Erreichbarkeit, Parkplatz)
- Alternative Leistungen (Substitute im niedergelassenen Bereich, medizinisch-technischer Fortschritt)

„relative Wettbewerbssituation"
- Marktanteil (Prozentanteil der in Frage kommenden Patienten bzw. Belegärzte)
- Konkurrenzsituation (Qualität der Infrastruktur, Kostenvorteile)
- Infrastrukturpotenzial der Privatklinik (Personal, medizinisch-technische Geräte, Hotelkomponente)

---

435 Vgl. Eschenbach 1995, S. 277ff

- Know-how der Privatklinik (Fachkapazitäten im Haus, Veranstaltungstätigkeit)
- Finanzieller Mitteleinsatz (Investitionskosten, laufende Kosten)
- Image (Bekanntheitsgrad, Vorreite stellung)

Anhand der definierten Portfolioachsen wird im ersten Schritt jedes medizinische Fachgebiet für sich bewertet. Nachfolgende Tabelle zeigt beispielhaft die Bewertung eines Geschäftsbereiches:

Marktattraktivität	Bewertung											Gewichtung	Wert
	0	10	20	30	40	50	60	70	80	90	100		
Größe der Zielgruppe										x		0,3	27
Rentabilität							x					0,2	12
Kapazität der Konkurrenz											x	0,2	20
Bedarfsstruktur							x					0,1	6
Standort											x	0,1	10
Alternative Leistungen								x				0,1	7
												1	**82**

Relative Wettbewerbssituation	Bewertung											Gewichtung	Wert
	0	10	20	30	40	50	60	70	80	90	100		
Marktanteil		x										0,25	2,5
Konkurrenzsituation		x										0,25	2,5
Infrastrukturpotenzial									x			0,15	22,5
Know-How	x											0,15	0
Finanzieller Mitteleinsatz						x						0,10	5
Image			x									0,10	2
												1	**34,5**

ABB. 83: BEISPIEL BEWERTUNG DES GESCHÄFTSBEREICHES: ALLGEMEIN CHIRURGIE[436]

436 Eigene Darstellung

Für den Geschäftsbereich „Allgemein Chirurgie" wurden die Größe der Zielgruppe, die Kapazität der Konkurrenz und der Standortvorteil sehr hoch, die Rentabilität und Bedarfsstruktur als mittelmäßig bewertet. Aus der Multiplikation mit der Gewichtung ergibt sich für die Achse der Markattraktivität mit 82 ein sehr hoher Wert. Die Bewertung der relativen Wettbewerbssituation zeigt Schwächen der Privatklinik im Marktanteil, dem Know-how, der Konkurrenzsituation, dem Image und dem finanziellen Mitteleinsatz. Die hohe Bewertung des Infrastrukurpotenzials kann dies nicht wettmachen, sodass sich die relative Wettbewerbssituation mit einem Wert von 34,5 niedrig darstellt. Diese Form der Bewertung wird für alle Geschäftsbereiche durchgeführt und die Werte werden im IST-Portfolio dargestellt.

IST-Portfolio

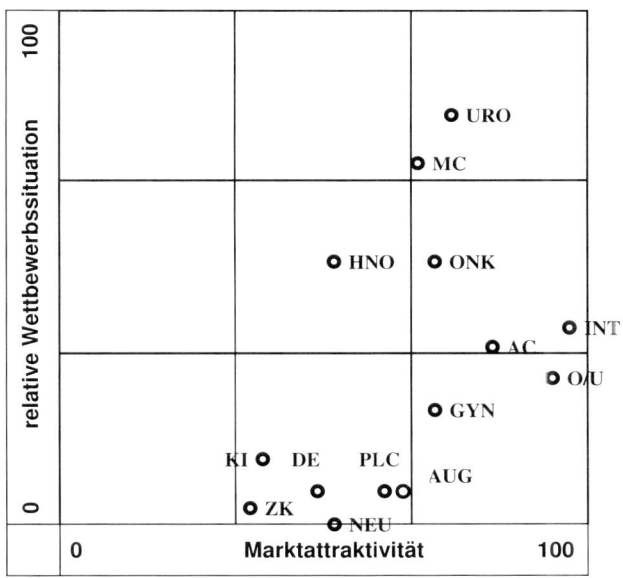

Legende:
URO – Urologie, **MC** – Mammachirurgie, **HNO** – Hals-Nasen-Ohrenheilkunde, **ONK** – Onkologie, **INT** – Innere Medizin, **AC** – Allgemein Chirurgie, **O/U** – Orthopädie und Unfalchirurgie, **GYN** – Gynäkologie, **KI** – Kinderchirurgie, **DE** – Dermatologie, **PLC** – Plastische Chirurgie, **AUG** – Augenheilkunde, **ZK** – Zahnheilkunde, **NEU** – Neurologie

ABB. 84: IST-PORTFOLIO EINER PRIVATKLINIK[437]

437 Eigene Darstellung

Das Ist-Portfolio gibt eine grafische Gesamtübersicht über die einzelnen Geschäftsbereiche des Unternehmens und zeigt für vier Geschäftsbereiche (Urologie, Mammachirurgie, HNO, Onkologie) Stärken der Privatklinik, verbunden mit einer hohen Marktattraktivität. Die Geschäftsbereiche Kinderchirurgie, Dermatologie, Plastische Chirurgie, Augenheilkunde, Zahnheilkunde und Neurologie stellen sich in der relativen Wettbewerbssituation schwach dar und haben auch eine geringe bis mittelmäßige Marktattraktivität. Die Bereiche Allgemeine Chirurgie, Interne, Orthopädie/Unfallchirurgie und Gynäkologie haben zwar hohe Marktattraktivität, sind jedoch in der unteren Hälfte der Achse Wettbewerbssituation angesiedelt.

Aus dem Ist-Portfolio können für die Privatklinik folgende Normstrategien abgeleitet werden:

Leistungsausbaustrategie für Urologie, Innere Medizin, Orthopädie/Unfallchirurgie, HNO
Die aktive Werbung von Belegärzten dieser Fachrichtungen (Aussendungen, Veranstaltungen, etc.) und Investitionsvorhaben in diese Bereiche haben Vorrang.

Leistungserhaltungsstrategie für Mammachirurgie, Onkologie
Es werden Maßnahmen zur Kundenbindung der Belegärzte dieser Fachrichtungen getätigt und Investitionsvorhaben in diesen Bereichen haben Vorrang.

Leistungsdifferenzierungsstrategie für Gynäkologie, Augenheilkunde, Dermatologie, Plastische Chirurgie
Es erfolgt eine Auswahl von zwei bis drei Fachärzten dieser Fachbereiche, das Belegärzteteam wird gefördert und Investitionen in diesen Bereichen dienen nur zur Erhaltung des Fachgebietes.

Leistungsabbaustrategie für Kinderchirurgie, Zahnheilkunde, Neurologie
Für diese drei Geschäftsbereiche erfolgt keine Bewerbung und es werden keine Investitionen getätigt. Mittelfristig ist das Ziel, diese Geschäftsbereiche zur Gänze aufzugeben (siehe Abb. 85).

Das Soll-Portfolio zeigt die mögliche Veränderung der einzelnen Leistungsbereiche im Portfolio, wenn die angestrebten Normstrategien verfolgt werden. Ziel ist es, die vorhandenen Stärken der Privatklinik weiter auszubauen (Urologie, HNO, Mammachirurgie) und für Bereiche mit einer hohen Marktattraktivität (Allgemeine Chirurgie, Interne, Orthopädie/Unfallchirurgie) die relative Wettbewerbssituation der Privatklinik wesentlich zu verbessern. Geschäftsbereiche mit geringer Marktattraktivität werden entweder differenziert mit geringem Investitionsaufwand weitergeführt (Gynäkologie, Plastische Chirurgie, Dermatologie, Augenheilkunde) oder mittelfristig zur Gänze abgebaut (Kinderheilkunde, Zahnheilkunde, Neurologie).

Neben der Unterstützung der Unternehmensführung bei der Erstellung der Portfolioanalyse liegt eine wesentliche Controlling-Aufgabe darin, die kon-

SOLL-Portfolio

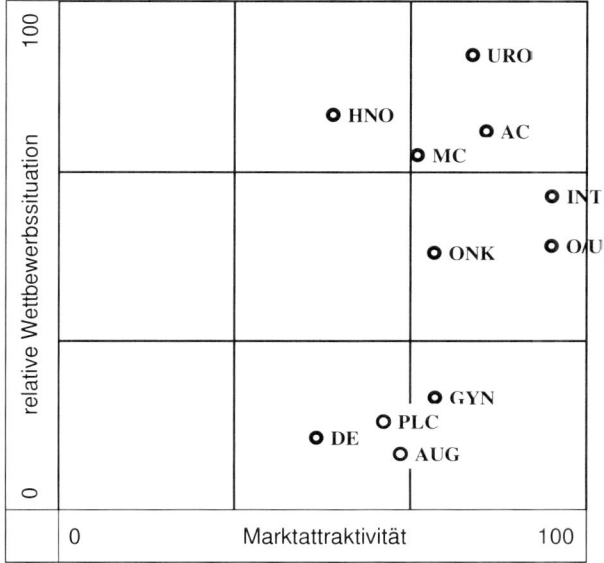

URO – Urologie, **HNO** – Hals-Nasen-Ohrenheilkunde, **AC** – Allgemein Chirurgie,
MC – Mammachirurgie, **INT** – Innere Medizin, **ONK** – Onkologie, **O/U** – Orthopädie/Unfallchirurgie, **GYN** – Gynäkologie, **PLC** – Plastische Chirurgie, **DE** – Dermatologie, **AUG** – Augenheilkunde

ABB. 85:   SOLL-PORTFOLIO EINER PRIVATKLINIK[438]

sequente Umsetzung der angestrebten Normstrategien zu unterstützen und die Ergebnisse der Portfolioanalyse für Strategiemaßnahmen zugänglich zu machen.

7.5.4   Resümee

Strategisches Controlling mit seinen Methoden und Techniken gewinnt in Privatkliniken zunehmend an Bedeutung, um den langfristigen Unternehmenserfolg zu sichern. Die Controlling-Instrumente Marktstrukturierung, Konkurrenzanalyse und Portfolioanalyse dienen der Analyse des Marktes aus Sicht der Unternehmen und sind zur Standortbestimmung auf dem Markt essenziell. Der Vergleich des eigenen Unternehmens mit den „Klassenbesten" im Markt und die Portfolioanalyse sind die am häufigsten eingesetzten strategischen Controlling-Instrumente und sind sehr gut geeignet, Maßnahmen zur

438 Eigene Darstellung

strategischen Unternehmensführung abzuleiten. Die Bewertung des eigenen Unternehmens erfordert ein hohes Maß an Realitätssinn, wobei das Controlling in der Entwicklung und Gestaltung der Bewertungskriterien wesentliche Beiträge liefern kann. Betriebspolitische Maßnahmen sind künftig noch stärker von der Formulierung strategischer Ziele abhängig, die nur durch ein effizientes strategisches Controlling erarbeitet werden können.

Die strategische Frühaufklärung bietet durch das frühzeitige Erkennen von Chancen und Gefahren eine hervorragende Ergänzung in der Festlegung strategischer Zielsetzungen. Das Control ing hat im Konzept der schwachen Signale die wesentliche Aufgabe, diese systematisch zu erfassen, zugänglich zu machen und einen Prozess zur Entscheidung über vorbereitende Maßnahmen zu initiieren, da diese stark von der Risikobereitschaft der handelnden Personen abhängig sind.

Während Controlling-Aufgaben zur Analyse des eigenen Unternehmens durchwegs wahrgenommen werden, wird der Branchenstrukturanalyse oftmals zu wenig Bedeutung beigemessen. Die Analyse der Branche „Privatmedizin" nach dem Fünf-Kräfte-Modell nach Porter zeigt eindrucksvoll das niedrige Gewinnpotenzial der Branche, ausgedrückt im langfristigen Ertrag des eingesetzten Kapitals. Regelmäßig durchgeführte Analysen des Wettbewerbsumfeldes durch den Controller sind unabdingbar, um die begrenzten Möglichkeiten des unternehmerischen Handelns in der Branche „Privatmedizin" adäquat einschätzen zu können und unrealistischen Gewinnerwartungen bei Erweiterungs- und Investitionstätigkeiten entgegenzuwirken.

7.6 Rolle der Informationstechnologie für das Controlling
Herwig Wetzlinger, Rainer Harpf, Claudia Scharm-Groicher

Seit 1997 werden österreichische Krankenhäuser nach dem leistungsorientierten Krankenanstaltenfinanzierungssystem (LKF) finanziert. Dieses Modell zwingt die Krankenhäuser, durch eine geeignete Betriebsorganisation die Leistungsfähigkeit zu erhöhen und die Wirtschaftlichkeit zu verbessern.

Vor diesem Hintergrund müssen Krankenhäuser die Entscheidung treffen, ihre Betriebsorganisation nach neuesten Kenntnissen der Unternehmensführung weiterzuentwickeln. Die zukünftige Betriebsorganisation im Krankenhaus ist prozessgeleitet und am Patienten orientiert. Die Abläufe werden immer öfter nach dem Grad ihrer Nähe zum Patienten in Primär-, Sekundär- und Tertiärprozesse untergliedert. Kern zukünftiger Betriebsorganisationen ist eine Zentrumsstruktur mit klar definierten Verantwortlichkeiten. Die zentrumsbasierte Organisationsstruktur und die neu gestalteten Verantwortungsbereiche erfordern neue Steuerungsanforderungen.

7.6.1 Anforderungen des Controllings an die Informationstechnologie (IT)

Das Controlling arbeitet mit dem Ziel, die Krankenhaussteuerung auf dem Weg zur Effizienzsteigerung zu unterstützen. Das Controlling steht als kompetenter Ansprechpartner für das Krankenhausdirektorium und die Führungskräfte zur Verfügung, um den Managementprozess (d. h. Planung, Umsetzung, Monitoring und Anpassung) zu unterstützen und zu optimieren.

Die Führungskräfte werden zeitnah und empfängerorientiert mit **Informationen** versorgt, die sie für das Management ihres Verantwortungsbereiches benötigen. Durch die Interpretation von Daten entsteht Information. Für die Informationsbereitstellung ist das Controlling verantwortlich und für die Datenbereitstellung die IT. Was die Anforderungen an entscheidungsrelevanten Daten betrifft, so lassen sich diese auf drei Aspekte reduzieren:
- relevant
- zuverlässig
- zeitnah

Vor diesem Hintergrund muss eine integrierte und standardisierte Steuerung durch das Controlling mit Unterstützung der IT gewährleistet werden. Nur so können die Führungskräfte vollständig, widerspruchsfrei und übergreifend mit den notwendigen Informationen versorgt werden. Bei der Aufgabenabgrenzung und der Zusammenarbeit müssen deshalb die folgenden Prinzipien eingehalten werden. Sie betreffen die Prozess- und Datenintegration zwischen sich ergänzenden oder überschneidenden Analysebereichen. Daraus ergeben sich folgende Anforderungen an die IT:

- Eindeutige Verantwortlichkeit für Datenbestände
  - Für Datenbestände wie z. B. Personal-Abrechnungsdaten, Finanzbuchhaltungsdaten, OP-Dokumentationsdaten, Kosten- und Leistungsrechnungsdaten ist eine klare Verantwortlichkeit definiert.
  - Datenaustausch- und Schnittstellenprozesse führen zu Datenredundanzen. Die Konsistenz redundanter Daten wird durch regelmäßige Abgleiche sichergestellt.
- Eindeutige Definition und identische Auswertung von Kennzahlen
  - Für alle im Berichtswesen verwendeten Kennzahlen existiert unternehmensweit eine einheitliche Definition, was unter der jeweiligen Kennzahl zu verstehen ist. Beispielsweise muss beim Begriff der Fallzahl oder der Bettenauslastung klar sein, ob Begleitpersonen mitzurechnen sind oder nicht und ob systemisierte oder aufgestellte Betten für die Berechnung herangezogen werden.
  - Über die Verwendung identischer Auswertungsalgorithmen wird die Wahrscheinlichkeit, dass unterschiedliche Auswertungen auf derselben Datenbasis zu unterschiedlichen Ergebnissen führen, minimiert.
  - Existieren abweichende Implementierungen für die Auswertung derselben Kennzahl, sind die Ergebnisse beider Auswertungen vor der Verteilung gegeneinander zu prüfen.
- Integration von Auswertungen und Prozessen
  - Die verschiedenen Controlling-Bereiche stellen ihre Auswertungen in der Regel denselben Berichtsempfängern zur Verfügung. Kennzahlen einzelner Controlling-Bereiche sind nur selten losgelöst voneinander zu betrachten. Die Aussagekraft integrierter Berichte ist gegenüber getrennt voneinander bereitgestellten Auswertungen deutlich erhöht.
  - Wesentliche Prozessschritte des Controlling-Regelkreises sind zwischen den Controlling-Bereichen zu synchronisieren.
  - Der Periodenabschluss ist ein zentraler Prozessschritt für alle Controlling-Bereiche. Eine Qualitätssicherung der Datenbasis und Transparenz über deren Status sind Voraussetzungen für alle Controlling-Auswertungen.
  - Bei übergreifenden Auswertungen sind Vorabstimmungen zwischen den einzelnen Controlling-Bereichen oder auch gemeinsame Gespräche mit den Berichtsempfängern empfehlenswert.
  - Der Planungsprozess muss eine Konsistenz der Einzelplanungen der verschiedenen Controlling-Bereiche gewährleisten.

7.6.2   Informatik als Hilfsmittel?

In Medizin und Pflege sind Informationssysteme als wertvolles Hilfsmittel zur Unterstützung der Prozesse zu sehen. So wurden in den letzten Jahren die papiergebundenen Krankenakte weitestgehend durch elektronische Medien abgelöst. Auch diverse Material- und Leistungsanforderungen passieren heute rasch und ohne großen Aufwand mit Hilfe von prozessunterstützenden EDV-Systemen.

Im Controlling dagegen ist die EDV nicht mehr wegzudenken. Betriebswirtschaftliche Steuerungsinformationen können aufgrund ihrer Komplexität – insbesondere in großen Unternehmungen – nur noch mit technischen Hilfsmitteln bearbeitet und in die entsprechende strukturierte bzw. komprimierte Form gebracht werden. Das umfangreiche Zahlenwerk über alle abgelaufenen wirtschaftlichen Vorgänge wird dabei von den EDV-Systemen in auswertbarer Form bereitgestellt.

Die Informatik stellt dabei das Beziehungsnetz innerhalb eines gewaltigen Datenvolumens unterschiedlicher Herkunft her. Und erst diese Verknüpfungen von meist getrennten Datenbasen können die nötigen Kennzahlen und Einflussfaktoren aufzeigen. Somit ist die Informatik in diesem Bereich nicht nur ein Hilfsmittel zur Datenhaltung, sondern mit ihren Möglichkeiten, Regelwerke transparent zu machen, ein essenzieller Partner für den Geschäftserfolg. Insbesondere für das Controlling ist der Informatiker nicht mehr reiner Techniker, sondern mit seinem tiefgreifenden Prozesswissen ein wichtiger Ansprechpartner in vielerlei Belangen.

Daraus ergibt sich auch, dass zu den Aufgaben des Controllers neben der Anwendung der Systeme (z. B. der periodischen Aktualisierung des Berichtswesens) auch die grundlegende Mitgestaltung und Weiterentwicklung der EDV-gestützten Controlling-Systeme gehört. Elektronische Controlling-Kennzahlensysteme oder Management-Informationssysteme für ein standardisiertes Berichtswesen können nur in enger Zusammenarbeit zwischen Controllern und EDV-Technikern realisiert werden.

7.6.3 Standardisierte oder individuelle Software

Als Informationssysteme für das Controlling können sowohl Standardsoftware-Produkte wie auch speziell für die jeweiligen Anforderungen entwickelte Individualsoftware-Komponenten eingesetzt werden.

Die Unterscheidung liegt vorrangig darin, dass insbesondere funktionsübergreifende Standardsoftware wie MS Office-Pakete oder ERP-Systeme (Enterprise Resource Planning) meist branchenneutral sind und darüber hinaus in mehreren Funktionsbereichen eines Unternehmens eingesetzt werden können. Derartige ERP-Systeme werden auch als integrierte Systeme bezeichnet, da sie eine Bündelung mehrerer funktionsbezogener Module darstellen. Dies hat den Vorteil, dass dadurch eine redundante Datenspeicherung und die damit möglicherweise verbundenen Dateninkonsistenzen vermieden werden können. Eine Individualsoftware dagegen wird auf die speziellen Anforderungen und Gegebenheiten von Unternehmensbereichen einer bestimmten Branche zugeschnitten.

Grundsätzlich hängt es auch vom jeweiligen Einzelfall ab, ob der Einsatz von Standard- oder Individualsoftware sinnvoller ist. Der große Vorteil von Standardsoftware liegt allerdings darin, dass die Kosten langfristig geringer sind. Bei den meisten für das Controlling eingesetzten Standardsoftware-Produkten ist darüber hinaus auch die Anpassbarkeit und damit die Möglichkeit des Zuschneidens auf individuelle Gegebenheiten gegeben. Des Weiteren können als Vorteile für den Einsatz von Standardsoftware folgende Punkte genannt werden:

Der Bereich des Controllings im Gesundheitswesen und auch die damit verbundenen Prozesse entwickeln sich laufend weiter. Die Hersteller von Standardsoftware versuchen daher aktiv ihre Entwicklungen ebenfalls voranzutreiben. Damit verbunden ist auch, dass der Aufbau und die Aktualisierung von Know-how für die Hersteller von Standardsoftware einfacher und auch lukrativer ist als für die Hersteller von Individualsoftware, die meist nur für einige wenige Kunden entwickelt wurde. Je höher der Verbreitungsgrad einer Standardsoftware ist, umso eher besteht die Möglichkeit, dass neue Mitarbeiter eines Unternehmens bereits Kenntnisse der eingesetzten Software mitbringen.

7.6.4 Qualitätsanforderungen an die Software

Insbesondere große Unternehmungen sind im Rahmen ihrer täglichen Betriebsabläufe von Informationen abhängig, und diese Informationen sind in den meisten Fällen nur noch elektronisch vorhanden. Diese Informationen müssen natürlich auch zugänglich gemacht werden und sollten vorrangig in den Kernbetriebszeiten des Unternehmens uneingeschränkt verfügbar sein. Daher ist es notwendig, die EDV-Systeme bereits bei der Implementierung hoch verfügbar und entsprechend den steigenden Anforderungen mit raschen Antwortzeiten zu konzeptionieren. Eine zuverlässige und stabile EDV-Infrastruktur ist dafür ebenso notwendig wie das Funktionieren der Applikation an sich.

Da sich gerade die Mitarbeiter des Controllings in einer gewissen Abhängigkeit von technischen Hilfsmitteln befinden, müssen sie sich auch auf die technische Ausrüstung ihres Arbeitsplatzes und die ihnen zur Verfügung gestellten Informationssysteme verlassen können.

7.6.4.1 Anforderungen an Standardsoftware

Aus diesem Grund gibt es bestimmte Qualitätsanforderungen an eine Software, wobei der Lieferant zu sorgen hat, dass diese Software

1. nicht nur auf Funktionalität, sondern auch auf Verhalten in Grenzfällen (Anzahl gleichzeitiger Transaktionen, Datenmenge) getestet wurde
2. durch ihr Antwortzeitverhalten nicht den Arbeitsfluss behindert, sofern etwaige vom Auftragnehmer spezifizierte Anforderungen an die Hardware-, Systemsoftware- und Netzwerkumgebung eingehalten wurden
3. zuverlässig die beschriebenen Funktionen ohne schwerwiegende Nebeneffekte und ohne Überraschungen in Grenzsituationen erfüllt
4. benutzerfreundlich ist, also u. a. eine Bedienerführung besitzt, die für gleiche oder ähnliche Sachverhalte ähnlich funktioniert und von einem ausgebildeten Benutzer ohne Hilfsdokumentation benutzt werden kann
5. leicht an eine geänderte Umwelt (Organisations-, Gesetzes- und Marktänderungen) angepasst werden kann
6. die österreichischen gesetzlichen, handelsrechtlichen und steuerlichen Regeln sowie die Grundsätze ordnungsmäßiger Buchführung und Bilanzierung erfüllt
7. in deutschsprachigen Versionen ausgeliefert wird, sofern keine ausdrücklichen anderen Vereinbarungen getroffen werden
8. die Normen und industrieüblichen Schnittstellen auf dem Gebiet der Verbindungen zu Peripheriegeräten und Datenübertragungseinrichtungen einhält.

Im Falle von Wartungsleistungen hat der Softwarelieferant die Beibehaltung bzw. die Wiederherstellung der genannten Qualitätsanforderungen sicherzustellen, soweit dies technisch möglich ist und nicht aus wirtschaftlichen Überlegungen reduzierte Anforderungen vereinbart sind.

7.6.4.2 Zusätzliche Anforderungen an Individualsoftware

Der Hersteller von Individualsoftware muss sich weiters dazu verpflichten, Software zu erstellen und zu liefern,

1. deren *Source Code* ausschließlich den Standardsprachumfang der vertraglich vereinbarten Programmiersprache(n) verwendet
2. die leicht an eine geänderte Umwelt (Organisations-, Gesetzes- und Marktänderungen, Betriebssystemversionen) angepasst werden kann
3. bei der System- und Programmanalyse nach einem strukturierten Verfahren durchgeführt wurde und die diesbezügliche Dokumentation vorhanden ist
4. die modular programmiert ist, keine Programmmodule mit Source Code größer als 200 Zeilen umfasst, keine Schachtelungstiefen von Schleifen, bedingten Anweisungen u.Ä. größer als 4 erreicht, keine globalen Variablen verwendet und alle Eingaben von außen vollständig auf Syntax und Einhaltung des definierten Wertebereiches überprüft

5. bei der jedes Modul genau einen Eintrittspunkt und möglich einen Austrittspunkt besitzt
6. bei der die Funktion und die Ein- und Ausgabeparameter je s Moduls durch einen Kommentar im Source Code anschließend an n Header des Moduls verständlich erklärt werden
7. bei der der Source Code ausreichend erklärende Kommentare beinhaltet,
8. die unter Verwendung eines Data Dictionary, eines Source Code-Verwaltungssystems, möglichst eines Testdatengenerators und eines Testhilfesystems erstellt und gegebenenfalls gewartet wird,
9. die nicht nur vom Programmierer, sondern von anderen Mitarbeitern des Auftragnehmers vollständig getestet wurde.

7.6.4.3 Zusätzliche Anforderungen an Anpassungsprogrammierung

Anpassungsprogrammierung ist grundsätzlich nach denselben Verfahren wie die Erstellung der anzupassenden Software durchzuführen, wobei die Anforderungen an Individualprogrammierung (siehe oben) analog gelten.

Hinzu kommt, dass

*   Änderungen von Standardsoftware und anwenderspezifische Anpassungen so durchzuführen sind, dass die Versionsfähigkeit nicht verloren geht.

7.6.5   „Weniger ist mehr"

Aufgrund steigender Anforderungen an das Controlling sowie der immer umfangreicher werdenden Funktionalität von IT-Systemen besteht die Gefahr, den Bezug zur bedarfsgerechten Datenbereitstellung zu verlieren. Sie entsteht immer dann, wenn

*   Führungskräfte steuerungsrelevante Anforderungen nicht klar definieren
*   Controller ihr Geschäft zu wenig verstehen
*   Rollen zwischen Controlling und Fachbereichen nicht klar definiert sind.

Diese Gefahr ist umso höher, je mehr sich der Anwender (Controlling und Fachbereich) an der verfügbaren Funktionalität der IT-Systeme orientiert und sich nicht im Vorfeld der Konzeption und Definition der tatsächlichen steuerungsrelevanten Informationen widmet. Werden die nachfolgenden Gestaltungsprinzipien beachtet, lässt sich o.a. Gefahr reduzieren:

*   Informationsempfänger bestimmen die Gestaltung
*   Aktualität geht vor Detailgenauigkeit
*   Übersichtlichkeit geht vor Detailinformation
*   Eindeutige Bezeichnungen

7.6.6   Mögliche technische Entwicklungen

Gerade im Gesundheitswesen sind die Strukturen zwischen \
damit auch der Controlling-Abteilung) und der Medizin s.
Doch je höher der wirtschaftliche Druck – insbesondere auf den intramu.a.
Bereich – wird, umso mehr müssen sich auch Medizin und Pflege mit Zahlen
und Betriebsergebnissen auseinandersetzen. Teile des Controllings werden
daher künftig nicht mehr ausschließlich zentral, sondern dezentral in den jeweiligen medizinischen Abteilungen durchgeführt. Die dafür notwendigen Informationen müssen daher auch vereinfacht in Form von – eventuell tiefer
greifenden – Standardberichten dezentral zur Verfügung stehen.

Die Grundvoraussetzungen dafür sind jedoch neben einem ausgereiften
Benutzerkonzept auch die einfache Verwendbarkeit und die rasche Verfügbar-
keit der Daten. Neben der weiterführenden Integration der Systeme wird dem
Anwender daher in naher Zukunft eine einheitliche Benutzeroberfläche zur
Verfügung stehen müssen, von der aus auf die unterschiedlichsten Daten-
quellen zugegriffen werden kann.

„Information everywhere" wird daher insbesondere im Bereich des Controllings kein leeres Schlagwort sein, sondern vielmehr eine notwendige Voraussetzung für ein gut funktionierendes Controlling im Gesundheitswesen.

Zukunftsaspekte

8.1 Controller und ihre Ausbildung

Christoph Eisl, Karl Ledermüller, Bernd Kadic, Georg Zihr

Die Anforderungen an Person und Rolle des Controllers sind einem ständigen Wandel und einer Weiterentwicklung unterworfen. Controllingbezogene Ausbildungsangebote, aber ebenso die Möglichkeiten der Karriereentwicklung müssen auf diese Anforderungen entsprechende Antworten und Perspektiven geben können. Es soll zunächst ein Überblick über jene fachlichen und persönlichen Anforderungen gegeben werden, die an die Person des Controllers gestellt werden. Dazu werden Anforderungen aus der Literatur einem aktuellen Befund auf der Nachfrageseite in Form von Stellenanzeigen gegenübergestellt. Im Anschluss daran werden vier klassische Ausbildungsformen für Controlling anhand ihrer jeweiligen Schwerpunktsetzung exemplarisch analysiert und abschließend eine Einschätzung über notwendige Entwicklungsperspektiven des Controllers in Gesundheitseinrichtungen gegeben.

8.1.1 Anforderungen an den Controller

„Unter Anforderungen werden Soll-Vorstellungen über diejenigen Voraussetzungen verstanden, die von einer Aufgabenstellung und der zugehörigen Arbeitssituation ausgehen und die von einer Person (Arbeitsplatzinhaber) erfüllt sein müssen, die diese Aufgabe zureichend bewältigen soll".[439] Die konkreten Anforderungen resultieren aus den Bestimmungsgrößen „Aufgaben", „Interaktionspartner" und „Arbeitsbedingungen".[440]

Während die beiden letztgenannten Komponenten sehr stark von Unternehmen zu Unternehmen variieren, können die Aufgaben des Controllers (zumindest grundsätzlich) generalisiert werden. Ein entsprechender Hinweis findet sich beispielsweise im Controller-Leitbild der International Group of Controlling (IGC):

- Controller gestalten und begleiten den Management-Prozess der Zielfindung, Planung und Steuerung und tragen damit eine Mitverantwortung für die Zielerreichung. Das heißt:
- Controller sorgen für Strategie-, Ergebnis-, Finanz- und Prozesstransparenz und tragen somit zu höherer Wirtschaftlichkeit bei.
- Controller koordinieren Teilziele und Teilpläne ganzheitlich und organisieren unternehmensübergreifend das zukunftsorientierte Berichtswesen.

---

439 Berthel 1997, S. 119
440 Vgl. Berthel 1997, S. 121

- Controller moderieren und gestalten den Management-Prozess der Zielfindung, der Planung und der Steuerung so, dass jeder Entscheidungsträger zielorientiert handeln kann.
- Controller leisten den dazu erforderlichen Service der betriebswirtschaftlichen Daten- sowie Informationsversorgung und beraten das Management, bieten Lösungsalternativen.
- Controller gestalten und pflegen die Controlling-Systeme.

Aus diesem Leitbild leiten sich einerseits fachlich-methodische Anforderungen (Hard Skills) wie auch hohe Ansprüche an das Verhaltenskönnen (Soft Skills) ab. Um beruflich erfolgreich zu sein, benötigen Controller nicht nur ausgezeichnete fachlich-methodische Kompetenzen, sondern auch Fähigkeiten im Umgang mit Menschen.[441]

Konkreter lassen sich gemäß dem Internationalen Controllerverein die folgenden Kompetenzen unterscheiden:[442]

- Fachkompetenz (Fähigkeiten, berufstypische Aufgabenstellungen eigenständig zu bewältigen)
- Methodenkompetenz (Mittel und Wege zur erfolgreichen Aufgabenbewältigung)
- Persönliche und soziale Kompetenz (Kommunikationsfähigkeit, Konfliktfähigkeit ...)
- Geschäftskompetenz (tiefe Kenntnisse des jeweiligen Unternehmens)

Diesen Kompetenzen kann nach Schweres und Wilk noch die folgende hinzugefügt werden:[443]

- Individualkompetenz (Eigenverantwortliches Handeln und Fähigkeit zur Selbsterkenntnis)

Fach- und Methodenkompetenz unterliegen naturgemäß einem ständigen Wandel (z. B. Internationales Rechnungswesen, Risikomanagement, Performance Measurement-Systeme...) und dies bedeutet ständige Lernbereitschaft für Controller.[444] Glaubt man Experten, so wächst jedoch die Bedeutung persönlicher und sozialer Kompetenz, auch wenn sich dies noch nicht überall bemerkbar macht.[445] Die Begründung der wachsenden sozialen Kompetenz sieht Küpper in den besonderen Herausforderungen für den Controller, der gegenüber den Fachkräften meist über weniger Spezialwissen verfügt und zudem typischerweise keine formalen Weisungsrechte zur Durchsetzung

---

441 Vgl. ICV/Biel 2007, S. 32
442 Vgl. ICV/Biel 2008, S. 26
443 Vgl. Schweres/Wilk 1999, S. 169
444 Dieser Umstand wird auch im Rahmen der empirischen Studie bestätigt.
445 Vgl. ICV/Biel 2008, S. 30

hat. Damit ist er besonders auf seine persönliche Überzeugungsfähigkeit angewiesen. Als Träger einer Querschnittsfunktion ohne Weisungsrecht gegenüber anderen Stellen sowie als Generalist, der in Fachfragen den Spezialisten oftmals unterlegen ist, ist es oft seine Aufgabe, zwischen Bereichen, Abteilungen und Personen zu vermitteln und Teamgeist zu schaffen. Die Bewältigung hoher persönlicher Belastungen, Kontakt- und Überzeugungsfähigkeit sind daher unabdingbare Notwendigkeiten für Controller.[446]

Neben der Ableitung der Anforderungen an den Controller aus dem Leitbild kann alternativ bzw. ergänzend literaturgestützt anhand der Auswertung entsprechender Fachbeiträge, empirisch etwa durch Expertenbefragung oder Auswertung von Nachfragerdaten, Auswertung von Aus- und Weiterbildungsprogrammen u. Ä. vorgegangen werden.[447] Solche Nachfragedaten stellen insbesondere Stellenausschreibungen dar. Sie sind als Datenquelle für nachgefragte Fähigkeiten von Berufsgruppen interessant, weil Unternehmer bereit sind, für die dort angesprochenen Fähigkeiten Gehalt zu bezahlen.[448]

Bereits im Jahre 1986 wurde eine entsprechende Studie der Autoren Zettelmeyer und Pfohl in der Zeitschrift *Die Kostenrechnungspraxis* (heute *Zeitschrift für Controlling & Management* (ZfCM)) veröffentlicht.[449] Damals wurden Literaturhinweise zum Berufsbild des Controllers mit einer Stichprobe von 86 Stellenausschreibungen verglichen.

Da Ergebnisse, die 23 Jahre zurück liegen, jedoch nicht mehr als aussagekräftig angesehen werden können, wurde eine neue Erhebung durchgeführt. Dies birgt auch die zusätzliche Möglichkeit, die in der Literatur immer wieder erwähnten Aussagen zu Veränderungen des Controllings (beispielsweise die bereits oben genannte zunehmende Bedeutung sozialer Kompetenz) und den damit verbundenen veränderten Anforderungen an Controller auch empirisch zu überprüfen. Es wurden 211 Stellenanzeigen (davon 100 Stellenanzeigen des Zentrums für Berufsplanung der Wirtschaftsuniversität Wien, welche sich insbesondere an Berufsneulinge wendet, und 111 Stellenanzeigen aus Österreich, die über die Job-Suchmaschine *Jobrapido*[450] gefunden wurden), ausgewertet.

Die Anforderungskriterien wurden dabei zwecks Vergleichbarkeit entsprechend jener der Studie von Zettelmeyer und Pfohl gebildet und um Begriffe, welche im Jahre 1986 noch nicht zu den (Kern-)Aufgaben von Controllern zählten, ergänzt. Dazu zählten Anforderungen wie Projektwissen, Prozesswissen, Internationales Rechnungswesen, Risikomanagement, Ostsprachen,

446 Vgl. Küpper 2008, S. 570f
447 Vgl. ICV/Biel 2008, S. 12
448 Vgl. Clyde 2002
449 Vgl. Zettelmeyer/Pfohl 1986
450 Vgl. www.jobrapido.at

Business Plan und ähnliche Kategorien. Die in den Stellenanzeigen genannten Anforderungen wurden in die Gruppen „persönliche Anforderungen" und „fachliche Anforderungen" unterteilt. Im Unterschied zur Studie aus 1986, welche auch Stellenbezeichnungen wie „Leiter Betriebswirtschaft" und „Leiter Rechnungswesen" inkludierte, beschränkte sich diese Studie ausschließlich auf Stellenanzeigen, die auf „Controller" lauteten.

Um die Ergebnisse mit Zettelmayer und Pfohl vergle chen zu können, wurden die in den Stellenausschreibungen vorgefundenen nachgefragten Fähigkeiten in die von Zettelmayer und Pfohl verwendeten Rubriken eingeordnet. Zettelmayer und Pfohl generierten die Rubriken aus in der Literatur beschriebenen Anforderungen an den Controller.[451] (siehe Abb. 86 und 87)

Die Fähigkeiten, die unter den klassischen „sozialen Kompetenzen"[452] subsumiert werden können, haben generell an Bedeutung gewonnen, während zielgerichtete Fertigkeiten weniger oft genannt werden (Durchsetzungsvermögen, Verhandlungsgeschick, Führungsfähigkeiten)[453].

Die Wichtigkeit von Teamfähigkeit und Kommunikationsfähigkeit spiegelt auch den Trend einer veränderten Arbeitsumgebung wider. Beispielsweise wird die gestiegene Wichtigkeit von Projektarbeit (siehe Abb. 86 Projektwissen) wohl auch ein höheres Maß an Team- und Kommunikationsfähigkeit verlangen. Zudem ist Kommunikationsfähigkeit als generelle Fähigkeit vielleicht auch eine Grundvoraussetzung für die in den aktuellen Daten sehr viel öfter genannte Rubrik Berichtswesen (Reporting). Das Berufsbild des „Controllers" scheint sich also vom „Kalkulator" als Bereitsteller von Zahlen zu einem Bereitsteller von Informationen und Lösungsvorschlägen hin entwickelt zu haben und vielleicht in derselben Logik weiter zu entwickeln. Die starke Nachfrage nach analytischem Denkvermögen könnte ein weiteres Indiz für diese Argumentationskette sein, da analytisches Denken eine Grundvoraussetzung für die ganzheitliche Analyse von Problemen und somit für das Aufzeigen von Lösungswegen ist. Zu dieser Schlussfolgerung kommt auch Horváth, der auf die Veränderung der Aufgaben – weniger traditionelle Aufgaben, Trend zu Fähigkeiten wie kritischem Hinterfragen oder Erkennen von Schwachstellen – hinweist.[454] Auch Weber hat in seiner Studie, bei der er 382 Controller befragte, herausgefunden, dass unter Controllern in Deutschland Veränderungen im Bereich der „beraternahen Aufgaben" gesehen werden, also Controller mehr an der strategischen Planung und Kontrolle mitarbeiten sollen bzw. werden.[455]

---

451 Vgl. Zettelmeyer/Pfohl 1986
452 Vgl. Kanning 2002, S. 157f
453 Vgl. Weber 2008a, S. 95
454 Vgl. Horváth 2009, S. 803
455 Vgl. Weber 2008b, S. 16

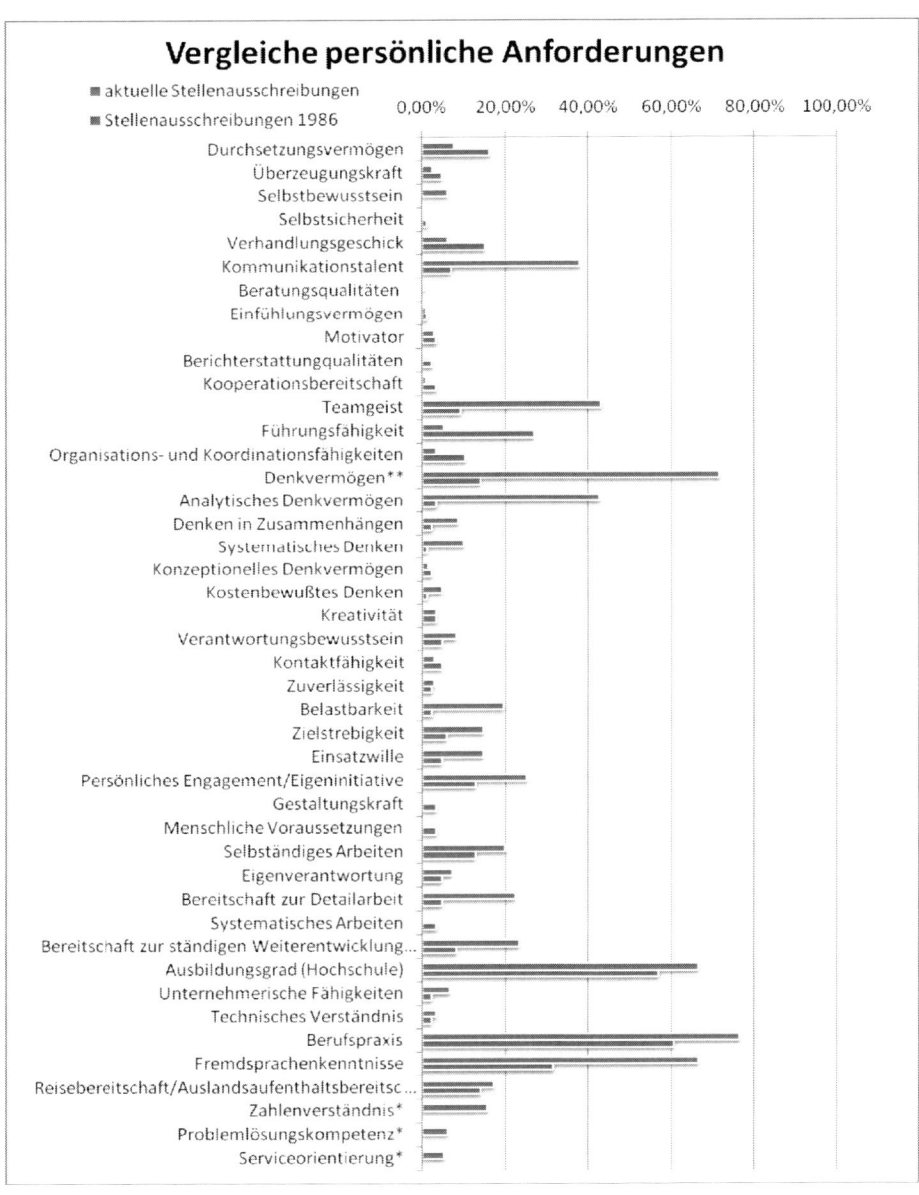

Vergleiche persönliche Anforderungen

■ aktuelle Stellenausschreibungen
■ Stellenausschreibungen 1986

*   hinzugefügt zu Zettelmayer/Pfohl
**   Summe aus Denkvermögen generell und analytischem Denkvermögen bis Kreativität

ABB. 86:   VERGLEICHE PERSÖNLICHE ANFORDERUNGEN[456]

456 Eigene Darstellung

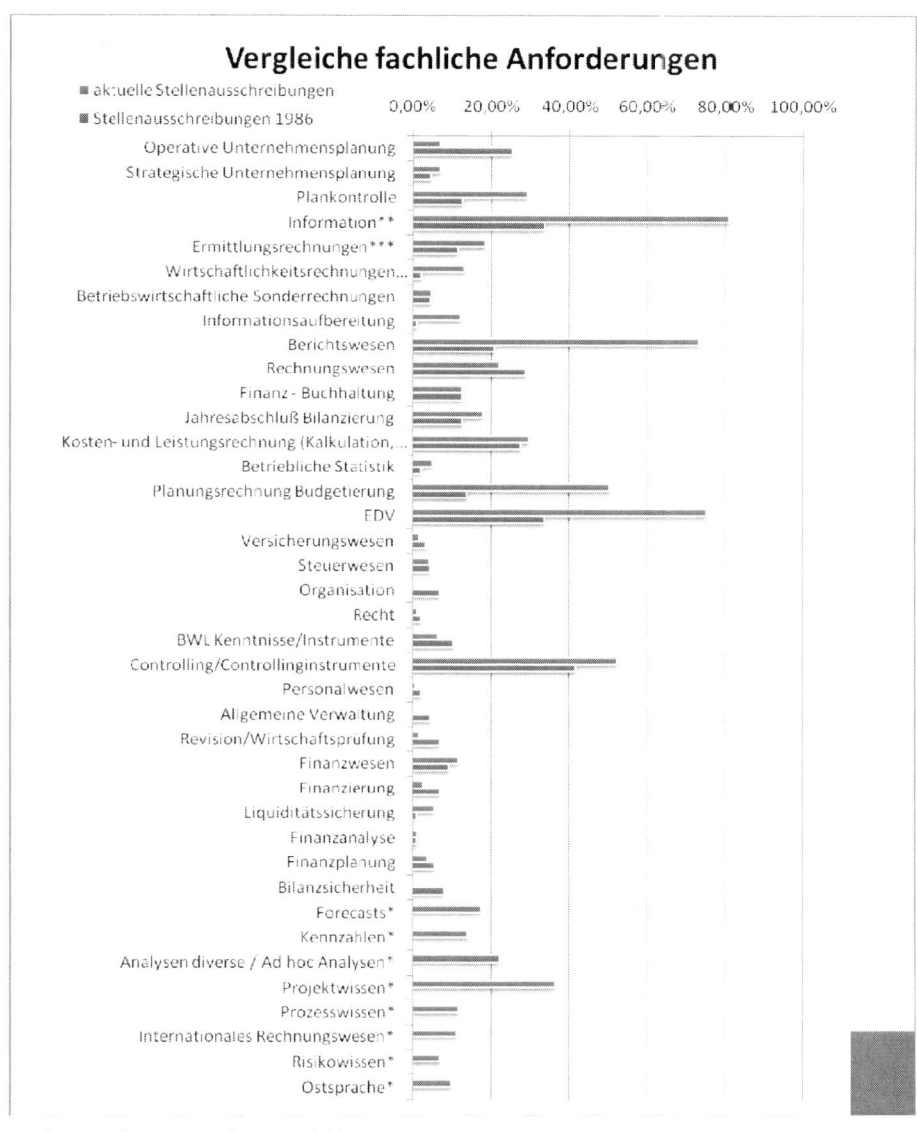

Vergleiche fachliche Anforderungen

■ aktuelle Stellenausschreibungen
■ Stellenausschreibungen 1986

0,00%   20,00%   40,00%   60,00%   80,00%   100,00%

Operative Unternehmensplanung
Strategische Unternehmensplanung
Plankontrolle
Information**
Ermittlungsrechnungen***
Wirtschaftlichkeitsrechnungen...
Betriebswirtschaftliche Sonderrechnungen
Informationsaufbereitung
Berichtswesen
Rechnungswesen
Finanz - Buchhaltung
Jahresabschluß Bilanzierung
Kosten- und Leistungsrechnung (Kalkulation,...
Betriebliche Statistik
Planungsrechnung Budgetierung
EDV
Versicherungswesen
Steuerwesen
Organisation
Recht
BWL Kenntnisse/Instrumente
Controlling/Controllinginstrumente
Personalwesen
Allgemeine Verwaltung
Revision/Wirtschaftsprüfung
Finanzwesen
Finanzierung
Liquiditätssicherung
Finanzanalyse
Finanzplanung
Bilanzsicherheit
Forecasts*
Kennzahlen*
Analysen diverse / Ad hoc Analysen*
Projektwissen*
Prozesswissen*
Internationales Rechnungswesen*
Risikowissen*
Ostsprache*

*   hinzugefügt zu Zettelmayer/Pfohl
**   Summe aus Nennungen Information allgemein, Ermittlungsrechnungen, Informationsauf-
     bereitung und Berichtswesen, keine Doppelnennungen
*** Summe aus Ermittlungsrechnungen allgemein, Wirtschaftlichkeitsrechnungen und Be-
     triebswirtschaftliche Sonderrechnungen

ABB. 87:   VERGLEICHE FACHLICHE ANFORDERUNGEN[457]

457 Eigene Darstellung

In der heute anzutreffenden Arbeitsumgebung sind natürlich Fremdsprachenkenntnisse und IT Kenntnisse wichtiger als noch vor 23 Jahren. Interessant ist zu bemerken, dass bei Fremdsprachenkenntnissen vor allem Englisch gemeint ist. Kenntnisse von Ostsprachen werden im Berufsfeld des Controllers (noch) wenig Bedeutung beigemessen.

Weber lässt weiters erkennen, dass das Berufsbild des Controllers, gemessen an der durchschnittlich geleisteten Wochenstundenanzahl von Controllern (56% zwischen 40-50h; 35% zwischen 50-60 h und 3% darüber hinaus) ein leistungsorientiertes ist.[458] Ebenso finden sich Belastbarkeit oder Einsatzwille oder auch persönliches Engagement in aktuellen Stellenausschreibungen viel häufiger als in alten Daten.

Der Bildungshintergrund scheint sich kaum verändert zu haben. Der Anteil der gesuchten Akademiker unter den Controllern stieg leicht von 57% auf 66%. Weber fand in seiner Studie eine Akademikerquote von 70% vor. Trotzdem gaben zwei Drittel der Controller an, ihre Fähigkeiten im „Training on the job" erworben zu haben; 44% geben an, eine entsprechende Spezialisierung im Studium absolviert zu haben.[459]

Zu sehr ähnlichen Ergebnissen kommt eine Controller-Gehaltsstudie des ÖCI zum Thema Vergütung, Weiterbildung und Karriere. Die Akademikerquote lag bei 64%, von diesen absolvierten 94% ein wirtschaftswissenschaftliches Studium oder eine Fachhochschule. Fast die Hälfte der Befragten gab an, eine fachspezifische und/oder weitere Ausbildung durchlaufen zu haben.[460]

In einer Studie von Blaha und Seidel kommen die Autoren zu dem Schluss, „dass das Wirken eines Controllers erst im Zusammenspiel mit seinen Erfahrungen und seiner persönlichen Reife zur vollen Entfaltung gelangt. Controller ist man nicht, man wird es."[461]

Das zeigt auch die Tatsache, dass, obwohl 100 analysierte Stellenausschreibungen direkt an Absolventen von wirtschaftswissenschaftlichen Studien gerichtet waren, eine Mehrzahl (76%) von Stellenausschreibungen Berufspraxis dezidiert einfordern. Bei Jungabsolventen liegt diese Zahl bei 70%. Weber[462] zeigt auch, dass in DAX 30-Unternehmen alle Top-Controller Hochschulabschluss haben, 48% haben sogar promoviert, es scheint also eine gläserne Decke für Nicht-Akademiker zu geben.

Es zeigt sich, dass das oben angeführte Controller-Leitbild der IGC mit den nachfrageorientierten Daten übereinstimmt und dass sich das Selbstbild des Controllers in den letzten 23 Jahren stark verändert hat. Dies betrifft auch

458 Vgl. Weber 2008b, S. 12
459 Vgl. Weber 2008b, S. 11
460 Vgl. ÖCI/Niedermayr-Kruse/Weiler 2005, S. 35
461 Blaha/Seidel 2009, S. 93
462 Vgl. Weber 2008a, S. 24

den Umstand der gewachsenen Bedeutung sogenannter „Soft Skills" für den Controller, welche ebenfalls in Leitbild[463] und empirischem Ergebnis überein-stimmend gefunden werden.

8.1.2 Die Ausbildungsmöglichkeiten

Der berufliche Erfolg als Controller in einer Gesundheitseinrichtung fußt zu-meist auf einer soliden und anerkannten Ausbildung. An dieser Stelle werden vier klassische Ausbildungsmöglichkeiten exemplarisch dargestellt und ver-glichen, um dem potenziellen Studierenden wie auch dem interessierten Praktiker die eigene Auswahlentscheidung zu erleichtern.

Folgende grundlegende Alternativen bieten sich an:

1. Fachhochschulstudium mit Schwerpunkt Controlling/Rechnungswesen/ Finance
2. Fachhochschulstudium mit Schwerpunkt Management im Gesundheits-wesen
3. Universitätsstudium der Wirtschaftswissenschaften/Betriebswirtschaft
4. Controlling-Lehrgänge

Die meisten Fachhochschul- und Universitätsstudien sind bereits auf das zweistufige Bachelor/Master-System[464] umgestellt. Bachelor-Studien schlie-ßen an Maturaniveau (oder Berufsreife) an und bieten eine meist dreijährige Ausbildung auf akademischem Niveau. Gleich im Anschluss oder nach eini-gen Jahren Berufserfahrung können die Studierenden ein aufbauendes Mas-terstudium absolvieren, das in der Regel zwei Jahre dauert. Viele Studiengän-ge werden sowohl in Vollzeitform als auch in berufsbegleitender Form (mit Präsenzphasen vorwiegend an Freitagen und Samstagen) angeboten.

Das Angebot an kostenpflichtigen Controlling-Lehrgängen ist vielfältig und reicht vom 10-Tages-Intensivkurs bis zum Akademischen Controller oder Master of Business Administration (MBA). Diese Angebote schließen bereits an betriebswirtschaftliches Basiswissen sowie meist mehrjährige Berufspra-xis an. Ein wichtiges „Gütesiegel" ist die Zertifizierung eines Lehrgangs durch die IGC. Im Falle von Lehrgängen universitären Charakters oder MBA-Pro-grammen stehen als Gütesiegel entsprechende nationale oder internationale Akkreditierungen dahinter. Die Lehrgänge werden entweder als aus Einzelmo-dulen bestehendes Stufenprogramm oder in Form von Gesamtlehrgängen angeboten. Es gibt Spezialanbieter, wie z. B. das Österreichische Controller Institut (ÖCI) und die deutsche Controller Akademie, die sich auf den Bereich

---

463 Vgl. ICV/Biel 2007, S. 32
464 Das Bologna-Abkommen aus dem Jahr 1999 sieht die Schaffung eines europäischen Hochschulraumes und damit u. a. die Umstellung auf ein dreigliedriges Studiensys-tem (Bachelor, Master, Doktorat) bis 2010 vor.

Controlling & Finance spezialisiert haben, und Gesamtanbieter wie z. B. das Wirtschaftsförderungsinstitut (WIFI), das über eine breite Auswahl an Kursen in vielen Fachgebieten verfügt. Auch Universitäten und Fachhochschulen offerieren ihre eigenen Controlling-Lehrgänge, zum Teil auch in Kooperation mit anderen Aus- und Weiterbildungsstätten. Controlling-Lehrgänge finden zumeist in Form von mehrtägigen „Blöcken" statt.

Was aber bieten nun die vier genannten Ausbildungsrichtungen? Dieser Frage sind die Autoren in einer umfangreichen Untersuchung von Lehrinhalten und -umfang von 28 exemplarisch ausgewählten Studienrichtungen und Lehrgängen (siehe Abb. 86 und 87) nachgegangen. Dabei wurde

- jeder einzelne Kurs der 28 Curricula einer von insgesamt 12 Lernkategorien (Kompetenzen) zugeordnet
- für jede Lernkategorie ermittelt, wie viele Lehrveranstaltungseinheiten dafür im Durchschnitt aufgewendet werden[465] und
- dementsprechend eine Einteilung in „nicht enthalten" (= 0 Punkte) bis „sehr großer Umfang" (= 5 Punkte) vorgenommen (siehe Abb. 88).

Die Untersuchungen können in folgender Matrix zusammengefasst werden, die die inhaltliche Schwerpunktsetzung und den Umfang der Studien und Lehrgänge verdeutlicht (siehe Abb. 89).

Auf Basis dieser Auswertung lassen sich folgende Charakteristika herausarbeiten:

1. Fachhochschul- und Universitätsstudiengänge bieten den Studierenden eine umfassende wirtschaftliche Basiskompetenz (allgemeine Wirtschaftskompetenz, Grundlagen in Controlling & Finance, Informationstechnologie, Prozesse und Organisation). Diese Basiskompetenz wird bei Teilnehmern an Controlling-Lehrgängen oft bereits vorausgesetzt bzw. hat sie aufgrund des geringeren Gesamtumfangs einen deutlich geringeren Stellenwert. Auch die Fremdsprachenausbildung (insbesondere Englisch) nimmt an Fachhochschulen und Universitäten einen breiten Raum ein.

2. Fachhochschul-Studiengänge sind – ihrem Auftrag entsprechend – stark auf ein bestimmtes Berufsbild hin ausgerichtet. Ein explizites Bachelor-Programm zum Controller im Gesundheitswesen gibt es dennoch nicht. Auf dem Weg zu diesem Berufsbild punkten Controlling-Studierende mit Fach-Know-how im Controlling-Bereich, während Studierende eines managementorientierten Gesundheitsstudiengangs bereits auf eine gewisse Geschäftskenntnis zählen können. Controlling-Studiengänge investieren naturgemäß wesentlich mehr Zeit in die Controlling-Ausbildung, dennoch

---

465 Zu diesem Zweck wurden die Lehrveranstaltungen an Universitäten und Fachhochschulen von Semesterwochenstunden (SWS) und die Kurstage bei Lehrgangsanbietern auf Lehreinheiten („Stunden") umgerechnet.

1.	Fachhochschulstudien mit Schwerpunkt Controlling/Rechnungswesen/Finance

Bachelor-Studien
FH Graz (Campus02; Rechnungswesen & Controlling)
FH Oberösterreich, Steyr (Controlling, Rechungswesen und Finanzmanagement)
FH Wien (Finanz-, Rechnungs- und Steuerwesen)
Master-Studien
FH Graz (Campus02; Rechnungswesen & Controlling)
FH Kufstein (Internationales Finanzmanagement & Controlling)
FH Vorarlberg (Controlling & Finance)

2.	Fachhochschulstudien mit Schwerpunkt Management im Gesundheitswesen

Bachelor-Studien
FH Burgenland (Gesundheitsmanagement und Gesundheitsförderung)
FH Kärnten (Gesundheits- und Pflegemanagement)
FH Krems (Gesundheitsmanagement)
FH Oberösterreich, Linz (Sozial- und Verwaltungsmanagement)
FH Oberösterreich, Steyr (Prozessmanagement Gesundheit)
MCI Innsbruck (Nonprofit-, Sozial- und Gesundheitsmanagement)
Master-Studien
FH Kärnten (Gesundheitsmanagement)
FH Krems (Gesundheitsmanagement)

3.	Universitätsstudien Wirtschaftswissenschaften/Betriebswirtschaft

Bachelor-Studien
KF Uni Graz (Betriebswirtschaft)
JKU Linz (Betriebswirtschaft)
WU Wien (Betriebswirtschaft)
Master-Studien
KF Uni Graz (Financial and Industrial Management)
WU Wien (Finanzwirtschaft und Rechnungswesen)

4.	Controlling-Lehrgänge

Klassische Lehrgänge
Controller Akademie (Controller Certificate and Certified Advanced Controller)
Horváth Controller Kolleg
MCI Innsbruck (Controlling)
Österreichisches Controller-Institut – ÖCI (Certified Controller)
WIFI Linz (Controlling Lehrgang) (
WIFI Wien (Lehrgang Management by Controlling)
Akademischer Controller/MBA
ÖCI (Akademischer Controller inkl. Certified Controller)
ÖCI (Special MBA Controlling & Finance)
Schloss Hofen (Universitätslehrgnag Controlling)

ABB. 88: UNTERSUCHTE AUSBILDUNGSANGEBOTE[466] FÜR CONTROLLER IN GESUNDHEITSEINRICHTUNGEN[467]

466 Es gibt noch einige weitere Ausbildungsangebote z. B. FH Burgenland, UMIT etc.
467 Eigene Darstellung

Lernkategorien	FH-Studien Controlling		FH-Studien Gesundheit		Uni-Studien WIWI		Controlling-Lehrgänge	
	Bachelor	Master	Bachelor	Master	Bachelor	Master	Klassischer Lehrgang	Akademischer Controller/ MBA
1. Gesundheit & Medizin			■■■■■	■■■■■				
2. Controlling/Planung/Reporting	■■■■■	■■■			■■■■	■■■	■■■	■■■■
3. Rechnungswesen/Steuern	■■■■■	■■	■■	■■	■■■	■■	■	■■
4. Finanzmanagement/Investition/Kapitalmärkte	■■	■■■	■	■	■	■■■■		■■
5. Strategie	■■	■		■■■	■■	■		■
6. Informationstechnologie	■■			■	■■	■		
7. Prozesse und Organisation	■■	■	■■■■	■■	■■	■		■
8. Betriebswirtschaftliche Grundlagen	■■■■■	■■	■■■■■	■■■■	■■■■■	■		■
9. Projekte und Praktika	■■■■	■■	■■■	■■	■			■
10. Persönlichkeits- und Verhaltenstrainings	■■■	■■	■■■	■■■			■	■
11. Fremdsprachen	■■	■■	■■		■■			
12. Wahlfächer	■	■■■	■		■■■■■	■■■		

ABB. 89: UNTERSUCHUNG DER AUSBILDUNGSINHALTE (1 PUNKT = GERINGER UMFANG, 5 PUNKTE = SEHR GROSSER UMFANG)[468]

decken sie manche Inhalte nicht ab, die in so manchem Gesundheits-Studiengang zur „Basisausstattung" zählen (z. B. Kostenträgerrechnung und Leistungsabrechnung im Krankenhaus). Besonderer Wert wird an Fachhochschulen auf Transfer- und Sozialkompetenz gelegt. Dies äußert sich in einem großen Umfang an Unternehmensprojekten, Praktika und Persönlichkeitstrainings (Präsentation, Kommunikation, Moderation etc.)

3. Das wirtschaftswissenschaftliche Universitätsstudium kennzeichnet sich vor allem durch umfangreiche Wahlmöglichkeiten in Bezug auf die Ausbildungsinhalte. In der obigen Auswertung wurde davon ausgegangen, dass sich der Studierende grundsätzlich im Fachgebiet Controlling/Finance spezialisiert und die entsprechend angebotenen Module belegt. Darüber hinausgehende Wahlfächer wurden als eben solche dargestellt, da sie in den verschiedensten Bereichen liegen können (vom interkulturellen Management über die IT bis hin zu zusätzlichen Fremdsprachen). Es ist festzuhalten, dass die Vorbereitung zu einer wissenschaftlichen Karriere keine Lernkategorie für den Zweck dieser Studie darstellt und daher nicht aufscheint. Da sich die Darstellung bewusst auf den Umfang der jeweiligen Lernkategorie beschränkt, bleiben Kriterien wie die Breite des Angebotes (beispielsweise alternativ angebotene Sprachausbildungen über das typische Ausmaß hinaus, also etwa Ostsprachen, arabische Sprachen, Chinesisch oder Japanisch) ebenfalls unberücksichtigt.

4. Master-Studien weisen insgesamt weniger Punkte als Bachelor-Studien auf, da der Gesamtumfang geringer ist (zwei anstelle von drei Jahren). Master-Studiengänge sind auch an den Universitäten inhaltlich sehr stark fokussiert.

5. Bei den Controlling-Lehrgängen wurden in der Auswertung zwei Kategorien unterschieden: der „klassische Lehrgang" und die Ausbildung zum

„Akademischen Controller" oder MBA. Die klassischen Lehrgänge decken gewissermaßen das grundlegende Rüstzeug eines Controllers ab: auf fachlicher Seite z. B. die Integrierte Unternehmensplanung, Reporting und Strategie, aber auch die im Berufsalltag wichtigen sozialen Kompetenzen. Die Ausbildungen zum Akademischen Controller oder MBA sind zeitlich wesentlich umfangreicher und gehen inhaltlich deutlich stärker in die Tiefe und in die Breite. Obwohl Controller in der praktischer Arbeit von vielen IT-Systemen umgeben sind, ist dieses Thema in den Lehrgangsplänen (zumindest explizit) de facto nicht präsent. Offensichtlich werden bei derartigen Lehrgängen gewisse Fähigkeiten und Kenntnisse aufgrund von Berufs- und Lebenserfahrung bereits vorausgesetzt.

Bei der konkreten Auswahl der am besten geeigneten Ausbildung ist zu beurteilen, inwieweit individuelle Rahmenbedingungen und Angebot der Ausbildungsstätte zueinander passen.

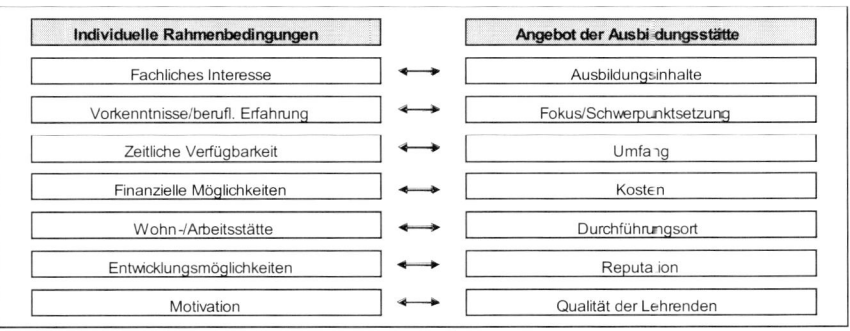

ABB. 90: ENTSCHEIDUNGSKRITERIEN DER AUSBILDUNGSWAHL[469]

Nicht alle diese Faktoren können einem Folder oder einer Internetseite entnommen werden. Der Besuch einer Ausbildungsstätte und das Gespräch mit Absolventen können wichtige Erkenntnisse bringen.

8.1.3 Ausblick: Entwicklungsperspektiven für Controller im Gesundheitsbereich

Auf Basis mehrerer Interviews mit Controllern in Gesundheitseinrichtungen und Krankenanstalten erscheinen folgende Rahmenbedingungen für eine Weiterentwicklung der Controller-Funktion und der in dieser Funktion tätigen Personen wesentlich:

469 Eigene Darstellung

Vom Informationsversorger zum internen Berater

Zahlreiche Studien haben gezeigt, dass die Rolle als bedarfsgerechter Anbieter von Controlling-Serviceleistungen und interner Berater des Managements bisher nur partiell wahrgenommen wird bzw. werden kann. In vielen Organisationen sind Controller nach wie vor primär mit klassischen operativen Reporting-Aufgaben befasst. Ein großer Anteil der verfügbaren Zeit muss nach wie vor der Datensammlung, der Datenaufbereitung sowie der Konsistenzprüfung gewidmet werden. Ein meist breiter Pool an Vorsystemen und unterschiedlichen Datenquellen aus dem medizinischen Controlling, dem Qualitätsmanagement sowie dem Finanzcontrolling verschärft gerade in Gesundheitsorganisationen diese Situation besonders. Somit kommen die Analyse und Interpretation sowie die Kommunikation und Gespräche mit Führungskräften nach wie vor zu kurz.

Integrative Sicht von Finanzcontrolling, Qualitäts- und Prozessmanagement ist notwendig

Die aktuelle Controlling-Diskussion in Gesundheitseinrichtungen wird intensiv von den Themenfeldern Qualitätsmanagement und Prozessmanagement getrieben. Eine umfassende Ausbildung in diese Richtung sowie ein sehr fundiertes Verständnis der betrieblichen Abläufe in Gesundheitseinrichtungen sind für ein wirksames Controlling von entscheidender Bedeutung. Die aktuellen Ausbildungsprogramme werden dieser stärkeren Verzahnung der einzelnen Teilbereiche im Management und Controlling von Gesundheitseinrichtungen in Zukunft noch stärker Rechnung tragen müssen.

Soft Skills gewinnen weiter an Bedeutung

Kommunikationsfähigkeit, kritisches Hinterfragen, Überzeugungsfähigkeit, aber auch Standfestigkeit sind neben dem Fachwissen jene Eigenschaften, die dem Controller erst entsprechende Wirksamkeit in der täglichen Praxis verleihen. Controlling schafft auch Transparenz, diese ist jedoch nicht immer bei allen Stakeholdern und Adressaten des Controllings erwünscht. Hier gilt es einerseits aktiv zu kommunizieren, Sachzwang zu erzeugen und klare Erfolgsmaßstäbe und Orientierung für das Management zu geben. Besonders herausfordernd ist diese Aufgabe aufgrund des heterogenen Zielsystems und der unterschiedlichen Organisationskulturen im ärztlichen Bereich und im Pflegebereich.

Role-Making versus Role-Taking

Weber weist in seiner Studie auf die zunehmende Bedeutung des Role-Makings der Controllerfunktion zu Recht hin.[470] Im Gegensatz zur externen Vor-

470 Vgl. Weber/Hirsch/Rambusch/Schlüter/Sill/Spatz 2006

gabe des Rolleninhalts und dem anschließenden Ausfüllen der Rolle (Role-Taking) sind Controller als „Role-Maker" in der Lage, vorhandene Freiräume aktiv zur Gestaltung ihres Tätigkeitsgebietes zu nutzen.[471] Das heißt konkret, Aufgaben und Methoden zumindest teilweise selbst zu definieren. Aufgrund der im Gesundheitswesen sehr breit angelegten Controlling-Agenden – von Finanzcontrolling über Prozess- und Qualitätscontrolling bis hin zum klassischen Projektcontrolling – haben insbesondere Führungskräfte im Controlling hier grundsätzlich sehr hohes Potenzial, die Gestaltung ihres Tätigkeitsgebietes selbst frei zu definieren. Als manchmal empfundenes Manko sei an dieser Stelle angeführt, dass Controller in Gesundheitseinrichtungen oft über wenige interne Sparringpartner für den fachlichen Austausch verfügen und daher im wesentlichen auch thematische Schwerpunkte durchaus im eigenen Ermessen setzen können.

Hohe Eigenverantwortlichkeit und ein hohes Maß an Selbstmotivation gepaart mit fachlicher Kompetenz sind somit die wesentlichen Erfolgsfaktoren für eine ausgeprägte Gestaltungskompetenz der Controller in Gesundheitseinrichtungen.

Gezielte Personalentwicklung und strukturierte Karriereplanung sind gefragt

Aktuell weisen bereits Unternehmen – wenn auch nur in sehr begrenztem Ausmaß – strukturierte Karrieremodelle und Entwicklungspfade für Controller auf. Rotationen zwischen Zentralcontrolling und Bereichscontrolling können in großen Organisationen beispielsweise bewusst gefördert und in Karrierepfade eingebaut werden. Insbesondere auch in Gesundheitseinrichtungen erscheint es für Controlling-Führungskräfte und Controlling-Mitarbeiter notwendig, entsprechende fachliche und/oder hierarchische Karrierepfade zu entwickeln. Gezieltes Talent Management muss in Zukunft auch in Gesundheitseinrichtungen ein wichtiges Instrument zur Mitarbeiterbindung und Motivation sein. So wie in anderen Branchen muss auch im Gesundheitsbereich der Controller-Job ein zuverlässiges Sprungbrett für Aufgaben im Top-Management sein.

---

471 Vgl. Rambusch/Sill 2007

8.2 Künftige Akzente für das Controlling

Eugen Hauke, Elke Holzer, Martin Reich

Empirische Erhebungen konnten aufzeigen, dass Controlling eine rasche Entwicklung auch in den Gesundheitsbetrieben genommen hat. Die Etablierung dieser Funktion ist fast flächendeckend zu erkennen. Gefördert wurde diese Entwicklung durch die verstärkte Managementorientierung der Gesundheitsbetriebe, deren angestrebte Flexibilisierung und auch ihre knappe finanzielle Ausstattung. Daraus resultieren die Bestrebungen zur Optimierung von innerbetrieblicher Allokation der vorhandenen Ressourcen. Einen nicht zu unterschätzenden Beitrag hat sicher auch die geforderte verstärkte operationale Zielorientierung der Gesundheitsbetriebe geleistet, für deren zeitnahe Verfolgung ein zeitnahes Controlling erforderlich ist.

Das Controlling befindet sich auch im Gesundheitswesen in einer ständigen Weiterentwicklung; die Anforderungen werden mannigfaltiger, die verwendeten Instrumente vielfältiger. Doch auch die Profile, die an die Controller angelegt werden, nehmen an Anspruch zu.

8.2.1 Controlling im Kernbereich der Gesundheitsbetriebe

Das Management konnte auch mit Hilfe des Controllings bemerkenswerte Effekte durch wirtschaftliche Maßnahmen im patientenfernen Bereich erzielen und wird dort noch weitere Potenziale vorfinden. Doch der durchschlagende Erfolg der angestrebten Optimierungsmaßnahmen ist erst im Kernbereich – also dort, wo die Leistung am Patienten/Pflegling/Klienten/Kunden erbracht wird – zu erwarten. Dieser ist häufig noch nicht ausreichend optimiert worden, sondern zumeist traditionell gewachsen. Dabei sind zudem die qualitativen Interessen der Patienten noch intensiver zu berücksichtigen und die der Mitarbeiter ihnen möglichst anzupassen. Ein deutlich verstärktes Zusammenwirken aller Berufsgruppen in Hinblick auf die gemeinsamen Ziele einschließlich der Patientenorientierung ist dafür erforderlich. Dies muss sich auch im Controlling-Bereich selbst und in dessen Wirkungsfeldern widerspiegeln. Zur Erzielung der durch das Controlling aufgezeigten Kurskorrekturen, die vom Management zu veranlassen sind, ist auch eine erhöhte Akzeptanz der Controlling-Aktivitäten erforderlich. Diese wiederum kann nur durch beständig objektive, qualitativ hochstehende und nachvollziehbare Arbeit der Controller erzielt werden.

8.2.2 Interprofessionalität im Controlling

Die Interprofessionalität im Controlling und eine Äquidistanz zu allen Interessenssphären innerhalb einer Gesundheitseinrichtung sind Voraussetzungen für den nachhaltigen Erfolg der controllerischen Aktivitäten. Dies spricht für eine bereichsfreie Verankerung des Controllings und nicht eine Zuordnung zu den wirtschaftlich-finanziellen Bereichen oder auch – wie es manchmal zu beobachten ist – zur Medizin, der Pflege oder der Technik. Wenn auch in großen Gesundheitsbetrieben manchmal spezifische Themenstellungen von besonderer Bedeutung erscheinen, so empfiehlt es sich, ein gemeinsames Controlling für alle Aufgabenstellungen zu etablieren, das auch nur *eine* Datenbasis als Grundlage für die Controllingarbeiten verwendet. Auch die Mitarbeiter im Controlling haben sich, unabhängig von ihrem Quellberuf, aber wohl ihre Ausbildungskenntnisse nutzend, auf die gemeinsame Aufgabenstellung hin zu orientieren. Nur dadurch kann quer über die Berufsgruppen eine hohe Akzeptanz der Arbeitsergebnisse des Controllings erzielt werden.

8.2.3 Controlling als Service für das Management

Das Management von Gesundheitsbetrieben steht unter gewaltigem Druck. Druck von außen (exzellente Aufgabenerfüllung, erhöhte Wirtschaftlichkeit der Leistungserbringung, anspruchsvollere Patienten ...) aber auch von innen (Forderungen nach mehr Personal, Verbesserungen bei der Bezahlung der Mitarbeiter, medizintechnische Erneuerungen ...). Auf diese Dilemmata kann das Management nur mit einer noch rationelleren, aber qualitativ hochstehenden Leistungserbringung reagieren. Eine wesentliche Hilfestellung wird durch ein gut aufgestelltes umfassendes Controlling erfolgen können. Daran sollten alle beteiligten Berufsgruppen mitwirken, sei es für die Erstellung der Controlling-Ergebnisse, sei es beim anschließenden Diskussionsprozess aufgrund der Resultate.

Da zunehmend das Management Ziele vorgegeben bekommt, die es zu erreichen gilt, wird es bei einem lebendigen Betrieb, wie es eine Gesundheitseinrichtung darstellt, immer wieder zu unterjährigen Abweichungen kommen. Auf diese ist zeitnah zu reagieren. Das Controlling ist das Instrument der Wahl für die Unterstützung des Managements bei der Arbeit an der Zielerreichung. Die Analysen und Vorschläge an das Management, welche Handlungsalternativen gesehen werden, um auf Kursabweichungen zu reagieren, sind eine wertvolle Servicefunktion.

8.2.4 Controlling und das Rechnungswesen

Das Rechnungswesen war die Ausgangsbasis für die bisherigen Controlling-Aktivitäten. Das Controlling hat auch bewirkt, dass der vorherige reine Dokumentationscharakter des Rechnungswesens sich um die Steuerungsfunktion erweitert hat. Beispiele sind insbesondere im integrierten Rechnungswesen sowie in der mit Kosten unterlegten Leistungsrechnung zu erkennen. Nun zeigt es sich, dass das Rechnungswesen wohl als Grundlage insbesondere für wirtschaftlich orientierte Entscheidungen herangezogen wird, doch sind inzwischen die Anforderungen deutlich gestiegen. Case Management, Patientenzufriedenheit, strategische Umfeldanalysen, BSC etc. sind nur Beispiele für viele inzwischen anspruchsvoller gewordene Instrumente, bei denen das Controlling einen Beitrag zu leisten hat. Doch keines dieser neuen Instrumente kommt ohne Daten des Rechnungswesens aus. Sie alle benötigen, bevor das Management sich entscheiden kann, Informationen über die kostenmäßigen Konsequenzen der Folgewirkungen, die nur aus einem differenzierten, verfeinerten Rechnungswesen beigesteuert werden können. Das bedeutet, dass insbesondere die Kostenrechnung deutlich verfeinert und weiterentwickelt werden muss, um diesen Anforderungen gerecht werden zu können. Ein Controlling wird auch in Zukunft, trotz erweiterter und anderer Anforderungen (z. B. im medizinisch-pflegerischen Bereich), nicht ohne das Rechnungswesen auskommen. Zwar kommen zusätzliche Instrumente der Betriebssteuerung, in deren Anwendung das Controlling sicher involviert werden wird, noch hinzu, aber alle Entscheidungen haben Auswirkungen auf die Kosten. Die neu hinzukommenden Instrumente sollten daher von den Controlling-Mitarbeitern beherrscht und das Rechnungswesen verbessert werden, um den höheren Ansprüchen auch gerecht werden zu können.

8.2.5 Controlling als Prozess

Controlling-Produkte entstehen als Ergebnis aus einem Prozess, der exakt festzulegen ist, um die Qualität auch gewährleisten zu können. Die Ergebnisse werden sich in einem wohldurchdachten Berichtswesen niederschlagen. Diese Prozessverantwortung muss dem Controlling übergeben sein, um auch ein sicheres, den Erwartungen (in Bezug auf Sicherheit) entsprechendes Ergebnis zu garantieren. Dazu ist das Management ebenso wie die anderen Beteiligten aufgerufen seinen Beitrag zu leisten.

8.2.6 Controlling und Strategie

Häufig ist in den letzten Jahrzehnten trotz aller Verselbstständigung der Gesundheitsbetriebe deren strategische Kompetenz nicht bzw. faktisch nicht (ausreichend) auf das Management übertragen worden, sondern wird von außen (z. B. Gesetze, Gesundheitspolitik, Umfeld) wahrgenommen. Viele Merkmale der Gesundheitseinrichtungen (Größe, Kapitalintensität, Anforderungen, Kontinuität der Leistungserstellung ...) lassen eindeutig erkennen, dass das Management nur dann Erfolge auch langfristig gewährleisten kann, wenn ihm die Verantwortung für mehrjährige Entwicklungen und die daraus resultierenden Kompetenzen übertragen sind. Am deutlichsten zeigt sich dies bei Investitionsentscheidungen baulicher oder medizintechnischer Natur bzw. bei erforderlichen kapazitativen Anpassungen an den Bedarf. Das Management wird gut beraten sein, ein strategisches Controlling zu installieren, um auch die „richtigen" Entscheidungen treffen zu können.

8.2.7 Controlling-Produkte sind ein „Schatz" für jede Gesundheitseinrichtung

Qualitativ hochstehende Controlling-Produkte sind von hohem Wert für das Management, aber ebenso für die engagierten Mitarbeiter in den Gesundheitseinrichtungen, da sie ihren Beitrag und den Wert ihrer erbrachten Leistungen darstellen können, gleichsam als Rechtfertigung für die ausgelösten Kosten. Ebenso intensives Interesse ist seitens der Träger von Gesundheitseinrichtungen, seitens der Financiers und der Gesundheitspolitik gegeben, da sie Verantwortung für die Leistungen und deren Kosten übernommen haben. Letztlich ist auch das Interesse der Öffentlichkeit maßgeblich, da sie sich mit steigenden Gesundheitskosten konfrontiert sieht, die sie ja zu tragen hat. Zwar werden nicht alle Controlling-Ergebnisse allen zugänglich gemacht, doch haben alle diese Interessenten über ihre Kontrollorgane die Möglichkeit überprüfen zu lassen, ob die Leistungserstellung auch den algemeinen Grundsätzen rationalen Handelns entspricht. So gesehen sind die Controlling-Ergebnisse ein „Schatz", dessen man sich nur zu bedienen braucht, um die Effizienz und Effektivität offenkundig zu machen oder zu erreichen bzw. zu verbessern.

Autoren- und Herausgeberverzeichnis

Böhm Cornelia, Mag. MAS: Alleinvertretungsbefugte Geschäftsführerin der Goldenes Kreuz Privatklinik BetriebsGmbH, Wien; cboehm@goldenes-kreuz.at

Csukovits Peter, Dir. Ing.: Technischer Direktor, Leiter der Stabstelle Betriebsentwicklung AKH Wien; peter.csukovits@akhwien.at

Dolinar Elfriede, Mag. pharm.: Leiterin der Anstaltsapotheke des AKH Wien; Absolvierung des WU-Lehrgangs für Krankenmanagement; Auditor (ISO 9001); Zertifizierter Qualitätsmanager; elfriede.dolinar@akhwien.at

Eigenschink, Karin, Stat. Ass., Dipl. KH-Bw., Akad. KH-Manager: Abteilung Controlling, AKH Wien; Ausbildung zur Radiologietechnologin; Universitätslehrgang für Krankenhaus-Management an der WU Wien; Karin.Eigenschink@a1.net

Eisl Christoph, Prof. (FH) Dr.: Leiter des Fachbereichs Finance & Controlling an der Fachhochschule Oberösterreich, Fakultät für Management in Steyr. Schwerpunkte seiner Lehr- und Forschungstätigkeit sind Controlling, Performance Measurement und multimediale Finanzdidaktik; Christoph.Eisl@fh-steyr.at

Furtmüller Stefan, Mag.: Contrast Management-Consulting, Manager und Senior-Berater; Referent am Österreichischen Controller-Institut, an der FH Campus Wien sowie an der WU-Wien in den MBA-Programmen „ISMOS" (Sozialmanagement) und „Health-Care"; div. einschlägige Publikationen und Vorträge; stefan.furtmueller@contrast.at

Gebhart Katrin, MMag.: Leitung Controlling Orthopädisches Spital Speising; Stabsstelle der Geschäftsführung, zuständig für Budgetplanung und -kontrolle, laufendes Berichtswesen, Kostenrechnung, Wirtschaftlichkeitsanalysen; katrin.gebhart@oss.at

Güntert Bernhard J., Univ.-Prof. Dr.oec/MHA: Institutsvorstand des Instituts für Management und Ökonomie im Gesundheitswesen an der UMIT – Private Universität für Gesundheitswissenschaften, Medizinische Informatik und Technik, Präsident der ÖGPH. Besondere Forschungs- und Arbeitsgebiete: Organisationsentwicklung in Gesundheitsorganisationen, Versorgungsnetze, Gesundheitswirtschaft, sozio-ökonomische Evaluationen, universitäre Lehr- und Lernmethoden; bernhard.guentert@umit.at

Harpf Rainer, Dipl.-Ing.: „Chief Information Officer" der Landeskrankenanstalten Betriebsgesellschaft KABEG, Klagenfurt; Rainer.Harpf@kabeg.at

Harrer Elisabeth: zertifizierte Projektmanagerin, unterstützt neben dem Diplomstudium Prozessmanagement Gesundheit an der FH OÖ am Campus Steyr das COMPETENCE CENTER HEALTH CARE in diversen Projekten; elisabeth.harrer@cchc.at

Hauke Eugen, Univ.-Prof. Dkfm. Dr.: Leiter des Karl Landsteiner Instituts für Kranken-hausorganisation, ehem. Generaldirektor des Wiener Krankenanstaltenverbundes, lehrt an div. Universitäten und Fachhochschulen im In- und Ausland, zahlreiche Publikationen; eugen.hauke@wu.ac.at

Hell Leonhard, Mag. M.Sc.: TILAK – Tiroler Landeskrankenanstalten GmbH, Abtei-lungsvorstand Finanzen und Beteiligungscontrolling; Referent an der University of Salzburg Business School (SMBS) in den Universitätslehrgängen „General Ma-nagement" und „Health Care Management"; leonhard.hell@tilak.at

Holluger Martin, Mag.: Value Dimensions Consulting GmbH, Partner; CINA (Certified International Accountant – IFRS); Beratungsschwerpunkte: Implementierung Kos-tenrechnung, Kalkulation, Reporting; Gestaltung von integrierten Planungsprozes-sen; Financial Process Reengineering, insbesondere Fast Close (IFRS); Business Standard Software (BaaN, BI-Solutions); Prozessmanagement (ISO 9001/2000); martin.holluger@valuedimensions.com

Holzer Elke, des. Hon.-Prof. (FH), Ass.-Prof. MMag. Dr.: Institut für Risiko Manage-ment und Versicherungswirtschaft, Department of Finance and Accounting – Wirt-schaftsuniversität Wien, wissenschaftliche Mitarbeiterin am Forschungsinstitut für Gesundheitsmanagement und -ökonomie (wu-health) und am Karl Landsteiner Institut für Krankenhausorganisation, Lehrende an verschiedenen Ausbildungs-institutionen, zahlreiche Publikationen; elke.holzer@wu.ac.at

Horak Christian, Dr.: Contrast Management-Consulting, Partner und geschäftsführen-der Gesellschafter; Referent am Österreichischen Controller-Institut; Bereichsleiter für den Beratungsbereich Non-Profit und Public Management; Lehraufträge an der WU-Wien: Institut für Unternehmensführung, ISMOS MBA, Healthcare MBA; zahlreiche einschlägige Publikationen und Vorträge; christian.horak@contrast.at

Hradsky Josef, Dipl.KH-Bw., RegRat: ehem. Verwaltungsdirektor in Wiener Spitälern; derzeit unter anderem Mitarbeiter des Karl Landsteiner Instituts für Krankenhaus-organisation; Auslandskorrespondent von "Das österreichische Gesundheitswe-sen – ÖKZ"; Mitglied der Jury des deutsch-österreichischen Qualitätspreises Gol-den Helix Award; josef.hradsky@aon.at

Huber Magdalena, Mag. (FH): Management von Beratungs- und Veranstaltungspro-jekten; Hauptaufgaben die Betreuung des Austrian Competence Circle for Clinical Pathways (A3CP) und die Koordination der Netzwerkaktivitäten des COMPE-TENCE CENTER HEALTH CARE; Fachliche Schwerpunkte: das Heben von Opti-mierungspotenzialen in den patientennahen Abläufen und Klinische Pfade; Zertifi-zierungen im Qualitäts- und Projektmanagement; magdalena.huber@cchc.at

Kadic Bernd, Mag.: Leiter Geschäftsbereich Aus- und Weiterbildung des Österrei-chischen Controller-Instituts; Geschäftsführer und Partner bei Contrast Manage-ment-Consulting; Bernd.Kadic@oeci.at

Kehl Thomas, Dr. med. MBA: Vorsitzender der Geschäftsleitung Zürcher Höhenkliniken Wald und Davos; Haupttätigkeit neben der Klinikführung Einführung eines Prozessmanagements mit der konsequenten Entwicklung und Umsetzung einer Balanced Scorecard im Rahmen der EFQM sowie dem Aufbau eines Risikomanagement-Systems; thomas.kehl@zhd.ch

Klausner Roswitha, Mag. (FH): Mitarbeiterin und Qualitätsbeauftragte der Abteilung Controlling am AKH Wien; Studium am FH-Campus Steyr, Studiengang Prozessmanagement Gesundheit; roswitha.klausner@akhwien.at

Krepler Reinhard, Univ. Prof. Dr.: Direktor der Teilunternehmung AKH des Wiener Krankenanstaltenverbundes und Ärztlicher Direktor; ausgebildeter Qualitätsmanager und Auditor; Stellvertretender Vorsitzender des Universitätsrates der Medizinischen Universität Graz; zahlreiche Publikationen zur Molekularpathologie und Diagnostik sowie zu Managementthemen; reinhard.krepler@akhwien.at

Lampel Elfriede, Dir.: Pflegedirektorin/Vorstandsmitglied im Orthopädischen Spital Speising; elfriede.lampel@oss.at

Lavaulx-Vrecourt Roland, Dr.: Verwaltungsleiter und Geschäftsführer des St. Anna Kinderspitals in Wien; lavaulx@stanna.at

Ledermüller Karl, Mag.: wissenschaftlicher Mitarbeiter am Institute for Operations Research im Department of Finance and Accounting der Wirtschaftsuniversität Wien; karl.ledermueller@wu.ac.at

Lethmayer Claudia, Mag.: Leiterin der Abteilung Finanz im Geriatriezentrum Am Wienerwald des Wiener Krankenanstaltenverbundes; claudia.lethmayer@wienkav.at

Losbichler Heimo, Prof. (FH) Dipl.-Ing. Dr.: Fachhochschule Oberösterreich, Fakultät für Management, Campus Steyr; Leiter des Studiengangs Controlling, Rechnungswesen und Finanzmanagement; Gastprofessor an der Clarkson University; stv. Vorstandsvorsitzender Internationaler Controller Verein – ICV; Mitglied der Zertifizierungskommission International Group of Controlling – IGC; Zahlreiche intern. Publikationen und Forschungsprojekte in den Bereichen Controlling mit Schwerpunkt Value-based Management, Controlling, Strategie; heimo.losbichler@fh-steyr.at

Matousek Peter, Dr.: KRAGES (Burgenländische Krankenanstaltengesellschaft) und BURGEF (Burgenländischer Gesundheitsfonds) Eisenstadt; Medizinisches Controlling, Stabstelle zur Geschäftsführung der KRAGES; Planung, Kontrolle und Beratung für den medizinischen Leistungsbereich im BURGEF; Teilnahme an div. Arbeitsgruppen (z.B. LKF, Länderbeirat); peter.matousek@chellc.at

Mischak Robert, Dr. MPH: Consultant – Associate Partner von value dimensions Consulting GmbH; Beratungsschwerpunkte: Health care/insurance, Spitalsfinanzierung (LKF), Prozess- und Organisationsentwicklung, Qualitätsmanagement, Projektmanagement, Controlling, Kostenrechnung, Krankenhaus-Benchmarking, Management, Informationssysteme, Business Intelligence; Lehrender FH Joanneum Graz – Studiengang Health Care Engineering; robert.mischak@valuedimensions.com

Offermanns Guido, Ass.-Prof., Dr. PH, Dipl.-Kfm.: Gesundheitswissenschaftler und Ökonom; Assistenzprofessor am Institut für Unternehmensführung (Fakultät für Wirtschaftswissenschaften) der Alpen-Adria-Universität Klagenfurt; Arbeitsschwerpunkte: Management von Gesundheitseinrichtungen, Qualitätsmanagement, Europäische Gesundheitspolitik, Public Health, Politikberatung; guido.offermanns@uni-klu.ac.at

Ooms Hans: Klinikmanager und Risikoverantwortlicher Zürcher Höhenklinik Wald und Davos; Master of Advanced Studies in Risikomanagement an der Hochschule in Luzern; hans.ooms@zhw.ch

Ortlieb Erika, MBA: A.ö. Bezirkskrankenhaus Kufstein, Abteilungsleitung für Controlling; erika.ortlieb@bkh-kufstein.at

Pferzinger Manfred, Mag. (FH): Leiter des COMPETENCE CENTER HEALTH CARE; zertifizierter Projektmanager und Qualitätsbeauftragter; Beratung von Gesundheitseinrichtungen in Bezug auf Organisationsentwicklung, Prozessmanagement und integrierte Versorgung; im Bereich Forschung & Entwicklung Beschäftigung mit der Konzeption innovativer Produkte zur Generierung von Wettbewerbsvorteilen für Industrieunternehmen; Spezialist im Bereich medizinischer Leitlinien; manfred.pferzinger@cchc.at

Rasch Christian: Allgemeines Krankenhaus der Stadt Wien – Universitätskliniken – Bereich Kostenrechnung/Abteilung Controlling; christian.rasch@akhwien.at

Reich Martin, Mag. Dr.: Leiter Abteilung Controlling Direktion der Teilunternehmung AKH Wien; ausgebildeter Qualitätsmanager; Leiter Arbeitskreis Gesundheitswesen Österreich im Internationalen Controller Verein; Lehrauftrag an der Fachhochschule Steyr, Publikationen zu Einzugsgebietsanalyse, Controlling, BSC, Managementthemen im Krankenanstaltenbereich; martin.reich@akhwien.at

Scharm-Groicher Claudia, Mag.: Stellvertretende kaufm. Direktorin Landeskrankenhaus Klagenfurt, Fachbereichsleitung Rechnungswesen, Finanzen und Controlling; Claudia.Scharm-Groicher@lkh-klu.at

Schlüter Tobias: Studium der Betriebswirtschaftslehre an der Verwaltungs- und Wirtschaftsakademie in Köln; Leiter des Konzerncontrolling bei der HELIOS Kliniken Gruppe; tobias.schlueter@helios-kliniken.de

Schmidt-Erfurth Ursula, Univ. Prof. Dr.: Vorstand der Klinik für Augenheilkunde und Optometrie am AKH der Medizinischen Universität Wien; wissenschaftliche Arbeit an der Harvard Medical School; Expertin in der Erforschung neuer diagnostischer und therapeutischer Strategien von schweren Augenerkrankungen; internat. Karriere; initiierte das Pilotprojekt „Tagesklinik Cataractchirurgie" an der Univ.-Klinik für Augenheilkunde und Optometrie des AKH; gründete das Zentrum für ophthalmologische Telemedizin (Vienna Reading Center), an dem Befunde von schweren Augenerkrankungen weltweit gesammelt und analysiert werden; ursula.schmidt-erfurth@meduniwien.ac.at

Staudinger Charlotte, Generaloberin: Leiterin des Geschäftsbereiches Qualitätsarbeit – Generaldirektion, Unternehmung Wiener KAV; akad. gepr. Krankenhausmanagerin; Diplomierte Gesundheits- und Krankenschwester; Mitglied des Vorstandes des Dachverbandes Wiener Sozialeinrichtungen, des Kuratoriums Fonds Soziales Wien, des Ausschusses Rudolfiner-Verein-Rotes Kreuz, des Wissenschaftlichen Beirates des Roten Kreuzes sowie Mitglied der Ethikkommission der Stadt Wien; Vortragende u. a. an der WU Wien im Universitätslehrgang „Health Care Management", an der Akademie für Fortbildungen und Sonderausbildungen am AKH-Wien; Autorin von verschiedensten Fachbüchern; charlotte.staudinger@wienkav.at

Stekel Herbert, Prim. Dr.med.: Leiter Zentrallabor, AKH Linz; Arzt f. Allgemeinmedizin, Facharzt für medizinisch-chemische Labordiagnostik, Akademisch geprüfter Krankenhausleiter (WU-Wien), Vorstand des Inst. für med-chem Labordiagnostik der Akh-Linz GmbH, Mitarbeit: Karl Landsteiner Institut f. Krankenhausorganisation; Österreichisches Normungsinstitut; Committee on Clinical Laboratory Management der IFCC; Ethikkommission des Landes OÖ (stv. Vorsitzender); zahlreiche Vorträge und Artikel zu den Themen Qualitätssicherung, Labormanagement, Kostenrechnung; herbert.stekel@akh.linz.at

Thiede Moritz, Dr.: Geschäftsführer der Lubinus Clinicum GmbH und Co. KG, Kiel; m.thiede@lubinus-clinicum.de

Vasicek Margit, OAS: Oberassistentin und Koordination des „Netzwerk Controlling" in der Abteilung Medizinisch-technische Dienste und Sanitätshilfsdienste sowie Qualitätsmanagerin der Ärztlichen Direktion des Allgemeinen Krankenhauses Wien; margit.vasicek@akhwien.at

Wetzlinger Herwig, Dipl.-Ing.: Kaufmännischer Direktor des Landeskrankenhauses Klagenfurt, ein Haus der Kärntner Landeskrankenanstalten Betriebsgesellschaft (KABEG); Herwig.Wetzlinger@lkh-klu.at, herwig.wetzlinger@kabeg.at

Zihr Georg, Mag. Dr.: Mitarbeiter an der Abteilung für Unternehmensrechnung und Controlling, WU Wien. Leiter des Management by Controlling Lehrgangs, WIFI-Wien; Schwerpunkte u. a. Interne Unternehmensrechnung sowie Unternehmensplanspiele; georg.zihr@wu.ac.at

Zielinski Christoph C., Prof. Dr.: Leiter der Klinischen Abteilung für Onkologie, Vorstand der Univ. Klinik für Innere Medizin I an der Medizinischen Universität Wien, Präsident der Central European Cooperative Oncology Group; christoph.zielinski@meduniwien.ac.at

Literaturverzeichnis

ABO (2005): Verordnung der Bundesministerin für Gesundheit und Frauen über den Betrieb von Apotheken und ärztlichen und tierärztlichen Hausapotheken (Apothekenbetriebsordnung 2005) vom 09.03.2005

Adam, D. (Hrsg.) (1996): Krankenhausmanagement, Wiesbaden

Ahlert, D./Evanschitzky, H. (2003): Dienstleistungsnetzwerke – Management, Erfolgsfaktoren und Benchmarks im internationalen Vergleich, Springer-Verlag, Berlin

Amelung, V. E. (2007): Managed Care – Neue Wege im Gesundheitsmanagement, Wiesbaden

Ansoff, I. (1976): From Strategic Planning to Strategic Management, London

Ansoff, I. (1992): Implanting Strategic Management, Prentice Hall London

Antes, G./Bassler, D./Forster, J. (2003): Evidenz-basierte Medizin – Praxis-Handbuch für Verständnis und Anwendung der EBM, Thieme, Stuttgart

AOK-Bundesverband (Hrsg.) (2003): Wege zur Stärkung der Patient/inn/ensouveränität, AOK-Verlag, Bonn

Aron, D./Neuhauser, D. (2002): Introduction: Developing physician leadership in quality improvement; in: Quality Management in Health Care, Vol. 10 (3), S. 1–2

Ärztliches Zentrum für Qualität in der Medizin (2006): Definition und Glossar Qualitätsindikatoren, Berlin

AWMF (2001): Das Leitlinien Manual; in: Zeitschrift für ärztliche Qualitätssicherung und Qualitätsmanagement, Vol. 95, Supplement I

Bach, H.,P./Reich, M. (1998): Controlling im Großkrankenhaus: Das Modell der Leistungsorientierten Krankenanstaltenfinanzierung (LKF) – ein Instrument zur internen Betriebssteuerung im Großkrankenhaus; in: ÖKZ 4/98, 39. Jahrgang, S. 44ff

Barth, T./Barth, D. (2008): Controlling, 2. vollständig überarbeitete und aktualisierte Auflage, Oldenburg Wissenschaftsverlag, München

Bartz, M. (2006): Patientenpfade. Ein Instrument zur Prozessoptimierung im Krankenhaus, Verlag Dr. Müller, Saarbrücken

Becker, H.-J. (2005): Controller und Controlling, Renningen

Becker, J./Kahn, D. (2005): Der Prozess im Fokus; in: Becker, J./Kugeler, M./Rosemann, M.: Prozessmanagement. Ein Leitfaden zur prozessorientierten Organisationsgestaltung, Springer, Berlin, Heidelberg, S. 3–16

Behrens, J./Langer, G. (2006): Handbuch Evidence based Nursing: Externe Evidence für die Pflegepraxis, Hans Huber, Bern

Berger, K. (2004): Behandlungspfade als Managementinstrument im Krankenhaus; in: Greiling, M.: Pfade durch das klinische Prozessmanagement, Kohlhammer, Stuttgart, S. 42–64

Berthel, J. (1997): Personal-Management, 5. Auflage, Stuttgart

Beyer, H.-T. (1970): Die Lehre der Unternehmensführung – Entwurf eines Forschungsprogramms, Berlin

BGBl. Nr. 1/1957 zuletzt geändert durch BGBl. I Nr. 65/2002 vom 20.04.2002

BGBl. Nr. 745/1996 in der Fassung des Bundesgesetzes BGBl. I Nr. 5/2001 bzw. dessen Novelle BGBl. I Nr. 144/2003

Bihr, D./Hekking, K./Krauskopf, D. (2001): Handbuch der Krankenhaus-Praxis, Kohlhammer, Stuttgart

Binner, H. F. (1997): Integriertes Organisations- und Prozeßmanagement. Umsetzung der General Management Strategie durch Integrierte Managementsysteme, Carl Hanser Verlag, München/Wien

Birkmeyer, J. D. (2004): Leapfrog Tatient Safety Standards: The Potential Benefits of Universal Adoption, zit von Porter/Teisberg, Harvard Business Review 06/2004, S. 64

Blaha, R./Seidel U. M. (2009): Der Controller in der Rolle des Bewerbers; in: Controller Magazin, 2/2009, S. 93–95

Bleicher, K. (1994): Normatives Management, Campus Fachbuch, Frankfurt am Main – New York

Bleicher, K. (2002): Integriertes Management als Herausforderung; in: Schwendt, S. /Funck, D.: Integrierte Managementsysteme: Konzepte, Erfahrungen, Werkzeuge, Physica-Verlag, Heidelberg, S. 5-20

Bleicher, K. (2002a): Das Konzept Integriertes Management, Physica-Verlag, Frankfurt am Main – New York

Bleicher, K./Meyer, R. (1976): Führung in der Unternehmung – Formen und Modelle, Reinbek bei Frankfurt

BMFG – Bundesministerium für Frauen und Gesundheit (2006): ÖSG – der neue Weg in der Gesundheitsplanung, http://www.bmgfj.gv.at/cms/site/attachments/1/0/1/CH0716/CMS1136983382893/oesg_der_neue_weg.pdf, 22.1.2009

BMFG – Bundesministerium für Frauen und Gesundheit (Hrsg.) (2006): Österreichischer Strukturplan Gesundheit 2006 ÖSG 2006 (inkl. Großgeräteplan), http://www.bmgfj.gv.at/cms/site/attachments/1/0/1/CH0716/CMS1136983382893/oesg2006_280606.pdf, 19.3.2009

BMGF – Bundesministerium für Gesundheit und Frauen (Hrsg.) (2004): Die Funktionsweise des österreichischen LKF-Systems, Wien

BMGF – Bundesministerium für Gesundheit und Frauen (Hrsg.) (2006): Krankenanstalten in Österreich, Wien

BMGF (Hrsg.) (2006): Krankenanstalten, Wien

BMGFJ – Bundesministerium für Gesundheit, Familie und Jugend (Hrsg.) (2007): Krankenanstalten in Zahlen – Überregionale Auswertung der Kostenrechnungsergebnisse der landesgesundheitsfinanzierten Krankenanstalten, Wien

BMGFJ – Bundesministerium für Gesundheit, Familie und Jugend (Hrsg.) (2007): Leitungsorientierte Krankenhausfinanzierung – LKF, Wien

BMGFJ – Bundesministerium für Gesundheit, Frauen und Jugend (2009): LKF Leistungskatalog, http://www.bmgfj.gv.at/cms/site/attachments/9/0/5/CH0719/CMS1159517118526/leistungskatalog_bmgfj_2009_20081215.pdf, 20.3.2009

BMGFJ – Bundesministerium für Gesundheit, Frauen und Jugend (2009): Planung, http://www.bmgfj.gv.at/cms/site/standard.html?channel=CH0716&doc=CMS1136983382893, 3.4.2009

BMGFJ – Bundesministerium für Gesundheit, Frauen und Jugend (Hrsg.) (2008): Österreichischer Strukturplan Gesundheit 2008 ÖSG 2008 (inkl. Großgeräteplan), http://www.bmgfj.gv.at/cms/site/attachments/1/0/1/CH0716/CMS1136983382893/oesg_2008_-_gesamt.pdf, 20.3.2009

BMGFJ – Bundesministerium für Gesundheit, Jugend und Familie (BMGJF) (Hrsg.) (o.J.): Krankenanstalten in Zahlen, http://www.kaz.bmgf.gv.at/index.htm, 24.05.2008

Böhm, C./Müller, J. (1996): Führungskräfteinformation; in: Eschenbach, R.: Controlling, S. 505-524

Brandt, E. (2001): Qualitätsmanagement und Gesundheitsförderung im Krankenhaus, Luchterhand, Neuwied, Kriftel

Braun, G. E. (2004): Wie entstehen vernetzte Versorgungsstrukturen im Gesundheitswesen; in: Managed Care, Heft 2, S. 30–32

Breinlinger-O'Reilly, J./Krabbe, M. (1998): Controlling für das Krankenhaus – strategisch, operativ, funktional, Verlag Luchterhand, Berlin

Breyer, F./Zweifel, P./Kifmann, M. (2005): Gesundheitsökonomik, Berlin

Büche, V. (2009): Pflegerische Dienstleistung im Krankenhaus – Berechnung und Bewertung der Arbeitsproduktivität der Pflege auf Grundlage einer berufspolitisch-systemtheoretischen und wirtschaftswissenschaftlichen Standortbestimmung, Dissertation an der UMIT, Hall i.T.

Bundesgesetz über Krankenanstalten und Kuranstalten (KAKuG) – in der Fassung vom 28.12.2007 (BGBl. I Nr. 101/2007)

Bundesgesetzblatt II Nr. 638, ausgegeben am 30. Dezember 2003: Verordnung der Bundesministerin für Gesundheit und Frauen betreffend die Dokumentation von Kostendaten in Krankenanstalten, die über Landesfonds abgerechnet werden (Kostenrechnungsverordnung für landesfondsfinanzierte Krankenanstalten)

Bundesverband Deutscher Unternehmensberater BDU e.v. (Hrsg.) (2006): Controlling, Berlin

Burgenländische Gebietskrankenkasse (Hrsg.) (2004): Blickpunkt, Eisenstadt

Busse von Colbe, W. (1989): Budgetierung und Planung; in: Szyperski, N.: Handwörterbuch, Sp.176–182

CA Controller Akademie (Hrsg.) (2004): Controlling-Leitlinie. Stammsatz für eine „Controller's Toolbox" mit Gebrauchsanleitung, 24. Auflage, VCW-Verlag, Offenburg

Cannon, W.B. (1934): The Wisdom of the Body, Norton

Cassel, D. (2003): Wettbewerb in der Gesundheitsversorgung: Funktionsbedingungen, Wirkungsweise und Gestaltungsbedarf; in: Arnold J et al.: Krankenhaus-Report 2002 Schwerpunkt: Krankenhaus im Wettbewerb, Stuttgart, Schattauer, S. 1–20

Cassel, M. (2007): ISO 9001 Qualitätsmanagement prozessorientiert umsetzen, Carl Hanser Verlag, München, Wien

Clyde, L. A. (2002): An instructional role for librarians: an overview and content analysis of job advertisements, Australian Academic & Research Libraries, Volume 33, No. 3

Coenenberg, A. (1992): Kostenrechnung und Kostenanalyse, Landsberg, Lech

Coenenberg, A.G. (1999): Organisation des Rechnungswesens; in: Grochla, E.: Handwörterbuch, Sp.1996–2006

COSO – The Committee of Sponsoring Organizations of the Treadway Commission (2004): Enterprise Riskmanagement – Integrated Framework. Zusammenfassung, Jersey City

Csukovits, P./Reich, M. (2008): Entstehung der Balanced Scorecard des AKH der Stadt Wien Universitätskliniken; in: Controller Magazin, September/Oktober 2008, S. 88–94

Decker, F./Decker, A. (2008): Management in Gesundheits- und Sozialbetrieben, Baden-Baden

Delbi (2005): Deutsches Instrument zur methodischen Leitlinien-Bewertung, Fassung 2005/2006; in: Zeitschrift für ärztliche Fortbildung und Qualität im Gesundheitswesen, 99. Jg., Heft 8, S. 468–520

Denk, R./Exner-Merkelt, K. (Hrsg.) (2005): Corporate Risk Management. Unternehmensweites Risikomanagement als Führungsaufgabe, Linde Verlag, Wien

Deppe, H.-U./Burkhardt, W. (2002): Solidarische Gesundheitspolitik – Alternativen zu Privatisierung und Zwei-Klassen-Medizin, VSA-Verlag, Hamburg

Deutmeyer, M./Thiekötter, A. (Hrsg.) (2007): Aktuelle Entwicklungen im österreichischen Gesundheits- und Pflegemanagement, Wien

Deyhle, A. (1996): Controller-Praxis Band II – Führung durch Ziele, Planung-Controlling, 11. Auflage, Wörthsee-Etterschlag

Deyhle, A./Hauser, M. (2007): Controller-Praxis. Führung durch Ziele-Planung-Controlling. Band II. Soll-Ist-Vergleich, Erwartungsrechnung und Führungsstil, 16. Auflage, VCW-Verlag, Offenburg

Dézsy, J./Schwanzer, H. (1993): Einführung in das Krankenanstaltenmanagement – Der Betrieb Krankenhaus und seine Stellung im Gesundheitswesen, Wien

Diederichs, M. (2004): Risikomanagement und Risikocontrolling, München

Dorfmeister, G. (1999): Pflege Management, Verlag Wilhelm Maudrich

Drucker, P. (1973): Management: Tasks, Responsibilities, Practices, Heinemann, London

Eckhardt, J. (2006): Was sind integrierte Behandlungspfade; in: Eckhardt, J./Sens, B.: Praxishandbuch Integrierte Behandlungspfade. Intersektorale und sektorale Prozesse professionell gestalten, Economica/MedizinRecht.de, Heidelberg, S. 9–37

Egger, A./Winterheller, M. (1994): Kurzfristige Unternehmensplanung, Wien

Eichhorn, P. (2005): Das Prinzip Wirtschaftlichkeit – Basiswissen der Betriebswirtschaftslehre, Gabler, Wiesbaden

Eichhorn, S. (1974): Krankenhausbetriebslehre – Theorie und Praxis des Krankenhausbetriebs Band I, Köln

Eichhorn, S. (1976): Krankenhausbetriebslehre – Band II, Stuttgart

Eichhorn, S. (1980): Struktur und Organisation der Krankenhausleitung; in: Müller, H.: Führungsaufgaben, S. 59–92

Eichhorn, S. (1987): Krankenhausbetriebslehre – Theorie und Praxis des Krankenhausbetriebs Band III, Köln

Eichhübl, G./Kunesch, H. (1996): Operative Unternehmensplanung; in: Eschenbach, R.: Controlling, S. 443–482

Eisl, Ch./Hangl, Ch./Losbichler, H./Mayr, A. (2008): Grundlagen der finanziellen Unternehmensführung, Wien

Elbling, O./Kreuzer, Ch. (1994): Handbuch der strategischen Instrumente, Ueberreuter, Wien

Eschenbach, R. (1994): Controlling, Stuttgart

Eschenbach, R. (Hrsg.) (1995): Controlling, Schäffer-Poeschel, Stuttgart

Eschenbach, R. (Hrsg.) (1996): Controlling, Wien

Eschenbach, R./Niedermayr, R. (1996): Die Konzeption des Controlling; in: Eschenbach, R.: Controlling, S. 65–94

Eschenbach, R./ÖCI (Hrsg.) (2007): Konzeption, Funktion und Institution des Controllings, 25. Auflage, Wien

Euro Health Consumer Index (2007): Report, Brüssel

Ewert, R./Wagenhofer, A. (2003): Interne Unternehmensrechnung, Berlin

Feuchtmüller, G. (2008): Studie „Strategische Herausforderungen für Krankenhäuser", Deloitte Wirtschaftsprüfungs GmbH Österreich, Wien

Fischbach, P./Spitaler, G. (2004): Balanced Scorecard in der Pflege, Stuttgart

Fleßa, S. (2007): Grundzüge der Krankenhausbetriebslehre, München

Födermayr, Ch./Stiebellehner, R. (2006): Kostentransparenz im Krankenhaus?; in: ÖKZ 47, Jg. (05), S. 23–25

Franke, D. (2007): Krankenhaus-Management im Umbruch – Konzepte-Methoden-Projekte, Stuttgart

Freidank, C. (1994): Kostenrechnung, Einführung in die begrifflichen, theoretischen, verrechnungstechnischen sowie planungs- und kontrollorientierten Grundlagen des innerbetrieblichen Rechnungswesens, 5. Auflage, München, Wien

Friedag, H. R./Schmidt, W. (2000a): Balanced Scorecard – mehr als nur ein Kennzahlensystem, Haufe, Freiburg i. Br.

Friedag, H. R./Schmidt, W. (2000b): (My BSC) My Balanced Scorecard, Haufe, Freiburg i. Br.

Friedinger, A./Weger, A. (1996): Operative Vor- und Rückkoppelung; in: Eschenbach, R.: Controlling, S. 483–504

Friedl, G./Hilz, C./Pedell, B. (2005): Controlling mit SAP®, Wiesbaden

Furtmüller, S. (2009): Was macht Spitäler erfolgreich?; in: ÖKZ 05/2009, S. 12–15

Gaitanides, M. (2007): Prozessorganisation, Verlag Franz Vahlen, München

Ganong, W.F. (1972): Medizinische Physiologie, 2. Auflage; Springer-Verlag, Berlin Heidelberg, New York, S. 24

Gareis, R. (2006): Happy Projects!, MANZ`sche Verlags- und Universitätsbuchhandlung, Wien

Gaucher, E. J./Coffee, R. (2000): Breakthrough Performance: Accelerating the transformation of health care organizations, Jossey-Bass, San Francisco

Gehringer, J./Michel, W. J. (2000): Frühwarnsystem Balanced Scorecard, Metropolitan-Verlag, Düsseldorf, Berlin

Gerboth, Th. (2001): Statistische Prozessregelung bei administrativen Prozessen im Rahmen eines ganzheitlichen Prozesscontrollings, Dissertation der Technischen Universität Berlin

Gesundheit Österreich GmbH (2009): www.goeg.at/de/OEEIG-Aufgaben.html, 7.7.2009

Gesundheitsqualitätsgesetz (GQG 2004): BGBl. I Nr. 179/2004, http://www.bmgfj.gv.at/cms/site/thema.html?channel=CH0703, 16.6.2009

Gesundheitsreformgesetz 2005: BGBL. Nr. I 179/2004

Gigerenzer, G. (2008): Bauchentscheidungen. Die Intelligenz des Unbewussten und die Macht der Intuition, Wilhelm Goldmann Verlag, München

Gleissner, W. (Hrsg.) (2003): Risikomanagement im Unternehmen. Praxisratgeber für die Einführung und Umsetzung, Kognos Verlag, Augsburg

Gleissner, W./Lienhard, H./Stroeder, D. (2004): Risikomanagement im Mittelstand. – Planungssicherheit erhöhen, Rating verbessern, Unternehmen sichern –, Kognos-Verlag, Augsburg

Glouberman, S. /Mintzberg, H. (2001): Managing the Care of Health and the Cure of Disease – Part I: Differentiation; in: Health Care Manage Rev., 2001, 26(1), Aspen Publishers Inc., New York, S. 58-71

Greenhalgh, T. (2000): Einführung in die Evidence-based Medicine: Kritische Beurteilung klinischer Studien als Basis einer rationalen Medizin, Huber, Bern, Göttingen

Greiling, M./Hofstetter, J. (2002): Patientenbehandlungspfade optimieren – Prozessmanagement im Krankenhaus, Baumann Fachverlag, Kulmbach

Gretzl, G./Neunteufel, W. (1992): Ansätze zum Personal-Controlling; in: Hauke, E.: Controlling im Krankenhaus, Abschnitt 5

Greulich, A./Thiele, G./Thiex-Kreye, M. (1997): Prozeßmanagement im Krankenhaus, R. v. Decker's Verlag, Heidelberg

Grochla, E. (1982): Grundlagen der organisatorischen Gestaltung, Stuttgart

Grochla, E. (Hrsg.) (1992): Handwörterbuch der Organisation, 3. Auflage, Stuttgart

Grubner, G. (1989): Krankenhausorganisation; in: Österreichische Krankenhaus Zeitung 30/1989, Wien, S. 9–18

Guger, A./Marterbauer, M./Walterskirchen, E. (2006): Finanzierung des öffentlichen Gesundheitswesens, Wien

Güntert, B. J. (1990): Managementorientierte Informations- und Kennzahlen für Krankenhäuser, Heidelberg

Güntert, B. J. (1994): Ein umfassendes Controlling-Konzept für das Krankenhausmanagement, in: Hauke, E. (Hrsg.): Controlling im Krankenhaus, Verlag Ueberreuter, Wien, Ergänzungslieferung 1/1994

Güntert, B. J. (2004): Integration und Kooperation im Gesundheitswesen – ein Plädoyer für patientenorientierte Strukturen und Verhaltensweisen; in: Holzer, E./Hauke, E.: Gesundheitswesen – vom Heute ins Morgen, WUV-Universitätsverlag, Wien, S. 100–109

Güntert, B. J./Offermanns, G. (2001): Der Wandel in der methodischen und fachlichen Kompetenz als Herausforderung an die Aus- und Weiterbildung in Krankenkassen; in: Rath T./Alexander A. (Hrsg.):Organisationsentwicklung in Krankenkassen; Gabler, Wiesbaden

Güntert, B. J./Offermanns, G. (2002): Qualitätsmanagement im Gesundheitswesen unter sich verändernden Rahmenbedingungen; in: von Eiff, W. et al: Der Krankenhausmanager: Praktisches Handbuch für Krankenhäuser und Einrichtungen des Gesundheitswesens, Springer-Verlag, Berlin, S. 1–34

Güntert, B. J./Offermanns, G. (2002a): Ärztliche Führung. Eine Frage der ökonomischen Kompetenz?; in: Hildemann, K. D.: Spannungsfeld Führung: Neue Konzepte in einem veränderten Sozialstaat, Evangelische Verlags-Anstalt, Leipzig, S. 147–160

Güntert, B. J./Thiele, G. (2008): DRG nach der Konvergenzphase, Economica Verlag, Heidelberg

Hahn, D. (1979): Konzepte und Beispiele der Organisation des Controlling in der Industrie; in: zfo, Jg. 48, S. 4–24

Hahn, D. (1994): Planungs- und Kontrollrechnung – PuK, Wiesbaden

Hahn, D. (1996): Planung und Kontrolle – PuK, Wiesbaden

Hahn, D./Hungenberg, H. (2001): PuK – Planung und Kontrolle, Wiesbaden

Hajen, L./Paetow, H./Schumacher, H. (2006): Gesundheitsökonomie Strukturen-Methoden-Praxisbeispiele, 3. Auflage, Kohlhammer, Stuttgart

Hammer, R. (1992): Unternehmensplanung, München

Hartinger, B./Horner, J./Koitz, S. (1993): Medikamentencontrolling; in: Hauke E.: Controlling im Krankenhaus, Abschnitt 5

Hartinger, G. (2007): Seminarunterlagen: Controlling im Gesundheitswesen, Vortrag beim Lehrgang Controlling des IBG

Haubrock, M. (1997): Krankenhausmanagement und seine Aufgaben; in: Haubrock, M./Peters, S. /Schär, W.: Betriebswirtschaft und Management, S. 111–262

Haubrock, M./Peters, S. /Schär, W. (Hrsg.) (1997): Betriebswirtschaft und Management im Krankenhaus, Berlin

Haubrock, M./Schär, W. (Hrsg.) (2002): Betriebswirtschaft und Management im Krankenhaus, Berlin

Hauke, E. (1995): Auf dem Weg zur Leistungsprogrammplanung; in: Hauke, E. (Hrsg.): Leistungsorientierte Planung im Krankenhaus: ein partizipativer Ansatz für die Praxis, Ueberreuter, Wien

Hauke, E. (1997): Führungsaufgaben (Organisation, Controlling, Überwachung); in: Haubrock, M./Peters, S. /Schär, W.: Betriebswirtschaft und Management, S. 172–205

Hauke, E. (2004): Visionen für das Gesundheitswesen von morgen; in: Holzer, E./Hauke, E.: Gesundheitswesen – vom Heute ins Morgen, WUV-Universitätsverlag, Wien, S. 113–123

Hauke, E. (Hrsg.) (1992ff): Controlling im Krankenhaus – Ein Handbuch für alle Führungskräfte im Krankenhaus, Loseblattausgabe 1992, Nachlieferungen bis 1997, Wien

Hauke, E. (Hrsg.) (1997): Controlling im Krankenhaus, Ueberreuter, Wien

Hauke, E./Bauer, H. (1992): Controlling – Eine organisatorische Notwendigkeit für das Krankenhaus; in: Hauke, E.: Controlling im Krankenhaus, Abschnitt 1

Hauke, E./Holzer, E./Lavaulx-Vrecourt, R./Reich, M. (2009): Stand des Controlling in Österreichs Krankenanstalten – Ergebnisse einer empirischen Studie; in: Controller Magazin, Ausgabe 5/09, S. 42–52

Hauke, E./Korn, A. (1992): Konkrete Ansätze zu einem Controlling im Pflegedienst; in: Hauke, E.: Controlling im Krankenhaus, Abschnitt 5

Hauschildt, J. (1972): Finanzvorstand, Treasurer, Controller – Das Finanzmanagement in der Stellenbeschreibung; in: zfo, 41. Jg., S. 167–174

Hauschildt, J./Sachs, G./Witte, E. (1981): Finanzplanung und Finanzkontrolle – Disposition, Organisation, München

Heimerl, P. (2005): Wandel und Intervention in Gesundheitsorganisationen, Linde Verlag, Wien

Heinen, E. (1976): Betriebswirtschaftliche Führungslehre – Grundlagen-Strategie-Modelle, Wiesbaden

Hellmann, St./Rößlein, R. (2007): Pflegepraktischer Umgang mit Dekubitus – Leitfaden und Formulierungshilfen, Schlütersche VerlagsGmbH, Hannover

Hellmann, W. (2002): Einführung von klinischen Pfaden in deutschen Krankenhäusern – Nutzen, Hemmnisse und terminologische Problematik; in: Hellmann, W.: Klinische Pfade: Konzepte, Umsetzung, Erfahrungen, Ecomed, Landsberg am Lech, S. 11–18

Hentze, J./Huch, B./Kehres, E. (Hrsg.) (2005): Krankenhaus-Controlling; Konzepte, Methoden und Erfahrungen aus der Krankenhauspraxis; 3. Auflage, Kohlhammer, Stuttgart, Berlin, Köln

Hentze, J./Kehres, E. (1995): Kosten- und Leistungsrechnung im Krankenhaus, systematische Einführung, 3. Auflage, Berlin, Köln

Hentze, J./Kehres, E. (2008): Kosten- und Leistungsrechnung in Krankenhäusern – Systematische Einführung, Stuttgart

Hering, E. (1999): Ganzheitliches Controlling; in: Steinmüller P./Hering E./Jorasz W.: Schule des Controllers 2, S. 279–650

Hess, Th. (2002): Netzwerkcontrolling, Wiesbaden

Heyd, R. (2000): Instrumente des Informationsversorgungsprozesses; in: Steinmüller, P./Erbslöh, D./Heyd, R.: Schule des Controllers 3, S. 305–398

Hildebrand, R. (2005): Qualitätsberichterstattung in Deutschland heute; in: Klauber, J./Robra, B.-P./Schellschmidt, H. (Hrsg.): Krankenhaus-Report 2004 Schwerpunkt: Qualitätstransparenz – Instrumente und Konsequenzen, Schattauer, Stuttgart, S. 27–48

Hill, W. (1989): Planungsmanagement in: Szyperski, N./Winand, U.: Handwörterbuch, Sp.1389–1524

Hinterhuber, H.H. (1989): Strategische Unternehmensführung, Berlin

Hoefert, H.-W. (2007): Führung und Management im Krankenhaus, 2. Auflage, Göttingen

Hoffmann, F. (1972): Merkmale der Führungsorganisation amerikanischer Unternehmen, ZfO, 41

Hoffmann, F. (1984): Computergestützte Informationssysteme, München

Hoffmann, W. (1996): Die Aufgabenfelder im Überblick; in: Eschenbach, R.: Controlling, S. 177-180

Hoffmann, W./Klien, W./Unger, M. (1996): Strategieplanung; in: Eschenbach, R.: Controlling, S. 211–314

Hoffmann, W./Niedermayr, R./Risak, J. (1996): Führungsergänzung durch Controlling; in: Eschenbach, R.: Controlling, S. 3–48

Holzer, E./Bauer, H./Hauke, E. (Hrsg.) (2007): Wirkungsgeleitetes Ressourcenmanagement in öffentlichen Gesundheitsbetrieben, facultas.wuv, Wien

Holzer, E./Thomeczek, Ch./Hauke, E./Conen, D./Hochreutener, M-A. (Hrsg.) (2005): Patientensicherheit, Leitfaden für den Umgang mit Risiken im Gesundheitswesen, facultas Verlag, Wien

Hörig, O. (2001): Controlling-Instrumente im Krankenhaus – Status quo und best practice, Frankfurt am Main

Horváth, P. & Partners (2006): Das Controllingkonzept. Der Weg zu einem wirkungsvollen Controllingsystem, 6. Auflage, Deutscher Taschenbuch Verlag GmbH, München

Horváth, P. (1992): Controlling, 4. Auflage, München

Horváth, P. (1996): Controlling, 6. Auflage, München

Horváth, P. (2009): Controlling, 11. Auflage, München

Horváth, P./Gleich, R./Voggenreiter, D. (2007): Controlling umsetzen. Fallstudien, Lösungen und Basiswissen, 4. Auflage, Schäffer-Poeschel Verlag, Stuttgart

Hradsky, J. (2007): Dezentralisierung und Koordination im Gesundheitswesen; in: Holzer, E./Bauer, H./Hauke, E. (Hrsg.): Wirkungsgeleitetes Ressourcenmanagement in öffentlichen Gesundheitsbetrieben, Facultas, Wien, S. 274–286

http://de.wikipedia.org/wiki/Qualit%C3%A4tssicherung_in_der_Medizin, 29.1.2009

http://de.wikipedia.org/wiki/Risikocontrolling, 29.1.2009

Huber, M. (2006): Prozessmanagement managt Prozesse! – Wie bitte?; in: ÖKZ, 47. Jg. (05), S. 12–14

Huber, M. (2008): "Verstehen" lautet die Devise! Workflows basieren auf Prozessen; in: ÖKZ, 49. Jg. (05), S. 39–40

Huber, M./Pferzinger, M. (2007): Tomorrow never dies; in: ÖKZ, 48. Jg. (05), S. 16–19

Huch, B./Lenz, I. (2005): Operatives Controlling im Krankenhaus; in: Hentze, J./Huch, B./Kehres, E. (Hrsg.): Krankenhaus-Controlling, Kohlhammer, Stuttgart, S. 69–94

Hügler, G. (1988): Controlling in Projektorganisationen, München

Huq, Z./Martin, Th. (2000): Workforce Cultural Factors in TQM/CQI Implementation in Hospitals; in: Health Care Management Review, Vol. 25 (3), S. 80-93

ICV – Internationaler Controller Verein (Hrsg.) (2006): Controller und Controlling; in: Imagebroschüre des ICV „Leitbild und Ziele", Gauting 12/2006

ICV – Internationaler Controllerverein (Hrsg.)/Biel, A. (2007): Controller-Leitbild, Gauting

ICV – Internationaler Controllerverein (Hrsg.)/Biel, A. (2008): Anforderungen, Gauting

ICV – Internationaler Controller Verein (Hrsg.) (2008): Stand des Controllings in den Krankenanstalten in Österreich, Präsentation ICV- Forum 18.03.2008

Industriellenvereinigung (2008): Gesundheit 2020, Das IV-Konzept für e n exzellentes und nachhaltig finanzierbares Gesundheitswesen, Wien

Ingruber, H. (1994): Krankenhausbetriebslehre, Wien

Ingruber, H./Kattnigg, A. (1992): Strategisches Controlling in öffentlichen Krankenanstalten; in: Hauke, E.: Controlling im Krankenhaus, Abschnitt 6

International Group of Controlling (Hrsg.) (2005): Controller-Wörterbuch. Die zentralen Begriffe der Controllerarbeit mit ausführlichen Erläuterungen, 3. Auflage, Schäffer-Poeschel Verlag, Stuttgart

Jakob, M. (2001): Benchmarking im Krankenhaus, Diplomarbeit Osnabrück

Johnson, M.W./Christensen, C.M./Kagermann, H. (2008): Reinventing Your Business Model; in: Harvard Business Review, December 2008, S. 51–59

Joos-Sachse, T. (2002): Controlling, Kostenrechnung und Kostenmanagement, 2. Auflage, Wiesbaden

Jorasz, W. (1999): Kosten- und Leistungsrechnung; in: Steinmüller, P./Hering, E./Jórasz, W.: Schule des Controllers 2, S. 1–278

Jung, B. (2008): Hohe Kosten für heimische Spitäler; in: Consilium, 05/2008 S. 22

Jung, H. (2007): Controlling, 2. Auflage, München

KAGes – Steiermärkische Krankenanstaltengesellschaft (2007): Medizinischer Struktur- und Angebotsplan 2010, Version 12.0, Graz

Kanning, U. P. (2002): Soziale Kompetenz – Definition, Strukturen und Prozesse; in: Zeitschrift für Psychologie, 210 (4), S. 154–163

Kaplan, R. S. /Norton, D.P. (1997): Balanced Scorecard: Strategien erfolgreich umsetzen, Schäffer-Poeschel, Stuttgart

Kargl, H./Kutz, M. (2007): IV-Controlling, München

Kelly, D. L. (2003): Applying quality management – a process for improvement, AUPHA Health administration press, Boston

Kelly, D. L./Johnson, S. P. (2006): Measurement and statistical analysis in CQI; in: McLaughlin, C. P./Kaluzny, A. D.: Continous quality improvement in health care. Theory, implementations and applications, Jones and Bartlett Publishers, Boston, S. 95–130

Keun, F./Prott, R. (2008): Einführung in die Krankenhauskostenrechnung, 7. Auflage, Gabler Verlag, Wiesbaden

Khurana, R./Nohria, N. (2008): Die Neuerfindung des Managers; in: Harvard Business Manager, Hamburg, S. 21–32

Kieser, A./Kubicek, H. (1983): Organisation, Berlin

Kieser, A./Walgenbach, P. (2003): Organisation, 4. überarbeitete und erweiterte Auflage, Schäffer-Poeschel, Stuttgart

Klatetzki, T. (2006): Kluges Entscheiden in dynamischen und riskanten Umwelten. Eine Erläuterung auf vier Ebenen; in: Scherzberg, A. (Hrsg.): Kluges Entscheiden. Disziplinäre Grundlagen und interdisziplinäre Verknüpfungen, Tübingen, S. 145ff

Klausner, R. (2005): Controlling ein Instrument zur Betriebssteuerung im Großkrankenhaus, Diplomarbeit Fachhochschule Steyr

Klein, G. (1993): A Recognition Primed Decision (RPD) Decision Model of Rapid Decision Making; in: Klein, G./Orasanu, J./Calderwood, R./Zsambok, C. (eds.): Decision Making in Action: Methods and Models, New Jersey, S. 138–147

Koch, J. (2004): Betriebswirtschaftliches Kosten- und Leistungscontrolling in Krankenhaus und Pflege, 2. Auflage, Oldenbourg Verlag, München

Köhler-Frost, W. (1995): Unternehmen Krankenhaus – Organisation und Informationsverarbeitung als strategische Erfolgsfaktoren eines marktorientierten Krankenhausmanagements, Berlin

Köninger, H. (2003): Handlungsbedarf zur DRG-Einführung in den Krankenhäusern; in: Thiele, G.: Einführung der DRGs in Deutschland, UTB, Heidelberg, S. 47–76

Kontrollamt Wien (2008), http://www.kontrollamt.wien.at/ausschuss/03/03-28-KA-II-K-21-6.pdf, 3.4.2009

Koontz, H./O'Donnell, C./Weihrich, H. (1980): Management, 7th ed., McGraw-Hill, New York

Kosiol, E. (1968): Einführung in die Betriebswirtschaftslehre, Gabler Verlag, Wiesbaden

Kotter, J.P/Cohen, D.S. (2002): The Heart of Change: Real-Life Stories of How People Change Their Organizations, Harvard Business School Press

Kreilkamp, E. (1987): Strategisches Management und Marketing, Berlin

Kröher, O.R./Student, D. (2005): Notruf 911; in: Manager Magazin 12/2005, S. 152–163

Krüger, W. (1979): Controlling – Gegenstand, Wirkungsbereich und Funktionen im Rahmen der Unternehmenspolitik; in: BFuP, 31. Jg., S. 158–169

KTQ® (2009): KTQ®-Katalog ab 2009, Fachverlag Mathias Grimm, Berlin

Kuntz, L. (2002): Krankenhauscontrolling in der Praxis, Stuttgart

Kuntz, L./Vera, A. (2003): Krankenhauscontrolling und Medizincontrolling – Eine systematische Schnittstellenanalyse, Köln

Küpper, H.-U. (2005): Controlling – Konzeption, Aufgaben, Instrumente, 4. Auflage, Stuttgart

Küpper, H.-U. (2008): Controlling, 5. Auflage, Stuttgart

Landesgesetzblatt für Wien (2009), ausgegeben am 23.2.2009 15. Stück, 15. Verordnung: Feststellung der Ambulatoriumsbeiträge für die Wiener städtischen Krankenanstalten

Lauterbach, K./Stock, St. (2002): Disease Management in Deutschland – Voraussetzungen, Rahmenbedingungen, Faktoren zur Entwicklung, Implementierung und Evaluation, Gutachten im Auftrag des Verbandes der Angestellten-Krankenkassen e.V. (VdAK) und des Arbeiter-Ersatzkassen-Verbandes e.V. (AEV), VdAK, Siegburg

Lavaulx-Vrecourt, R. (1997): Controlling im Kosten- und Leistungsbereich in: Hauke, E. (Hrsg.): Controlling im Krankenhaus, Abschnitt 5, Wien, Frankfurt

Lavaulx-Vrecourt, R. (2009): Stand des Einsatzes von Controlling in österreichischen Krankenhäusern – Vergleich der theoretischen Grundlagen mit den Ergebnissen einer empirischen Befragung landesgesundheitsfondsfinanzierter Krankenanstalten, Diplomarbeit Wirtschaftsuniversität Wien 2009

Lechner, K./Egger, A./Schauer, R. (2001): Einführung in die Allgemeine Betriebswirtschaftslehre, Wien

Lipshitz, R./Klein, G./Orasanu, J./Salas, E. (2001): Tacking Stock of Natural Decision Making; in: Journal of Behavioral Decision Making, Vol 14, S. 331–352

Littkemann, J. (2006): Unternehmenscontrolling – Konzepte, Instrumente, praktische Anwendungen mit durchgängiger Fallstudie, Berlin

Lombriser, R./Abplanalp, P. (2004): Strategisches Management. Visionen entwickeln, Strategien umsetzen, Erfolgspotenziale aufbauen, Versus Verlag AG, Zürich

Luhmann,N. (2000): Vertrauen – ein Mechanismus der Reduktion sozialer Komplexität, 4.Auflage, Stuttgart

Macharzina, K. (1993): Unternehmensführung, Wiesbaden

Malik, F. (2000): Führen, Leisten, Leben – Wirksames Management für eine neue Zeit, DVA, 15. Auflage, Stuttgart, München

Malik, F. (2003): Systemisches Management, Evolution, Selbstorganisation: Grundprobleme, Funktionsmechanismen und Lösungsansätze für komplexe Systeme, 3. Auflage, Haupt, Bern, Stuttgart et al.

Malik, F. (2005): Management. Das A und O des Handwerks (Bard 1), Frankfurter Allgemeine Buch, Frankfurt am Main

Mandl, D. (2004): Krankenanstaltenkostenrechnung, Wien

Mann, R. (1973): Die Praxis des Controlling, Instrumente – Einführung-Konflikte, München

Marti, Ch. (2000): Menschen steuern?; in: Managed Care – Schweizer Zeitschrift für Managed Care und Care Management, 4. Jg., Heft 1, S. 1

Mayer, C. (1999): Strategie-Controlling – aktueller denn je?; in: Fickert/R., Meyer, C.: Strategie-Controlling, Haupt, Bern, Stuttgart, Wien, S. 11–40

Mayer, E./Walter, B. (1996): Management und Controlling im Krankenhaus, Stuttgart

Mayer, R./Brenner, M. (2009): Prozessmanagement als Controlleraufgabe; in: Controlling, 21. Jahrgang, März 2009

McKinsey&Company/Merbecks, A./Stegemann, U./Frommeyer, J. (2004): Intelligentes Risikomanagement. Das Unvorhersehbare meistern, Redline Wirtschaft bei Ueberreuter, Frankfurt, Wien

McLaughlin, C. P./Kaluzny, A. D. (2006): Defining quality imp   nent; in: McLaughlin, C. P./Kaluzny, A. D.: Continous quality improvement   alth care. Theory, implementations and applications, Jones and Bartlett Publi   , Boston, S. 3–40

Menapace, R./Reich, M./Schmelzenbart, E./Schmidt-Erfurth, U.(2008):   entages-klinik für Kataraktchirurgie; in: Österreichische Ärztezeitung (22), 25   vember 2008, S. 36–42

Meyer, C. (2006): Betriebswirtschaftliche Kennzahlen und Kennzahlen-Syst   , Ster-nenfels

Mintzberg, H./Glouberman, S. (2001): Managing the Care of Health and th   re of Disease – Part II: Integration; in: Health Care Manage Rev., 2001, 26(1), A   en Pu-blishers Inc., New York, S. 72–86

Möller, K. (2008): Controlling in Unternehmensnetzwerken; in: Controlling Zei   hrift, Heft 12/08, S. 671–679

Möllering, C./Hintelmann, M./Schulze, W. (1998): Personal-Controlling; in: Breinlin-ger-O'Reilly, J./Krabbe, M.: Controlling, S. 141–200

Mösenbacher, Ch. (2007): Controlling im Gesundheitswesen; in: Holzer, E./Bauer, H./Hauke, E. (Hrsg.): Wirkungsgeleitetes Ressourcenmanagement in öffentlichen Gesundheitsbetrieben, Facultas.wuv, Wien, S. 325–339

Mozygemba, K./Mümken, S. /Krause, U./Zündel, M./Rehm, M./Höfling-Engels, N./Lüdecke, D./Qurban, B. (Hg.) (2009): Nutzerorientierung – ein Fremdwort in der Gesundheitssicherung, Verlag Hans Huber, Bern

Mühlbauer, B. (2004): Prozessorganisation im DRG-geführten Krankenhaus, Wein-heim

Muir Gray, J.A. (2001): Evidence-based Healthcare: How to make health policy and management decisions, Elsevier LTD, Oxford

Müller, A. (1996): Grundzüge eines ganzheitlichen Controllings, München, Wien

Müller, A. (2002): Controlling-Konzepte – Kompetenz zur Bewältigung komplexer Pro-blemstellungen, Kohlhammer, Stuttgart

Müller, J. (1991): Controlling-Standardsoftware, Anforderungen, Auswahl, Implemen-tierung, Wien

Müller, R. (2000): Excerpt der Diplomarbeit Benchmarking – Ansätze und Bedeutung für die Praxis im deutschen Gesundheitswesen, Frankfurt

Münzel, C./Jenny, H. (2005): Riskmanagement für kleine und mittlere Unternehmen. Wegleitung zur Einführung und zum Unterhalt eines Riskmanagement-Systems, Schulthess Juristische Medien AG, Zürich, Basel, Genf

Nelson, E. C./Batalden, P. (2007): Quality by Design. A clinical microsystems ap-proach, Jossey-Bass, San Francisco

Niedermayr, R. (1993): Controlling – System, Kontext und Effizienz in österreichischen Unternehmen, Wien

Niedermayr, R. (1994): Entwicklungsstand des Controlling – System, Kontext und Effi-zienz, Wiesbaden

Oberender, P./Zerth, J. (2008): Der Gesundheitsmarkt als Wirtschaftsfaktor; in: Merz, F.: Wachstumsmotor Gesundheit, Hanser Verlag, München, S. 11–28

ÖCI (Hrsg.)/Niedermayr-Kruse, R./Weiler, A. (2005): Controller-Gehaltsstudie, Wien

Oertig, M. (1995): Dynamisches Personalmanagement, Luchterhand, Neuwied, Kriftel

Offermanns, G. (2005): Integriertes Personal-Controlling im Krankenhaus: Neue Instrumente für die Prozess- und Ressourcensteuerung, Verlag für integrierte Bildung, Heidelberg

Offermanns, G. (2006): Die zukünftige Rolle der Health Professionals aus der Sicht der Betriebswirtschafts- und Managementlehre; in: Pundt, J. (Hrsg.): Professionalisierung im Gesundheitswesen, Verlag Hans Huber, Bern, S. 35–60

Offermanns, G. (2008): Neue prospektive Steuerungsinstrumente im Mehrebenensystem des Gesundheitswesens; in: Zeitschrift für öffentliche und gemeinwirtschaftliche Unternehmen 2008, Vol. 31 (3), S. 284–301

Offermanns, G. (2008a): Qualitätsmanagement in Österreich – Quo vadis?; in: Krzcal, A.: Aktuelle Fragen des Gesundheitsmanagements – Festschrift Josef Dézsy, Willhelm Maudrich Verlag, Wien, S. 144–167

Ossadink, W. (2003): Controlling, München

Österreichisches Controller-Institut/Contrast Management-Consulting (2004): Controlling in österreichischen Nonprofit-Organisationen

Österreichisches Controller-Institut/Contrast Management-Consulting (2008): „Was macht Spitäler erfolgreich?" – Studie zum Spitalsmanagement in Österreich

Ouchi, W. (1977): The Relationship Between Organizational Structure And Organizational Control; in: Corwin, R.C: Adminitrative Science Quarterly, Vol. 22, No. 1, S. 95–113

Peemöller, V.-H. (2005): Controlling: Grundlagen und Einsatzgebiete, Berlin

Perleth, M./Antes, G. (2002): Evidenz-basierte Medizin. Wissenschaft im Praxisalltag, Urban + Vogel, München

Perridon, L./Steiner, M. (1988): Finanzwirtschaft der Unternehmung, München

Peters, S. /Preuß, O. (1997): Das Krankenhaus als Betrieb; in: Haubrock, M./Peters, S. /Schär, W.: Management, S. 67–110

Peters, S. /Schär, W. (1994): Betriebswirtschaft und Management im Krankenhaus, Berlin

Pferzinger, M./Krenmayr, J. (2008): Prozessmanagement: Klassische Missverständnisse; in: QUALITAS (01), S. 11–13

Pferzinger, M./Steiner, D. (2006): Staffelläufer und Prozessmanager?; in ÖKZ, 47. Jg. (05), S. 30–32

Pfohl, H.-C. (1981): Planung und Kontrolle, Stuttgart

Piotnek, J. (2005): Controlling, München

Poensgen, O.H. (1973): Geschäftsbereichsorganisation, Opladen

Porter, M. E. (2008): Wettbewerbsstrategie (Competitive Strategy). Methoden zur Analyse von Branchen und Konkurrenten, Campus Verlag, Frankfurt, New York

Porter, M./Olmsted Teisberg, E. (2006): Redefining Health Care – Creating Value-Based Competition on Results, Harvard Business Press, Boston

Posluschny, P. (2007): Prozessorientiertes Kostenmanagement in Krankenhausbetrieben, München

Preis, A. (1995): Strategisches Controlling – mit System Chancen und Risiken frühzeitig erkennen, Gabler, Wiesbaden

Preißler, P. (1995): Controlling-Lexikon, München

Preißler, P. (1998): Controlling – Lehrbuch und Intensivkurs, München

Preißler, P. (2000): Controlling, München

Ptak, H. (2009): Controlling im Krankenhauswesen – Eine betriebswirtschaftliche Problemanalyse; Schriftenreihe Gesundheitsmanagement und Medizinökonomie, Band 6, Hamburg

Radke, C. (1991): Die interne Budgetierung im Krankenhaus, Berlin

Raible, C.A. (2007): Arzneimittelmanagement im Krankenhaus, Frankfurt am Main

Rambusch, R./Sill, F. (2007): Role Making versus Role Taking im Controllerbereich; in: Controlling, Heft 7/Juli 07

Ranson, S. B./Joshi, M./Nash, D. (2005): The healthcare quality book, AUPHA Health Administration Press, Washington

Rath, Th. (2001): Krankenkassen im Wandel – Organisationsentwicklung als Herausforderung, Deutscher Universitäts Verlag, Wiesbaden, S. 103–114

Reich, M. (2002): Controlling – ein Betriebssteuerungskonzept für eine Großkrankenanstalt (ein umfassendes Controlling-Konzept für das Allgemeine Krankenhaus der Stadt Wien – Universitätskliniken), Dissertation WU-Wien

Reichmann, T. (2001): Controlling mit Kennzahlen und Managementberichten, München

Reichmann, T. (2006): Controlling mit Kennzahlen und Management-Tools, München

Renner, G./Lindermayr, J. (1993): Entscheidungsorientierte Kosten- und Leistungsrechnung als Controlling-Instrument; in: Hauke, E.: Controlling, Abschnitt 5

Richter, H.J. (1987): Theoretische Grundlagen des Controlling, Frankfurt am Main

Riedl, B. (1990): Controlling im Krankenhaus, Hamburg

Risak, J. (2003): Der Impact Manager, der Weg zum agilen Unternehmen, Linde, Wien

Rossboth, D. W./Gay, J./Lin, V. (2007): Einführung in die Evidence Based Medicine, Facultas.wuv, Wien

Royal College of Radiologists/Board of Faculty of Clinical Radiology (1999): Workload and Manpower in Clinical Radiology; ISBN: 1 872599 48 6; RCR Ref. No BFCR(99)5; 1999

Rüegg-Stürm, J. (2003): Das neue St. Galler Management-Modell. Grundkategorien einer integrierten Managementlehre. Der HSG-Ansatz, Haupt Verlag, Bern

Rüegg-Stürm, J./Sander, St. (2009): Controlling für Manager: was Nicht-Controller wissen müssen, Campus, Frankfurt

Sackett, D.L./Scott Richardson, W./Rosenberg, W. (1999): Evidenzbasierte Medizin, Zuckschwerdt Verlag, Germering bei München

Salfeld, R./Hehner, S. /Wichels, R. (2008): Modernes Krankenhausmanagement – Konzepte und Lösungen, Springer Verlag, Berlin

Salomonowitz, E. (2009): Erfolgreiche Organisationsentwicklung im Krankenhaus. Mehr Personal spart Kosten! Gelebte Investition in Qualität, Know-how und Skills am Beispiel der Radiologie, Wien, New York

Sänger, S. /Brunsmann, F. et al. (2007): Patient/inn/enbeteiligung am Programm für Nationale Versorgungsleitlinien – Stand und Konsequenzen; in: Zeitschrift für ärztliche Fortbildung und Qualität im Gesundheitswesen, 101. Jahrgang, Heft 2, S. 109–116

Schermann, M., P./Volic, K. (2009): Die 12 Erfolgsfaktoren der Balanced Scorecard in Krankenanstalten, Grin, Wien

Scheu, Ch. (2003): Was Krankenhäuser im DRG-System aus den Erfahrungen der Fertigungsindustrie und von Dienstleistungsunternehmen für die Umsetzung klinischer Pfade und die Organisationsentwicklung lernen können; in: Hellmann, W.: Praxis Klinischer Pfade, ecomed, Landsberg, Lech, S. 280–307

Schiffel, S. (1992): Neue Möglichkeiten im pflegerischen Controlling durch EDV-gestützte Pflegedokumentation; in: Hauke, E.: Controlling im Krankenhaus, Abschnitt 5

Schiller, N. (2006): Controlling im Krankenhaus – DRG aus Sicht des Kostenmanagements, Saarbrücken

Schirmer, H. (2003): Krankenhaus Controlling – Handlungsempfehlungen für Krankenhausmanager und Krankenhauscontroller, Verlag Expert, Renningen

Schmeisser, W./Wagner, K./Schütz, K. (Hrsg.) (2007): Betriebswirtschaftliche Ansätze und Instrumente des Gesundheitsmanagements, München

Schmelzer, H. J./Sesselmann, W. (2004): Geschäftsprozessmanagement in der Praxis, 4. erweiterte Auflage, Carl Hanser Verlag, München, Wien

Schmelzer, H./Sesselmann, W. (2006): Geschäftsprozessmanagement in der Praxis, Carl Hanser Verlag, München, Wien

Schmidt, Ch./Möller, J. (2007): Katalysatoren des Wandels; in: Klauber, J./Robra, B.-P./Schellschmidt, H.: Krankenhaus-Report 2006 Schwerpunkt: Krankenhausmarkt im Umbruch, Schattauer, Stuttgart, S. 3–20

Schmidt, S. (2005): Unternehmenskultur – Die Grundlage für den wirtschaftlichen Erfolg von Unternehmen, Velbrück, Weilerswist

Schmidt-Rettig, B./Oswald, J./Henrichs, C. (2006): Spagat zwischen Bottom-up- und Top-down-Ansatz. Ku-special, 35 (04), S. 10–12

Schneider, D. (2005): Unternehmensführung und strategisches Controlling – Überlegene Instrumente und Methoden, 4. Auflage, München, Darmstadt

Schneider, H. (2008): EBN Evidence-based Nursing, Facultas, Wien

Schön, D./Krause, H. (1997): DV-gestütztes Krankenhaus-Controlling mit Hilfe von Standard-Software; in: Hauke, E. (Hrsg.): Controlling im Krankenhaus, Wien, Frankfurt

Schrappe, M. (2005): Qualitätstransparenz – Qualitätsmanagement und Qualität im Wettbewerb; in: Klauber, J./Robra, B.-P./Schellschmidt, H.: Krankenhaus-Report 2004 Schwerpunkt: Qualitätstransparenz-Instrumente und Konsequenzen, Schattauer, Stuttgart, S. 17–26

Schrappe, M. (2005a): Patientensicherheit und Risikomanagement; in: Medizinische Klinik, Volume 100, Number 8/August 2005, S. 478–485

Schulte, Ch. (Hrsg.) (1996): Lexikon des Controlling, Oldenbourg Verlag, München, Wien

Schwaiger, W. (2006): Controlling und Unsicherheiten Risikomanagement im Unternehmen; in: Zeitschrift für Wirtschaft und Management, Jahrgang 3, Nr. 4

Schweizer, M./Friedl, B. (1992): Beitrag zu einer umfassenden Controlling-Konzeption in: Spremann, K./Zur, E.: Controlling, S. 141–167

Schweres, M./Wilk, B. (1999): Anforderungsermittlung in modernen Produktionsstrukturen, Umsetzung des Konzepts der vollständigen Arbeitsaufgabe; in: Zeitschrift für Unternehmensentwicklung und Industrial Engineering, Heft 4, S. 168–173

Seghezzi, H. D. (2003): Integriertes Qualitätsmanagement, Hanser Verlag, München

Seicht, G. (1990): Moderne Kosten- und Leistungsrechnung, 6. Auflage, Wien

Selbmann, H. K. (2008): Ein Zertifikat allein schafft kein Vertrauen – Vom Sinn und Unsinn der Zertifizierung im Krankenhaus; in: Qualitas – Zeitschrift für Qualität und Entwicklung in Gesundheitseinrichtungen, S. 10–14

Seyfarth-Metzger, I./Vogel, S. (2002): Patientenpfade – interdisziplinäre Rahmenbedingungen und Erfahrungen; in: Hellmann, W.: Klinische Pfade; ecomend, Landsberg, Lech, S. 19–37

Shewhart, W. A. (1931): Economic Control of Quality of Manufactured Product, Quality Press, wieder publiziert 1980

Shewhart, W. A. (1939): Statistical Method from the Viewpoint of Quality Control, New York: Dover

Siegwart, H. (1987): Kennzahlen für die Unternehmensführung, Verlag Paul Haupt, Bern und Stuttgart

Spath, P. (1997): Taking Quality Improvement Beyond Paths; in: Spath, P.: Beyond Clinical Paths – Advanced Tools for Outcomes Management, Chicago, Jossey-Bass, S. 1–8

Spear, S. J. (2006): Kliniken optimieren – Leben retten; in: Harvard Business Manager, Jänner 2006, S. 48–65

Spremann, K./Zur, E. (Hrsg.) (1992): Controlling – Grundlagen, Informationssysteme, Anwendungen, Wiesbaden

Staud, J. (2001): Geschäftsprozessanalyse, 2. Auflage, Springer Verlag, Berlin

Steckel, T./Grebner, St. (2006): Vom Selberkochen zum Bekochtwerden; in: Debatin, Jörg F./Goyen, M./Schmitz, Ch. (Hrsg.): Zukunft Krankenhaus – Überleben durch Innovation, ABW Wissenschaftsverlag GmbH, Berlin, S. 176–193

Steinmann, H./Schreyögg, G. (1993): Management – Grundlagen der Unternehmensführung, Wiesbaden

Steinmüller, P./Erbslöh, D./Heyd, R. (Hrsg.) (2000): Die neue Schule des Controllers – Band 3, Stuttgart

Steinmüller, P./Hering, E./Jórasz, W. (Hrsg.) (1999): Die neue Schule des Controllers – Band 2, Stuttgart

Stratmeyer, P. (2002): Das patientenorientierte Krankenhaus, Juventa, Weinheim

Straub, S. (1997): Controlling für das wirkungsorientierte Krankenhausmanagement, Verlag P. C. O., Bayreuth

Sudy, R. (1992): Das Berichtswesen – Information und Kommunikation als Grundlage des Controlling; in: Hauke, E.: Controlling im Krankenhaus, Abschnitt 7

SVR – Sachverständigenrat für die konzertierte Aktion im Gesundheitswesen (SVR) (2001): Bedarfsgerechtigkeit und Wirtschaftlichkeit, Band 1, Zielbildung, Prävention, Nutzerorientierung und Partizipation, Kurzfassung, Berlin: Deutscher Bundestag Drucksache 14/5660

SVR – Sachverständigenrat für die konzertierte Aktion im Gesundheitswesen (2005): Koordination und Qualität im Gesundheitswesen, Deutscher Bundestag Drucksache 15-5670, 2005, Berlin

SVR – Sachverständigenrat zur Begutachtung der Entwicklung im Gesundheitswesen, „Kooperation und Verantwortung" (2007); (http://www.svr-gesundheit.de/Startseite/Startseite.htm), 4.2.2009

Sydow, J. (2003): Management von Netzwerkorganisationen, 3. Aufl., Wiesbaden

Sydow, J. (2006): Management von Netzwerkorganisationen – Zum Stand der Forschung; in: Sydow, J. (Hrsg.): Management von Netzwerkorganisationen, 3. Aufl., Wiesbaden

Synek, H. (1996): Organisation des Controlling; in: Eschenbach, R. Controlling, S. 95–126

Szabados, T. (2009): Krankenhäuser als Leistungserbringer in der gesetzlichen Krankenversicherung, Berlin

Szyperski, N. (1980): Informationsbedarf; in: Grochla, E.: Handwörterbuch, S. 904–913

Szyperski, N./Winand, U. (Hrsg.) (1989): Handwörterbuch der Planung, Stuttgart

Thill, K.-D. (2003): Der Klinik-Check-Up, Weinheim

Treacy, M./Wiersema, F. (1995): Discipline of Market Leaders, New York

Trill, R. (2000): Krankenhaus Management – Aktionsfelder und Erfolgspotentiale, Neuwied et al.

Turnheim, G. (1996): Strategische Vor- und Rückkopplung; in: Eschenbach, R.: Controlling, S. 315–370

Ulrich, H. (2001): Systemorientiertes Management, hrsg. v. Stiftung zur Förderung der Systemorientierten Managementlehre, Verlag Paul Haupt, St. Gallen, Bern, Stuttgart, Wien

Wagner, K. W./Patzak, G. (2007): Performance Excellence. Der Praxisleitfaden zum effektiven Prozessmanagement, Carl Hanser Verlag, München

Walburg, J. (2006): Principles of performance management; in: Walburg, J./Bevan, H./Wilderspin, J./Lemmens, K. (Hrsg.): Performance management in health care, Routledge management press, London, S. 21–37

Walshe, K./Rundall, TG. (2002): Evidence Based Management in Healthcare: Lessons from Clinical Practice, Academy for Health Services Research and Health Policy, Meeting, Manchester

Weber, D. (2009): Target Costing im Unternehmensnetzwerk; in: Controlling Zeitschrift, Heft 2, 21.Jahrgang, S. 109–117

Weber, J. (1995): Einführung in das Controlling, Stuttgart

Weber, J. (2005): Das Advanced-Controlling-Handbuch, Vallendar

Weber, J. (2008a): Von Top Controllern lernen; Controlling in den DAX 30-Unternehmen, Wiley Verlag, Weinheim

Weber, J. (2008b): Aktuelle Controllingpraxis in Deutschland, Band 59, Weinheim

Weber, J. /Schäffer, U. (2008): Einführung in das Controlling, 12. Auflage, Schäffer-Poeschel Verlag, Stuttgart

Weber, J./Hirsch, B./Rambuch, R./Schlüter, H./Sill, F./Spatz, A. (2006): Controlling 2006 – Stand und Perspektiven, Vallendar

Weber, J./Veit, A. (2008): Partizipation des Controllerbereichs im Strategeprozess, Institut für Management und Controlling (IMC), WHU

Weber, L. (2001): Business ethics in health care, Indiana University Press, London

Weech-Maldonado, R./Neff, G./Mor, G. (2003): Does quality lead to better financial performance? The case of the nursing home industry; in: Health Care Management Review, Vol 28 (3), S. 201–216

Welge, M. (1988): Unternehmensführung Band 3, Controlling, Stuttgart

West, M. A./Borril, C. (2002): The link between management of employees and patient mortality in acute hospitals; in: International Journal of Human Resource Management, Vol. 13 (8), S. 1299–1310

Wheeler, D./Chambers, D (1992): Understanding Statistical Process Control, SPC-Press, Inc.

Wiener Krankenanstaltengesetz (WKAG) – in der Fassung vom 26.03.2008 (LGBl. Nr. 21/2008)

Wild, J. (1974): Marketing-Enzyklopädie: Kapitel Budgetierung, München

Willke, H. (1994): Systemtheorie II: Interventionstheorie – Grundzüge einer Theorie der Intervention in komplexe Systeme, UTB Gustav Fischer Verlag, Stuttgart

Winter, P./Nietzel, V./Otte, M. (Hrsg.) (2006): Controlling im Wandel der Zeit, Köln

www.aktionsbuendnis-patientensicherheit.de/apsside/07-07-25-CIRS-Handlungsempfehlung.pdf, 29.1.2009

www.bmgfj.gv.at/, 20.8.2009

www.bmgfj.gv.at/; Katalog der Medizinischen Einzelleistungen, 20.8.2009

www.buell-informatik.at/de/icdoc.aspx, 14.8.2009

www.controllerverein.com/Controller_Statements.187.html, Controller-Leitbild; Controlling und Qualität

www.hauptverband.at/portal/index.html?ctrl:cmd=render&ctrl:window=hvbportal.channel_conten.cmsWindow&p_menuid=67266&p_tabid=2&p_pubid=138398, 2.2.2009

www.homedicon.de/erstattungs-marketing.html, 20.8.2009

www.homedicon.de/erstattungs-marketing.html, 25.05.2009

www.igc-controlling.org/DE/_leitbild/leitbild.php, 22.09.2009

www.jobrapido.at, 12.03.2009

www.qualityaustria.com/, Quality Austria 20.8.2009

www.qualityaustria.com/index.php?id=468, „Validierung für Committed to Excellence (Anerkennung durch die EFQM)" 19.7.2009

www.versorgungsleitlinien.de/themen, 20.8.2009

www.whocc.no/atcddd/, 20.8.2009

www.wien.gv.at/recht/landesrecht-wien/landesgesetzblatt/jahrgang/2009, 20.8.2009

Zacher, J. (2003): Wirtschaftlichkeit in der Pflege – Theorien-Absichten-Prüfung, Freiburg

Zapp, W. (Hrsg.) (2002): Prozessgestaltung im Krankenhaus, Economica Verlag, Heidelberg

Zapp, W. (Hrsg.) (2004): Controlling in der Pflege, Bern

Zettelmeyer, B./Pfohl, H.-Ch. (1986): Anforderungen an den Controller in der Literatur und in Stellenanzeigen; in: Kostenrechnungspraxis, 4/1986, S. 125–132

Zeyringer, J. (2003): Der Treppenläufer – Wie man sich und andere motiviert, Orell Füssli, Zürich

Ziegenbein, K. (2007): Controlling, Ludwigshafen

Ziegenbein, R. (2001): Klinisches Prozeßmanagement. Implikationen, Konzepte und andere Instrumente einer ablauforientierten Krankenhausführung, Verlag Bertelsmann Stiftung, Gütersloh

Zingel, M. (2007): Controlling, Weinheim

Zink, K. (2004): TQM als integriertes Management-Konzept – Das EFQM Excellence Modell und seine Umsetzung, Hanser Verlag, München

Zollondz, H.-D. (2006): Grundlagen Qualitätsmanagement: Einführung in Geschichte, Begriffe, Systeme und Konzepte, Wissenschaftsverlag, Oldenbourg

Zügner, K. (1996): Investitionsplanung und -steuerung; in: Eschenbach, R.: Controlling, S. 95–126

Stichwortverzeichnis